Studien zur Geschichte der industriellen Revolution in Deutschland

MOTTEK / BLUMBERG / WUTZMER / BECKER

STUDIEN ZUR GESCHICHTE DER INDUSTRIELLEN REVOLUTION IN DEUTSCHLAND

AKADEMIE-VERLAG · BERLIN · 1960

VERÖFFENTLICHUNGEN DES INSTITUTS
FÜR WIRTSCHAFTSGESCHICHTE
AN DER HOCHSCHULE FÜR ÖKONOMIE BERLIN-KARLSHORST

HERAUSGEGEBEN VON PROFESSOR DR. HANS MOTTEK

BAND 1

Erschienen im Akademie-Verlag GmbH, Berlin W 8, Leipziger Straße 3-4
Lizenz-Nr. 202 · 100/148/60
Satz, Druck und Bindung: IV/2/14 · VEB Werkdruck Gräfenhainichen · 1394
Bestellnummer 5405/1
Printed in Germany
ES 5 B 2 · 14 E

INHALT

VORWORT

Bei einem Vergleich zwischen dem Deutschland am Anfang des 19. und dem Deutschland am Anfang des 20. Jh. wird wohl niemand bestreiten, daß zu den wesentlichsten ökonomischen Veränderungen die folgenden gehören:

1. Die Produktion außeragrarischer Erzeugnisse ist gegenüber den landwirtschaftlichen zum führenden Zweig geworden.
2. Innerhalb der Produktion außeragrarischer Erzeugnisse hatte die auf Hand- und Heimarbeit beruhende Haushalts- und einfache Warenproduktion und zum Teil auch schon kapitalistische Warenproduktion den in zentralisierten, auf Maschinerie beruhenden kapitalistischen Betrieben den führenden Platz eingeräumt, und dementsprechend sind in dieser Zeit Bourgeoisie und industrielles Proletariat zu den entscheidenden Klassen der Gesellschaft geworden.

Weit geringere Klarheit aber besteht darüber, wie sich dieser Prozeß eigentlich vollzogen hat, wie es überhaupt zum Durchbruch des industriellen Kapitalismus zu seiner führenden Rolle, wie es mit anderen Worten zur *industriellen Revolution* in Deutschland gekommen ist.

Die Klarheit darüber ist auch weit geringer als über den entsprechenden Prozeß in England, das ja diese Umwälzung zuerst durchmachte. Hat sich doch über wesentliche Probleme der industriellen Revolution in England bereits Karl Marx im I. Band des „Kapital“ geäußert und noch vor ihm Friedrich Engels in seinem Werk „Die Lage der arbeitenden Klasse in England“, während allerdings nach den Begründern des wissenschaftlichen Sozialismus marxistische Historiker und Ökonomen nur kurz zu diesen Fragen Stellung genommen haben. Außerdem ist auch von bürgerlicher Seite eine sehr umfangreiche, teilweise auch von verhältnismäßig fortschrittlichen Gesichtspunkten aus geschriebene Literatur darüber erschienen. Demgegenüber gibt es wohl eine größere Anzahl von Abhandlungen über bestimmte Industriezweige in einzelnen Teilen Deutschlands und zu Fragen der deutschen Industrie überhaupt. Diese Monographien aber behandeln die grundsätzlichen Fragen der industriellen Revolution zumeist nicht; sie sehen nicht ihren Ausgangspunkt in der Frage, wie die von England her bekannten Prozesse sich nun in Deutschland abgespielt haben, gehen an den entscheidenden sozialökonomischen Problemen der Industrie nahezu vollständig vorbei und zeigen sich überdies mehr an den späteren Stadien der Industrieentfaltung interessiert, während sie die ersten Stadien vernachlässigen. Eine solche Ignorierung der Probleme der industriellen Revolution Deutschlands zeigt sich besonders deutlich auch in den nach 1945 in Westdeutschland veröffentlichten synthetischen Darstellungen der deutschen Wirtschaftsgeschichte, zum Beispiel vor allem in dem 3. Band von H. Bechtel, „Wirtschaftsgeschichte Deutschlands“, München 1956, sowie F. Lütge, „Deutsche Sozial- und Wirtschaftsgeschichte“, Berlin 1952. All das liegt ganz in der Linie der Vernachlässigung der Wirtschaftsgeschichte des 19. Jh., welche die bürgerliche deutsche Historiographie im Gegensatz zu der Englands und anderer kapitalistischer Länder schon seit langem kennzeichnet.

Für die marxistische Historiographie im allgemeinen und nicht nur für die marxistische Wirtschaftsgeschichtsschreibung im besonderen sind solche Lücken jedoch ein schweres

Hemmnis in der Erkenntnis der gesetzmäßigen Zusammenhänge der deutschen Geschichte des 19. Jh., weil diese Erkenntnis ja nach den Grundsätzen des historischen Materialismus auch in bezug auf die politische Geschichte von dem Verständnis der Entwicklung der ökonomischen Basis, des ökonomischen Hintergrundes abhängt. Das zeigte sich recht bald deutlich, als nach der Befreiung Deutschlands vom Hitler-Faschismus die marxistischen deutschen Historiker auf dem Territorium der Deutschen Demokratischen Republik mit intensiver Forschungsarbeit auf dem Gebiete der politischen Geschichte begannen und die Aufmerksamkeit zunächst auf die Darstellung und Analyse der großen Klassenkämpfe der deutschen Geschichte richteten, wobei in bezug auf das 19. Jh. vor allem die bürgerlich-demokratische Revolution von 1848 im Vordergrund stand. Deshalb erhob im Jahre 1955 das Zentralkomitee der Sozialistischen Einheitspartei Deutschlands in einem Beschluß zur „Verbesserung der Forschung und Lehre in der Geschichtswissenschaft der Deutschen Demokratischen Republik" unter anderem auch die Forderung, die ökonomischen Grundlagen der Klassenkämpfe der deutschen Werktätigen darzustellen, die Forderung, „. . . das Wirken der Entwicklung der Produktivkräfte und des Charakters der Produktionsverhältnisse, in den einzelnen Perioden der deutschen Geschichte" (S. 516) zu erforschen.* In diesem Zusammenhang wies das Zentralkomitee auf die Notwendigkeit hin, neben anderem auch den Fragen der industriellen Revolution in Deutschland Aufmerksamkeit zu widmen.

Die Erforschung der industriellen Revolution in Deutschland ist aber nicht nur vom Standpunkt der Geschichts-, sondern auch vom Standpunkt der Wirtschaftswissenschaft, der Politischen Ökonomie, von wesentlicher Bedeutung. Eine Vertiefung der Theorie der industriellen Revolution ist zweifellos nur möglich, wenn diese sich nicht bloß auf die Tatsachen der industriellen Revolution in England, sondern auch auf die Deutschlands stützen kann, das ja im Laufe des 19. Jh. eins der führenden Industrieländer der Welt geworden war. Dabei hat die breite Erforschung der industriellen Revolution – wobei man sich natürlich nicht nur auf England und Deutschland beschränken kann – aktuelle Bedeutung für zwei Fragen:

1. für die sogenannten unter- oder schwachentwickelten Länder. Dabei dürfen natürlich nicht die grundsätzlichen, in der unterschiedlichen Weltsituation bestehenden Unterschiede, die vor allem durch die Hilfe des sozialistischen Lagers für die noch nicht industriell entwickelten Länder gekennzeichnet ist, übersehen werden;
2. für den Fragenkomplex der angeblichen zweiten industriellen Revolution. Es können zum Beispiel die falschen sozialdemokratischen Theorien, die – wie L. Leontjew in seinem Artikel „Von der sogenannten ‚zweiten industriellen Revolution'" ausführt** – mit den Methoden der „oberflächlichen historischen Analogie" arbeiten, umfassender widerlegt werden, wenn man tiefer in die Zusammenhänge der ersten eindringt.

Die Dringlichkeit all dieser Gründe für die Erforschung der industriellen Revolution in Deutschland zeigte sich ganz besonders bei der Vorbereitung und Ausarbeitung des zweiten Bandes der „Wirtschaftsgeschichte Deutschlands". So kam es dazu, daß sich fast alle Mitarbeiter des Instituts für Wirtschaftsgeschichte der Hochschule für Ökonomie der komplexen Erforschung gerade dieses Themas widmeten. Das bedeutet natürlich nicht, daß sie sich nun in der Illusion wiegten, nur mit ihren Kräften in einem begrenzten Zeitraum imstande zu sein, diesen Fragenkomplex auch nur einigermaßen erschöpfend klären zu können. Aber dessenungeachtet erschien es nützlich, einen Beginn mit Einzeluntersuchungen zu machen. Diese konzentrieren sich auf jenen Zeitabschnitt 1834–1870, in dem nach einem vorausgegangenen einleitenden Stadium sich die wirkliche Umwälzung vollzieht, die rasche Entfaltung des industriellen Kapitalismus beginnt. Innerhalb dieses Zeitraumes aber sollte der Schwerpunkt auf solche Fragen gelegt

* In: „Zeitschrift für Geschichtswissenschaft", 1955, Heft 4.

** In: „Weltwirtschaft und internationale Beziehungen, 1955, Nr. 3, S. 27.

werden, wie Herkunft und Akkumulation des industriellen Kapitals, Herausbildung und Ursprung der industriellen Bourgeoisie und des industriellen Proletariats, quantitative Entwicklung der Produktion und des inneren sowie des äußeren Marktes, Einwirkung der industriellen Revolution Englands auf Deutschland. Weiterhin sollten diese Schwerpunkte nicht nur in auf sie bezogenen Abhandlungen, sondern in der Hauptsache vielmehr an Hand der Darstellung einzelner Zweige erörtert werden. Von all diesen Untersuchungen, die zum Teil abgeschlossen sind, zum Teil aber erst vor dem Abschluß stehen, sind in dem vorliegenden Sammelband nur eine Reihe weniger umfangreicher enthalten, wobei die anderen später als gesonderte Bände erscheinen werden. Dieser Sammelband gibt also noch nicht ein so umfassendes Bild von der Geschichte des deutschen Industriekapitalismus 1834 bis 1870, wie es nach den Untersuchungen unseres Instituts schon möglich wäre. Es handelt sich eben, wie der Titel sagt, um Studien zu diesen Problemen und nicht um den Versuch einer umfassenden Darstellung.

Dabei werden den in diesem Band enthaltenen Einzeluntersuchungen einleitende Bemerkungen des Unterzeichneten zu dem Verlauf und zu einigen Hauptproblemen der industriellen Revolution in Deutschland vorangeschickt, die den *allgemeinen* Rahmen für diese sowie auch für die danach zur Veröffentlichung gelangenden, *konkreten* Untersuchungen bilden sollen. Zugleich verfolgen die einleitenden Bemerkungen den Zweck, bestimmte Gedanken des Verfassers, die bei den Vorarbeiten zum 2. Band der Wirtschaftsgeschichte Deutschlands entstanden sind, zur Diskussion zu stellen und damit auch eine Vervollkommnung des in Ausarbeitung befindlichen Manuskripts dieses 2. Bandes zu ermöglichen. –

Das erstrebte Ziel des Kollektivs des Instituts für Wirtschaftsgeschichte an der Hochschule für Ökonomie, über die Aufgabenstellung des vorliegenden Bandes hinaus eine umfassende Darstellung der industriellen Revolution in Deutschland zu schaffen, wird nicht zuletzt auch durch die Quellenlage erschwert. Diese Lage ist dadurch gekennzeichnet, daß es sich bei den im Augenblick zugänglichen Quellen vor allem um Urkunden aus staatlichen Archiven handelt, die im Rahmen staatlicher Verwaltungstätigkeit entstanden oder staatlichen Behörden zugegangen sind. Wirtschaftliche Vorgänge werden aber aus solchen Urkunden nur insoweit – jedenfalls unmittelbar – sichtbar, als sie den betreffenden Staatsbehörden in jener Zeit sichtbar waren. Und das so zustande kommende Bild ist um so lückenhafter, als nach der Einführung der Gewerbefreiheit in Preußen, der in dieser Zeit in Sachsen die Lockerung der alten Gewerbepolitik entspricht, der Staat nicht mehr alle kapitalistischen Betriebe zu konzessionieren brauchte und deshalb die Staatsbehörden weit weniger als im 18. Jh. über Gründung und Schicksal der einzelnen kapitalistischen Betriebe informiert waren. Wenn es trotzdem gelungen ist, aus dem archivalischen Material wenigstens einige wertvolle Rückschlüsse auf die Industrieentwicklung zu erhalten, dann gebührt dafür nicht zuletzt der Dank den Mitarbeitern des Deutschen Zentralarchivs, Abt. Merseburg, insbesondere den Kollegen Hennig, Dr. Thieme und Waldmann sowie den Mitarbeitern des Sächsischen Landeshauptarchivs in Dresden.

Noch lückenhafter als das staatliche Archivmaterial ist auch die zweite für jene Zeit benutzte Quelle, das zeitgenössische Schrifttum. Hier besteht der Mangel darin, daß nur verhältnismäßig wenig gerade über solche Probleme wie zum Beispiel Herkunft und Herausbildung des industriellen Proletariats berichtet wird, die im Interesse der Erkenntnis der sozialökonomischen Gesetzmäßigkeiten besonders wichtig sind. Unter diesen Gesichtspunkten sind also die in diesem Sammelband und den darauf folgenden Bänden enthaltenen Beiträge nur als Ergebnis eines ersten konzentrierten Versuchs marxistischer Wirtschaftshistoriker der Deutschen Demokratischen Republik anzusehen, das Problem der Herausbildung des industriellen Kapitalismus in Deutschland zu erforschen.

Hans Mottek

Einleitende Bemerkungen — Zum Verlauf und zu einigen Hauptproblemen der industriellen Revolution in Deutschland

VON HANS MOTTEK

I. ZUM WESEN DER INDUSTRIELLEN REVOLUTION IN ENGLAND

Kern der nachfolgenden Untersuchungen ist die Frage, ob überhaupt und, wenn ja, in welcher Weise sich die wesentlichen umwälzenden Prozesse, die in England in den letzten Jahrzehnten des 18. Jh. begannen und die man seit den dreißiger Jahren des 19. Jh. „industrielle Revolution" nennt, sich auch in Deutschland vollzogen haben. Deshalb erscheint es auch notwendig, zunächst darzulegen, worin denn eigentlich das Wesen dieser in England zuerst durchgeführten und dort zuerst als industrielle Revolution bezeichneten Prozesse besteht. Eine solche Darlegung ist nicht zuletzt auch deshalb erforderlich, weil darüber auch unter den marxistischen Gesellschaftswissenschaftlern zwar eine weitgehende, aber keineswegs vollständige Übereinstimmung herrscht.

Übereinstimmung besteht zunächst darüber, daß sich in England in bezug auf die Industrie, auf die gewerbliche Produktion, nicht nur eine *technische*, sondern vor allem auch eine *sozialökonomische* Umwälzung vollzogen hat. Dabei besteht das Wesen gerade der sozialökonomischen Umwälzung darin, daß die Haushalts- sowie die einfache Warenproduktion nichtagrarischer Erzeugnisse durch die kapitalistische Warenproduktion in den Hintergrund gedrängt wird, wobei gleichzeitig die agrarische Produktion der nichtagrarischen die Führung überlassen muß, daß somit Bourgeoisie und Proletariat zu den entscheidenden Klassen der Gesellschaft werden und der Kampf zwischen beiden von nun an den weiteren Gang der Geschichte bestimmt. Die rasche Erweiterung des kapitalistischen Sektors in der gewerblichen Produktion, der als solcher bereits vor der industriellen Revolution bestand, wird aber erst durch die Veränderung seiner technisch-ökonomischen Grundlage möglich. Durch Verleger ausgebeutete Einzelproduzenten sowie Manufakturen treten jetzt trotz zunächst noch vorhandenem absoluten Wachstum an Bedeutung hinter solchen zentralisierten kapitalistischen Betrieben zurück, in denen das konstante fixe Kapital, sei es nur in Form von Behältern, Apparaturen, Kraftmaschinen, wie bei chemischen Werkstätten, Hütten und Bergwerken, sei es vor allem auch in der Form der revolutionierenden Werkzeugmaschinen, wie bei den eigentlichen Fabriken, beträchtlichen Umfang erlangt hat. Dabei sind es eben vor allem die Fabriken, die *Werkzeugmaschinen*, von denen, wie K. Marx[1] betont, die

[1] Marx, K., Das Kapital. Berlin 1953, Bd. I, S. 392.

industrielle Revolution ausgeht. Es sind die Werkzeugmaschinen, welche die kapitalistische Warenproduktion in die Lage versetzen, die einfache Warensowie Haushaltsproduktion endgültig in den Hintergrund zu drängen. Das ist deshalb der Fall, weil die Fabriken durch eine massenhafte Steigerung der Arbeitsproduktivität zu vernichtenden Konkurrenten des auf Handarbeit beruhenden Gewerbes werden können.

Die besondere Betonung der Werkzeugmaschinen und Fabriken darf aber nicht zu einem solchen Standpunkt führen, wie ihn J. Kuczynski[2] einmal vertreten hat. Hat es doch J. Kuczynski abgelehnt, in der raschen Entfaltung von Bergbau, Hüttenwesen und chemischen Werkstätten oder auch Betrieben der Transportindustrie, in denen entweder Werkzeugmaschinen für eine längere Zeit oder sogar bis heute gar keine Rolle spielen, wichtige Teile der industriellen Revolution zu sehen, währenddem F. Engels in seiner Darstellung der industriellen Revolution Englands in seinem Werk „Die Lage der arbeitenden Klasse in England" den Aufschwung und die Umwälzung in Metallurgie und Bergbau mit einbezog.[3] Dabei erweist sich die Unrichtigkeit des von J. Kuczynski vertretenen Standpunktes aber gerade dann, wenn wir beim Komplex der industriellen Revolution in England den Schwerpunkt auf die *sozialökonomische* Umwälzung legen; denn es handelt sich doch auch bei Hütten, Bergwerken und großen Transportunternehmungen um kapitalistische Betriebe, und zwar um zentralisierte kapitalistische Betriebe. Weiterhin besteht das Gemeinsame zwischen ihnen und den Fabriken darüber hinaus gerade darin, daß bei *beiden Gruppen* das konstante fixe Kapital im Gegensatz zu den zentralisierten Manufakturen nicht nur in Form von Gebäuden, sondern auch von Kraftmaschinen und anderen Apparaturen, eine beträchtliche Rolle spielt, weshalb es auch richtig ist, *beide Gruppen* unter dem Begriff *kapitalistische Industriebetriebe* zusammenzufassen.

Von dieser Erkenntnis ausgehend, vermögen wir auch die Bedeutung der technischen Umwälzung in der Metallurgie durch Koksöfen und Puddelprozeß oder im Bergbau durch die dort für Pumpen und Förderung verwendeten Dampfmaschinen als Teil der industriellen Revolution richtig einzuschätzen. Besteht doch diese Bedeutung überwiegend nicht darin, daß sie den kapitalistischen Betrieben oder sogar den zentralisierten kapitalistischen Betrieben in den betreffenden Zweigen zur Herrschaft verhelfen, weil das eben dort vorher schon zum größten Teil der Fall war. Und die Bedeutung dieser technischen Umwälzung liegt auch nicht allein darin, daß dadurch im Bergbau und in der Metallurgie größere kapitalistische Betriebe als bisher möglich werden. Die Bedeutung der technischen Umwälzung in diesen Zweigen liegt vielmehr vor allem darin, daß sie die Schranken gegen eine Massenanlage von fixem konstanten Kapital, daß sie die Schranken gegen eine rasche Steigerung der Produktion in diesen und den davon abhängigen Zweigen beseitigte. Das

[2] KUCZYNSKI, J., Studien zur Geschichte des Kapitalismus. Berlin 1957, S. 7.
[3] ENGELS, F., Die Lage der arbeitenden Klasse in England. Berlin 1952, S. 42ff.

führte zu einem raschen Wachstum des kapitalistischen Sektors im allgemeinen und besonders jenes entscheidenden Teiles dieses Sektors, der in kapitalistischen Industriebetrieben besteht. Und gerade diese quantitative Steigerung trug wesentlich auch zum Wachstum des industriellen Proletariats bei, aus dessen Geschichte ja weder die Hütten – noch – trotz der damals noch fehlenden Werkzeugmaschinen – die Bergarbeiter auch im 19. Jh. wegzudenken sind. Industrielles Proletariat und industrielle Bourgeoisie können nur auf Grundlage solcher quantitativer Prozesse, die man auch vom sozial-ökonomischen Gesichtspunkt aus nicht geringschätzig betrachten darf, zu den entscheidenden Klassen der Gesellschaft werden. Man muß in diesem Zusammenhang beachten, daß auch die Ersetzung der Handarbeit durch die Maschinenarbeit in der Baumwollspinnerei ihre quantitative Seite nicht nur in der Steigerung der Arbeitsproduktivität und der Produktion selbst, sondern auch in der gerade in England sichtbaren raschen Zunahme des Spinnerproletariats hatte. Wenn nun in der Metallurgie und vor allem im Bergbau die durch die technische Umwälzung ermöglichte rasche Zunahme der Produktion nicht mit einer ebenso raschen Steigerung der Arbeitsproduktivität verbunden war wie bei der Spinnerei – oder beim Bergbau für lange Zeit mit gar keiner Steigerung der Arbeitsproduktivität –, konnte das zahlenmäßige Wachstum des Proletariats, das eben deshalb nur wenig hinter dem Wachstum der Produktion zurückblieb, in diesen Zweigen nur um so rascher, ihr Beitrag für die Herausbildung des Proletariats in England nur um so größer sein. Diese Überlegungen führen dazu, daß trotz Herausarbeitung aller wichtigen Unterschiede wir doch vor allem das wesentlich Gemeinsame in dem raschen Wachstum beider Gruppen kapitalistischer Industriebetriebe, daß wir vor allem auch den gemeinsamen Ausgangspunkt in beiden Prozessen sehen sollten, und zwar die Anlage von konstantem fixen Kapital in großem Umfange, dabei überwiegend auf der Grundlage einer neuen Technik. Nur wenn wir das tun, vermögen wir auch den Gesamtprozeß des Aufstiegs des industriellen Kapitalismus, seine erweiterte Reproduktion und auch vor allem seine zyklische Entwicklung zu verstehen.

Zur entscheidenden Bedeutung der Anlage von konstantem fixen Kapital auf der Grundlage einer neuen Technik für den Prozeß der industriellen Revolution, der Entfaltung des industriellen Kapitalismus, seien einige weitere Bemerkungen gestattet.

Wenn selbst – was niemand bestreiten wird – bei der Schaffung einer Industrie unter sozialistischen Bedingungen die Investitionen in Hütten, Bergwerken, Fabriken und Bahnen die materiell-technische Grundlage für die Steigerung der Produktion schaffen, so ist das natürlich ebenfalls auch unter kapitalistischen der Fall, unter denen diese Investitionen aber die Form der Anlage von Kapital, dabei vor allem von konstantem fixen Kapital, annehmen. Unter kapitalistischen Bedingungen haben aber solche Anlagen noch die zusätzliche Bedeutung, daß sie auch eine marktmäßige Grundlage für die zyklische Belebung und den zyklischen Aufschwung ebenso wie für die Periodizität der Krisen bilden, wie das die marxistische Krisentheorie nachgewiesen hat. Die ganze Geschichte des Aufstieges des Kapitalismus, besonders des industriellen Kapitalismus und damit auch die ganze Geschichte der industriellen Revolution, ist doch nichts weiter als eine Summe von zyklischen Belebungen und Aufschwüngen, in denen sich die Produktion kapitalistischer Industriebetriebe rasch entfaltet und allmählich zu dem die Wirtschaft bestimmenden Faktor wird, sowie von Krisen und Depressionen, in denen die sozial-ökonomische Umwälzung vor allem durch den rascheren Rückgang der einfachen Warenproduktion und die damit verbundene raschere Ruinierung des kleinen Warenproduzenten bzw. der von kapitalistischen Verlegern abhängigen kleinen Produzenten, vorangetrieben wird. Das letztere ist natürlich nur möglich, wenn eben vorher während der Belebung und des Aufschwungs kapitalistische Industriebetriebe mit einer überlegenen Technik, vor allem Fabriken, geschaffen worden sind.

Aus dem eben Gesagten ergibt sich, daß als Beginn der industriellen Revolution in England der Zeitpunkt anzusehen ist, in dem zum erstenmal die Anlage von konstantem fixen Kapital in der Industrie einen großen, die gesamte Wirtschaft entscheidend beeinflussenden Umfang annimmt, indem also die Anlage von konstantem fixen Kapital einen Sprung macht, und in der auf dieser Grundlage der erste zyklische Aufschwung und damit also auch ein außerordentlich beschleunigtes Wachstum der Produktion kapitalistischer Industriebetriebe und darüber hinausgehend auch anderer Betriebe eintritt und dadurch das Gesicht, die ökonomische Struktur des Landes, im wahrsten Sinne des Wortes zu revolutionieren begonnen wurde.

Von einem solchen ersten zyklischen Aufschwung kann man noch nicht im Jahre 1718 sprechen, als in England von den Brüdern Lombe die erste mechanische Seidenspinnerei errichtet wird, obwohl kurz vorher 1709 Abraham Darby, auch zum erstenmal, Eisenerz im Koksofen geschmolzen hat und damit ein entscheidendes Hemmnis für die Steigerung der Roheisenproduktion überwunden wurde, obwohl auch etwa zur selben Zeit die ersten Dampfmaschinen von praktischer Bedeutung, die atmosphärischen Maschinen Newcomens, zur Verwendung gelangten, und zwar vor allem zu dem Zweck, Wasser aus Bergwerken zu pumpen und damit wiederum ein wichtiges Hemmnis für den Aufstieg der Produktion von Bergwerkserzeugnissen, insbesondere von Kohle, zu beseitigen. Es gibt auch keinen solchen zyklischen Aufschwung bereits in den sechziger Jahren, in die man gewöhnlich zumindestens den Beginn der industriellen Revolution ansetzt, obwohl damals doch bekanntlich die ersten brauchbaren Spinnmaschinen, die Jenny's, von Hargreaves auftauchten, um zunächst noch als Grundlage von Heimarbeit in den Hütten der Spinner verwandt zu werden und daneben auch schon die Waterframes Arkwrights. Es kann davon nicht die Rede sein, obwohl auch am Ende der sechziger Jahre die erste wirkliche, also auf der Ausnutzung des Dampfdruckes und nicht des atmosphärischen Druckes beruhende Dampfmaschine Englands von James Watt erfunden wurde, die allerdings erst in den siebziger Jahren in Eisenwerken und Zinnbergwerken zur Anwendung gelangte. Daran kann auch die weitere Tatsache nichts ändern, daß ungefähr in derselben Zeit, 1761, der erste und 1767 dann der zweite bedeutendere kapitalistische Kanalbetrieb Englands, der von einem Kohlenbergwerksbesitzer, dem Herzog von Bridgewater, finanziert worden war, eröffnet wurde. Dasselbe gilt auch für die siebziger Jahre, in denen die ersten Spinnfabriken Arkwrights sowie weitere Kanäle errichtet und – wie erwähnt – auch die ersten Wattschen Dampfmaschinen angewandt wurden.

Der wirkliche qualitative Umschwung und damit der wirkliche Beginn der industriellen Revolution liegt etwa in der Zeit zwischen 1782 und 1792.

Für diese Zeit stellt die neuere englische Forschung eine gewaltige Beschleunigung des Wachstumstempos vor allem in solchen Zweigen fest, in denen zentralisierte kapitalistische Betriebe mit einer neuen Technik bestimmend wurden. Vervielfachten sich doch seit 1785, der Aufhebung des Arkwrightschen Patents, die mechanischen Baumwollspinnfabriken, die vorher nur auf die Arkwrightschen beschränkt waren. So kommt es, daß bereits 1788 in Lancashire 41 Spinnfabriken bestehen.[4] Die achtziger Jahre sehen auch die erste Anwendung der verbesserten Dampfmaschinen außerhalb von Berg- und Eisenwerken, und zwar für Spinnerei und Müllerei. Die Produktion von Kohle, Eisen und schmiedbarem Eisen, der jetzt die Erfindung des Puddelns zugute kommt, wächst rasch an, und gegen Ende der achtziger Jahre und Anfang der neunziger Jahre beginnt auch das Kanalfieber[5], die massenhafte Gründung von Kanalgesellschaften, der Bau von zahlreichen Kanälen.

Es dürfte also unbestreitbar sein, daß seit Mitte der achtziger bis Anfang der neunziger Jahre eine massenhafte Anlage von konstantem fixen Kapital als Grundlage einer beschleunigten Steigerung der gewerblichen Produktion und damit etwa Ende der achtziger Jahre, Anfang der neunziger Jahre der erste zyklische Aufschwung in der Geschichte Englands, in der Geschichte überhaupt, einsetzt, dem dann nach der Gesetzmäßigkeit der kapitalistischen Produktion 1793 die erste Krise folgt, die weitgehend die Merkmale einer zyklischen Krise trägt. Es ist in diesem Zusammenhang bemerkenswert, daß Erforscher der Krisen – man vergleiche dazu beispielsweise die Darstellungen von M. Bouniatian und F. Oelßner – schon lange feststellten, ohne genügende Beachtung gefunden zu haben, daß die Krise von 1793 schon Züge trägt, die denen der später üblichen zyklischen Krisen am nächsten kommen.[6] Und wenn man dennoch die Geschichte der zyklischen Krisen und damit die Geschichte des Zyklus gewöhnlich nicht in dieser Zeit, sondern erst nach 1815 oder 1825

[4] Mantoux, P., The Industrial Revolution in the Eighteenth Century. London 1952, S. 254, Anm. 1.

[5] Ausdruck nach Mantoux, a. a. O., S. 261.

[6] Vgl. Bouniatian, M., Geschichte der Handelskrisen in England 1640–1840. München 1908, Bd. II, S. 171, wo es heißt: „Die Krise von 1793 war die schwerste, welche England bis dahin erlitten hatte, und die erste der großen industriellen Krisen Englands.“

beginnen läßt, so hat das einen einfachen Grund, und zwar die langen englisch-französischen Kriege, die dazwischen lagen. Sie haben den Krisenzyklus deformiert, so daß erst nach dem Beginn der längeren europäischen Friedensperiode ein regelrechter zehnjähriger Zyklus einsetzen konnte.

Der soeben dargelegte Gedanke, daß die industrielle Revolution in England, im Gegensatz zu der früheren Ansicht, die den Anfang dieser Revolution in die sechziger Jahre des 18. Jh. legte, erst in den achtziger Jahren begonnen hat, ist zuerst wohl von dem englischen Wirtschaftshistoriker T. S. Ashton in einer kurzen Bemerkung ausgesprochen worden, in der er erklärte: wenn man in einer Beschleunigung des industriellen Wachstumstempos den Beginn der industriellen Revolution sähe, dann fällt dieser Beginn in die achtziger Jahre.[7] Dabei arbeitet Ashton, der sich auf neuere Forschungen, insbesondere von J. Nef stützt, in dieser Hinsicht nicht die Unterschiede, die zwischen der Entwicklung der zentralisierten kapitalistischen Betriebe mit einer neuen Technik und anderen Zweigen der gewerblichen Produktion bestehen und damit nicht die entscheidende Rolle der Massenanlage von konstantem fixen Kapital und des Beginns des Zyklus heraus. Bei T. S. Ashton können diese Fragen schon deshalb keine Rolle spielen, da er, obwohl er 1948 selbst ein Buch über die industrielle Revolution veröffentlicht hat[8], in seinem sieben Jahre später erschienen Buch dem Begriff „Industrielle Revolution" faktisch ablehnend gegenüberstand. Darin zeigt sich, wie J. Kuczynski in seinem Buch „Studien zur Geschichte des Kapitalismus"[9] mit Recht betont, eine weit verbreitete reaktionäre Linie der bürgerlichen Geschichtsschreibung, die von einer „revolutionslosen Kontinuität" ausgeht. Die entscheidende und notwendige Auseinandersetzung mit dieser Linie führt aber bei J. Kuczynski leider dazu, daß er den quantitativen Faktor, oder richtiger, den qualitativen Sprung, der in einer plötzlichen Steigerung des Produktionszuwachses der gewerblichen Pro-

Vgl. dazu weiter: OELSSNER, F., Die Wirtschaftskrisen. Berlin 1949, Bd. 1, S. 172 der in der Krise von 1793 ebenfalls eine neue Entwicklung sieht und folgende Bemerkung Bouniatians mit Zustimmung zitiert: „‚Die Gründe der Krisis von 1793 waren der plötzliche Aufschwung in Industrie und Handel und die schnelle Vermehrung der Produktion . . .' " Sie kennzeichnete „‚. . . den Eintritt in die neue, industrielle Zeitepoche' ". F. OELSNNER schreibt dann weiter: „Erst am Ende des 18. Jahrhunderts und besonders mit der Krise von 1793 treten neue Faktoren auf, die eine neue Entwicklungsetappe ankündigen."

[7] ASHTON, T. S., An Economic History of England: the 18th Century. London 1955, S. 125. Die wesentlichen Sätze der betreffenden Äußerung lauten: "If, however, what is meant by the industrial revolution is a sudden quickening of the pace of output, we must move the date forward, and not backward, from 1760. After 1782 almost every statistical series of production shows a sharp upward turn. More than half the growth in the shipments of coal and the mining of copper, more than three-quarters of the increase of broadcloths, four-fifths of that of printed cloth, and nine-tenths of the exports of cotton goods were concentrated in the last eighteen years of the century."

[8] ASHTON, T. S., The Industrial Revolution 1760–1830. London 1948.

[9] KUCZYNSKI, J., a. a. O., Teil I, Kap. II, S. 33.

duktion, insbesondere der kapitalistischen Industriebetriebe mit einem hohen Anteil von konstantem fixen Kapital, liegt, vernachlässigt und es deshalb ablehnt, den Beginn der industriellen Revolution in England anstatt in den sechziger, in den achtziger Jahren zu sehen. Dabei ist J. Kuczynski in der Ablehnung des geschilderten „quantitativen" Faktors nicht völlig konsequent. Das zeigt sich darin, daß er, im Gegensatz zu England, weder in Deutschland noch vor allem auch in Rußland den Beginn der industriellen Revolution in die Zeit verlegt, in der die ersten Fabriken und Werkzeugmaschinen in den betreffenden Ländern auftauchen. Unterscheidet J. Kuczynski doch gerade im Falle von Rußland deutlich zwischen dem „Auftauchen einzelner Fabriken" und einer „wirklichen industriellen Revolution".[10]

Wir kommen damit zum Ergebnis, daß die sechziger und siebziger Jahre nur als die Vorbereitungsperiode, die achtziger Jahre als eigentlicher Beginn der industriellen Revolution in England anzusehen sind. Dabei liegt der Unterschied zwischen beiden Abschnitten, was das wesentlichste betrifft, nämlich die Anlage von konstantem fixen Kapital, nicht allein in ihrem Umfang. Es sind vielmehr auch die ökonomischen Triebkräfte für Kapitalanlagen im allgemeinen und im besonderen für solche Anlagen, die eine neue Technik mit sich bringen, zum großen Teil qualitativ unterschieden.

Bei der Spinnerei besteht ja, wie in fast jeder Darstellung der industriellen Revolution in England betont wird, die Hauptantriebskraft für den Bau der ersten Spinnmaschinen und Fabriken im Gespinstmangel, dem Zurückbleiben der Spinnerei gegenüber der Weberei, ebenso wie bei der Dampfmaschine in den Erfordernissen des Kampfes mit dem Wasser. Diese bekannten ökonomischen Antriebskräfte, die von einem bestimmten Mangel, einem bestimmten Engpaß ausgehen, reichen aber nicht dazu aus, die massenhafte Vermehrung von Spinnfabriken und Spinnmaschinen sowie auch ihre ständige Vervollkommnung zu verstehen, die in den achtziger Jahren einsetzte[11]; denn das war eine Vermehrung, die weit über die Erfordernisse der Deckung irgendeines Mangels, irgendeines bereits bestehenden Bedarfs oder einer Nachfrage hinausging, sondern vielmehr ein zukünftiges rasches Wachstum dieser Nachfrage antizipierte, darauf spekulierte, wie das bei der massenhaften Anlage von kon-

[10] Ebenda, Teil I, Kap. I, S. 22.

[11] Dasselbe trifft auch noch weit mehr für den mechanischen Webstuhl zu. Seine Erfindung fällt zwar in die Zeit der achtziger Jahre des 18. Jh., einer infolge der plötzlichen, raschen Ausdehnung der Spinnindustrie hervorgerufenen Weberknappheit. Als aber der mechanische Webstuhl seine technische Reife erlangt hatte, das heißt als am Anfang des 19. Jh. seine praktische Verwendung möglich wurde, war diese Weberknappheit schon längst verschwunden und hatte einem Weberüberfluß Platz gemacht, der noch lange andauern sollte. Die These, daß arbeitsparende Maschinen während der industriellen Revolution nur dann angewandt wurden, wenn und soweit eine Arbeiterknappheit bestand, ist überhaupt eine apologetische, die im Widerspruch zu den historischen Tatsachen auch der industriellen Revolution in England steht. (Vgl. dazu auch die Ausführungen von K. Marx, Das Kapital. Berlin 1953, Bd. I, S. 452, Anm. 196.)

stantem fixen Kapital in England, in englischen Fabriken, Hütten, Bergwerken, aber auch nicht zuletzt in Kanälen, der Fall war und die – wie bereits erwähnt – zu einem das Antlitz Englands wirklich revolutionierenden, die Zahl der in kapitalistischen Industriebetrieben ausgebeuteten Arbeiter sprunghaft vergrößernden Wachstum der industriellen Produktion führte.

Wären die Einführung der neuen Technik und ihre Vervollkommnung, wäre die Anlage von konstantem fixen Kapital nur insoweit, nur in einem Ausmaß erfolgt, als es einem bestehenden Garn- oder sonstigen Mangel entsprochen hätte, die weitere Entwicklung wäre außerordentlich langsam vor sich gegangen, keine revolutionäre gewesen, und Bourgeoisie sowie Proletariat wären noch sehr lange davon entfernt gewesen, die bestimmendenK lassen der Gesellschaft zu sein.

Da sich eine solche langsame Weiterentwicklung seit der ersten Einführung der Spinn- und Dampfmaschine gerade in Deutschland und Rußland vollzogen hat, ist die Unterscheidung der Vorbereitungsperiode von dem eigentlichen Beginn der industriellen Revolution für diese und andere Länder, die in der industriellen Entwicklung längere Zeit zurück waren, noch wesentlicher als für England. Macht man diese Unterscheidung nicht, so hieße das: alle Länder, in denen Spinn- und Dampfmaschinen, ganz gleich in welchem Umfange, angewendet wurden, wären in die industrielle Revolution überhaupt oder zumindestens zu diesem Zeitpunkt eingetreten, was den wesentlichen Unterschied zwischen industriell fortgeschrittenen und schwach entwickelten Ländern verwischen würde. Diese Überlegungen sind deshalb auch für die Betrachtung der industriellen Revolution in Deutschland von großer Bedeutung.

II. ZUR VORBEREITUNGSPERIODE DER INDUSTRIELLEN REVOLUTION IN DEUTSCHLAND

Geht man bei der Betrachtung der industriellen Revolution in Deutschland von der soeben gemachten Feststellung aus, so kommt man zu dem Ergebnis, daß die Vorbereitungsperiode der industriellen Revolution Deutschlands zu der Zeit beginnt, als die eigentliche industrielle Revolution in England einsetzt, etwa Mitte der achtziger Jahre; denn zu dieser Zeit finden wir in Sachsen, Berlin, vor allem aber im rechtsrheinischen Gebiet um Düsseldorf die ersten Spinnmaschinen. Bei Düsseldorf wurde die Spinnmaschine sogar bereits in einer Spinn*fabrik* angewandt. 1784 entsteht in Ratingen, in der Nähe von Düsseldorf, die erste, von dem Kaufmann Brüggelmann gegründete Spinnfabrik des europäischen Kontinents, der in den folgenden Jahren bis zur Kontinentalsperre eine Anzahl weiterer in demselben Distrikt folgen.[12] Damit entsteht jetzt das

[12] Vgl. zu dieser Frage: REDLICH, R., Geschichte der Stadt Ratingen von den Anfängen bis 1815. Ratingen 1926, S. 236ff.
OVERMANN, A., Die Entwicklung der Leinen-, Woll- und Baumwollindustrie in der

erste Textilrevier Deutschlands, bis es dann in der Zeit der Kontinentalsperre schwere, fast vernichtende Schläge erhält. Zur selben Zeit wie die ersten Spinnfabriken und Spinnmaschinen, und zwar im Jahre 1785, wurde auch die erste Dampfmaschine des Wattschen Typus in Deutschland gebaut und in Hettstedt, im Mansfelder Gebiet, aufgestellt.

Die Parallelen zwischen der ökonomischen Entwicklung in Deutschland in den achtziger und Anfang der neunziger Jahre und der in England in den sechziger und siebziger Jahren liegen aber nicht nur darin, daß hier wie dort die ersten Spinnmaschinen, Dampfmaschinen und Spinnfabriken entstehen. Die Parallele liegt vielmehr weitgehend in den ökonomischen Triebkräften zur Anwendung dieser technischen Neuerung. So bei der Spinnerei – wie bereits erwähnt – im Gespinstmangel, der hier wie dort zur Anwendung der ersten Spinnmaschinen führte.

Ein wesentlicher Unterschied zwischen England und Deutschland besteht aber darin, daß die Weiterentwicklung in Deutschland nur sehr langsam, der zeitliche Abstand zwischen dem Beginn des Vorbereitungsstadiums der industriellen Revolution und dem eigentlichen Beginn der industriellen Revolution, der in Deutschland in die Mitte der dreißiger Jahre fällt, wesentlich länger war.

Dabei sind die Gründe für die verhältnismäßig lange Dauer des Vorbereitungsstadiums der industriellen Revolution in Deutschland zumeist gut bekannt; so vor allem die entscheidende Ursache, die Verspätung und Verlangsamung der bürgerlichen Revolution, die qualvoll langsame und erst am Anfang des 19. Jh. wirklich beginnende Beseitigung der feudalen Produktionsverhältnisse auf dem Lande und der mittelalterlichen Gewerbeverfassung in den Städten. Ebenso allgemein bekannt ist eine weitere wichtige Ursache, und zwar die nationale Zersplitterung Deutschlands sowohl in politischer als auch in ökonomischer Hinsicht. Außer diesen beiden Hauptursachen gibt es aber noch weitere konkrete historische Faktoren, die das Wachstumstempo der Einführung der neuen Produktivkräfte, den Beginn einer massenhaften Anlage von konstantem fixen Kapital auf der Grundlage einer neuen Technik in Deutschland verzögerten. Einer dieser Faktoren ist der Beginn der englischen Konkurrenz in den neunziger Jahren.

In diesem Zusammenhang ist es notwendig, einige grundsätzliche Bemerkungen zum Einfluß Englands und der englischen industriellen Revolution auf die Entwicklung in Deutschland zu machen.

Einmal ist es nicht zu leugnen, daß das Beispiel Englands zunächst die Vorbereitung der industriellen Revolution erleichterte. Obwohl der englische Staat

ehemaligen Grafschaft Mark unter brandenburg-preußischer Herrschaft. 1909, S. 52, 55, 56.

Redlich, R., a. a. O., S. 238ff.; Brasse, E., Geschichte der Stadt und Abtei Gladbach. München-Gladbach 1922, S. 511; Vollmer, A., Handel, Industrie und Gewerbe in den ehemaligen Stiftsgebieten Essen und Werden sowie in der Stadt Essen zur Zeit der französischen Herrschaft (1806–1813). In: „Beiträge zur Geschichte von Stadt und Stift Essen", Essen 1909, Heft 31, S. 203.

durch Verbote und Strafmaßnahmen zu verhindern suchte, daß Zeichnungen, Fachleute und fertige Maschinen nach dem europäischen Kontinent und damit auch nach Deutschland gelangten, so konnte er dennoch nicht verhindern, daß zumindestens Fachleute, Zeichnungen und Anregungen, wenn auch nur ausnahmsweise Maschinen, in Deutschland eintrafen, wodurch Deutschland eher zur Anwendung der neuen Technik gelangte, als das aus eigenen Kräften möglich gewesen wäre.

Es ist weiterhin richtig, daß solch fördernder Einfluß auch in den folgenden Jahrzehnten eine Rolle spielte, wobei das erst 1843 aufgehobene englische Maschinen-Ausfuhrverbot dazu beigetragen hat, daß die meisten in Deutschland angewandten Maschinen auch in Deutschland gebaut wurden, wie das unter anderem A. Schröter in seiner Monographie „Die Anfänge der deutschen Maschinenbauindustrie in der ersten Hälfte des 19. Jahrhunderts" herausgearbeitet hat.

Auf der anderen Seite hat aber die überlegene englische Konkurrenz lange Zeit die Massenanlage von konstantem fixen Kapital in entscheidenden Zweigen der industriellen Revolution, der Baumwollspinnereien, aber auch der Roheisengewinnung, gehemmt. Dieser Faktor machte sich schon nach dem Ausbruch der englischen Krise von 1793 fühlbar, als der Massenexport von englischem Baumwollgarn begann.[13] Jetzt sah sich die deutsche Maschinenspinnerei einer überlegenen englischen Konkurrenz ausgesetzt. Der in den achtziger Jahren bestandene Gespinstmangel wurde jetzt nicht mehr in überwiegendem Maße durch deutsches, sondern durch englisches Maschinengarn überwunden, was sich auf die Lage der arbeitenden Bevölkerung negativ auswirkte. Ihre Not hätte sich zwar in einem solchen Gebiet wie z. B. dem Vogtland, in dem die Baumwollspinnerei ein wichtiges Nebengewerbe der armen Dorfbewohner war, auch dann verschärft, wenn die Liquidierung der Handspinnerei überwiegend durch eine deutsche Maschinenspinnerei erfolgt wäre. Aber dann wären zweifellos gewisse Möglichkeiten zur Beschäftigung in deutschen Spinnfabriken vorhanden gewesen.

Außer diesem, auf eine längere Zeit wirkenden Faktor der englischen Konkurrenz gibt es aber noch kurzfristigere historische Faktoren, die dazu beitrugen, die Vorbereitungsperiode der industriellen Revolution in Deutschland in die Länge zu ziehen. Das sind:

1. die europäischen Kriege und
2. die nationale Unterdrückung Deutschlands durch das bonapartistische Frankreich.

Was den ersten Faktor anbetrifft, so läßt es sich zwar nicht leugnen, daß in den neunziger Jahren am Beginn der Kriegsperiode in den meisten Gebieten Deutschlands jedenfalls die Bourgeoisie, die kapitalistischen Elemente, aus den Kriegen Vorteile zogen. Erwähnenswert sind dabei die Feststellungen von

[13] Über die konkreten Ursachen des Beginns des englischen Garnexports vgl. MANTOUX, a. a. O., S. 244.

Gülich, wonach die Kaufleute Hamburgs und anderer Handelsstädte auf Kosten von Holland seit einer Annexion durch Frankreich 1797 weitgehend die Einfuhr von Kolonialwaren sowie den Transithandel übernahmen.[14] In derselben Linie liegen auch seine Feststellungen über die erhöhten Agrarpreise, die erhöhten Profite der deutschen Getreide- und Holzhändler und nicht zuletzt auch die steigenden Einnahmen der ostelbischen Großgrundbesitzer infolge der Teuerung.[15] Es dürfte unbestreitbar sein, daß sich auf dieser Grundlage die Akkumulation des Handelskapitals stark beschleunigt hat und die vorhandenen Geldfonds sich weiterhin durch die Kapitalflucht der reichen französischen Emigranten sowie auch von Holländern nach Deutschland erhöhten, so daß damit der Umfang des Geldkapitals so groß wurde, daß die reichen Kaufleute nach neuen Anlagemöglichkeiten suchten.[16] Vorteile aus den Kriegen der neunziger Jahre zogen zweifellos auch die Berliner Seidenmanufakturiers und Verleger, denen die Behinderung der französischen Konkurrenz zugute kam.

Aber trotz der wirtschaftlichen Fortschritte, die beispielsweise in Berlin zu einer beträchtlichen Zunahme der Zivilbevölkerung führten, und zwar von 121873 Einwohnern im Jahre 1790 auf 146901 im Jahre 1800[17], hat dies doch nur in dem bereits erwähnten Falle des rechtsrheinischen Gebietes um Düsseldorf zur Gründung einer gewissen Anzahl von Fabriken, zur Anlage von fixem Kapital, in dieser Richtung geführt. Dabei trat – wie bereits erwähnt – die Tatsache des zur selben Zeit beginnenden Massenexports englischen Baumwollgarns als hindernder Faktor auf.

Im Gegensatz zu den neunziger Jahren gingen aber von der Weiterführung der Kriege Anfang des 19. Jh., jedenfalls unmittelbar, überwiegend negative Wirkungen auf die kapitalistische Entwicklung in Deutschland aus. Damals wurde Deutschland teilweise Kriegsschauplatz, zum Teil mußte es auch für die Kosten der napoleonischen Heere aufkommen, die in Deutschland stationiert waren und Kriege gegen Österreich und Rußland führten oder sich dafür vorbereiteten. Die napoleonischen Kriege wurden zu einem Hemmnis für Deutschland vor allem dadurch, daß sie sich mit der nationalen Unterdrückung verbanden. Diese führte durch Kontributionen zu außerordentlichen Kapitalverlusten der jungen deutschen Bourgeoisie, ganz abgesehen von den Lasten, welche die ärmere Bevölkerung zu tragen hatte.

Die nationale Unterdrückung Deutschlands führte aber vor allem auch zu seiner Unterwerfung unter die napoleonische Handelspolitik. Diese Handelspolitik erschwerte den Zugang für die Waren deutscher Staaten, z. B. für die

14 v. Gülich, G., Geschichtliche Darstellung des Handels, der Gewerbe und des Ackerbaus der bedeutendsten handeltreibenden Staaten unsrer Zeit. Jena 1830, Bd. II, S. 314. Vgl. ebenfalls die Bemerkung darüber auf S. 321.

15 v. Gülich, G., a. a. O.

16 Ebenda, S. 311, 321. – Vgl. auch S. 326.

17 Rachel, H., Das Berliner Wirtschaftsleben im Zeitalter des Frühkapitalismus. Berlin 1931, S. 220.

Leinewand, in Frankreich oder von Frankreich kontrollierten Ländern wie Italien und Spanien, während die deutschen Staaten, insbesondere auch Preußen, gezwungen waren, den Zugang für die französischen Waren zu erleichtern. Die Unterwerfung unter die französische Handelspolitik bedeutete fernerhin, daß die deutschen Staaten, wiederum einschließlich Preußens, den Handelskrieg gegen England mitmachen mußten. Dadurch erwuchsen dem deutschen Export nach Übersee schwere Hemmnisse, und der deutsche Import von Baumwolle und anderen Rohstoffen wurde auf das äußerste erschwert.

Dem steht allerdings die Ausschaltung der englischen Konkurrenz gegenüber, und auf diese Ausschaltung wird ja die Behauptung zurückgeführt, daß während der Kontinentalsperre die Grundlagen der deutschen Industrie entstanden seien. In Wirklichkeit gibt es aber dafür keinerlei Beweise.

Einen wirklichen Aufschwung erlebte während der Kontinentalsperre und während der nationalen Unterdrückung Deutschlands nur das linksrheinische Gebiet, das Teil des französischen Territoriums und Zollgebiets geworden war. Hier kommt es auch zur Anlage von fixem Kapital in Fabriken. Die mechanische Baumwollspinnerei macht neben anderen Zweigen große Fortschritte. Man darf aber demgegenüber nicht vergessen, daß diese Fortschritte vor allen auf Kosten des benachbarten rechtsrheinischen Gebietes erzielt wurden, das ja bisher das industriell fortgeschrittenste gewesen war. Alle Berichte über das Großherzogtum Berg, in dem die Städte Dortmund, Elberfeld und Essen lagen, stimmen darin überein, daß dieses industriell hochentwickelte Gebiet außerordentliche Notjahre durchlebt.[18] Der Baumwollspinnerei wurde zwar der Druck der englischen Konkurrenz genommen, sie litt aber dafür unter den durch Napoleon aufgezwungenen Einfuhrzöllen für Baumwolle, die hier, im Gegensatz zu anderen deutschen Territorien, streng eingehalten wurden, weshalb es auch zu einer Flucht von Baumwollfabrikanten auf das linke Rheinufer kam. Sogar die Produktion von Eisenfabrikaten erlitt infolge der Absperrung der osteuropäischen Absatzgebiete einen schweren Rückschlag, der auch das Tuchgewerbe sowie die Baumwollweberei betraf.[19]

Auch in Sachsen erlitten eine Reihe wichtiger Wirtschaftszweige – so die Baumwollweberei sowie der Kapital akkumulierende Transit- und Messehandel – schwere Rückschläge.[20] Diese Rückschläge wirkten in der Richtung, den Übergang zur Massenanlage von konstantem fixen Kapital zu verzögern. Dem steht allerdings auf der anderen Seite die Tatsache gegenüber, daß in

[18] ISENBURG, R., Untersuchungen über die Entwicklung der bergischen Wollenindustrie. Phil. Diss. Heidelberg 1906, S. 23. Vgl. auch C. SCHMIDT, Le Grand-Duché de Berg (1806–1813). Paris 1905, S. 370ff., sowie VOLLMER, A., a. a. O.; REDLICH, O., Napoleon I. und die Industrie des Großherzogtums Berg. In: „Beiträge zur Geschichte des Niederrheins", Düsseldorf 1902, 17. Bd.

[19] VOLLMER, A., a. a. O., S. 163ff.

[20] E akte Angaben über den Produktionsrückgang der sächsischen Baumwollweberei in der Zeit von 1805 bis 1811 finden sich bei A. KÖNIG, a. a. O., S. 259f.

Sachsen jetzt infolge der Ausschaltung der englischen Konkurrenz durch die Kontinentalsperre konstantes fixes Kapital in Baumwollspinnereien angelegt wurde. Während in Sachsen erst 1799/1800 die ersten Spinnfabriken der Kaufleute Wöhler und Bernhardt unter dem Schutz staatlicher Privilegien und Monopolrechte entstanden, kommt es während der Kontinentalsperre erstmals zu einer großen Vermehrung von Spinnfabriken. Und weiterhin ist Grundlage des Aufschwungs der Spinnerei in dieser Zeit nicht die Handspinnerei, sondern die Maschinenspinnerei, wobei die Spinnfabrik mit Wasserantrieb gegenüber der Jenny zum erstenmal entscheidende Bedeutung gewann. Die Zahl der für Baumwolle gangbaren Spindeln wuchs von 13200 im Jahre 1806 auf 210156 im Jahre 1812.[21]

Es konnte aber auch in Sachsen allein schon wegen des erwähnten Rückganges anderer Zweige nicht von einem allgemeinen zyklischen Aufschwung und damit dem Beginn der industriellen Revolution die Rede sein. Hierbei ist noch zu berücksichtigen, daß die Anlage von konstantem fixen Kapital in kleinen, auf Wasserkraft beruhenden Spinnfabriken nur der Deckung eines vorhandenen Gespinstmangels diente, wie das eben für die Investitionen der Vorbereitungsperiode der industriellen Revolution charakteristisch ist, wobei es sich in Sachsen um einen vorübergehenden, durch Krieg und Kontinentalsperre bedingten Mangel handelte.

Darüber hinaus dürfte sogar die Ausdehnung der auf der Maschinerie beruhenden Baumwollspinnerei nicht die negativ-ökonomischen, den Beginn der industriellen Revolution letztlich verzögernden Auswirkungen der napoleonischen Fremdherrschaft und der napoleonischen Kriege kompensiert haben.

Noch eindeutiger als in Sachsen ist aber der wirtschaftliche Rückgang in den anderen rechtsrheinischen Gebieten und vor allen Dingen in Preußen.

Im ganzen läßt sich feststellen, daß die Kriege und die nationale Unterdrückung unmittelbar zu einem gewissen Rückgang der Kapitalakkumulation geführt haben, noch mehr aber zu einer Hemmung der Verwandlung akkumulierten Handelskapitals in Industriekapital. Man darf nicht übersehen, daß es in einer Zeit, in der in England fixes Kapital in großem Umfange für den Ausbau des Transportnetzes angelegt wurde, von einem ähnlichen Ausbau in Deutschland, wenn man von einigen von Napoleon gebauten Straßen absieht, nicht die Rede sein konnte. Man kann auch nicht von einer Anlage von fixem Kapital im Bergbau und Hüttenwesen in einem solchen Umfange sprechen, wie er auf der Grundlage der gegebenen ökonomischen Voraussetzungen in Deutschland eigentlich möglich gewesen wäre. Schließlich darf man nicht übersehen, daß infolge Krieg und nationaler Unterdrückung durch die Kontinentalsperre auch die Kontakte zu dem ökonomisch-technisch fortgeschrittensten Land, Großbritannien, beseitigt oder zumindestens verringert wurden, die bei der Vor-

[21] König, A., Die sächsische Baumwollindustrie am Ende des vorigen Jahrhunderts und während der Kontinentalsperre. Leipzig 1899, S. 319.

bereitung der industriellen Revolution vorher und bei der Entfaltung der industriellen Revolution später eine große Rolle spielten.
Es ist deshalb sachlich richtiger, wenn man betont, die Erringung der nationalen Unabhängigkeit, die Beendigung der Kriege und den Beginn einer langen Friedensperiode als die Voraussetzungen für eine raschere Entwicklung der deutschen Industrie anzusehen als auf die angeblichen Vorteile der napoleonischen Kriege und der napoleonischen Fremdherrschaft hinzuweisen. Das ist eine Erkenntnis von aktueller Bedeutung gerade heute, wo es notwendig ist, immer wieder festzustellen, daß die nationale und koloniale Unterdrückung in entscheidendem Maße für das Zurückbleiben asiatischer und afrikanischer Gebiete verantwortlich ist. Und ebenso ist die Parallele zum 19. und 20. Jh. lehrreich, wenn man bedenkt, daß im Gegensatz zu den Ländern, die Kriegsschauplatz und so unmittelbar vom Kriege betroffen wurden, England am Ende des 18. und Anfang des 19. Jh. und die USA in den beiden Weltkriegen des 20. Jh. in ihrer industriellen Weiterentwicklung keineswegs wesentlich gehemmt wurden, wenn nicht sogar das Gegenteil (jedenfalls für die USA im 20. Jh.) feststellbar ist.
Nach 1815 setzt aber nicht nur eine längere, bis in die sechziger Jahre dauernde Friedensperiode für die von der nationalen Unterdrückung befreiten deutschen Staaten ein, es beginnen sich vielmehr auch in dieser Zeit die Folgen der preußischen Reformen, die beginnende Beseitigung der feudalen Produktionsverhältnisse, die nach den Worten Friedrich Engels jetzt einsetzende bürgerliche Revolution in Deutschland auszuwirken.[22] Wenn trotzdem in den Jahren nach 1815 nicht sofort auch die industrielle Revolution begann, so ist das nicht nur darauf zurückzuführen, daß die Auswirkungen dieser Tatsachen nur recht allmählich und zögernd sich geltend machen konnten, wozu noch die qualvolle Langsamkeit der Beseitigung der feudalen Produktionsverhältnisse auf der Grundlage des preußischen Weges selbst kam. Das ist vielmehr noch auf andere Faktoren zurückzuführen. Hierbei ist einmal das vorläufige weitere Bestehen der ökonomischen Zersplitterung Deutschlands zu nennen, welche die Schaffung eines einheitlichen nationalen Marktes und auch seinen Schutz vor der englischen Konkurrenz aufhielt.
Darüber hinaus gibt es noch weitere konkrete historische Erscheinungen, die gerade im Zusammenhang mit der englischen Konkurrenz wirksam werden. Es ist dies die Tatsache, daß dort, wie es unter den Bedingungen der kapitalistischen Klassengesellschaft nicht ungewöhnlich ist, der Beginn der Friedensära zunächst mit einer schweren Krise verbunden war. Zwar kommt es nach der Krise wieder zu einem zyklischen Aufschwung, dann wieder zur Wirtschaftskrise von 1825, aber dennoch liegt in der Behauptung der englischen Wirtschaftshistorikerin Knowles eine gewisse Berechtigung, wonach die zwanziger Jahre überwiegend durch Depressionen charakterisiert seien.[23] In dieser

[22] ENGELS, F., Der deutsche Bauernkrieg. Berlin 1949, S. 22.
[23] KNOWLES, L. C. A., The Industrial and Commercial Revolutions in Great Britain during the Nineteenth Century. London 1921, S. 118ff.

Zeit machte sich die englische Konkurrenz auf dem ungeschützten deutschen Markt naturgemäß besonders geltend und entmutigte allgemein die Anlage von konstantem fixen Kapital in Deutschland. Hinzu kam, daß es auch in Deutschland – jedenfalls unmittelbar nach den Befreiungskriegen, nach dem Aufhören von Rüstungsaufträgen, der Demobilisierung der Armee –, also aus der eigenen Entwicklung heraus, zu vorübergehenden wirtschaftlichen Störungen kam, die mit einer gewissen Zunahme der Arbeitslosigkeit verbunden waren; das waren Störungen, die dann durch die internationale Agrarkrise, die Deutschland wie andere europäische Länder heimsuchte, noch außerordentlich verschärft wurden. Alle diese Faktoren waren also einer Anlage von konstantem fixen Kapital in größerem Ausmaße nicht zuträglich. Dennoch darf man nicht übersehen, daß die Vorbereitung der industriellen Revolution gerade in den zwanziger Jahren auch gewisse Fortschritte machte, auf die dann in den dreißiger und vierziger Jahren aufgebaut werden konnte. Diese Fortschritte zeigen sich in einer – wenn auch im Verhältnis zu England – geringen Steigerung der Produktion von Bergbau und Hüttenwerken und vor allem in der Anwendung von Dampfmaschinen sowie in der Einführung des Puddelverfahrens in der Eifel durch Remy, dem Harkort und Hoesch folgten.

Schließlich können wir in den zwanziger Jahren die Anfänge selbständiger kapitalistischer Maschinenbaubetriebe in Berlin und anderen Teilen Deutschlands beobachten, während bis dahin die benötigten Maschinen von den Verbrauchern zumeist selbst oder auch von Handwerkern hergestellt wurden, wobei eine bekannte Ausnahme der erste westdeutsche Maschinenfabrikant Dinnendahl war. Jetzt hingegen kommt eine Anzahl selbständiger Maschinenbetriebe auf. Dabei sind in Berlin zwei der ersten Bahnbrecher Freund und Egells.[24]

Im Textilgewerbe hingegen sind die quantitativen Fortschritte gering, die qualitativen beschränken sich auf den Beginn der Mechanisierung im Tuchgewerbe im Westen Deutschlands, von der jetzt nach der eigentlichen Spinnerei die Appretur, das Tuchscheren, das Walken, allmählich erfaßt werden.

Bedeutungsvolle Anfänge zeigen sich auch auf dem Gebiete des Transports. In den zwanziger Jahren beginnt von seiten der Staaten zum ersten Male, vor allem in Preußen, ein Chausseebau in größerem Maßstabe, wobei von 1817 bis 1828 dafür 11 Millionen Taler aufgewandt wurden.[25] Jedoch wird dadurch das Zurückbleiben des deutschen Transportnetzes gegenüber dem sich rasch weiter entwickelnden englischen nicht aufgehalten. Dasselbe trifft auch auf die Einführung der ersten Dampfschiffe auf den deutschen Flüssen im Jahre

[24] Vgl. darüber: SCHRÖTER, A., Die Anfänge der deutschen Maschinenbauindustrie in der ersten Hälfte des 19. Jahrhunderts. Unveröffentl. Diss. im Institut für Wirtschaftsgeschichte der Hochschule für Ökonomie, Berlin-Karlshorst.

[25] THIMME, F., Straßenbau und Straßenpolitik in Deutschland zur Zeit der Gründung des Zollvereins 1825–1835. In: Beiheft 21 d. J. f. Soz. u. Wirtschaftsgeschichte, Stuttgart 1931, S. 3.

1816 zu. Spielten doch bis 1830 die Dampfschiffe nur auf dem Rhein, insbesondere nach der Gründung der Rheinisch-Preußischen Dampfschiffahrtsgesellschaft, und dort auch nur für die Personenschiffahrt, eine größere Rolle.
Abschließend läßt sich feststellen: Trotz einer qualvoll langsamen Entwicklung waren doch in den zwanziger und Anfang der dreißiger Jahre allmählich die Voraussetzungen für den Durchbruch zum industriellen Kapitalismus geschaffen. Die Vorbereitungsperiode der industriellen Revolution findet dann ihren Abschluß mit der Gründung des Zollvereins, der die wirtschaftliche Einheit für den größten Teil Deutschlands herstellt.
Ihr folgt dann die industrielle Revolution selbst, die bis 1873 dauert. Dabei liegen die Schwerpunkte und die Hauptprobleme dieses entscheidenden Stadiums der deutschen Wirtschaftsgeschichte schon in seinem Beginn, also in den Jahren, in denen sich der Übergang zur Massenanlage von konstantem fixen Kapital vollzieht, indem diese Massenanlage zum erstenmal auftritt und damit auch der erste Zyklus des deutschen Industriekapitalismus einsetzt; denn einmal in Gang gekommen, setzte sich dieser zyklische Prozeß weiter, gewissermaßen in Eigenbewegung fort. Als Hauptproblem erscheint deshalb die Frage, wie dieser Prozeß in Gang kam. Deshalb wird auch den folgenden Bemerkungen – den vierziger Jahren – besondere Aufmerksamkeit gewidmet. In geringerem Maße wird das mit den fünfziger Jahren der Fall sein, obschon das Auftauchen neuer, für den Hauptprozeß der industriellen Revolution wesentlicher Erscheinungen auch hier noch größere Aufmerksamkeit erfordert.

III. ZUR INDUSTRIELLEN REVOLUTION 1834 BIS 1873

1. Zur Anlage von konstantem fixen Kapital

Der Übergang zur Massenanlage von konstantem fixen Kapital in der zweiten Hälfte der dreißiger und vor allem in den vierziger Jahren des 19. Jh.

Der Übergang zur Massenanlage von konstantem fixen Kapital stellte einen qualitativen Sprung dar. Dafür waren außerordentlich große Geldfonds um so mehr erforderlich, als ein solcher Übergang auch mit einem großen Mehraufwand von variablem sowie konstantem zirkulierenden Kapital verbunden sein mußte. Der Umfang dieser Geldfonds überschritt bei weitem die Grenzen, die durch die von der bereits vorhandenen Industrie und Manufaktur herrührende Akkumulation von Profiten gegeben waren. Die industrielle Revolution konnte deshalb nur in Gang kommen, wenn darüber hinaus große Geldfonds aus anderen Quellen zur Finanzierung kapitalistischer Betriebe verwandt wurden. Und da die großen Kaufleute die wichtigsten Inhaber solcher Geldfonds waren, mußte das vor allem jene schon von Marx geschilderte klassische Umwandlung von Handelskapital in industrielles Kapital bedeuten. Demgegenüber spielten nach dem Ende der industriellen Revolution für die erweiterte

Reproduktion der kapitalistischen Industrie vor allem die unmittelbaren Profite jener Industrie selbst die entscheidende Rolle.

Was nun die Akkumulation von Geldfonds anbelangt, insbesondere die Akkumulation von Handelskapital, so muß in diesem Zusammenhang einer verbreiteten Legende entgegengetreten werden, wonach etwa ein Mangel an solchen Kapitalien in den ersten Jahrzehnten des 19. Jh. die industrielle Entwicklung behindert hätte. Daß von einem solchen Kapitalmangel nicht die Rede sein konnte, das beweist das ständige Sinken des Zinsfußes in den zwanziger Jahren, ein Sinken, das sich übrigens bis Mitte der vierziger Jahre fortsetzen sollte.[26] Suchte doch in Deutschland akkumuliertes Kapital, insbesondere Handelskapital, in den zwanziger Jahren Anlagemöglichkeiten im Ausland, z. B. bei ausländischen Staatsanleihen. Dabei stellt den besten Gegenbeweis gegen die These vom angeblichen Kapitalmangel die Tatsache dar, daß selbst dann, als größere Kapitalanlagen einsetzten, die sinkende Bewegung des Zinsfußes zunächst anhielt.[27]

Auf der anderen Seite sollen mit der Betonung dieses Faktums die Bedeutung des größeren Akkumulationsgrades des Geldkapitals in England und damit auch die Bedeutung der Kapitalverluste der deutschen Bourgeoisie während der napoleonischen Fremdherrschaft sowie nicht zuletzt der geringeren Anzahl größerer Geldvermögen in Deutschland keineswegs geleugnet werden.

Im ganzen ist jedoch festzuhalten, daß nicht in der Frage des Grades der Akkumulation von Geldfonds als vielmehr in der Frage ihrer Umwandlung in industrielles Kapital das Hauptproblem lag. Dabei ist zu berücksichtigen, daß für die Inhaber großer Geldfonds, für die Träger des Handelskapitals ein ökonomischer oder außerökonomischer Zwang zur Verwandlung in Industriekapitalisten nicht bestand; sie taten den Schritt vielmehr zumeist nur auf die Initiative von überwiegend neu in den Vordergrund tretenden Unternehmern, die damit den Kern der jungen aufkommenden industriellen Bourgeoisie bildeten, deren erste Elemente aber schon in vorangegangenen Jahrzehnten während der Vorbereitungsperiode der industriellen Revolution herangewachsen waren.

Aber dieser entscheidende Schritt der massenhaften Verwandlung von Handelskapital in industrielles Kapital, wie er für die industrielle Revolution, insbesondere aber für ihren Beginn, charakteristisch ist, hatte naturgemäß nicht nur einen bestimmten Entwicklungsgrad der Kapitalakkumulation und der Bourgeoisie zur Voraussetzung. Es mußten auf der anderen Seite auch die

26 Nähere Angaben über die Entwicklung des Zinsfußes bei E. Voye, Über die Höhe der verschiedenen Zinsarten und ihre wechselseitige Abhängigkeit. Jena 1902.

27 Vgl. dazu B. Brockhage, Zur Entwicklung des preußisch-deutschen Kapitalexports. Teil I, in: „Staats- u. sozialwiss. Forschg.", Heft 148, Leipzig 1910, der eine Fülle von Tatsachen für das Bestehen überschüssiger Geldfonds gibt, wobei er (vgl. S. 187) darauf hinweist, daß die meisten größeren Vermögen aus dem Großhandel stammten und (S. 206) daß die Kapitalien für die preußische Eisenbahn bis 1850, 150 Mill. Taler, durch das vor allem im Handel akkumulierte deutsche Kapital und zum Teil nur durch die Profite der Eisenbahn selbst aufgebracht wurden.

Bedingungen für eine rasche, sprunghafte Herausbildung eines großen Industrieproletariats vorhanden gewesen sein, das ja die Anlagen zu errichten und sie vor allem zu bedienen hatte. Dabei unterliegt es keinem Zweifel, daß diese Bedingungen schon Jahrzehnte vorher insoweit bestanden, als es eine sehr große und rasch zunehmende Schicht gab, deren Mitglieder gezwungen waren, durch Verkauf ihrer Arbeitskraft ihren Unterhalt zu sichern, da sie eigene Produktionsmittel entweder überhaupt nicht oder jedenfalls nicht in genügendem Maße besaßen; Menschen, die mit der Beseitigung der Leibeigenschaft im ersten Stadium der bürgerlichen Revolution, seit Beginn des 19. Jh., in steigendem Maße über ihre Arbeitskraft juristisch frei verfügen konnten. Ein etwa aus der ungenügenden Herausbildung dieser Schicht herrührender Mangel an Arbeitskräften war in jener Zeit sowenig ein Hindernis gegen die Umwandlung angesammelter Geldfonds in industrielles Kapital, ein Hindernis zur Entwicklung des industriellen Kapitalismus, als er es beispielsweise etwa bis in das 20. Jh. in Süditalien, Südeuropa überhaupt, Osteuropa vor der volksdemokratischen Revolution und den asiatischen Ländern bis zu ihrer Befreiung vom Imperialismus und sogar danach gewesen ist. Gab es doch im Deutschland der zwanziger Jahre ebenso eine große agrarische Überschußbevölkerung wie in jenen soeben angeführten schwach entwickelten Ländern; eine Masse von Menschen also, die nicht mehr auf die gewohnte Weise und noch nicht auf eine neue Weise ihren Lebensunterhalt erwerben konnte. Dabei war das Ausmaß der agrarischen Überschußbevölkerung in Deutschland in den zwanziger Jahren – und dieser Prozeß setzt sich dann in den dreißiger und vierziger Jahren in verstärktem Umfange fort – durch die gleichzeitige Entwicklung des Kapitalismus in der Landwirtschaft, die vor allem in den ostelbischen Gebieten mit Bauernlegen, mit der Trennung breiter Schichten der Dorfbewohner von ihrem Bodenbesitz verbunden war, stark vorangetrieben worden. Hinzu kam noch der außerordentliche Bevölkerungszuwachs, der nach statistischen Angaben, wenn man von dem Gebietsumfang von 1871 ausgeht, sich zwischen 1816 und 1830, also in 14 Jahren, fast um 20%, von 24,8 auf 29,5 Millionen, gesteigert hat.[28] Es geschah gerade unter dem Eindruck dieser wachsenden Überschußbevölkerung, daß Friedrich List auf die Notwendigkeit der raschen Entwicklung der deutschen Industrie hinwies. Allerdings soll der Hinweis auf die agrarische Überschußbevölkerung nicht bedeuten, daß die Umwandlung landloser und landarmer Dorfbewohner sowie städtischer Handwerker in Industriearbeiter ein einfacher Prozeß war, daß nirgendwo und niemals ein Mangel an Arbeitskräften bestand. Was die ungelernten Arbeitskräfte betrifft, so fehlte es allerdings an ihnen sowenig, wie es etwa an ihnen heute beim Ausbau der Industrie in Indien fehlt. Aber diese Feststellung gilt nur, wenn man Deutschland oder auch nur einen Teil Deutschlands als ganzes nimmt. Jedoch unter den Bedingungen der außerordentlichen territorialen

[28] A. SARTORIUS v. WALTERSHAUSEN, Deutsche Wirtschaftsgeschichte 1815–1914. Jena 1923, 2. Aufl., S. 34.

Zersplitterung Deutschlands, der damit verbundenen fehlenden Freizügigkeit und eines noch nicht entwickelten Transportnetzes konnte der Bau eines größeren Industriebetriebes in einem begrenzten lokalen Bereich einen Arbeitskräftemangel hervorrufen, obschon in fast allen übrigen Teilen des Landes eine Überfülle an Arbeitskräften vorhanden war, ein Mangel, der allerdings bis in die sechziger Jahre verhältnismäßig schnell durch Einwanderung aus der näheren und weiteren Umgebung beseitigt werden konnte, eine Frage, mit der sich W. Becker in seinem in diesem Band abgedruckten Beitrag „Die Bedeutung der nichtagrarischen Wanderungen für die Herausbildung des industriellen Proletariats in Deutschland, unter besonderer Berücksichtigung Preußens von 1850 bis 1870", auseinandersetzt.

Ein wesentlich größeres Hindernis als die Beschaffung von ungelernten Arbeitskräften stellte allerdings der in diesem Falle absolute Mangel an Fachkräften dar. Dabei muß man den Begriff „Fachkräfte" für die damalige Zeit entschieden weiter fassen als später, weil dazu schon minimale industrielle Erfahrungen und Gewöhnung an den industriellen Prozeß gehörten. Immerhin waren in der Richtung der Herausbildung technischer Kader bereits in den zwanziger Jahren die ersten Anfänge gemacht worden. Solche Freunde des aufkommenden Industriekapitalismus wie Nebenius in Baden[29] und Beuth in Preußen haben gerade in der Herausbildung technischer Kader und Facharbeiter jener Zeit ein wichtiges Mittel gesehen, um den Vorsprung Englands einzuholen. Es ist deshalb kein Zufall, daß auch Nebenius neben Friedrich List als Propagandist jenes wirtschaftspolitischen Fortschritts auftrat, mit dem die Vorbereitungsperiode der industriellen Revolution ihren Abschluß findet: der Gründung des Zollvereins, welcher die wirtschaftliche Einheit für den größten Teil Deutschlands herstellt und der jungen deutschen Bourgeoisie, wenn auch zunächst in sehr begrenztem Umfange, ihren nationalen Markt sichert.

In den Jahren nach der Bildung des Zollvereins waren aber nicht nur die inneren Voraussetzungen für eine Massenanlage von konstantem fixen Kapital herangereift. Es waren vielmehr auch die internationalen Bedingungen, jedenfalls in der ersten Zeit, verhältnismäßig günstig. Das hing damit zusammen, daß sich jetzt der englische Kapitalismus im Stadium eines außerordentlichen zyklischen Aufschwungs befand.

Dieser Aufschwung und die durch ihn bedingte Abschwächung der englischen Konkurrenz wirkte mit der entstandenen Zolleinheit, dem Wegfall der inneren Zollgrenzen zusammen, um Hemmungen gegen die Anlage von konstantem fixen Kapital zu beseitigen oder doch abzuschwächen. Das trat besonders deutlich gerade in den Wirtschaftszweigen zutage, in denen die englische Konkurrenz am stärksten gewesen war, so vor allem in der Baumwollspinnerei. In der Baumwollspinnerei kam es in den Jahren 1834 bis 1836 in wachsendem

[29] Vgl. dazu A. Böhtlingk, Der deutsche Zollverein, das Karlsruher Polytechnikum und die erste Staatsbahn in Deutschland. Karlsruhe 1899, S. 67.

Umfange zu Kapitalanlagen, insbesondere zur Anlage von konstantem fixen Kapital. Dabei spielten bei diesen Anlagen Neugründungen von Baumwollspinnereien eine wesentliche Rolle. Nach Angaben, die sich in einer in Vorbereitung befindlichen Monographie über die Baumwolle von H. Wutzmer, „Die Entwicklung der deutschen Baumwollindustrie 1834 bis 1870", finden, steigen in Sachsen die Zahlen der Spinnereien von 91 im Jahre 1834 auf 130 im Jahre 1837, also um fast 39,7%, wobei die Gründungswelle ebenso wie in anderen Teilen Deutschlands im Jahre 1836 ihren Höhepunkt erreichte. Der Ausbruch der Krise in England führte dann erneut zur Verschärfung der englischen Konkurrenz, die bis tief in die vierziger Jahre anhielt. Jedoch war diese Tatsache keineswegs der entscheidende Faktor, der die Anlage von konstantem fixen Kapital in der deutschen Baumwollspinnerei auf lange Sicht hemmte. Die deutsche Baumwollspinnerei konnte auch aus anderen Gründen in der industriellen Revolution Deutschlands nie die Rolle spielen, die sie in der Englands eingenommen hat; denn nur das erste Land, das die mechanische Baumwollspinnerei entwickelte, konnte den Weltmarkt derart monopolisieren, wie es England getan hat, dem ja auch seine Handelssuprematie, sein Weltreich, zugute kamen. Die Baumwollindustrien anderer Staaten konnten froh sein, wenn sie sich auch nur auf dem eigenen Markt gegenüber der englischen Konkurrenz behaupteten. So konnte also die Anlage von fixem Kapital in der Baumwollspinnerei in Deutschland nicht einen solchen Umfang annehmen, um den Prozeß der industriellen Revolution, den ersten zyklischen Aufschwung und die weiteren zyklischen Aufschwünge in Deutschland in Gang bringen zu können. So kam es, daß die entscheidenden Anlagen von fixem Kapital, die den Durchbruch zum sich entfaltenden industriellen Kapitalismus einleiteten, nicht die Baumwollspinnerei, nicht die Textilindustrie oder Leichtindustrie überhaupt, sondern vielmehr die Transportindustrie betrafen.

Sicherlich haben die Anlagen in der Transportindustrie, vor allen Dingen in Kanälen, bei den ersten zyklischen Aufschwüngen auch in England eine bedeutende Rolle gespielt. Sicherlich ist das auch in hohem Maße bei dem englischen zyklischen Aufschwung der vierziger Jahre der Fall gewesen. Aber das ändert nichts an der Tatsache, daß für den Durchbruch zur industriellen Revolution die Anlagen in der Transportindustrie, vor allem in den vierziger Jahren der Bau von Eisenbahnen, besonders in Deutschland entscheidend waren. Dabei kann man die Bedeutung der Anlage von fixem Kapital im Eisenbahnbau nicht allein an dem Verhältnis der dabei aufgewandten Mittel zu den Kapitalanlagen in den anderen Wirtschaftszweigen, insbesondere der Leichtindustrie, messen, obschon dieses Verhältnis eindeutig zugunsten des Eisenbahnbaues spricht. Vielmehr muß man auch das qualitative Moment im Auge behalten. Darunter ist die Tatsache zu verstehen, daß die Anlage von fixem Kapital im Eisenbahnbau, wenn wir von der ersten Bahn Nürnberg–Fürth absehen, sich nicht auf die bestehende Nachfrage nach Transportleistungen orientierte, die ja einen Eisenbahnbau in großem Umfange noch gar nicht rechtfertigen konnte, sondern vielmehr auf die zukünftige Nachfrage nach

Transportleistungen. Die Kapitalanlage im Eisenbahnbau stellte also eine spekulative Kapitalanlage dar; diese Kapitalanlage wiederum, die durch sie erzeugte Nachfrage nach Transportmitteln, wie Lokomotiven, Wagen, Schienen, führte dann zur erneuten Anlage von konstantem fixen Kapital in den betreffenden Zweigen, in der Schwerindustrie überhaupt, wobei diese Anlagen also von den Kapitalanlagen im Eisenbahnbau abhängig waren. Eine eben solche, wenn auch keineswegs so unmittelbare und so starke Abhängigkeit besteht in gewissem Maße auch bei den weiteren Kapitalanlagen der vierziger Jahre innerhalb der Baumwoll- und auch Wollindustrie, insoweit der Bau von Transportwegen und Transportmitteln zur Absorption eines Teils der agrarischen Überschußbevölkerung und damit zur gesteigerten Nachfrage nach Konsumgütern – wie z. B. auch Baumwollwaren – führte.

Wie kam es nun dazu, daß die Anlage von Kapital bei den Eisenbahnen der Anlage in der eigentlichen industriellen Produktion vorausging und diese damit anregen konnte?

Bei der Beantwortung dieser Frage muß man von der Zusammensetzung der bereits akkumulierten Kapitalien, besonders des Handelskapitals, ausgehen. In bezug auf diese Zusammensetzung wurde bereits festgestellt, daß es an großen Geldvermögen in einem mit England vergleichbaren Ausmaß in Deutschland fehlte. Die Inhaber größerer Geldvermögen waren auch zumeist nicht bereit, diese vollständig oder auch nur überwiegend in einzelnen kapitalistischen Industriebetrieben zu investieren, sich also auf diese Weise in Mitglieder der industriellen Bourgeoisie zu verwandeln, oder selbst als zinstragende Kapitalisten, als individuelle Geldgeber sich an der Industrie mit ihrem ganzen Vermögen zu beteiligen. Obwohl das eine Reihe von Handelskapitalisten taten, wie das aus dem in diesem Band abgedruckten Beitrag von Heinz Wutzmer, „Die Herkunft der industriellen Bourgeoisie Preußens in den vierziger Jahren des 19. Jahrhunderts", ersichtlich ist, konnte daraus doch zunächst keine Massenanlage von fixem Kapital entstehen. Viel eher konnte es zu einer Bereitschaft der Kaufleute und auch anderer Inhaber größerer Geldfonds kommen, *Teile* ihrer im Handelsbetrieb überschüssigen Fonds in industrielles Kapital zu verwandeln. Ein solcher Weg war aber, da große Depositenbanken als Zentralisatoren des Kapitals noch fehlten, nur unmittelbar über die Gründung von Gesellschaften, insbesondere Aktiengesellschaften gangbar.[30]

Aber in jener Zeit des Anfangsstadiums des Kapitalismus war auch die Bildung von Aktiengesellschaften schwierig. Ganz abgesehen davon, daß der absolutistische preußische Staat, der jede einzelne Aktiengesellschaft, im Gegensatz zu anderen kapitalistischen Unternehmungen, in denen Gewerbefreiheit galt, zu konzessionieren hatte, solche Vereinigung von Bürgern nicht gern sah, war es auch für die einzelnen Mitglieder der Handelsbourgeoisie nicht einfach,

[30] Über die entscheidende Rolle der Handelsgesellschaften bei der Gründung von Maschinenbauunternehmungen bis zum Ende der vierziger Jahre, vgl. A. SCHRÖTER, a. a. O.

zu ihrer Assoziation zu gelangen. Außerdem stellte auch die Aktiengesellschaft damals für die meisten Textilbetriebe im allgemeinen keine geeignete Unternehmungsform dar, obwohl in Augsburg nach der Gründung des Zollvereins die erste mechanische Baumwollspinnerei gerade in Form der Aktiengesellschaft entstanden war.[31] Die Hemmnisse für die Gründung von Aktiengesellschaften, die bei der industriellen Revolution in Deutschland eine wesentliche Rolle spielen mußten, konnten nun aber am leichtesten bei der Transportindustrie, bei den Eisenbahnen überwunden werden.

Man muß sich in diesem Zusammenhang vor Augen halten, wie die ersten Eisenbahnprojekte, Eisenbahnkomitees und Eisenbahngesellschaften entstanden. Initiatoren waren in wesentlichen Gruppen von Bürgern bestimmter Städte, wie Nürnberg, Fürth, Berlin, Magdeburg, Leipzig, Augsburg, Köln und andere. Für diese waren Eisenbahnen zunächst nicht so sehr und nicht allein wegen der unmittelbaren Profite aus den Eisenbahnunternehmungen als vielmehr wegen der Profite von Interesse, die auf Grund der Eisenbahnen für ihre bisherigen örtlichen Unternehmungen, wie Handelsbetriebe und Manufakturen, erwachsen sollten. Sie gingen also von der Hoffnung aus, durch die Eisenbahnen, genauer, durch eine bestimmte Bahnverbindung, diese ihre bisherigen Unternehmungen zu fördern sowie auch Gefahren für sie zu vermeiden, die sich ohne eine solche Verbindung durch etwaige Umgehung des betreffenden Ortes ergeben würden.

Die Summierung also zweier Interessen war es, die diese Gruppen deutscher Bürger seit Anfang der dreißiger Jahre zum Eisenbahnbau, zur Gründung von Eisenbahnaktiengesellschaften hintrieb. Die Summierung der beiden Interessen war es auch, die ein entscheidendes Hemmnis gegenüber der Kapitalanlage im Eisenbahnbau zu überwinden half. Hierbei soll die bereits erwähnte Tatsache verstanden sein, daß fast alle Eisenbahnen nicht auf der Grundlage der bestehenden Nachfrage nach Transportleistungen rentabel sein konnten, sondern vielmehr erst auf der Grundlage eines Wachstums der Nachfrage, das gerade durch die Eisenbahnen bewirkt wurde. Trotzdem dieses Hemmnis bei den Eisenbahnen rascher bezwungen werden konnte als z. B. bei der Schwerindustrie, war die Überwindung immer noch schwer genug. Man muß hierbei bedenken, daß Anfang der dreißiger Jahre, sogar innerhalb der Bourgeoisie als der damals fortgeschrittensten Klasse, die Meinung überwog, daß Eisenbahnen zwar für das weiterentwickelte England notwendig und dort

[31] Über die 1837 erfolgte Gründung der mechanischen Baumwollspinnerei und -weberei AG in Augsburg, vgl. J. GRASSMANN, Die Entwicklung der Augsburger Industrie im Neunzehnten Jahrhundert. Augsburg 1894, S. 21. Bemerkenswert, daß die Gründung von einem Bankhaus, dem Bankhaus J. L. Schäzler, ausging. Das Kapital von 1,2 Mill. Gulden wurde übrigens in 12 Tagen aufgebracht. GRASSMANN hebt ebenfalls das Vorhandensein großer überschüssiger Geldfonds (S. 22) und des niedrigen Zinsfußes hervor und sieht das Haupthindernis für die Gründung der Aktiengesellschaft in der Haltung des bayerischen Staates.

auch rentabel gewesen seien, aber noch keineswegs in dem industriell rückständigen Deutschland. Die bedeutendste Rolle solcher großer Propagandisten des Eisenbahnbaues wie Friedrich List, Harkort und anderer besteht gerade darin, die Unrichtigkeit dieser Meinung nachgewiesen und zunächst entscheidende Kreise der deutschen Bourgeoisie davon überzeugt zu haben, daß der Eisenbahnbau für die Entwicklung des deutschen Kapitalismus besonders wichtig, daß der Eisenbahnbau ein Mittel sei, um den Vorsprung der viel beneideten englischen Bourgeoisie aufzuholen, und daß schließlich der Eisenbahnbau auch rentabel sei. Wesentlich länger hat es allerdings gedauert, bis die Erkenntnis selbst zu solchen Spitzen der Staatsbürokratie vordrang, die wie Beuth große Freunde und teilweise auch Förderer des jungen deutschen Industriekapitalismus gewesen sind.[32] Der entscheidende Durchbruch in der Anlage von fixem Kapital konnte aber auch gerade im Eisenbahnbau eben deshalb erfolgen, weil die Umwandlung von Teilen der agrarischen Überschußbevölkerung in außerlandwirtschaftliche Lohnarbeiter beim Eisenbahnbau wesentlich leichter war als bei der eigentlichen Industrie; denn einmal bedurfte der arbeitsintensive Eisenbahnbau vieler ungelernter Arbeitskräfte, und weiterhin war für viele von ihnen, besonders im ersten Stadium, keine dauernde Wohnsitzveränderung notwendig, um zum Arbeitsplatz zu gelangen. Sie konnten im Dorf bleiben und dennoch eine bestimmte Zeit im Eisenbahnbau tätig sein. Leider ist aber gerade das historische Bild jener deutschen Werktätigen, die die ersten deutschen Eisenbahnen gebaut haben, noch nicht sehr deutlich. Es fehlt an solchen Quellen, wie sie in England über die sogenannten Navvies vorhanden sind.[33]

Weiterhin ist die Anlage von Kapital in Eisenbahnen nicht wie bei der eigentlichen Industrie durch die Furcht vor der englischen Konkurrenz und auch nur in geringerem Maße durch Mangel an technischen Kadern gehemmt worden. Was den ersten Punkt anbetrifft, so bedarf dieser keiner näheren Erläuterung. Was den zweiten Punkt anbelangt, so soll nur darauf aufmerksam gemacht werden, daß die ersten ingenieurtechnischen Kader in Deutschland vom Staat für solche Aufgaben, wie Wasserregulierung, Straßenbefestigungsbau und ähnliches ausgebildet wurden. Diese nicht schlechten, in Deutschland in verhältnismäßig großem Umfang ausgebildeten Kader wurden dann auch vom Staat

32 Über Beuths Meinung, „... daß der preußische Verkehr noch lange nicht entwickelt genug sei, um der Eisenbahnen zu bedürfen ..." vgl. H. J. Straube, Peter Christian Wilhelm Beuth. In: „Deutsches Museum", Abhdlg. u. Ber., 2. Jg., Heft 5, S. 151. Vgl. weiterhin auch den folgenden Satz Rothers (S. 218): „Der Erfolg der auf gesunder Basis beruhenden Unternehmungen wird dort (gemeint sind USA und Großbritannien H. M.) auch durch Verhältnisse bedingt, auf die sich bei uns nicht rechnen läßt." Abgedruckt bei v. d. Leyen, Die Entstehung der Magdeburg-Leipziger Eisenbahn. Archiv f. Eisenbahnwesen, 1. Jg., Heft 5, Berlin 1878–1880, S. 218ff.

33 Vgl. darüber: Gregg, P., A Social and Economic History of Britain 1760–1955. London 1950, S. 103–105, die vor allem die Berichte des Parlaments und von Regierungskomitees über die Navvies zugrunde legt, insbesondere Report of Select Commitee on Railway Labourers, 1846, XIII.

für die ersten Eisenbahnen zur Verfügung gestellt.[34] Ehemalige Baumeister waren auch die ersten technischen Pioniere des deutschen Eisenbahnwesens. Aber gerade die Frage der vom Staat entliehenen technischen Kader führt zu dem größten Hindernis, das – jedenfalls in den dreißiger Jahren – dem Bau von Eisenbahnen gegenüberstand. Dieses Hindernis kam von seiten des absolutistischen Staates in Preußen und von anderen Ländern. Gerade diese Frage verdient besondere Beachtung, weil sie einen Teil des komplizierten Problems der Haltung der deutschen Staaten, insbesondere des preußischen Staates zum entstehenden Industriekapitalismus darstellen, wozu einige nähere Bemerkungen zweckmäßig sind.

Allgemeines Einverständnis dürfte darüber bestehen, daß der preußische absolutistische Staat im Vormärz einen hemmenden Faktor auch gegenüber der Entwicklung des Kapitalismus in der Industrie darstellte. Diese Hemmnisse zeigten sich konkret darin, daß der preußische Staat sich einer Beschleunigung des Überganges vom Feudalismus zum Kapitalismus in der Landwirtschaft entgegenstellte, daß er Maßnahmen unterließ, die auf eine Beschleunigung der Ablösung feudaler Lasten und feudaler Elemente überhaupt gerichtet waren, was auf vielerlei Weise, vor allem durch die Beschränkung des inneren Marktes, die industrielle Revolution hemmen mußte. Hinzu kam unmittelbar das Festhalten am veralteten Direktions-Prinzip im Bergbau, schließlich die schon mehrfach erwähnte Hemmung der für den deutschen Kapitalismus notwendigen Bildung von Aktiengesellschaften. Diese Hemmung begann sich besonders um 1845 auszuwirken, als die fallende Tendenz des Zinsfußes sich in ihr Gegenteil verwandelte. Seit diesem Zeitpunkt versuchte die Bourgeoisie in verstärktem Maße Aktiengesellschaften zur Finanzierung, vor allem von schwerindustriellen Unternehmungen, sowie auch von modernen Großbanken zu gründen und sich auch auf anderen Wegen neue Finanzierungs- und Kreditmöglichkeiten zu erschließen. Das sind alles Hemmnisse, die erst nach der Revolution von 1848 mit der Erringung eines, wenn auch schwachen Anteils der Bourgeoisie an der politischen Macht allmählich, wenn auch in den fünfziger Jahren noch keineswegs vollständig, wegfielen.[35]

Dabei zeigt sich diese hemmende Rolle des absolutistischen Staates gegenüber der Entwicklung des Kapitalismus nicht erst im letzten Jahrzehnt vor der Revolution von 1848, sondern wird bereits schon deutlich sichtbar, zumindest in den

[34] Vgl. zur Frage der vom Staat ausgeliehenen technischen Kader D. EICHHOLTZ, Über das Verhältnis zwischen Junkern und Bourgeoisie vor 1848 in der preußischen Eisenbahngeschichte. Diss. in der Wirtschaftswissenschaftl. Fakultät der Humboldt-Universität zu Berlin, S. 327–349.

[35] Über die Bedeutung dieser nach der Revolution von 1848 im Interesse der Entwicklung des Kapitalismus getroffenen Maßnahmen vgl. oben S. 41 sowie R. HERRNSTADT, Die erste Verschwörung gegen das Internationale Proletariat. Berlin 1958, S. 57ff., der die Auswirkungen der Revolution von 1848 und insbesondere des veralteten Bergrechts auf die beschleunigte Entwicklung des deutschen Industriekapitalismus in den fünfziger Jahren stark betont.

letzten Jahrzehnten des 18. Jh. Zweifel über die Rolle des Staates in Deutschland kann man nur für die Zeit hegen, die Engels als den Beginn der bürgerlichen Revolution bezeichnet, also den Anfang des 19. Jh., als der absolutistische Staat in den Händen der Reformer vorübergehend zu einem Instrument wird, das auf die Ablösung der Feudalordnung gerichtete Maßnahmen trifft.

Es wäre nun eine naheliegende Schlußfolgerung, aus der Feststellung vom objektiv hemmenden Charakter des absolutistischen Staates zu schließen, daß dieser Staat subjektiv der Entwicklung des industriellen Kapitalismus, der Gründung und Erweiterung kapitalistischer Industriebetriebe in erbitterter Feindschaft gegenüberstand, daß er sich bemühte, diese Entwicklung aufzuhalten. Einer solchen Schlußfolgerung steht jedoch eine Fülle von Tatsachen gegenüber, die beweisen, daß am Ende des 18. Jh. in der Vorbereitungsperiode der industriellen Revolution der absolutistische Staat die merkantilistische Politik gegenüber den Manufakturen fortsetzt; jene merkantilistische Wirtschaftspolitik, mit der er, ähnlich wie beispielsweise in Frankreich unter Colbert, in Rußland unter Peter I., die Manufakturen sogar im Interesse der Stärkung seiner finanziellen und militärischen Macht zu fördern suchte.[36]

Auch in der ersten Hälfte des 19. Jh., in der der Merkantilismus aufhörte die staatliche Wirtschaftspolitik zu bestimmen, kann davon, daß der preußische und die anderen deutschen Teilstaaten die Errichtung und Erweiterung der kapitalistischen Industriebetriebe zu verhindern suchten, keine Rede sein.

Die in den staatlichen Archiven vorhandenen Quellen geben keinerlei Hinweise auf Verbote oder andere gegen Fabriken gerichtete Maßnahmen, aber viele Beweise, vor allem in den zwanziger Jahren, für Unterstützung von Subventionen kapitalistischer Industriebetriebe, insbesondere von Fabriken. So ist auch – worauf an anderer Stelle dieses Buches hingewiesen wird[37] – die erste mechanische Flachsspinnerei durch staatliche Hilfe entstanden.

Die Ursache für diese Haltung entspricht insoweit den Ursachen für die merkantilistische Gewerbeförderung der absolutistischen Staaten des vorangegangenen Jahrhunderts, als die hinter dem absolutistischen Staat stehenden Kreise, ebenso wie die Spitze der Staatsbürokratie, auch in den ersten Jahrzehnten des 19. Jh. im Vergleich zu anderen Staaten um die finanzielle, ökonomische und militärische Stärke ihres Staates fürchteten, falls es zu keiner Entwicklung des Gewerbes, jetzt eben der Industrie, käme.

Das hat zu einem frühen Zusammengehen des preußischen Staates mit der Bourgeoisie in ökonomischer Hinsicht geführt. Die gemeinsamen Geschäfte

[36] Vgl. z. B. zum Beweis dafür, daß die merkantilistische Gewerbepolitik auch am Ende des 18. und Anfang des 19. Jh. anhält, G. Kesselbauer, Die preußische Bourgeoisie in Handel und Gewerbe und ihre Bestrebungen zur Durchsetzung der neuen, kapitalistischen Produktionsverhältnisse (1789–1806). Diss. in der Wirtschaftswissenschaftl. Fakultät der Humboldt-Universität zu Berlin. Zu Fragen des Merkantilismus überhaupt vgl. H. Mottek, Wirtschaftsgeschichte Deutschlands. Berlin 1957, S. 257ff.

[37] Blumberg, H., Ein Beitrag zur Geschichte der deutschen Leinenindustrie 1834–1870. (Im folgenden kurz Leinenindustrie.) S. 106 u. 107.

zwischen preußischem Staat und Bourgeoisie, sowie auch unmittelbar zwischen Junkern und Bourgeoisie, sind eine Ursache für den späteren Verrat der Bourgeoisie an der bürgerlichen demokratischen Revolution von 1848 gewesen, ebenso wie auch später die einträgliche Zusammenarbeit mit dem Kaiserreich zur rascheren Überwindung des früheren Liberalismus der Bourgeoisie beitrug. Solche gemeinsamen Geschäfte treten insbesondere gerade in den vierziger Jahren, eben beim Bau von Eisenbahnen auf. Im Verhältnis der deutschen Bourgeoisie zum preußischen Staat und Junkertum muß man also auch diese Seite beachten.[38] Das ändert jedoch nichts an der Tatsache, daß unmittelbar vor der bürgerlichen Revolution von 1848 der Gegensatz zwischen Bourgeoisie auf der einen und Absolutismus auf der anderen Seite zum wesentlichen Wider spruch wurde. Machte sich doch jetzt angesichts des erreichten Grades der kapitalistischen Entwicklung die hemmende Rolle des absolutistischen Staates um so fühlbarer, wurde es für die Bourgeoisie unerträglich, daß die ihre Interessen unmittelbar betreffenden Angelegenheiten ohne sie entschieden wurden, ihr also jeder Anteil an der politischen Macht fehlte.

Wenn wir, von diesen Feststellungen über das Verhältnis Staat–Industriekapitalismus ausgehend, uns jetzt der Frage Staat–Eisenbahn zuwenden, so ist zunächst auffallend, daß der preußische Staat und auch andere deutsche Staaten dem Eisenbahnbau, im Unterschied zum Bau von Spinnfabriken in den dreißiger Jahren, zumeist ablehnend gegenüberstanden. Es gibt über den Eisenbahnbau solche in der Literatur häufig zitierte Aussprüche deutscher „Landesväter" wie die des Ernst August von Hannover: „Ich will keine Eisenbahnen in meinem Lande, ich will nicht, daß jeder Schuster und Schneider so rasch reisen kann wie ich."[39] Eine ähnliche Einstellung soll es auch beim preußischen König Friedrich Wilhelm III. gegeben haben, von dem der monarchenfromme H. v. Treitschke erklärte, daß der durchaus demokratische Charakter dieses Verkehrsmittels ihm ungelegen kam.[40] Heinrich v. Treitschke führte dazu weiter aus: „Seit Jahrhunderten hatte das schnelle Reisen als ein natürliches Vorrecht der Aristokratie gegolten und diese alte Sitte sollte sich jetzt mit einem Schlage ändern." Wesentlich wichtiger allerdings als diese Gefühle war das fiskalische Interesse des absolutistischen preußischen Staates, der sich von der Konkurrenz der Eisenbahn gefährdet sah. Der Staat hatte doch – wie bereits erwähnt – in den zwanziger Jahren und auch in den dreißiger Jahren große Mittel im Chausseebau investiert, und die Spitzen der Bürokratie fürchteten deshalb um die Einnahmen des Fiskus aus den Benutzungsgebühren, den Chausseegeldern.[41] Im Zusammenhang damit stehen

[38] Über dieses Problem, insbesondere im Zusammenhang mit der preußischen Eisenbahnpolitik, vgl. auch die Dissertation von D. EICHHOLTZ, a. a. O., der aber vor allem in der Frage des Verhältnisses des preußischen Staates zu den Eisenbahnen einen anderen Standpunkt als der Verfasser vertritt.

[39] Zitiert bei W. LINS, Die thüringischen Eisenbahn-Verhältnisse. Jena 1910, S. 11.

[40] Deutsche Geschichte im Neunzehnten Jahrhundert. Leipzig 1927, 4. Teil, S. 578.

[41] Vgl. H. PAUL, Die preußische Eisenbahnpolitik von 1835–1838. Phil. Diss. Rostock 1938, S. 18.

auch Erklärungen leitender Personen der preußischen Regierung, daß der Bau von Eisenbahnen unter den damaligen Bedingungen Deutschlands nicht zweckmäßig sei.[42] Erst Ende der dreißiger, Anfang der vierziger Jahre begann sich in den herrschenden Kreisen des preußischen Staates, ebenso wie anderer deutscher Staaten, die Erkenntnis zu verbreiten, der Bau eines Eisenbahnnetzes sei in ihrem militärischen und auch sonstigen Interesse notwendig.

Die ablehnende Haltung des Staates seit Ende der zwanziger und Anfang der dreißiger Jahre vermochte den Eisenbahnbau um so mehr zu hemmen, als dieser weit mehr von der staatlichen Haltung abhängig war als etwa der Bau von Spinn- und Maschinenfabriken. Das hängt, abgesehen von der bereits erwähnten Frage der technischen Kader, damit zusammen, daß Eisenbahnen nicht ohne staatliche Konzession gebaut werden konnten, ein Bau von Eisenbahnen ökonomisch nur möglich war, wenn den betreffenden Gesellschaften das Recht zum zwangsweisen Ankauf von Boden (das sogenannte Expropriationsrecht) vom Staat verliehen wurde. Außerdem stellte sich nach der englischen Krise von 1837 heraus, daß der rasche Bau eines Eisenbahnnetzes, an dem damals aus militärischen Gründen die herrschenden Kreise und aus ihrem ökonomischen Gesamtinteresse heraus die Bourgeoisie interessiert wurden, nicht ohne finanzielle Hilfe des Staates zustande kommen konnte. Es war deshalb von großer Bedeutung, daß die erwähnte Veränderung in der Haltung der in Preußen herrschenden Kreise zu den Eisenbahnen nicht nur zur rascheren Gewährung von Konzessionen mit Expropriationsrecht, sondern auch zur finanziellen Hilfe des Staates führte.

Diese finanzielle Hilfe nahm dann 1842 in Preußen die Form der sogenannten Zinsgarantie an.[43] Sie sicherte den Eisenbahnkapitalisten einen bestimmten Zins, wobei ihnen darüber hinaus noch immer die Aussicht auf eine höhere Dividende verblieb. Die Aktionäre erhielten dadurch die Möglichkeit, einen Unternehmer*profit* zu erhalten, ohne das „Unternehmer*risiko*" zu tragen, das von Apologeten der Bourgeoisie stets zur Rechtfertigung der privatkapitalistischen Aneignung angeführt wird. So ging der preußische Staat 1842 dazu über, den Aktionären wichtiger Bahnen einen Zins von $3^1/_2{}^0/_0$ zu garantieren, im ganzen für 31650000 Taler Anlagekapital, sowie darüber hinaus noch $20^0/_0$ des Aktienkapitals in Höhe von insgesamt 6164000 Talern selbst zu übernehmen.[44] Gerade auf dieser Grundlage kommt es dann zu einer großen Eisenbahnspekulationswelle, zur massenhaften Zeichnung von Aktienkapital für neugegründete Aktiengesellschaften. Die Anlage von Kapital, insbesondere

[42] Vgl. Anm. 32, S. 33.

[43] In anderen Teilen Deutschlands kam es unter diesen Bedingungen zum Bau von Bahnen durch den Staat, was z. B. in Bayern der Fall war.

[44] Vgl. Schreiber, Die Preußischen Eisenbahnen und ihr Verhältnis zum Staat 1834–1874. Berlin 1874, S. 13; vgl. auch Fleck, Die Verhandlungen der vereinigten ständischen Provinzialausschüsse im Herbst 1842, ihre Ergebnisse und deren Einfluß auf die Entwicklung des preußischen Eisenbahnwesens bis Ende 1844. Archiv f. Eisenbahnwesen, 20. Jg., Berlin 1897, S. 889ff.

von konstantem fixen Kapital im Eisenbahnbau, erreicht dann in der Mitte der vierziger Jahre ihren Höhepunkt.

Wenn wir nun die Entwicklung der Eisenbahnen bis Ende der vierziger Jahre überblicken, so zeigt sich aber, daß vor allem durch die Initiative der Bourgeoisie der Eisenbahnbau sehr bedeutende Ausmaße erreicht hat. Steht doch Deutschland am Ende der vierziger Jahre in bezug auf den Umfang des Eisenbahnnetzes an zweiter Stelle. Gab es 1845 in Deutschland 2131 km Eisenbahnen, so waren es 1850 schon 5822 km[45], während es in Frankreich in demselben Zeitabschnitt, 1845, 956 km und 1850 erst 2127 km[46] gab. In England gab es demgegenüber 1840 2308 km und 1850 10653 km.[47] Das Wachstumstempo des Bahnnetzes in Deutschland war in den vierziger Jahren größer als in jedem anderen Land des europäischen Kontinents.

Die Anlage von konstantem fixen Kapital in den fünfziger und sechziger Jahren

Die erste Welle der Anlage fixen konstanten Kapitals, die, von den Eisenbahnen ausgehend, eine Reihe anderer Zweige erfaßte und zum ersten zyklischen Aufschwung in der deutschen Geschichte in den vierziger Jahren führte, ging mit der Krise von 1847 zu Ende. Erst in den fünfziger Jahren kommt es dann zu einer zweiten Welle, die für die Geschichte des industriellen Kapitalismus ebenfalls von größerer Bedeutung ist. Diese zweite Welle ist von der internationalen Entwicklung des Kapitalismus noch weit mehr beeinflußt worden als es bei der ersten der Fall war. Sind doch die fünfziger Jahre durch einen außerordentlichen Aufschwung des internationalen Kapitalismus gekennzeichnet, wobei insbesondere auch solche Länder wie die Vereinigten Staaten und Frankreich eine große Rolle spielen. Vor allem von den Vereinigten Staaten gab es einen gewaltigen Anstoß für den zyklischen Aufschwung in europäischen Ländern. Dabei wurde der Vorstoß des amerikanischen Kapitalismus, der Prozeß der industriellen Revolution in den USA, in entscheidendem Maße durch die Anlage von konstantem fixen Kapital in den Eisenbahnen bestimmt. In acht Jahren (von 1848 bis 1856) wuchs das nordamerikanische Bahnnetz um 26025 km, um ungefähr soviel, wie das europäische und amerikanische Bahnnetz zusammengenommen 1848 betragen hatte.[48] Diese Anlage von Kapital in Eisenbahnen führte zur außerordentlich hohen Nachfrage nach europäischem und insbesondere englischem Eisenbahnmaterial, was den zyklischen Aufschwung – vor allem in England – weiter steigerte. Ganz abgesehen davon aber gab es in den USA ein ökonomisches

[45] LINDEN, W., Eisenbahn und Konjunktur. Wirtschaftsstudien 7, S. 19, Karlsruhe 1926; SCHULTZ, B., Die volkswirtschaftliche Bedeutung der Eisenbahnen. Jena 1922, S. 164.

[46] LINDEN, W., a. a. O., S. 27.

[47] LINDEN, W., a. a. O., S. 26.

[48] Vgl. H. ROSENBERG, Die Weltwirtschaftskrisis von 1857–1859. Beiheft 30 zur Vj. f. Soz. u. Wirtschaftsgeschichte, S. 45, Stuttgart 1934.

Ereignis, einen wichtigen Prozeß, der den gesamten Aufschwung des europäischen und amerikanischen Kapitalismus beschleunigte. Es handelt sich dabei um die 1848 beginnende Erschließung großer Goldschätze in Kalifornien, deren Wirkung noch durch die Erschließung von Golderzen in Australien und Silberminen in Mexiko ergänzt wurde. Die Goldproduktion der Jahre 1848 bis 1862 machte etwa die Hälfte der gesamten Goldproduktion der letzten 350 Jahre aus.[49] Friedrich Engels hat die Bedeutung dieser Tatsache unterstrichen, in dem er ausführte: „Infolge des kalifornischen und australischen Goldregens und anderer Umstände trat eine Ausdehnung der Weltmarktverbindungen und ein Aufschwung der Geschäfte ein wie nochi ne vorher."[50]
All diese Tatsachen, die einen internationalen außerordentlich starken zyklischen Aufschwung in den fünfziger Jahren bedingten, mußten sich auch auf Deutschland auswirken. Damit ist aber noch nicht gesagt, daß Deutschland ebenfalls von einem starken zyklischen Aufschwung in dem Sinne erfaßt sein mußte, daß die industrielle Revolution große Fortschritte machte, sind doch, abgesehen von Deutschland, viele andere Staaten nicht von dieser Bewegung erfaßt worden. Und tatsächlich sah es eine bestimmte Zeit bis 1852/53 so aus, als ob es zu einem neuen, mit den vierziger Jahren vergleichbaren Schritt vorwärts des deutschen Industriekapitalismus nicht kommen würde. Aber jedenfalls 1853 war es klar, daß sich Deutschland – und dazu haben die Ergebnisse der bürgerlichen Revolution von 1848 wesentlich beigetragen – wie übrigens auch Frankreich, wenn auch verspätet, dieser Bewegung angeschlossen hatte. Zu dieser Zeit setzt erneut zum zweiten Male in der deutschen Wirtschaftsgeschichte eine massenhafte Anlage von Kapital, insbesondere von konstantem fixen Kapital in der Industrie ein. Das war eine Anlage, die weit über eine etwaige Erneuerung abgenutzter Produktionsmittel hinausging, sondern vielmehr eine erweiterte Reproduktion in gewaltigem Maßstab einleitete. Dabei spielte wiederum der Eisenbahnbau eine bedeutende Rolle. Verdoppelte sich doch nahezu zwischen 1850 und 1860 die Kilometerlänge der deutschen Bahnen, wobei sich die Ausrüstung mit Waggons und Lokomotiven noch weit mehr erhöhte; es wurden 5204 km Bahnen gebaut.[51] Hinzu kam, daß erst durch den Bau der neuen Linien ein wirkliches deutsches Eisenbahnnetz entstand, was wiederum ein sprunghaftes Anwachsen des Güterverkehrs ermöglichte. So stieg in der Zeit zwischen 1850 und 1860 die transportierte Gütermenge auf den preußischen Bahnen von 2255590 Tonnen auf 14788641 Tonnen, also fast auf das Siebenfache, während die Schienenlänge nur von 2889,6 auf 5389,4 km stieg, also sich nicht einmal verdoppelte.[52] Diese Tatsachen zeigen,

[49] Soetbeer, A., Goldwährung und deutsche Münzverhältnisse. Vj. f. Volkswirtschaft u. Kulturgeschichte, 1863, Heft 3, S. 164.
[50] Engels, F., Gewalt und Ökonomie bei der Herstellung des neuen deutschen Reiches. Berlin 1946, S. 14.
[51] Schultz, B., a. a. O., S. 164.
[52] Schwabe, H., Geschichtlicher Rückblick auf die ersten 50 Jahre des Preußischen Eisenbahnwesens. Berlin 1895. Dementgegen stieg die Zahl der beförderten Personen auf mehr als das Doppelte, d. h. von 9241780 auf 21641083. Vgl. S. 10.

daß erst seit den fünfziger Jahren die Eisenbahnen ihre Aufgabe als Träger billigen Massengütertransportes auszuüben begannen. Jetzt erst wird auch ein Massenverbrauch von Kohle in größerer Entfernung vom Produktionsgebiet, in Dampfmaschinen, Hütten und anderswo möglich.

Wenn somit auch die Rolle der Eisenbahnen als ein materiell-technischer Pfeiler der industriellen Revolution erst jetzt voll zur Geltung zn kommen begann, so läßt sich doch andererseits feststellen, daß der Anteil der Bahnen innerhalb der Gesamtanlage von fixem Kapital und damit auch die Bedeutung der Eisenbahnaufträge, also kurz die marktmäßige Bedeutung der Eisenbahnen abgenommen hat. Um so mehr treten in dieser Hinsicht die Investitionen der Schwerindustrie, darüber hinaus der gesamten Produktionsmittelindustrie in den Vordergrund. Gerade in dieser Hinsicht gibt es aber auch noch eine entscheidende qualitative Änderung. Während in den vierziger Jahren der Anstieg von den Eisenbahnen ausging und die Anlage von fixem Kapital in Eisenbahnen die Anlagen in der Schwerindustrie nach sich zog, ist das in den fünfziger Jahren nicht mehr in vollem Umfange der Fall. Jetzt spielt das Investieren in Hinsicht auf eine erst in Zukunft steigende Nachfrage, Spekulieren darauf, auch bei der Anlage von fixem Kapital, bei der Ausdehnung der Produktion auch in einigen Zweigen der Schwerindustrie eine wesentliche Rolle. So trägt die beschleunigte Erschließung des Ruhrkohlengebietes, die in jener Zeit einsetzt, ebenfalls diesen spekulativen Charakter. Die Errichtung neuer Bergwerke ist keineswegs mehr von dem Ausmaß bereits vorhandener Aufträge abhängig. Überhaupt trug die Anlage von fixem Kapital in der Industrie einen viel stärker spekulativen Charakter als das vorher der Fall war.

Das ist um so bemerkenswerter, als diesen Anlagen jene staatliche Unterstützung fehlte, die bei den Eisenbahnen eine so wesentliche Rolle gespielt hatte. Gerade deshalb zeigte die Anlagewelle der fünfziger Jahre einen weit höheren ökonomischen Reifegrad der industriellen Bourgeoisie, den größeren Reifeprozeß des deutschen Kapitalismus nach der Revolution von 1848, der nicht zuletzt gerade eine Auswirkung dieser Revolution gewesen ist.

Die gewaltigen Investierungen, insbesondere in der Schwer- und Produktionsmittelindustrie, wären aber auch jetzt unmöglich gewesen, wenn man dazu nur die Kapitalien der Schwerindustrie, die Profite der daran beteiligten Kapitalisten verwandt, wenn man nicht hierzu die Profite anderer Teile der Bourgeoisie sowie Profite und Grundrenten der Junker herangezogen hätte. Dabei spielen, wie bereits in den vierziger Jahren, beim Eisenbahnbau die Profite der Handelsbourgeoisie die führende Rolle. Es vollzog sich also immer noch jene klassische Verwandlung von Handelskapital in Industriekapital, die das frühe Stadium des Industriekapitalismus kennzeichnet, was in der nachfolgend abgedruckten Abhandlung von H. Blumberg, „Die Finanzierung der Neugründungen und Erweiterungen von Industriebetrieben in Form der Aktiengesellschaften während der fünfziger Jahre des neunzehnten Jahrhunderts in Deutschland, am Beispiel der preußischen Verhältnisse erläutert", deutlich nachgewiesen wird.

Dabei ging die Heranziehung des Handelskapitals sowie von Kapitalien von Fabrikanten der Leichtindustrie zur Anlage in der Schwerindustrie eben vor allem mittels der Gründung von Aktiengesellschaften vor sich. Vor 1850 hatten Aktiengesellschaften als Zentralisatoren des Kapitals fast nur bei den Eisenbahnen eine Rolle gespielt, wenn es auch seit der Mitte der vierziger Jahre schon zur Gründung von Aktiengesellschaften in der Schwerindustrie kam. Demgegenüber gab es in den fünfziger Jahren, jedenfalls in Preußen, nur drei Neugründungen von Eisenbahnaktiengesellschaften. Die Ausdehnung des Bahnnetzes wurde ja zum Teil durch Vergrößerung des Aktienkapitals sowie durch die Ausgabe von Anleihen bei den alten Eisenbahngesellschaften, zum großen Teil aber auch durch Staatsanleihen für die jetzt aufkommenden Staatsbahnen finanziert, was mit der Eisenbahnpolitik Preußens nach der Revolution von 1848 zusammenhängt, die unter v. d. Heydt als eine Begünstigung eben dieser Staatsbahnen charakterisiert werden kann.

Während aber die Privataktiengesellschaften bei den Eisenbahnen an Boden verloren, sehen die fünfziger Jahre massenhafte Gründungen von Privataktiengesellschaften innerhalb der Industrie, insbesondere der Schwerindustrie; dabei auch nicht zuletzt beim Bergbau. Beim Bergbau wurde dieser Prozeß erst dadurch möglich, daß als Folge der Revolution von 1848 im Jahre 1851 das Direktionsprinzip aufgehoben wurde. So kommt es in den fünfziger Jahren zur ersten großen Industrie-Aktienspekulationswelle in Deutschland, zu einer Zeit großer Gründergewinne, Korruption, Betrug, wie sie unter solchen Bedingungen im Kapitalismus immer üblich gewesen sind.

Bei der Bildung von Aktiengesellschaften spielte ein führendes Mitglied der liberalen rheinischen Bourgeoisie, G. v. Mevissen, eine außerordentlich aktive Rolle, der als Gründer einer Reihe von Industrie- sowie auch Bank- und Versicherungsunternehmungen auftrat. Das ist um so bemerkenswerter, als G. v. Mevissen seit 1844 Leiter der Rheinischen Eisenbahngesellschaft gewesen ist und die Rheinische Gesellschaft den Stützpunkt für die weiteren Gründungen Mevissens darstellte. Auch andere Mitglieder der Bourgeoisie, die an den Eisenbahnen beteiligt waren, Bankiers und Kaufleute, die in Verbindung mit den Eisenbahnen zuerst auch Industriekapitalisten – wenn auch nur mit einem Teil ihres Vermögens – geworden waren, wie z. B. die Bankiers Oppenheim, spielten in der Gründungswelle der fünfziger Jahre eine erhebliche Rolle.[53] Die Tatsachen zeigen, daß die Eisenbahnaktiengesellschafts-Gründungen im Laufe der vierziger Jahre die Vorbereitung für die Aktiengesellschafts-Gründungen der fünfziger Jahre darstellten. Die Fähigkeit zur Kapitalassoziation in Form von Aktien angesichts eines dieser Entwicklung keineswegs freundlich gegenüberstehenden Staates hat die Bourgeoisie bereits in

[53] Eine Aufzählung der vielen Mevissenschen deutschen Gründungen findet sich in: Rheinisch-Westfälische Wirtschaftsbiographien, Münster i. W. 1937, Bd. II; weiter in: Westfälische Lebensbilder, Sonderreihe, Bd. II von E. Loose-Weis. Daselbst auch Angaben über die Zusammenarbeit Mevissens mit Oppenheim und Schaffhausen (S. 32).

dem vorhergehenden Zyklus erworben und vermochte sie jetzt in den fünfziger Jahren mit voller Kraft zur Geltung zu bringen.

Bei der Zentralisation von Kapital begannen aber jetzt nicht nur die Aktiengesellschaften, sondern auch schon die Banken eine größere Rolle zu spielen. Die fünfziger Jahre sehen auch die Gründung erster großer Aktien- oder wenigstens großer privater Gesellschaftsbanken. Den Anfang hatte hier bereits 1848 der Schaffhausensche Bankverein, ebenfalls unter Führung von Mevissen, gemacht. In den fünfziger Jahren folgten dann die Diskontogesellschaft, die Darmstädter Bank, Berliner Handelsgesellschaft 1856 sowie andere Banken. Besonders in den Vordergrund trat damals die Darmstädter Bank, die von Mevissen und Oppenheim gegründet wurde. Sie stellten eine deutsche Parallele zu der berüchtigten Crédit mobilier der Gebrüder Péreire dar.[54] Bemerkenswert ist dabei übrigens, daß der preußische Staat die Gründung von Aktienbanken nicht zuließ, was aber nur zur Folge hatte, daß in Preußen gegründete Großbanken die Form der ökonomischen, von einer Aktiengesellschaft nicht wesentlich verschiedenen Kommanditgesellschaft auf Aktien annahmen.

Daß die neu gegründeten Banken, wenn auch zunächst nicht in entscheidendem Umfange, als Zentralisatoren von zersplitterten Kapitalien gewirkt haben und auch zur Finanzierung von Neuanlagen konstanten fixen Kapitals mit beigetragen haben, wenn auch noch nicht in entscheidendem Umfange, ist offensichtlich und bedarf keiner weiteren Erörterung. Komplizierter ist ein anderes Problem, das in der bürgerlichen Literatur gelegentlich auftaucht. Es geht dabei um die Frage, inwieweit die Banken nicht nur vorhandene Gelder zentralisiert, sondern auch solche inflationistisch neu geschaffen hätten. Spricht doch beispielsweise ein solcher bürgerlicher Theoretiker des Zyklus wie Schumpeter in seinem Buch „Business Cycles“[55] davon, daß der Aufschwung der fünfziger Jahre, ebenso wie der des darauffolgenden Zyklus, im Gegensatz zu dem der vierziger Jahre auch in Deutschland finanziell auf solchen Kreditmanipulationen beruhte, die Schumpeter und andere Ökonomen mit dem wohltönenden Ausdruck Kredit- oder Geld„schöpfung“ versehen. Wenn auch die Behauptung Schumpeters sicherlich bei weitem übertrieben ist, diese sogenannte „Schöpfung“ sei finanziell eine wesentliche Grundlage des zyklischen Aufschwungs gewesen, so gibt es doch Anhaltspunkte, daß entsprechende Prozesse zumindest eine Rolle gespielt haben, wenn darüber auch noch weitere Forschungen nötig sind. Man muß in diesem Zusammenhang auch beachten, daß jetzt das Banknotengeld zum erstenmal in den fünfziger Jahren in größerem Umfange auch in Preußen Bedeutung gewinnt. Man muß sich vor Augen halten, daß in Deutschland eine Reihe privater Banken noch Banknotengeld herausgab und daß es in dieser Frage zu heftigen Auseinandersetzungen gekommen ist. Insoweit also diese Faktoren eine Rolle bei der Finanzierung der kapitalistischen

[54] Vgl. dazu K. MARX, Das Kapital. Berlin 1953, Bd. III, S. 653f.

[55] SCHUMPETER, J. A., Business Cycles. New York/London 1939, S. 347, 350.

Industrie gespielt haben, tritt hierbei in der Mitte des 19. Jh. wiederum ein Faktor der ursprünglichen Akkumulation zutage, über dessen Rolle Marx im „Kapital"[56] bereits für das England des 18. Jh. in seinem Kapitel: „Die sogenannte ursprüngliche Akkumulation" geschrieben hat. Jedenfalls mögen solche inflationistischen Methoden dazu beigetragen haben, daß die Preise in einem sogar für einen zyklischen Aufschwung sehr hohen Maße stiegen, dem gegenüber die Zunahme der Löhne erheblich zurückblieb, weshalb nicht nur in Deutschland, sondern auch in anderen europäischen Ländern ein starkes Sinken der Reallöhne erfolgte.

Demgegenüber wies nicht nur in bezug auf die Preisentwicklung der industrielle Aufschwung, der nach dem Ende der Depression in den fünfziger und in den sechziger Jahren einsetzte, wesentliche Unterschiede auf, und zwar sowohl im Verhältnis zu dem Aufschwung der fünfziger wie auch zu dem der vierziger Jahre.

Einmal ist die Anlage von konstantem fixen Kapital nicht, wie vorher, mit einer großen Gründungswelle verbunden, sondern beruht in höherem Maße auf einer Erweiterung bereits bestehender kapitalistischer Industriebetriebe. Darüber hinaus diente die Neuanlage von fixem Kapital in geringerem Maße als bisher der Erweiterung und in höherem Maße als bisher der Modernisierung der vorhandenen Produktionskapazitäten.

Bemerkenswert ist weiter, daß auf den zyklischen Aufschwung der sechziger Jahre auch keine der Krise von 1857 vergleichbare Krise folgt. Die sogenannte Krise, die 1866 eintrat, ergriff bekanntlich nur die Kreditsphäre und hatte auf die Produktion nicht nur in Deutschland, sondern auch in anderen Ländern keine wesentlichen Einwirkungen. Diese Tatsache hängt sicherlich mit der Deformierung des Zyklus durch die vielen Kriege jener Zeit zusammen. Allerdings brachten diese Kriege auch wiederum gewisse vorübergehende Störungen von Produktion nnd Handel mit sich.

Demgegenüber setzte dann Ende der sechziger Jahre ein erneuter zyklischer Aufschwung ein. Die Fortsetzung dieses Aufschwungs nach Beendigung des Krieges 1870/71 ist unter der Bezeichnung „Gründerjahre" bekannt geworden. In dieser „Phase" spielte wiederum die Anlage von fixem Kapital in der Form der Neugründung von Aktiengesellschaften eine wesentliche Rolle, wobei davonabgesehen werden soll, daß es sich bei vielen der sogenannten Neugründungen wenn nicht um Schwindelunternehmen, so doch zumindestens um Umwandlung von im Einzel- oder im Privatbesitz befindlichen Unternehmungen in Aktiengesellschaften handelte, was also nicht unbedingt die Neuanlage von Kapital bedeutete.

Daß die 5 Milliarden Goldfrancs französischer Kriegsentschädigung bei der Übersteigerung der Gründungs- und Spekulationswelle jener Zeit eine wesentliche Rolle gespielt haben, ist ebenfalls bekannt und in der Literatur vielfach

[56] MARX, K., Das Kapital. Berlin 1953, Bd. I, S. 795.

erörtert worden. Dabei wäre es allerdings verfehlt, in den 5 Milliarden gewissermaßen die Grundlegung der deutschen Industrie zu sehen, die ja in Wirklichkeit schon in einen weit früheren Abschnitt der deutschen Wirtschaftsgeschichte fällt.

2. Zur Steigerung der Produktion

Die Beschleunigung des Zuwachstempos nach der Gründung des Zollvereins

Auf der Basis der gewaltigen Anlage von konstantem fixen Kapital setzte in der zweiten Hälfte der dreißiger Jahre und vor allem in den vierziger Jahren eine Beschleunigung im Wachstumstempo der Produktion, insbesondere der Produktion in kapitalistischen Industriebetrieben ein. Dieses Wachstumstempo wurde auch in den fünfziger Jahren im wesentlichen beibehalten, während es sich dann in den sechziger Jahren etwas abschwächte, um dann Anfang der siebziger Jahre wieder zuzunehmen. Dabei wurde naturgemäß, entsprechend den Gesetzmäßigkeiten der Politischen Ökonomie, die Steigerung der Produktion immer wieder von Krisen und den darauffolgenden Depressionen unterbrochen. Die kapitalistische Anarchie findet in jener Zeit ihren Ausdruck nicht zuletzt gerade in dieser Ungleichmäßigkeit, die eine ungeheure Verschwendung von Produktivkräften und für die in den kapitalistischen Produktionsprozeß eben erst einbezogenen Massen eine Welle von verschärfter Not und gesteigertem Elend bedeutete.

Dabei soll im folgenden etwas ausführlicher nur auf die Produktionssteigerung in der aufsteigenden Phase des ersten Zyklus des deutschen Kapitalismus eingegangen werden, eine Phase also, die durch die Krise von 1847 beendet wurde. Die Beschleunigung des Wachstumstempos zeigt sich in der Zeit vor der Krise von 1847 recht deutlich bei der Bergwerks- und Roheisenerzeugung. Legen wir die von J. Kuczynski zusammengestellten Ziffern zugrunde, dann können wir eine Steigerung der Produktion in den Jahren 1835 bis 1847 im Bergbau von 162,5% feststellen (1834 = 100), während die Steigerung in den 13 Jahren vorher, also 1822 bis 1834, nur 33% betrug (1821 = 100) Für die Eisenindustrie lauten die entsprechenden Ziffern 138,09 und 61,53%.[57]

Noch stärker als die Roheisenerzeugung aber stieg die Produktion der Puddel- und Walzwerke, der Lokomotiv- und sonstigen Maschinenbauanstalten, als die Produktion all jener Werke, die unmittelbar von den Eisenbahnaufträgen beeinflußt wurden.[58] Ein statistischer Beweis dafür ist die Steigerung des Roheisenverbrauchs im Zollverein von 121039 Tonnen im Jahre 1834 auf 414094 Tonnen im Jahre 1847, also fast auf das Dreieinhalbfache.[59] Dabei

[57] Vgl. J. KUCZYNSKI, Die Geschichte der Lage der Arbeiter in Deutschland von 1800 bis in die Gegenwart. Berlin 1947, Bd. I, S. 77–78.
[58] BECK, L., Die Geschichte des Eisens. Braunschweig 1899, IV. Abtlg., S. 696.
[59] Ebenda.

wurde die Differenz zwischen der Produktionssteigerung von Roheisen und der Steigerung des Roheisenverbrauchs durch die Zunahme der Einfuhr vor allem englischen und belgischen Roheisens von 24697 Tonnen auf 204643 Tonnen gedeckt.[60] Dem raschen Ansteigen der Roheisenverarbeitung, des Schienen-, Lokomotiv- und sonstigen Maschinenbaues entspricht eine weitere Veränderung, die fast ebenso umwälzend wirkte wie der rasche Eisenbahnbau der vierziger Jahre. Es handelt sich um folgendes:

Bis zum Anfang der vierziger Jahre waren die deutschen Bahnen vor allem mit ausländischem, insbesondere mit englischem Material ausgestattet worden. Ohne das Vorhandensein eines entwickelten englischen Maschinenbaues hätte der Durchbruch in der Entwicklung zum deutschen Industriekapitalismus auch gar nicht mit dem Bau der Eisenbahnen beginnen können, weil dann dafür die materiell-technische Grundlage gefehlt hätte. Das zeigte sich noch 1842, als von 245 Lokomotiven in Deutschland 166 aus England, 12 aus Belgien, 29 aus Nordamerika und nur 38, also noch nicht der sechste Teil, aus Deutschland kamen.[61] Das wird aber schon in den nächsten Jahren völlig anders. Jetzt wird der größte Teil der in Deutschland benötigten Lokomotiven und des sonstigen Eisenbahnmaterials in Deutschland selbst gebaut. Bereits 1851 sind von den vorhandenen 1084 Lokomotiven 679 deutscher Fabrikation,[62] und in noch höherem Maße ist der deutsche Bedarf an Schienen durch eigene Fabrikation gedeckt worden.[63] Es ist für die deutsche Wirtschaftsgeschichte von entscheidender Bedeutung, daß die Anlage von fixem Kapital in Eisenbahnen sehr bald auch zu einem entsprechenden Aufschwung der metallverarbeitenden Industrie führte. Diese Veränderung der vierziger Jahre wurde durch den Zollschutz des Zollvereins für Eisen und Eisenprodukte, der 1844 eingeführt wurde, begünstigt. Die Wirkung dieses Zollschutzes kann man daran ermessen, daß die Einfuhr von Stabeisen, Schienen und Stahl 1844 von 1517880 Zentner auf 982636 Zentner im Jahre 1845 fiel[64] und daß sich in diesen Jahren der Umfang des Eisenbahnbaues trotzdem verdoppelt hatte. Die Entwicklung der Lokomotivproduktion in Deutschland wurde vor allem dadurch ermöglicht, daß es schon vorher wichtige Keime des Maschinenbaues gegeben hat, daß sich technische Kader herausgebildet hatten und die Elemente einer Industrie-Bourgeoisie herangereift waren.

Die rasche Entwicklung des Maschinenbaues[65] wäre darüber hinaus unmöglich gewesen, wären nicht schon seit dem Beginn der Vorbereitungsperiode der industriellen Revolution die meisten in Deutschland angewandten Maschinen auch in Deutschland selbst hergestellt worden.

[60] Vgl. A. Sartorius v. Waltershausen, a. a. O., S. 100.
[61] Linden, W., a. a. O., S. 189.
[62] v. Borries, K., Das Puddelverfahren in Rheinland und Westfalen, volkswirtschaftlich betrachtet. Rechts- u. staatswiss. Diss. Bonn 1929, Düsseldorf 1929, S. 46.
[63] Vgl. W. Oechelhäuser, Vergleichende Statistik der Eisenindustrie aller Länder. Berlin 1852, S. 112.
[64] Vgl. darüber die eingehende Darstellung von A. Schröter, a. a. O.
[65] Beck, L., a. a. O., S. 982.

Indem nun der deutsche Maschinenbau mit der weitgehenden Befriedigung des Lokomotivbedarfs im Laufe der vierziger Jahre gewissermaßen sein Reifezeugnis ablegt, wird die Frage endgültig entschieden, ob Deutschland ein industriell rückständiges Land bleibt oder ein fortgeschrittenes wurde; denn gerade in der Entwicklung des Maschinenbaues liegt das entscheidende Kriterium zwischen beiden Gruppen von bisher rückständigen Ländern, und nicht zuletzt aus diesen Gründen spielt bei der sozialistischen Industrialisierung der Aufbau des Maschinenbaues eine entscheidende Rolle.

Trotz des wesentlich rascheren Wachstumstempos der Abteilung I beschleunigte sich in den Jahren nach der Gründung des Zollvereins auch das Wachstum der Abteilung II, jedenfalls in den kapitalistischen Industriebetrieben.

Bei der Baumwollspinnerei kann man sogar feststellen, daß erst nach der Bildung des Zollvereins, nach einer langen Stagnation in den zwanziger Jahren, wieder eine Steigerung einsetzt. Nach Angaben, die der in Vorbereitung befindlichen Monographie von H. Wutzmer, „Die Entwicklung der Baumwollindustrie 1834 bis 1870", entnommen sind, wuchs die Produktion von Baumwollgarn zwischen 1834/35 und 1848/49 von 96274 Zentner auf 281938 Zentner, also auf über das Dreifache. In derselben Zeit gelang es auch, den Anteil der deutschen Garnspinnerei zur Deckung des deutschen Garnbedarfs von 31,7% im Jahre 1834/35 auf 37,7% im Jahre 1848 zu steigern. Geringer war die Zunahme im Wollgewerbe, die, wenn wir von den Angaben einer ebenfalls in Vorbereitung befindlichen Monographie von H. Blumberg, „Die Entwicklung der deutschen Wollindustrie 1834 bis 1870" ausgehen, und wir 1834 = 100 nehmen, 1849 auf 168% stieg. Hierbei ist zu berücksichtigen, daß bei der Wollverarbeitung in dieser Zeit nicht nur die Spinnerei, sondern bereits weitgehend die Appretur mechanisiert war, oder, genauer gesagt, gerade jetzt wurde, so daß also auch die Produktionssteigerung bei der Wollverarbeitung, zumindestens überwiegend, zum Wachstum des industriellen kapitalistischen Sektors gerechnet werden muß.

Die Produktionssteigerung in den fünfziger und sechziger Jahren

Während sich bereits in den vierziger Jahren ein wesentlich rascheres Wachstum der Abteilung I feststellen läßt, ist dasselbe noch mehr in den fünfziger und sechziger Jahren der Fall gewesen. Diese Tatsachen bestätigen, daß in der industriellen Revolution die allgemeinen politökonomischen Gesetzmäßigkeiten vom vorrangigen Wachstum der Abteilung I gelten, ja, daß sogar durch die industrielle Revolution der Unterschied zwischen dem Wachstumstempo beider Abteilungen noch größer wird. Das ist besonders zu betonen, weil es immer noch irrige Auffassungen gibt, wonach im Anfangsstadium der industriellen Revolution die Leichtindustrie rascher wüchse als die Schwerindustrie und der Maschinenbau. Diese falsche Auffassung geht von den Erfahrungen der Länder aus, bei denen die Leichtindustrie rascher wachsen, bzw. allein Fortschritte für längere Zeit machen konnte, und aus dem einfachen Grunde, weil andere Länder existierten, die die Produkte der Schwerindustrie, insbesondere des Maschinenbaues, lieferten.

In England hingegen und auch in Deutschland, wo die Produktionsmittel und Maschinen überwiegend selbst hergestellt werden mußten, war ein rasches Wachstum der Leichtindustrie naturgemäß nur bei einem noch rascheren Wachstum der Produktionsmittelindustrie möglich. Ja, diese Tatsache tritt in Deutschland sogar noch stärker zutage als in England. Das hat seinen einfachen Grund darin, daß die englische Baumwollindustrie sich den Weltmarkt erobern und im englischen Außenhandel die Textilindustrie für längere Zeit eine führende Rolle spielen konnte, was in Deutschland gerade wegen der englischen Handelssuprematie und ihrer Herrschaft auf den Textilmärkten nicht in dem Maße der Fall sein konnte.

In Deutschland vollzog sich deshalb die in allen entwickelten Industrieländern feststellbare Wandlung der Außenhandelsstruktur bei außeragrarischen Produkten in der Richtung des zunehmenden Anteils von Produktionsmitteln, insbesondere Maschinen und Apparaten, weit rascher als in England.

Der deutsche Maschinenexport beginnt dementsprechend auch in den fünfziger und sechziger Jahren schon eine größere Rolle zu spielen; daneben auch der deutsche Export an solchen Eisenbahnmaterialien, die nicht als Maschinen anzusehen sind. Dabei ist der Fortschritt der deutschen Produktionsmittelproduktion in Deutschland vor allem auch daran erkennbar, daß in den Jahren 1851 bis 1857 der Eisenverbrauch um mehr als das Zweieinhalbfache stieg.[66] Dahinter bleibt das Wachstumstempo der Roheisenproduktion, welches etwas weniger als das Zweieinhalbfache beträgt, nicht mehr so stark zurück wie in den vierziger Jahren. Nicht viel geringer war die Steigerung der Steinkohlenproduktion, die fast das Zweieinhalbfache betrug und das Wachstumstempo in England überholte.[66]

Was die Produktion der Abteilung II betrifft, so setzte sich der Aufstieg der Baumwollspinnerei, der in der Mitte der dreißiger Jahre begonnen hatte, auch in den fünfziger Jahren weiter fort. Die Garnproduktion stieg zwischen 1850 und 1857 um mehr als 100⁰/₀, während die Garneinfuhr nur schwach anstieg.[67] 1854 überflügelte die deutsche Garnproduktion zum ersten Male die Einfuhr von ausländischem Garn. Seitdem vollzog sich die rasche Steigerung der Baumwollwarenerzeugung auf das 1,8fache überwiegend auf der Grundlage deutscher Halbfabrikate.

[66] Berechnungen von H. Wehner im Forschungsbericht (unveröffentl.) des Instituts für Wirtschaftsgeschichte der Hochschule für Ökonomie: „Die Entwicklung des deutschen Bergbaues von 1850–1870". Vgl. dazu H. v. Festenberg-Packisch, Der deutsche Steinkohlenbergbau. Ein Gesamtbild seiner Entstehung, wirtschaftlichen Bedeutung und Zukunft. Berlin 1886, S. 92; für die Zahlen von 1860–1870 auch K. Flegel und M. Tornow, Die Entwicklung der deutschen Montanindustrie von 1860–1912, Berlin 1915, S. 8–11.

[67] Angaben nach H. Wutzmer, Die Entwicklung der deutschen Baumwollindustrie 1834–70. (Im folgenden kurz Baumwollindustrie.) Unveröffentl. Manuskript.

Weitere Fortschritte machte auch die Wollwarenproduktion, die, wenn man 1846–1850 = 100 setzt, bis 1856–1860 auf 142,3% anstieg.[68] Der einzige Zweig der Textilindustrie, der nach wie vor ein ungünstiges Bild zeigte, ist das Leinengewerbe.

Das änderte sich allerdings in den sechziger Jahren, in denen die Entwicklung der Textilindustrie auf besondere Schwierigkeiten stieß. Das hängt vor allem mit dem Einfluß des amerikanischen Bürgerkrieges auf die deutsche Baumwollspinnerei zusammen, die ja bis dahin der am raschesten fortschreitende Zweig der Textilindustrie gewesen war. Rief doch der amerikanische Bürgerkrieg in ganz Europa und auch in Deutschland eine außerordentliche Baumwollknappheit und ein Ansteigen der Baumwollpreise hervor. Diese Faktoren mußten den Absatz und damit auch die Produktion von Baumwollwaren beschränken. Es kommt zu einem einschneidenden Rückgang der Baumwollproduktion.

Hatte die Produktion von Baumwollgarn in den Jahren 1860/61 1170312 Zentner betragen, so war sie im Jahre 1864 auf 608113 Zentner zurückgefallen.[69] Wenn sich auch in der zweiten Hälfte der sechziger Jahre die Bedingungen für die Baumwollindustrie wieder besserten, so hatte diese doch in dem gesamten weiteren Verlaufe der sechziger Jahre den alten Höhepunkt nie wieder erreicht. Aus den Schwierigkeiten der Baumwollindustrie zogen allerdings andere deutsche Textilzweige Vorteile. Es kommt in der ersten Hälfte der sechziger Jahre zu einer vorübergehenden Belebung der Leinwandindustrie und zu einem noch rascheren Fortschreiten der Wollindustrie. Diese Tatsache konnte jedoch nichts daran ändern, daß der quantitative Fortschritt der Textilindustrie, als ganzes genommen, wenn er überhaupt vorhanden war, sehr stark hinter dem Tempo der fünfziger Jahre zurückblieb.

Das gleiche läßt sich für die Metallindustrie und andere Zweige der Abteilung I nicht sagen. Damit verstärkt sich die führende Stellung, die die Abteilung I schon in den vorangegangenen Zyklen gehabt hatte, noch mehr. Als Beispiel für den Aufschwung in der Abteilung I seien dazu die Ziffern für den Kohlenbergbau angeführt, die in den sechziger Jahren eine Steigerung von 213,8% aufweisen.[70] Dieselben Tendenzen zeigen sich auch bei der Roheisengewinnung und Roheisenverarbeitung und verstärken sich dann in den Gründerjahren noch mehr, in denen gerade die Schwerindustrie ein besonders starkes Wachstumstempo aufweist.

3. *Zum produktionstechnischen Fortschritt in den kapitalistischen Industriebetrieben*

Die rasche quantitative Ausdehnung des industriellen kapitalistischen Sektors in den vierziger, fünfziger und sechziger Jahren hätte den entscheidenden Schritt der industriellen Revolution selbst dann bedeutet, wenn die industrielle

[68] Angaben nach H. BLUMBERG, Die Entwicklung der deutschen Wollindustrie 1834–70. (Im folgenden kurz Wollindustrie.) Unveröffentl. Manuskript, S. 81.

[69] Angaben nach H. WUTZMER, Baumwollindustrie.

[70] WEHNER, H., a. a. O.

Technik in jener Zeit keine wesentlichen Fortschritte gemacht hätte. Das letztere läßt sich aber schon für die vierziger und fünfziger Jahre nicht sagen, ganz abgesehen von den sechziger Jahren, die in diesem Zusammenhang eine besondere Rolle spielen.

Was die vierziger Jahre betrifft, so ist es in Deutschland zu einem technischen Fortschritt selbst in den Zweigen gekommen, die bereits vorher von kapitalistischen Industriebetrieben beherrscht waren. Das ist der Fall, auch wenn wir von der Transportindustrie absehen, in der die neue Technik ja in Gestalt von Lokomotiven und Dampfschiffen ganz offensichtlich ist. Im Bereich der Schwerindustrie liegt der entscheidende technische Fortschritt in der Durchsetzung des Puddelverfahrens. Das Vordringen des Puddelverfahrens bedeutete auch die endgültige Liquidierung von Kleinbetrieben, die in gewissem Umfange, verglichen mit den kapitalistischen Mittelbetrieben, noch handwerklichen Charakter trugen; das bedeutete darüber hinaus auch das erste Aufkommen von kapitalistischen Großbetrieben in diesem Zweig.[71] Ein Beispiel eines solchen Großbetriebes stellt die 1839/40 errichtete Hermannshütte bei Hörde-Dortmund dar. In der Hermannshütte waren 1849 42 Puddelöfen vorhanden, neben denen auch 343 Walzen und eine größere Maschinenbauwerkstätte bestanden, in dieser Zeit waren dort 800 Arbeiter beschäftigt.[72]

In der Roheisen-Produktion hatte sich demgegenüber eine ähnliche Umwälzung noch nicht vollzogen. Zwar wurden schon, dem Beispiel Englands folgend, Kokshochöfen errichtet und dabei am meisten an der Saar, wo 1847 ein Drittel der Hochöfen bereits auf Koks ging. Aber im übrigen Deutschland vollzog sich keine Bewegung entsprechenden Ausmaßes. In dem an Steinkohle reichen Ruhrgebiet wurden die ersten Versuche mit Kokshochöfen erst 1846/47 gemacht, als die steigenden Holzkohlenpreise einfach dazu zwangen.[73] Im Bergbau schließlich bestand der Fortschritt im wesentlichen in der verstärkten Anwendung von Kraftmaschinen, der Ausnutzung von Dampfkraft für Wasserhaltung und Förderung.

Diese zunehmende Anwendung der neuen Technik mußte aber im Bergbau dann noch nicht zu einer Steigerung der Arbeitsproduktivität und damit auch der Arbeitsleistung führen, wenn diese neuen Maschinen der Hauptsache nach nur zur „Erschließung weniger produktiver, in großer Tiefe liegender Kohlenlager" dienten.[74] Die Dampfmaschinen ermöglichten aber in Deutschland, wie schon in England, erst die gewaltige quantitative Ausdehnung des Bergbaues und damit das Wachstum des Bergbau-Proletariats, das ja einen wesentlichen Charakterzug der industriellen Revolution darstellt. Die Dampfmaschine eröffnete auch den Weg für die Errichtung großer Kohlenbergwerke im Norden

[71] Vgl. K. v. Borries, a. a. O., S. 53.
[72] Beck, L., a. a. O., S. 703.
[73] Beck, L., a. a. O., S. 704f.
[74] Wiedenfeld, K., Ein Jahrhundert rheinischer Montan-Industrie 1815–1915. Bonn 1916, S. 34ff.

der Ruhr, wo die die Kohle überlagernde Mergelschicht[75] ein wesentliches Hindernis bildete. Es war ein wichtiges Ereignis in der Geschichte des Ruhrkohlenbergbaues, als im Jahre 1839 in dieser Hinsicht ein Durchbruch erfolgte und 1841 die erste Zeche unweit von Essen den Betrieb aufnahm.[76] Damit wurde der Ausgangspunkt für eine weitere regionale Ausdehnung für den folgenden, noch stürmerischeren quantitativen Anstieg der Ruhrkohlenproduktion geschaffen.

Technische Fortschritte gibt es auch im Maschinenbau, wo mit der Anwendung weiterer Metallverarbeitungsmaschinen der Umwandlungsprozeß zur Maschinenfabrik wesentliche Fortschritte machte.[77]

Dieser Entwicklungsprozeß setzte sich auch in den fünfziger Jahren fort. Auch in diesem Zyklus war die Ausdehnung des industriell-kapitalistischen Sektors zwar nicht mit einer Umwälzung der Produktionstechnik in diesem Sektor, aber dennoch mit gewissen Fortschritten in der Produktionstechnik verbunden.

Dabei stellt innerhalb der Schwerindustrie die Durchsetzung des Kokshochofens bei der Roheisenherstellung den wesentlichsten Fortschritt dar. In der Textilindustrie stieg die Zahl der mechanischen Webstühle nur langsam an, und zwar von 5018 im Jahre 1849 auf 7882 im Jahre 1858.[78] Auch die Zahl der Selfaktorspindeln nimmt nur verhältnismäßig langsam zu. Bei den während des internationalen zyklischen Aufschwungs steigenden Preisen konnten sich auch kleinere Textilfabriken, insbesondere Baumwollspinnereien mit primitiver Technik halten und sogar neu gegründet werden.[79] Das wird in der zyklischen Krise von 1857 und der darauffolgenden Depression anders, in der allein durch den Zusammenbruch kleinerer Textilfabriken der Anteil größerer und mit höherer Technik ausgestatteter Betriebe zunimmt. Die Kosten dieser Entwicklung zahlten dann die Arbeiter in Gestalt einer rasch ansteigenden Arbeitslosigkeit, nachdem sie schon die Kosten des Aufschwungs in Form des sinkenden Reallohns und einer allgemeinen Intensivierung der Ausbeutung getragen hatten.

Das Bemerkenswerte in dem der Krise folgenden Aufschwung der sechziger Jahre ist die Beobachtung, daß die technische Grundlage der Produktionssteigerung sich wesentlich rascher als vorher zu verändern beginnt. Das war im Grunde schon in der vorhin gemachten Feststellung[80] enthalten, daß sich die Anlagen von fixem Kapital mehr auf die Modernisierung des Produktionsapparates als auf seine Erweiterung bezogen. Dabei zeigt sich der technische

[75] DÄBRITZ, W., Entstehung und Aufbau des rheinisch-westfälischen Industriebezirks. In: „Beiträge zur Geschichte der Technik und Industrie", 15. Bd., S. 27f., Berlin 1925.
[76] Ebenda.
[77] Vgl. A. SCHRÖTER, a. a. O.
[78] Jahrbuch f. d. Amtliche Statistik d. Preußischen Staates, 1. Jg., 2. Teil, S. 462, Berlin 1863.
[79] Näheres dazu bei H. WUTZMER, Baumwollindustrie.
[80] Vgl. S. 43.

Fortschritt besonders deutlich in der Textilindustrie. Dort vollzieht sich in der Baumwollspinnerei eine rasche Ablösung der veralteten Maschinen durch die modernen, mit Dampfkraft betriebenen Selfaktorspindeln.[81] In der Baumwollweberei hingegen setzt die Mechanisierung der Weberei gerade jetzt ein. Auch in der Leinen- und Wollweberei beginnt jetzt der Siegeszug des mechanischen Webstuhls, ohne daß dieser jedoch den Handwebstuhl in den sechziger Jahren zu liquidieren imstande ist.[82] Dabei setzt der Rückgang der Handweberei in der Baumwollindustrie wiederum nach der Krise von 1857 ein, in der bei den gesunkenen Preisen sich die Besitzer von Handwebstühlen nicht mehr halten konnten.

Nach Überwindung der Krise wirkten die erhöhten Rohstoffpreise in derselben Richtung wie vorher die sinkenden Preise für das Fertigprodukt, nämlich in der Richtung der Beschränkung der Konkurrenzfähigkeit für die in der Mechanisierung zurückgebliebenen Betriebe. Weiterhin trug auch die Einführung des Freihandels in den sechziger Jahren zur Verschärfung der Konkurrenz der noch technisch überlegenen englischen Textilindustrie bei, was sich vor allem in der zweiten Hälfte der sechziger Jahre auszuwirken begann.

Die technischen Veränderungen beschränkten sich jedoch keineswegs nur auf die Textilindustrie, sondern erfaßten auch die Schwerindustrie. Hier ist insbesondere die erste Einführung des Bessemerverfahrens und Siemens-Martin-Verfahrens bei der Gewinnung von Stahl zu nennen. Weniger klar ist die Lage im Kohlenbergbau. Hier finden wir eine bemerkenswerte Erscheinung, auf die J. Kuczynski hingewiesen hat.[83] Zwischen 1860 und 1870 wuchs nämlich die Jahresarbeitsleistung pro Arbeiter um 42%, während sie im voraus gegangenen Jahrzehnt nur um 8,5% zugenommen hatte.[84] J. Kuczynski nimmt an, daß diese erhöhte Arbeitsleistung fast allein auf die Erhöhung des Arbeitstempos zurückzuführen ist und bringt diese Erscheinung in Zusammenhang mit seiner These des Übergangs von der extensiven zur intensiven Ausbeutung in den sechziger Jahren.

Obwohl diese Intensivierung der Arbeit nicht zu leugnen ist, dürfte aber daneben auch die Steigerung der Arbeitsproduktivität durch die Herstellung moderner, leistungsfähiger Betriebe im Bergbau eine Rolle gespielt haben[85], wobei der technische Fortschritt weniger die Form einzelner umwälzender Neuerungen als vielmehr die Summe kleiner Verbesserungen angenommen hat. Außerdem mag auch die Tatsache eine Rolle gespielt haben, daß die Förderung in jetzt erschlossenen Bergwerken aus geologischen Gründen einen geringeren Arbeitsaufwand erforderte.

[81] Näheres bei H. Wutzmer, Baumwollindustrie.
[82] Näheres bei H. Blumberg, Wollindustrie. S. 92ff., und Leinenindustrie, s. unten S. 123f.
[83] Kuczynski, J., Die Lage der Arbeiter in Deutschland. Berlin 1954, 6., verb. Aufl., Bd. I, 1. Teil 1789–1870, Kap. IV.
[84] Nach Berechnungen von H. Wehner, a. a. O., S. 77.
[85] Vgl. darüber: Wehner, H., a. a. O., insbesondere S. 88ff.

Im ganzen sind die sechziger Jahre allgemein dadurch gekennzeichnet, daß die Arbeitsproduktivität und Arbeitsleistung in den von zentralisierten kapitalistischen Betrieben, Fabriken und Hütten bereits erfaßten Zweigen rasch wuchsen und noch rascher in solchen Zweigen, wie eben der Weberei, in der die kapitalistische Fabrik gerade jetzt im Vordringen begriffen war.

4. Zur Entwicklung in den noch auf Handarbeit beruhenden Produktionszweigen

Das Vordringen der Fabrik und des kapitalistischen Industriebetriebes in den Jahren überhaupt bedeutet also gleichzeitig die Zurückdrängung des auf Handarbeit beruhenden gewerblichen Betriebes in der Weberei. Es ergibt sich nun die Frage, inwieweit dieser Prozeß der Zurückdrängung und Vernichtung des handgewerblichen Betriebes sich insgesamt in der Zeit von 1834 bis 1873 vollzogen hat. Diese Frage ist um so wichtiger, als man ja gemeinhin bei dem Begriff der industriellen Revolution vor allem an die Verdrängung des Handbetriebes durch den Industriebetrieb denkt. Auf der anderen Seite ist aber in diesen einleitenden Bemerkungen schon mehrfach darauf hingewiesen worden, daß die Erweiterung des industriekapitalistischen Sektors, die Vergrößerung seines Anteils an der gesamten Produktion, keineswegs zu jeder Zeit mit einer absoluten Verdrängung bzw. einem absoluten Rückgang der handgewerblichen Produktion einherzugehen brauchen. Dennoch spielt auch dieser letztere Prozeß in Deutschland eine wesentliche Rolle. Auch in Deutschland gab es in der Zeit von 1834 bis 1873, ja sogar nur von 1834 bis 1860, eine Reihe auf Handarbeit beruhender Gewerbe, denen schon eine schwere Konkurrenz der Fabrik, also der Maschine, gegenüberstand, wo der Vernichtungskampf Maschine gegen Handarbeit mit all dem furchtbaren Elend, das er unter kapitalistischen Verhältnissen haben mußte, sich vollzog.

Was in diesem Zusammenhang den Kampf Spinnmaschine gegen Baumwollhandspinnerei betrifft, von der ja in England die industrielle Revolution ausgegangen ist, so fällt der Sieg der Maschinenspinnerei, der Sieg der Fabrik, schon in die Zeit vor der Gründung des Zollvereins, also in die Vorbereitungsperiode der industriellen Revolution, worauf an anderer Stelle bereits hingewiesen wurde. Einen Teil der industriellen Revolution selbst konnte diese Ersetzung wegen des geringen absoluten Umfanges, wegen des geringen Gewichts der Baumwollspinnerei im Verhältnis zur gesamten Wirtschaft damals nicht darstellen. Sie schuf eben nur die Voraussetzung für die rasche quantitative Ausdehnung der Baumwollindustrie und für die sich in großem Maßstabe vollziehende Anlage von fixem Kapital in diesem Zweig und damit für Prozesse, die dann echte Teilerscheinungen der industriellen Revolution in Deutschland darstellen.

Die Entwicklung in der Wollspinnerei ist insoweit ähnlich, als die Spinnmaschine sich auch dort vor 1834 durchgesetzt hat.

In die Zeit nach der Gründung des Zollvereins fällt aber das Vordringen der auf Appreturmaschinen plus Spinnmaschinen beruhenden Tuchfabrik gegen die kleineren Tuchproduzenten, fällt der Ruin dieser Gruppe von Handgewerbetreibenden, deren Lebenslage vorher verhältnismäßig günstig gewesen war. In die Zeit nach der Gründung des Zollvereins fällt aber vor allem der Vernichtungskampf der mechanischen gegen die Handflachsspinnerei.

Die Folgen dieses Vernichtungskampfes waren in Deutschland um so furchtbarer, als – ähnlich wie bei der Baumwollhandspinnerei des Vogtlandes oder der viel größeren Baumwollhandspinnerei Indiens – die vernichtende Konkurrenz von Fabriken außerhalb Deutschlands, eben vor allem in Großbritannien kam, während die mechanische Flachsspinnerei Deutschlands, wie in der Untersuchung von H. Blumberg näher ausgeführt wird, in jener Zeit noch kaum ausgebildet war.[86]

Der Untergang der deutschen Flachshandspinnerei hatte aber auch deshalb viel furchtbarere Folgen als der frühere Untergang der Baumwollhandspinnerei, weil die Ausdehnung und der Umfang der Flachsspinnerei unvergleichlich größer waren und sich viele ruinierte landarme Dorfbewohner gerade der Handspinnerei als Neben- oder auch als Hauptgewerbe zugewandt hatten. Deshalb wird die Zeit zwischen der Gründung des Zollvereins und der Revolution von 1848, die Zeit des ersten industriellen Aufschwungs und des Beginns der industriellen Revolution in Deutschland gleichzeitig in hohem Maße durch die furchtbare Not der Flachsspinner charakterisiert. Das Bild wird noch düsterer, als zur Not der Flachsspinner noch die Krise der auf Handarbeit beruhenden Leinenweberei tritt.[87]

Die Flachsspinnerei ist aber keineswegs der einzige handgewerbliche Betrieb, in dem schon vor der Revolution von 1848 in entscheidendem Maße der handgewerbliche durch den industriellen Betrieb in den Hintergrund gedrängt wird. Ein anderer wichtiger Zweig ist die Herstellung von Produktionswerkzeugen für Gewerbe, Transport und Landwirtschaft, bei der seit den dreißiger Jahren die Maschinenfabrik an die Stelle des handgewerblichen Betriebes tritt, wozu auch parallel die Ersetzung der Maschinenmanufaktur durch die Maschinenfabrik läuft.

Im Unterschied aber zur Flachsspinnerei und im Unterschied auch zu den Baumwollspinnereien der dreißiger Jahre des vorangegangenen Jahrhunderts ist es bei der Herstellung von Werkzeugen die *deutsche Fabrik,* die an die Stelle eines *deutschen* handgewerblichen Betriebes tritt.

Ähnliche Prozesse spielen sich auch in einer Reihe anderer Zweige ab, wobei eine ungenügende Erforschung allerdings es schwierig macht, ein umfassendes Bild zu entwerfen. Dazu gehört vor allem die auf chemisch-technologischen Prozessen basierende Produktion, beispielsweise die Branntweindestillation,

[86] Vgl. dazu H. Blumberg, Leinenindustrie. S. 91 u. 111.

[87] Vgl. dazu H. Blumberg, Leinenindustrie. S. 130ff.

Zuckerraffinerie und Brauerei, wo sich ein Vordringen des mit Dampfmaschinen ausgerüsteten Großbetriebes vollzieht. Dabei ist allerdings nicht immer deutlich zu unterscheiden, inwieweit es sich bei den zurückgedrängten Betrieben um Manufakturen oder andere handgewerbliche Unternehmungen handelt. Deutlich erkennbar ist aber die Ersetzung der Manufaktur durch die Fabrik bei der sich rasch steigernden Papierproduktion, wo vor allen Dingen seit Ende der vierziger und Anfang der fünfziger Jahre die Maschinenarbeit die Handarbeit verdrängt und damit dem industriellen Betrieb zum Siege verhilft.[88]

Ein weiteres sehr bekanntes Beispiel für den Vernichtungskampf der Industrie gegen handgewerbliche Betriebe liefert auch das Transportgewerbe, in dem die kapitalistischen Dampf-Schleppschiffahrtsbetriebe das alte Schiffshandwerk ruinieren sowie auch das weniger gut erforschte Schicksal der Fuhrleute gegenüber der Konkurrenz der Eisenbahn.

Den Zweigen des Handgewerbes, die bereits einer gefährlichen Konkurrenz des kapitalistischen Industriebetriebes ausgesetzt sind, stehen aber andere gegenüber, bei denen dies noch nicht der Fall ist. Was diese letzteren anbetrifft, so zogen sie, jedenfalls während der aufsteigenden Phasen der Zyklen, Vorteile aus der gesteigerten Nachfrage nach gewerblichen Waren. Auch in Deutschland beruhte die Baumwollweberei bis zu den sechziger Jahren, was bereits erwähnt wurde, ebenso wie die Wollweberei auf Handarbeit und machte auf dieser Grundlage, jedenfalls bis zur Krise von 1857, beträchtliche quantitative Fortschritte, während sich in England in den dreißiger und vierziger Jahren in der Baumwollindustrie die mechanischen Webstühle und damit die Fabrik in der gesamten Baumwollwarenproduktion voll durchgesetzt hatten. In Deutschland also ist der Aufschwung der Handbaumwoll- und Handwollweberei sowie des ebenfalls auf Handarbeit beruhenden Seidengewerbes, jedenfalls bis zur Krise von 1857, noch offenkundig.

Dabei handelt es sich allerdings bei keinem dieser Zweige um einfache Warenproduktion; vielmehr wurden die Weber von Manufakturiers und – was die Wollweber betrifft – auch von Fabrikanten ausgebeutet. Was die anderen Zweige des Handgewerbes und vor allem solche des eigentlichen Handwerks, insbesondere des früheren zünftigen städtischen Handwerks betrifft, so läßt sich hier eine ähnliche quantitative Steigerung der Produktion auch vor den sechziger Jahren sogar in der aufsteigenden Phase des Zyklus nicht feststellen. Allerdings ist eine zahlenmäßig einigermaßen genaue Erfassung der quantitativen Produktionsbewegung bisher nicht möglich gewesen und dürfte auch in Zukunft auf außerordentliche Schwierigkeiten stoßen.

Leichter läßt sich dagegen an Hand vorhandener Statistiken die Zahl der Handwerker messen. Aber es wäre ein schwerer Irrtum, den Prozentsatz der Zunahme bzw. Abnahme der Anzahl der Handwerker mit dem Prozentsatz

[88] Vgl. dazu v. REDEN, Erwerbs- und Verkehrsstatistik des Königsstaats Preußen. Darmstadt 1854, III. Abtlg., S. 1830.

der Zunahme oder Abnahme der handgewerblichen Produktion gleichzusetzen. Es wäre deshalb auch falsch, aus der von G. Schmoller in seiner bekannten Arbeit „Zur Geschichte der deutschen Kleingewerbe im 19. Jahrhundert" festgestellten Stagnation in der Anzahl der Handwerker um das Jahr 1843 zu schließen, daß in diesem Jahr eine Stagnation des Umfanges der handgewerblichen Produktion begänne.[89] Diese Gleichsetzung ist deshalb falsch, weil für den Handwerker der vorindustriellen Epoche und den Handwerker der beginnenden industriellen Revolution gerade die Tatsache typisch ist, daß seine „Kapazität" nicht voll ausgelastet ist, so daß Zuwachs bzw. Abnahme der handgewerblichen Produktion eines bestimmten Zweiges durchaus mit einer gleichbleibenden Handwerkerzahl infolge der erhöhten Ausnutzung der „Kapazität" des Handwerkers vereinbar sind.

Diese Frage bedarf allerdings noch einer eingehenderen Untersuchung, bei der umfangreicheres Material als das bis jetzt bekannte gefunden werden könnte. Hier sei nur *ein* bekannt gewordenes Beispiel dafür angegeben, daß es sogar am Ende des 18. Jh. eine solche ungenutzte Kapazitätsausnutzung gegeben hat. Im Jahre 1790 verdoppelten sich nämlich die Bestellungen im Solinger Messergewerbe, wobei das Handwerk die doppelte Anzahl von Klingen zu liefern imstande war.[90]

Deshalb dürften die Stagnation bzw. der teilweise Rückgang der Handwerkerzahl, den G. Schmoller für 1843 feststellt, viel eher darauf zurückzuführen sein, daß jetzt der in Gang gekommene zyklische Aufschwung, vor allem der Eisenbahnbau, in größerem Maße als bisher Arbeitsmöglichkeiten gibt und so den Zustrom zum Handwerk hemmt.

Gerade dieser Zustrom ist einer der wichtigsten Faktoren, die zu einer außerordentlichen Notlage auch in den Teilen des Handwerks geführt hatten, die noch nicht einer gefährlichen Konkurrenz des kapitalistischen Industriebetriebes ausgesetzt waren. Grundlage dieses Zustroms ist die Zunahme der agrarischen Überschußbevölkerung, die Anfang der vierziger Jahre ihren Höhepunkt erreicht.

Allerdings beruhte die Not der Handwerker in den vierziger Jahren, worauf auch G. Schmoller eingeht und die auch in neueren Untersuchungen, wie beispielsweise der von K. Obermann[91], herausgearbeitet wird, gerade in der Zeit nach 1843 auch auf anderen Faktoren. Hierbei sind vor allem die steigenden Lebenshaltungskosten in den vierziger und übrigens auch in dem zyklischen Aufschwung der fünfziger Jahre sowie der nach der Mitte der vierziger Jahre steigende Zinsfuß zu nennen.

[89] Vgl. dazu vor allem G. Schmoller, Zur Geschichte der deutschen Kleingewerbe im 19. Jahrhundert. In: „Stat. u. nationalök. Untersuchg." S. 70ff., sowie S. 80, Halle 1870.

[90] Thun, A., Die Industrie am Niederrhein und ihre Arbeiter. Leipzig 1879, 2. Teil, S. 60. Auf denselben Ursachen beruhte auch die Einrichtung der sogenannten Reihenschiffahrt.

[91] Obermann, K., Die deutschen Arbeiter in der Revolution von 1848. Berlin 1953

Hinzu kommt fernerhin, daß auch bei den Handwerkern, die noch nicht einer gefährlichen Konkurrenz der Fabrik gegenüberstanden, die Unterwerfung unter kapitalistische Ausbeuter weitere Fortschritte machte. Die Vielzahl von kleinen Meistern, die überhaupt keinen oder nur einen Gesellen hatten, wurde jetzt noch mehr von kapitalistischen Verlegern und Manufakturen abhängig. Dabei hängt das weitere Vordringen von Verlag und auch Manufaktur mit der zunehmenden erzwungenen Orientierung vieler Handwerker auf den Fernabsatz zusammen, zu der vor allem auch die Fortschritte des Transportwesens beitrugen. Die Transportumwälzung hat also – wie bereits Schmoller andeutete[92] – zur Entfaltung der kapitalistischen Elemente im Handwerk wesentlich beigetragen.

Dieselbe Entwicklung führte auch dazu, daß die Ausbeutung von Gesellen in vielen Fällen kapitalistische Form annimmt. Dabei ist zu berücksichtigen, daß z. B. in Preußen, wo die Gewerbefreiheit herrschte, die Gesellen nicht mehr durch den Zunftzwang am Selbständigwerden gehindert wurden, daß aber jetzt, gerade seit den dreißiger Jahren, die neuen Hemmnisse, die in der Höhe der zum Selbständigwerden notwendigen Mittel bestanden, immer größer wurden. Daß dieser Prozeß seit den dreißiger Jahren einen Fortschritt machte, zeigte sich darin, daß beispielsweise in Preußen der verhältnismäßige Anteil der Gesellen an der Gesamtzahl der Handwerker wuchs.[93] Im Zusammenhang damit verwandelten sich manche Meister in regelrechte Manufakturiers und die von ihnen beschäftigten Gesellen in Lohnarbeiter. Das war z. B. bei der Gerberei, Töpferei[94], Hutmacherei[95] und vor allem beim Baugewerbe der Fall. Wird doch der Häuserbau in den Städten jetzt mehr und mehr zur Angelegenheit kapitalistischer Manufakturbetriebe.[96]

Bemerkenswert ist auch weiter die beginnende Zurückdrängung sowohl der Haushaltsproduktion von fertiger Bekleidung als auch ihrer handwerksmäßigen Herstellung, der Schneiderei durch die kapitalistischen Konfektionsbetriebe, die ja eine Form der zentralisierten bzw. dezentralisierten Manufaktur darstellten, wobei Berlin zu einem ihrer Zentren wird.[97]

Damit bestätigt sich auch für die industrielle Revolution in Deutschland die schon bereits in England festgestellte Gesetzmäßigkeit, daß das rasche Anwachsen der eigentlichen, der – wie sie Karl Marx nennt – „großen" Industrie noch längere Zeit mit einer, wenn auch im Ausmaß keineswegs vergleichbaren Zunahme des Verlages und der Manufaktur einhergeht. Das

[92] SCHMOLLER, G., a. a. O., S. 166ff.
[93] SCHMOLLER, G., a. a. O., S. 331ff.
[94] SCHMOLLER, G., a. a. O., S. 279.
[95] SCHMOLLER, G., a. a . O., S. 202.
[96] Vgl. dazu die Angaben bei G. SCHMOLLER, a. a. O., S. 377ff.; weiter auch S. 380ff.
[97] Dazu nähere Angaben in der in Vorbereitung befindlichen Monographie von L. BAAR, Die Entwicklung der Berliner Industrie in der Periode der industriellen Revolution. Vgl. dazu auch G. SCHMOLLER, a. a. O., S. 645ff. und S. 649.

bedeutet aber nichts anderes, als daß die Anzahl der Heim- und Manufakturarbeiter noch wächst und ihr Anteil an der sich herausbildenden Arbeiterklasse nur langsam abnimmt.

5. Zur Lage der Arbeiter in der industriellen Revolution Deutschlands

Die Lage des jungen deutschen Industrieproletariats ist nur in engem Zusammenhang mit der Lage solcher anderer Lohnarbeiterschichten, so auch der proletarisierten Handwerker, voll zu verstehen, wobei die Grenzen gerade zwischen proletarisierten Handwerkern und eigentlichen Lohnarbeitern in der industriellen Revolution noch nicht fest abgesteckt waren. Die Lage der Arbeiter in jener Zeit, ihre rasche Verschlechterung, die steigende Arbeitszeit und auch die grausame Ausbeutung von Kindern in den Fabriken jener Zeit sind von J. Kuczynski[98] ausführlich dargestellt worden. Es soll hier nicht näher darauf eingegangen werden, da neuere Forschungen, besonders auch von seiten des in diesem Sammelband und des an den darauffolgenden Bänden beteiligten Kollektivs, noch nicht in ausreichendem Maße vorliegen. Nur zu bestimmten Auslegungen J. Kuczynskis zu dem von ihm selbst gesammelten Material mögen einige Bemerkungen am Platze sein.

Nachdem J. Kuczynski bis zum Ende der fünfziger Jahre ein ständiges Sinken des Reallohnes und – jedenfalls etwa bis zur Jahrhundertmitte – Verlängerung des Arbeitstages festgestellt hat, kommt er für die sechziger Jahre zu dem Ergebnis, daß sich jetzt die Kaufkraft des Wochenlohns hebt und der Umfang des Arbeitstages erstmalig eine Abnahme aufweist.[99] Kuczynski sieht darin einen Übergang von der extensiven zur intensiven Ausbeutung; sieht darin vor allem eine durch die Erfordernisse der kapitalistischen Reproduktion erzwungene Änderung der ökonomischen Politik der Bourgeoisie. Das kommt insbesondere in seiner folgenden Formulierung zum Ausdruck: „Wenn man aber mehr aus dem Arbeiter pro Stunde herausholen will, wenn man ihn stärker pro Stunde abnutzen will, dann muß man ihn zumindest etwas besser ‚füttern' und ihm etwas mehr Freizeit geben – zumal, wenn der Druck der Arbeiterklasse immer stärker wird."[100] Wenn auch das Verdienst von Jürgen Kuczynski, diese Veränderungen überhaupt herausgearbeitet zu haben, betont werden muß, so erscheint die Erklärung aber zumindest unvollständig. Das zeigt sich deutlich, wenn man nicht nur die ökonomische Situation der sechziger Jahre, sondern zunächst vor allem die auf die Lage der Arbeiter in der gesamten Epoche der industriellen Revolution Deutschlands wirkenden Faktoren betrachtet.

[98] Kuczynski, J., Die Lage der Arbeiter in Deutschland. Berlin 1954, 6., verb. Aufl., Bd. I, 1. Teil 1789–1870, derselbe, Geschichte der Kinderarbeit in Deutschland 1750–1939. Berlin 1958, 2 Bde.

[99] Kuczynski, J., a. a. O., S. 199ff., 203ff.

[100] Kuczynski, J., a. a. O., S. 204.

Hauptquelle für die Entstehung des deutschen Proletariats war, wie bereits mehrfach angedeutet, die agrarische Überschußbevölkerung, deren Angehörige entweder unmittelbar oder mittelbar über den Umweg der Zugehörigkeit zum Handwerk zu Mitgliedern der Arbeiterklasse wurden. Dabei unterschied sich von der im ersten Band des „Kapital" am Beispiel der englischen Landwirtschaft dargestellten „agrikolen Überbevölkerung"[101] diese agrarische Überschußbevölkerung darin, daß sie nur zum Teil aus der Entwicklung der kapitalistischen Landwirtschaft, der agrarischen Revolution, stammte, zum weitaus größeren Teil aber ein Erbe der feudalen Vergangenheit darstellte. Vor allem aber war der Umfang der agrarischen Überschußbevölkerung in Deutschland beim Beginn der industriellen Revolution, damit auch beim Beginn der Herausbildung des deutschen Industrieproletariats, besonders groß, was der deutschen Arbeiterklasse einen – beispielsweise im Vergleich zu den USA – viel schlechteren Ausgangspunkt für die Entwicklung des nationalen Lohnniveaus, ja, darüber hinaus des Wertes der Arbeitskraft in Deutschland gab, der ja, wie Marx im „Kapital"[102] feststellt, von den Bedingungen und anderem abhängt, unter denen „die Klasse der freien Arbeiter sich gebildet hat". Hinzu kam fernerhin, daß – zumindest bis Ende der vierziger Jahre – der Umfang der deutschen, noch nicht von der Industrie bzw. der kapitalistisch werdenden Landwirtschaft absorbierten agrarischen Überschußbevölkerung noch zunahm, was den Druck auf den Arbeitslohn, was Arbeitslosigkeit und Unsicherheit verschärfte.

Demgegenüber aber entwickelte sich im Verlaufe der industriellen Revolution auch in Deutschland wie in jedem anderen Land immer mehr eine neue Quelle für die Industriebevölkerung, eine Quelle, wie sie Marx für den entfalteten Kapitalismus in seinen berühmten Ausführungen über das Bevölkerungsgesetz des Kapitalismus dargelegt hat.[103] Das ist eine Quelle, die sich vor allem aus dem Prozeß der industriellen Revolution selbst, aus der Verdrängung der Handarbeit durch die Maschinenarbeit und der daraus resultierenden immer stärkeren Überflüssigmachung von Arbeitskräften ergibt, wodurch sich von einer anderen Seite her ein Druck auf die Lebenslage der Arbeiter ergab. Im Verlaufe der industriellen Revolution beginnt nun dieser zweite Faktor im Verhältnis zur ersteren immer mehr eine führende Rolle zu spielen. Das schließt natürlich ein Zusammenwirken beider Faktoren nicht aus, wie es z. B. in der Krisis des deutschen Leinengewerbes zutage trat, was ein Beispiel für die Wahrheit jenes Satzes von Marx ist, wonach „nicht nur die Entwicklung der kapitalistischen Produktion, sondern auch der Mangel ihrer Entwicklung" die deutsche Arbeiterklasse in jener Zeit „quält".[104]

Bei der aufsteigenden Phase des Zyklus nach Überwindung der Krise von 1857 zeigt es sich, daß in den entwickelten Teilen Deutschlands der erste Faktor,

[101] MARX, K., Das Kapital. Berlin 1953, Bd. I, S. 672f., 677.
[102] MARX, K., Das Kapital. Berlin 1953, Bd. I, S. 179.
[103] MARX, K., Das Kapital. Berlin 1953, Bd. I, S. 664ff.
[104] MARX, K., Vorwort zur 1. Aufl. von Das Kapital. Berlin 1953, Bd. I, S. 6.

der Faktor der agrarischen Überschußbevölkerung des alten, von der feudalen Vergangenheit her übernommenen Typus seinen Einfluß auf die Entwicklung der Lage der Arbeiterklasse in hohem Maße verlor. Es wurden jetzt die letzten Reste der alten Überschußbevölkerung aus der Umgebung der Industriezentren absorbiert, die, wie W. Becker in seinem in diesem Band abgedruckten Beitrag ausführt[105], bis dahin als Hauptquelle für das Industrieproletariat gedient hatten. Die weiter entfernten, besonders in den ostelbischen Gebieten befindlichen Teile der Überschußbevölkerung konnten aber erst nach Herstellung der vollen Freizügigkeit sowie eben einer Erhöhung des Lohnniveaus in den Industriezentren mittels Fernwanderung mobilisiert werden, was, worauf W. Becker hinweist, erst in den siebziger und achtziger Jahren eintrat.[106] Auf der anderen Seite war in jener Zeit auch das Überzähligmachen von Arbeitskräften durch neue Maschinen noch nicht in der Lage, der deutschen Bourgeoisie voll zu ersetzen, was ihr durch den raschen Rückgang der agrarischen Überschußbevölkerung verlorengegangen war. Diese Situation, die zu einer Verknappung von Arbeitskräften in bestimmten Teilen Deutschlands führte, stellte eine zusätzliche Antriebskraft für die Einführung neuer Maschinen in der Spinnerei, mechanischer Webstühle und sonstiger, die Arbeitsproduktivität bzw. Arbeitsleistung steigernder Maßnahmen dar. Auf der anderen Seite mußten natürlich dieses *vorübergehende* Verhältnis, diese *vorübergehende* günstige Marktlage für die Ware Arbeitskraft sich auf die Bewegung des Reallohnes auswirken. Das konnte um so mehr der Fall sein, als ja in den sechziger Jahren eine wirkliche zyklische Krise mit all ihren die Verelendung der Arbeiterklasse beschleunigenden Auswirkungen nicht aufgetreten ist.

Hinzu kommt, daß die Steigerung der Lebensmittelpreise, die seit den dreißiger Jahren fast ununterbrochen vor sich ging, in den sechziger Jahren zum Stillstand gelangte, ja, daß teilweise bereits ein gewisser Rückgang eingetreten war. Auch das mußte natürlich die Entwicklung der Reallöhne günstig beeinflussen.

Aber bei der Entwicklung des Reallohnes spielte nicht nur die Marktlage der Ware Arbeitskraft, sondern auch der Klassenkampf der Arbeiter eine wichtige Rolle. In den sechziger Jahren nimmt die Organisiertheit der Arbeiterklasse zu, wächst ihr Kampfgeist. Die Einführung der Koalitionsfreiheit im Rahmen der neuen Gewerbeordnung ermöglicht es den Arbeitern, sich am Ende der sechziger Jahre auf legale Weise zu organisieren und Streikkämpfe durchzuführen. So kommt es auch nicht zufällig in dieser Zeit zu einer sich bis Anfang der siebziger Jahre hinziehenden großen Streikwelle.

Trotz dieser Zunahme der Streiks läßt sich ihr Ausmaß, wie J. Kuczynski[107] mit Recht betont, nicht mit den Klassenkämpfen in England – etwa in der Chartistenzeit – vergleichen, und es konnte deshalb auch kein vergleichbarer

[105] Vgl. S. 235.
[106] Vgl. S. 236.
[107] Kuczynski, J., a. a. O., S. 237ff.

Erfolg erzielt werden. Trotzdem wäre es falsch, die Wirksamkeit der Streikwelle der sechziger Jahre nur an der Zahl der Streikenden sowie der Zahl der Streiktage zu messen. Einmal gab es, wie genauere Untersuchungen zeigen[108], viel mehr Streiks, als nach den bisherigen Veröffentlichungen angenommen werden kann. Vor allem aber waren die Auswirkungen solcher Streiks oder auch nur erfolgreicher Streikdrohungen, selbst wenn sie nur einen Teil der betreffenden Arbeiter in einem bestimmten Lokalgebiet umfaßten – – jedenfalls in der aufsteigenden Phase des Zyklus – in der damaligen Zeit, in der Unternehmerverbände noch fehlten, viel stärker, als das später – oder aber sogar im gegenwärtigen Kapitalismus – der Fall sein konnte. Unter den in den sechziger und Anfang der siebziger Jahre bestehenden Bedingungen vermochten Teilstreiks bereits häufig die Unternehmerfront zu Konzessionen zu zwingen, da häufig die Mehrheit der Unternehmer durch die erzwungene Konzessionsbereitschaft eines Teiles der Unternehmer zu Nachahmung veranlaßt wurde.

Die Bedeutung dieser Tatsache, die Wirksamkeit des ökonomischen Klassenkampfes der Arbeiter machte sich bei der Frage der Arbeitszeitverkürzung noch weit stärker als bei der Frage der Reallöhne bemerkbar.

In diesem Zusammenhang sind die Ausführungen von K. Marx zu beachten, der auf die entscheidende Rolle der Arbeiterklasse bei der Herstellung des Normalarbeitstages im allgemeinen – und das nicht nur in England – hinweist.[109] Wichtig ist hierbei auch sein Hinweis, daß der Sieg der englischen Arbeiterklasse in dieser Frage dem Normalarbeitstag nicht allein in England, sondern in ganz Europa zum Durchbruch verhelfen mußte. Sagt doch K. Marx hierüber: „Die englischen Fabrikarbeiter waren die Preisfechter nicht nur der englischen, sondern der modernen Arbeiterklasse überhaupt.“[110]

Dabei dürfte es auch der Einfluß der großen Kämpfe der englischen Arbeiterklasse gewesen sein, der während der Revolution von 1848 auch in Deutschland die Forderung nach Arbeitszeitverkürzung zu einer sehr verbreiteten werden ließ, wie sich das ganz deutlich aus den in der Abhandlung von H. Radandt[111] geschilderten Tatsachen ergibt. Der Ruf nach der Verkürzung der Arbeitszeit ist, wie die Widerstandskraft der Arbeiterklasse überhaupt, selbst in den fünfziger Jahren, wie aus der Arbeit von E. Todt[112] zu ersehen

[108] Näheres in der in Vorbereitung befindlichen Monographie von W. BECKER, Die Entwicklung der deutschen Maschinenbauindustrie von 1850–1870.

[109] MARX, K., Das Kapital. Berlin 1953, Bd. I, S. 282–283. Vgl. auch J. KUCZYNSKI, der in der 6. Aufl. des in Anm. 99 zitierten Werkes – vor allem in Abschn. 2, Kap. V, insbesondere S. 230 – sowie in: Studien zur Geschichte des Kapitalismus, Berlin 1957, S. 44–49, der Rolle des Klassenkampfes bei der Verkürzung der Arbeitszeit eine größere Bedeutung zumißt als vorher.

[110] MARX, K., Das Kapital. Berlin 1953, Bd. I, S. 313.

[111] TODT, E., und H. RADANDT, Zur Frühgeschichte der deutschen Gewerkschafts-, bewegung 1800–1849. Berlin 1950, insbesondere Kap. I, Abschn. 5, S. 129, 131. 133, 135–139.

[112] TODT, E., Die gewerkschaftliche Betätigung in Deutschland 1850–1859. Berlin 1950.

ist, nicht völlig zum Erliegen gekommen. Die gesamte ökonomische und politische Situation, die in den sechziger Jahren, vor allem Ende der sechziger Jahre herrschte, gibt dann die Möglichkeit zur Verbreiterung und die Vertiefung der Bewegung zur Erringung des Normalarbeitstages.

Eine Reihe von Tatsachen sprechen dafür, und weitere Untersuchungen würden zweifellos das Bild noch weiter ergänzen, daß die Unternehmer Ende der sechziger Jahre sich zu Konzessionen über die Arbeitszeit nicht auf Grund ihrer besseren Einsicht bewegen ließen.[113] Und nicht zufällig, sondern als Ausdruck des Reifeprozesses, der inzwischen vor sich gegangen ist, vollzieht sich auch Ende der sechziger Jahre das große Ereignis der Geschichte der deutschen Arbeiterbewegung, die Gründung der ersten (marxistischen) deutschen Arbeiterpartei.

IV. ZUR FRAGE DER BEENDIGUNG DER INDUSTRIELLEN REVOLUTION

Gerade die Tatsache, daß die deutsche Arbeiterklasse sich jetzt herausbildet und ein gewisses Reifestadium erreicht hatte, und daß dies auch für die industrielle Bourgeoisie zutrifft, läßt die Annahme berechtigt erscheinen, daß in diese Zeit das Ende der industriellen Revolution fällt. Dabei ist vom rein ökonomischen Gesichtspunkt aus das Jahr 1873 ein noch besserer Schlußpunkt als die Jahre 1870 oder 1871. Dafür spricht vor allem die Tatsache auch, daß die industrielle Entwicklung mehrere Zyklen hindurch ein solches Tempo erreicht hatte, so daß Deutschland ein wichtiges Industrieland wurde und es nur eine Frage der Zeit war, bis England eingeholt werden konnte. Die deutsche Industrie wies auch eine solche Struktur auf, die sie zu einem weiteren Aufstieg befähigte, oder mit anderen Worten: es war in Deutschland nicht nur die Abteilung II, sondern auch die Abteilung I – Schwerindustrie und Maschinenbau – voll entwickelt. Hinzu kommt noch, daß nach 1873 die Anlage von Kapital für die weitere kapitalistische Industrialisierung jetzt ganz überwiegend unmittelbar aus den akkumulierten Profiten der Industrie selbst stammte. Die Umwandlung von Handelskapital in industrielles Kapital als wichtiges Merkmal der industriellen Revolution spielt jetzt keine wesentliche Rolle mehr. Noch bedeutsamer ist aber etwas anderes. Etwa für die Zeit um 1873 setzen wir nach den in Lenins Werk über den „Imperialismus als höchstes Stadium des Kapitalismus" gewonnenen Erkenntnissen den Beginn des allmählichen, langsamen Übergangs vom Kapitalismus der freien Konkurrenz zum monopolistischen Kapitalismus an[114], der dann Ende des 19. Jh. zur Herausbildung des Imperialismus führte. 1873 beginnt also ein qualitativ

[113] Vgl. dazu u. a. H. Blumberg, Leinenindustrie. S. 136.

[114] Vgl. dazu W. I. Lenin, Ausgewählte Werke. Berlin 1951, Bd. I, S. 780, wo es heißt: „Die große Umwälzung beginnt mit dem Krach von 1873 oder, richtiger, mit der ihm folgenden Depression."

neues Stadium in der Geschichte des deutschen Kapitalismus. In ihm vollzieht sich überdies als Grundlage des Übergangs zum monopolistischen Kapitalismus ein schneller Konzentrationsprozeß innerhalb der kapitalistischen Industrie. In dieser Zeit gewinnt der Kampf der großen Fabrik gegen die mittlere und kleine Fabrik vorrangige Bedeutung über den Kampf der Fabrik gegen das auf Handarbeit beruhende Kleingewerbe, der die industrielle Revolution, das vorausgegangene Stadium kennzeichnet. Weiterhin vollzieht sich auch in den letzten Jahrzehnten des 19. Jh. eine neue technische Umwälzung auf der Grundlage der Elektrizität, der Chemie und des billig produzierten Gußstahls.

Demgegenüber schlägt der einzige ernste Einwand, der einer solchen Periodisierung entgegengehalten werden könnte, nicht durch, der Einwand nämlich, daß – was unbestreitbar ist – die Ersetzung der Handarbeit durch die Maschinenarbeit als wesentliches Merkmal der industriellen Revolution bis Anfang der siebziger Jahre noch keinesfalls abgeschlossen war. Dieses Argument ist deshalb – und darauf weist auch J. Kuczynski hin – nicht durchschlagend, da, wenn wir den Abschluß der industriellen Revolution mit der Beendigung der Mechanisierung identifizieren, von einer Beendigung der industriellen Revolution noch nicht einmal heute in den fortgeschrittensten kapitalistischen Ländern die Rede sein könnte.[115] Demgegenüber aber meint J. Kuczynski, daß zwar nicht der Abschluß der Mechanisierung im gesamten Gewerbe, aber wohl in der Textilindustrie und zumindestens in der Baumwollindustrie mit dem Ende der industriellen Revolution zu identifizieren sei.[116] Diese These steht aber im Widerspruch zu seiner auf der gleichen Seite geäußerten Auffassung, daß das Ende der industriellen Revolution in England etwa auf das Jahr 1830 fällt; herrscht doch in der englischen ökonomischen Literatur Übereinstimmung darüber, daß in dieser Zeit in der Baumwollweberei der Handwebstuhl noch immer die führende Rolle einnahm, der Handwebstuhl erst in den dreißiger Jahren in den Hintergrund gedrängt wurde, während derselbe Prozeß in der Woll- und Leinenweberei erst Jahrzehnte danach zum Abschluß gelangte.[117]

Deshalb dürfte die Tatsache, daß die deutsche Baumwollindustrie erst in den achtziger Jahren das Gewebe überwiegend mit mechanischen Webstühlen produzierte, angesichts des im Vergleich zu England um 1830 hohen, bereits Anfang der siebziger Jahre erreichten Entwicklungsstandes der Industrie überhaupt, kein entscheidender Grund dafür sein, das Ende der industriellen Revolution erst für die achtziger oder gar für die neunziger Jahre anzunehmen.

Aus den angeführten Gesichtspunkten ergibt sich folgender Vorschlag für die Periodisierung der Geschichte der deutschen Industrie bis zum Jahre 1945:

[115] KUCZYNSKI, J., Studien zur Geschichte des Kapitalismus. Berlin 1957, S. 10.
[116] KUCZYNSKI, J., a. a. O., S. 11.
[117] Vgl. z. B. L. C. A. KNOWLES, a. a. O., S. 56f.

1. *Das Vorbereitungsstadium der industriellen Revolution 1784 bis 1833.*
2. *Die industrielle Revolution 1834 bis 1873.*
3. *Die kapitalistische Industrialisierung in der Zeit des allmählichen Übergangs vom Kapitalismus der freien Konkurrenz zum monopolistischen Kapitalismus 1873 bis etwa 1895.*
4. *Entwicklung der deutschen Industrie in den Anfängen des deutschen Imperialismus 1895 bis 1914.*
5. *Die Entwicklung der deutschen Industrie im ersten Stadium der allgemeinen Krise des Kapitalismus 1914 bis 1945.*

Ein Beitrag zur Geschichte der deutschen Leinenindustrie von 1834 bis 1870

VON HORST BLUMBERG

Das deutsche Leinengewerbe zählte im 18. Jh. zu den führenden Zweigen der nichtagrarischen Produktion. Seine Produkte waren ein wichtiger Exportartikel Deutschlands und auf dem Weltmarkt begehrt. Diese dominierende Stellung büßten die deutschen Leinen bereits im ersten Drittel des vorigen Jahrhunderts ein, wenngleich der deutsche Export, die Zeit der Kontinentalsperre ausgenommen, immer noch beträchtlich war. In den folgenden vier Abschnitten soll die Entwicklung der deutschen Leinenindustrie im Zeitraum von 1834 bis 1870 untersucht werden. In diesem Zeitraum vollzogen sich wesentliche Veränderungen im Wirtschaftsleben Deutschlands, die zur Herausbildung des industriellen Kapitalismus führten. Es gilt zu untersuchen, welche Entwicklung die deutsche Leinenindustrie, die noch zu Beginn der zu untersuchenden Zeitperiode der führende Zweig der deutschen Textilindustrie war, im Rahmen dieser Gesamtentwicklung nahm. Zur Lösung dieses Problemkreises soll in den folgenden Abschnitten beigetragen werden.

Um Mißverständnissen vorzubeugen, sei darauf hingewiesen, daß der Begriff „Industrie“ so gebraucht wird, wie ihn die Klassiker des Marxismus-Leninismus – also umfassender, als im heutigen Sprachgebrauch üblich ist – verwendet haben.

I. DIE ALLGEMEINE ENTWICKLUNG DER LEINWANDPRODUKTION VON 1834 BIS 1870

Es ist ein schwieriges Unterfangen, die quantitative Entwicklung der deutschen Leinwandproduktion darzustellen, da keinerlei statistische Angaben über die Produktion vorhanden sind. Unter diesen Umständen kann sie nur berechnet werden. Theoretisch gibt es dafür drei Möglichkeiten:

1. Wir benutzen den Rohstoffverbrauch (Flachs) als Grundlage;
2. wir nehmen den Garnverbrauch als Ausgangspunkt;
3. wir schließen von den benutzten Webstühlen auf die Produktion.

Die erste Möglichkeit schaltet von vornherein aus, da eine Flachsproduktionsstatistik nicht existiert. Die zweite Variante wäre gangbar, wenn die deutsche Leinenindustrie ausschließlich mit Maschinengarn arbeiten würde; denn die Zahl der Feinspindeln der deutschen Spinnereien kennen wir, desgleichen die eingeführten Garnmengen. Da diese Voraussetzung jedoch in der Periode von

1834 bis 1870 nicht gegeben ist, muß auch dieser Weg verworfen werden. Es bleibt also nur noch die Berechnung der deutschen Leinenproduktion aus der Anzahl der verwendeten Webstühle.

Diesen Weg wollen wir zur Berechnung der deutschen Leinenproduktion beschreiten. Zunächst müssen wir uns jedoch darüber klarwerden, welche Voraussetzungen hierfür vorhanden sind. Wir besitzen – aus den benutzten Materialien – die Zahl der Webstühle Deutschlands, genauer, des jeweiligen Zollvereinsgebietes, nur von zwei Jahren, 1846/47 und 1861. Daraus ergibt sich, daß die Entwicklung der Leinenproduktion nur in diesem Zeitraum für den Zollverein angegeben werden kann. Zur konkreten Analyse der Entwicklung der Leinenweberei müssen wir einige Gebiete herausgreifen. Diese Gebiete können jedoch nur mit Vorsicht stellvertretend für Deutschland benutzt werden, da sie kaum als in jeder Hinsicht repräsentativ gewertet werden können.

Für die Berechnung selbst muß eine durchschnittliche Produktion pro Webstuhl angenommen werden, da die Höhe der Produktion von dem erzeugten Gewebe abhängig ist. Für die Zeit von 1846/47 wurde der von Dieterici[1] benutzte Wert: durchschnittliche Tagesproduktion eines Webstuhles 5 Ellen Leinwand, verwendet. Ein im Nebengewerbe benutzter Webstuhl produzierte nach ihm ein Zwölftel der Menge eines gewerbsweise benutzten Stuhles.[2]

Für das Jahr 1861 wurden 6 Ellen Leinwand pro Tag im Vollgewerbe als durchschnittliche Produktionsmenge angenommen, da in den fünfziger Jahren eine wesentlich stärkere Verwendung des Schnellschützen und des Maschinengarns angenommen werden kann.[3] Beides bewirkt bekanntlich eine gesteigerte Produktivität.[4] Für das Nebengewerbe wurde die Dietericische Basiszahl „$^5/_{12}$ Ellen" beibehalten, da der technische Fortschritt hier unwesentlich sein dürfte.[5] Auf diese Weise wurde die in den Tabellen 1 und 2 enthaltene Leinenproduktion errechnet.

[1] DIETERICI, Der Volkswohlstand im Preußischen Staate. Berlin 1846, S. 143.

[2] Ebenda, S. 144.

[3] Für das Hirschberger Zentrum der schlesischen Leinenweberei bestätigt das E. MICHAEL, Die Hausweberei im Hirschberger Tal. „Heimarbeit und Verlag in der Neuzeit", 7. Heft, S. 43–44, Jena 1925. – Vgl. auch O. SCHUMANN, Die Landeshuter Leinenindustrie in Vergangenheit und Gegenwart. „Abh. d. wirtschaftswissenschaftl. Seminars Jena", Bd. XIX, Heft 1, S. 51ff., Jena 1928. – Vgl. Beschreibender Katalog der württembergischen Erzeugnisse in der allgem. Deutschen Industrieausstellung zu München. Stuttgart 1854, S. 17.

[4] Nach E. MICHAEL (ebenda) steigt die Leistung bei Verwendung des Schnellschützen um die Hälfte, und G. SCHMOLLER (Zur Geschichte des Kleingewerbes im 19. Jh., Halle 1870, S. 465) gibt an, daß bei der Verwendung von Maschinengarn die Leistung des Webers um ein Drittel steigt.

[5] HORNUNG stellt für Hannover (also einem Zentrum der Leinenweberei mit überwiegender nebengewerblicher Leinenweberei) fest, daß sich der Schnellschütze erst in den achtziger Jahren des vorigen Jahrhunderts durchsetzte und technische Fortschritte vorher nicht vorhanden waren. – Vgl. E. HORNUNG, Entwicklung und Niedergang der hannoverschen Leinwandindustrie. Hannover 1905, S. 118f.

Solche Berechnungen, deren Ergebnisse in den folgenden Tabellen niedergelegt sind, können nur die ungefähre quantitative Entwicklung der Leinwandproduktion wiedergeben, da die Fehlerquellen beträchtlich sind. Allein der gewählte Ausgangspunkt – der Webstuhl – ermöglicht strenggenommen nur die Berechnung der Produktionskapazität. Zwischen der Produktion und ihrer Kapazität kann jedoch ein beträchtlicher Unterschied bestehen. Dieser Unterschied wird besonders in Krisenjahren beträchtlich sein. Wenngleich der Unterschied zwischen Produktionskapazität und Produktion nicht zahlenmäßig angegeben werden kann, muß festgestellt werden, daß er bei den gewerbsmäßig

Tabelle 1
Die Leinenweberei des deutschen Zollvereins von 1846/47[6]

Staat	Zahl der Webstühle	Zahl der Beschäftigten	Zahl der Webstühle in Nebenbeschäftigung	Leinenproduktion in preuß. Ellen	davon aus dem Nebengewerbe	Anteil an der Zollvereinsproduktion in %
Preußen	45029	50772	278122	112539625	38241775 (33,98%)	43,10
Kleinere Staaten (Anhalt)	1302	1309	1008	2286900	138600 (6,06%)	0,88
Bayern	29499	32154	8411	49829862,5	1156512,5 (2,32%)	19,08
Sachsen	16122	22205	–	26601300	–	10,18
Großherzogt. Hessen	6734	7316	852	11228250	117150 (1,04%)	4,29
Thüringen	3293	2176	3685	5940137,5	506687,5 (8,42%)	2,28
Baden	12968	12944	2116	21688150	290950 (1,34%)	8,31
Herzogt. Nassau	1254	1248	725	2168787,5	99687,5 (4,59%)	0,83
Kurhessen	3393	3689	4743	6250612,5	652162,5 (10,43%)	2,42
Württemberg	13651	14172	–	22524150	–	8,63
Zollverein	133245	147985	299662	261057775	41203525 (15,79%)	100,0

[6] Die Angaben der drei ersten Spalten sind der Zollvereinsstatistik von 1846/47 entnommen. Die Angaben für Württemberg spiegeln den Stand von 1852 wider und sind entnommen aus: SCHMOLLER, Die Ergebnisse der im Jahre 1861 zu Zollvereinszwecken veranstalteten Aufnahme der Gewerbe in Württemberg. In: „Württembergische Jahrbücher“, 1862, Heft 2, Stuttgart 1863.

gehenden Webstühlen unbeträchtlich gewesen sein dürfte. Diejenigen Weber, denen die Leinenerzeugung den Lebensunterhalt geben mußte, waren auf Grund des geringen Verdienstes – worüber näher im IV. Abschnitt gesprochen wird – zur völligen Ausnutzung der vorhandenen Produktionskapazität gezwungen. Anders verhält es sich bei den nebengewerblich genutzten Stühlen, da hier eine größere Differenz zwischen Produktion und vorhandener Kapazität aufgetreten sein wird. Durch die wesentlich niedrigere Basiszahl (ein Zwölftel) wurde dem zwar bereits Rechnung getragen, aber die Fehlerquellen sind hier wohl am größten. Als weitere Fehlerquelle muß die zahlenmäßig nicht exakt

Tabelle 2a

Die Leinenweberei des deutschen Zollvereins von 1861 (in den Grenzen von 1846)[7]

Staat	Zahl der Webstühle	Zahl der Beschäftigten	Zahl der Webstühle in Nebenbeschäftigung	Leinenproduktion in preuß. Ellen	davon aus dem Nebengewerbe	Anteil an der Zollvereinsproduktion in %
Preußen	42842	42623	264207	121155622,5	36328462,5 (29,98%)	47,17
Kurhessen	2915	3548	4189	6347687,5	575987,5 (9,7%)	2,47
Nassau	826	855	238	1668205	32725 (1,98%)	0,65
Bayern	22740	21555	7623	46073362,5	1048162,5 (2,28%)	17,94
Württemberg	8148	8335	10888	17630140	1497100 (8,49%)	6,86
Baden	10605	10392	25	21001337,5	3437,5 (0,01%)	8,18
Sachsen	11952	15742	42	23670735	5775 (0,02%)	9,22
Thüringen	4457	4683	1288	9001960	177100 (1,97%)	3,50
Großherzogt. Hessen	4125	4736	1933	8433287,5	265787,5 (3,15%)	3,28
Anhalt	937	951	87	1867222,5	11962,5 (0,64%)	0,73
Zollverein	109547	113420	290520	256849560	39946500 (15,55%)	100,0
1846/47 = 100	82,2	76,6	96,9	98,39	99,63	

[7] Die Angaben der drei ersten Spalten sind bei G. v. VIEBAHN, Statistik des zollvereinten und nördlichen Deutschlands. Berlin 1868, 3. Teil, S. 909, entnommen.

Tabelle 2b

Die Leinenweberei des deutschen Zollvereins von 1861[8]

Staat	Zahl der Webstühle	Zahl der Beschäftigten	Zahl der Webstühle in Nebenbeschäftigung	Leinenproduktion in preuß. Ellen	davon aus dem Nebengewerbe	Anteil an der Zollvereinsproduktion in %
Preußen	42842	42623	264207	121155622,5	36328462,5 (29,98%)	42,27
Hannover	5493	5799	72147	20796352,5	9920212,5 (47,70%)	7,26
Kurhessen	2915	3548	4189	6347687,5	575987,5 (9,07%)	2,21
Homburg	24	61	1	47657,5	137,5 (0,25%)	0,02
Nassau	826	855	238.	1668205	32725 (1,98%)	0,58
Bayern	22740	21555	7623	46073362,5	1048162,5 (2,28%)	16,08
Württemberg	8148	8335	10888	17630140	1497100 (8,49%)	6,15
Baden	10605	10392	25	21001337,5	3437,5 (0,01%)	7,33
Sachsen	11952	15742	42	23670735	5775 (0,02%)	8,26
Thüringen	4457	4683	1288	9001960	177100 (1,97%)	3,14
Anhalt	937	951	87	1867222,5	11962,5 (0,64%)	0,65
Braunschweig	1162	1269	3291	2753272,5	452512,5 (16,43%)	0,96
Oldenburg	717	741	4354	2018335	598675 (29,65%)	0,71
Lippe	1972	2999	524	3976610	72050 (1,81%)	1,39
Großherzogt. Hessen	4125	4736	1933	8433287,5	265787,5 (3,15%)	2,94
Waldeck	73	76	—	144540	—	0,05
Zollverein ohne Luxemburg	118988	77339	370837	286586327	50990087,5 (17,78%)	100,00

[8] Ebenda.

feststellbare Steigerung der Arbeitsproduktivität und -intensität angesehen werden. Die benutzten Stichjahre 1846/47 und 1861 sind selbst als nicht ungünstig zu betrachten. In den Jahren 1846/47[9] erlebt die Leinenproduktion zunächst einen gewissen Aufschwung nach den kritischen Jahren 1843/44. Die Tabelle 1 gibt demzufolge die ungefähre durchschnittliche Produktion der vierziger Jahre wieder. Das Jahr 1861 hingegen zählt zum ersten Jahr der letzten großen Aufschwungsperiode der deutschen Leinenindustrie. Die hierfür errechneten Produktionsziffern werden der Wirklichkeit recht nahe kommen, da infolge des Aufschwungs der Unterschied zwischen Produktion und Kapazität geringfügig gewesen sein dürfte. Zusammenfassend kann festgestellt werden, daß die Angaben über das Produktionsquantum in den voranstehenden Tabellen den Umfang und die Entwicklung der deutschen Leinenproduktion zureichend real wiedergeben.

Aus den Tabellen können wir zunächst einmal die territoriale Verteilung der deutschen Leinenindustrie ersehen. Preußen stand mit mehr als zwei Fünfteln der deutschen Leinenproduktion an der Spitze, und mit beträchtlichem Abstand folgten Bayern, Sachsen und Hannover sowie Baden. In allen süddeutschen Staaten war die Leinenweberei nicht unbeträchtlich verbreitet. Im übrigen Deutschland war die Leinenweberei besonders in den Mittelgebirgen, Schlesien, der Lausitz, Westfalen und Hannover beheimatet.[10] Hinsichtlich der Standortverteilung der deutschen Leinenindustrie hatte es gegenüber dem ersten Drittel des 19. Jh. keine wesentlichen Veränderungen gegeben.

Die Leinenerzeugung geschah noch zu einem beachtlichen Prozentsatz in Form des bäuerlichen Nebengewerbes, d. h. die patriarchalischen Verhältnisse, die der mittelalterlichen Feudalgesellschaft entsprachen[11], hatten sich hier noch erhalten, obgleich die Umwelt wesentliche Veränderungen erlebt hatte und kaum mehr diesen alten Zuständen entsprach. Diese Form der Leinenweberei war historisch überlebt und dankte ihre Existenz lediglich der relativ langsamen Überwindung der rückständigen Zustände in Deutschland. Der preußische Weg des Kapitalismus in der Landwirtschaft fand auf diesem Gebiete seinen Niederschlag in dem langen Verharren der deutschen Leinenindustrie in dieser dem sich entwickelnden Industriekapitalismus widersprechenden Form, dem landwirtschaftlichen Nebengewerbe.[12] Hier ist eine der Wurzeln für den Niedergang der deutschen Leinenindustrie zu suchen.

Die nebengewerbliche Leinenproduktion hat zwar absolut, aber relativ so gut wie nicht abgenommen. Wenn wir der Tabelle 2b unser Augenmerk schenken,

[9] In der Mehrzahl stammen die statistischen Erhebungen aus dem Jahre 1846. Die Unzulänglichkeiten der Gewerbestatistik – eine weitere Fehlerquelle – behandelt G. SCHMOLLER, a. a. O., S. 498ff.

[10] Die Reihenfolge stellt keine Wertung dar.

[11] Vgl. K. MARX, Über die absolute Monarchie. In: Marx-Engels-Lenin-Stalin – Zur deutschen Geschichte. Berlin 1953, Bd. I, S. 581.

[12] Auf den engen Zusammenhang zwischen der Entwicklung der Leinenindustrie und dem „preußischen Weg" hat auch E. GIERSIEPEN hingewiesen (Lehrmaterial für das Studium der Wirtschaftsgeschichte, Thema 8, S. 19f., Berlin 1955/56).

stellen wir fest, daß in einigen Staaten, deren Leinenproduktion innerhalb der deutschen Leinenerzeugung einen beachtlichen Platz beanspruchte, diese Form der Weberei beträchtliche Ausmaße noch selbst zu Beginn des siebenten Jahrzehnts des 19. Jh. besaß. In Hannover kam noch zu dieser Zeit fast die Hälfte der hannoverschen Leinen aus dem Nebengewerbe, und in Preußen waren es nicht weniger als drei Zehntel.

Gleichzeitig zeigen die Tabellen jedoch, daß für eine ganze Reihe deutscher Staaten die nebengewerbliche Leinenerzeugung bedeutungslos geworden ist. Dies gilt insbesondere für solch führende Leinenproduzenten wie die Königreiche Sachsen und Bayern. Die Masse der in Deutschland gefertigten Leinen entstammte sowohl 1846/47 als auch 1861 dem Vollgewerbe, nämlich 80[13] bzw. 82%.

Die deutsche Leinenindustrie wies gegenüber 1846/47 eine Abnahme der Produktion auf. Die Webstühle haben sich zahlenmäßig vermindert, und zwar mehr die des Vollgewerbes als die des Nebengewerbes. Daß es zu keinem größeren Rückgang in der Leinwandproduktion kam, war lediglich der gesteigerten Produktivität der Arbeit zu danken.[14]

Die deutsche Leinwandproduktion mit ihren 261 Millionen preußischen Ellen (1846) bzw. 286 Millionen (1861) wies jedoch selbst gegen Ende der fünfziger Jahre noch ein beträchtliches Volumen auf.

Über die Stellung der deutschen Leinenindustrie innerhalb der deutschen Textilindustrie während dieser Zeit soll Tabelle 3 Aufschluß geben.

Gemessen an der Zahl derjenigen Webstühle, die für die Leinenerzeugung benutzt wurden, war die Leinenweberei der erste Zweig der Textilindustrie. Diesen Platz konnte ihr die Baumwollweberei trotz ihres bedeutenden Aufschwungs nicht streitig machen, von der Wollindustrie ganz zu schweigen. Daraus ergibt sich, daß sich mit der Leinenweberei eine bedeutend größere Zahl von Menschen befaßte als in den beiden anderen Zweigen der Textilindustrie. Es wäre jedoch verfehlt, daraus den gleichen Schluß hinsichtlich des Produktionsvolumens zu ziehen. In Anbetracht der unterschiedlichen Zusammensetzung der Webstühle können diese Zahlen uns in dieser Hinsicht kein richtiges Bild vermitteln. Denken wir doch allein an den hohen Anteil der nebengewerblich verwendeten Webstühle in der Leinenindustrie einerseits und den relativ großen Anteil der Maschinenstühle in der Baumwollweberei andererseits.

13 Es ist wahrscheinlich, daß 1846/47 in ganz Deutschland noch ungefähr ein Fünftel der Leinen aus dem Nebengewerbe kam, d. h., der Anteil des Vollgewerbes war ca. 80%. Dies wird verständlich, wenn wir berücksichtigen, daß 1846/47 eine Reihe Länder, in denen die nebengewerbliche Leinenerzeugung eine beträchtliche Rolle spielte, dem Zollverein noch nicht angehörten (Hannover, Braunschweig, Oldenburg).

14 Für diese Feststellung können selbstverständlich die statistischen Angaben der Tabellen 1 und 2a nicht als Beweis herangezogen werden, da für die Berechnung der Leinenproduktion diese Steigerung vorausgesetzt worden war. Vgl. deshalb die Angaben der Anm. 3 und 4.

Aus diesem Grunde wurden die nebengewerblich verwendeten Stühle des Leinengewerbes auf solche des Vollgewerbes reduziert und die so erhaltene Zahl der Webstühle in Klammern unter die erstere gesetzt. Da das Nebengewerbe in der Baumwollweberei keine und in der Wollweberei nur eine geringe Rolle spielte, war dort eine entsprechende Umrechnung nicht notwendig.

Der prozentuale Anteil der einzelnen Branchen an der so veränderten Gesamtzahl der Webstühle wurde unter die ursprünglichen Angaben in Klammern gesetzt. Von den letzteren können wir annehmen, daß sie der Wirklichkeit eher entsprechen, d. h. daß sie ungefähr den Anteil der einzelnen Branchen hinsichtlich ihres Produktionsvolumens widerspiegeln. Da die vorhandenen Maschinenstühle den Handstühlen gleichgesetzt wurden, trifft dies nicht voll zu.

Tabelle 3

Die deutsche Textilindustrie 1846/47 und 1861[15]

Zollverein	Leinenweberei			Baumwollweberei			Wollwarenweberei		
	Zahl der Webstühle	Index	Anteil an der Gesamtzahl der Webst.	Zahl der Webstühle	Index	Anteil an der Gesamtzahl der Webst.	Zahl der Webstühle	Index	Anteil an der Gesamtzahl der Webst.
1846/47	432907 (158217)	100	70,24 (46,30)	121453	100	19,70 (35,54)	62007	100	10,06 (18,16)
		−8,76			+40,01			+17,52	
1861, Grenzen von 1846/47	400067 (133757)	91,24	62,32 (35,61)	170067	140,01	26,49 (45,26)	71873	117,52	11,19 (19,13)
1861	489829 (149891)	–	66,29 (37,56)	175397	–	23,73 (43,96)	73742	–	9,98 (18,48)

Hinsichtlich des Produktionsvolumens steht 1846 die Leinenindustrie gleichfalls noch an erster Stelle innerhalb der deutschen Textilindustrie. Während des allgemeinen industriellen Aufschwungs der fünfziger Jahre ist jedoch eine wesentliche Änderung eingetreten. Die Baumwollweberei hat den bisher von der Leinenindustrie beanspruchten Platz eingenommen, und die Wollweberei hat ihre Position halten können.

Die Ursache für die Veränderung liegt in dem unterschiedlichen Entwicklungstempo begründet. Im Gegensatz zur Leinenindustrie haben die beiden anderen

[15] Zusammengestellt und berechnet auf der Grundlage der Angaben von Tabelle 1 und 2; bei A. KOTELMANN, Vergleichende Übersicht über die landwirtschaftlichen und industriellen Verhältnisse Österreichs und des deutschen Zollvereins sowie seiner einzelnen Staaten. Berlin 1852, S. 176ff., ferner bei SCHMOLLER, in: „Württtemberg. Jahrbücher", a. a. O., und G. v. VIEBAHN, a. a. O., S. 922 und 932.

wesentlichen Zweige der deutschen Textilindustrie nachhaltiger am industriellen Aufschwung des sechsten Jahrzehnts teilgenommen.

Zur genaueren Betrachtung der Produktionsentwicklung müssen wir statistisches Material aus verschiedenen Zentren der Leinenindustrie heranziehen. Die Tabellen 4 und 5 geben das Material für Preußen, Hannover und das Bielefelder Leinwandzentrum wieder.

Zunächst kann festgehalten werden, daß die Leinenindustrie während der dreißiger und vierziger Jahre ihre Produktion, wenn auch in den einzelnen

Tabelle 4

Die preußische Leinenweberei in der Zeit von 1834–1861[16]

Jahr	Zahl der Webstühle (gewerbsmäßig)	Index	Zahl der Webstühle (Nebengewerbe)	Index	Leinenprod. insgesamt preuß. Ellen	Leinenprod. gewerbsmäßig	Index	Leinenprod. aus dem Nebengewerbe
1834	36879	100	220343	100	91147000	60850000	100	30297000
1837	35877	97,28	246294	111,78	93060000	59196000	97,28	33864000
1840	37971	102,95	254441	115,49	97637000	62651000	102,95	34986000
1843	34451	93,41	276071	125,29	94803000	56844000	93,41	37959000
1846	45029	122,01	278122	126,23	112539000	74298000	122,01	38241000
1849	48384	131,19	274096	124,39	117521000	79834000	131,19	37687000
1852	49791	135,01	282982	128,43	121064000	82154000	135,01	38910000
1861	42842	116,17	264207	119,91	121156000	84828000	139,41	36328000

Tabelle 5

Die Leinenproduktion in Hannover und im Bielefelder Gebiet von 1831–1850[17]

Jahrfünft	Hannover Durchschn. Produktion in Meter	Index	Bielefeld Durchschn. Prod. in Stück	Bielefeld Durchschn. Prod. Index	Stichjahre	Hannover (1834 = 100)	Preußen (1834 = 100)	Bielefeld (1834 = 100)
	–	–	–	–	1834	100,00	100,00	100,00
1831–1835	8354519	100,00	43674	100,00	1840	122,51	102,95	109,85
1836–1840	10936867	130,91	44517	101,93	1843	112,32	93,41	123,81
1841–1845	10149255	121,48	52413	120,01	1846	105,15	122,01	124,93
1846–1850	10510826	125,81	51712	118,41	1849	130,28	131,19	109,14

16 Zusammengestellt und berechnet auf der Grundlage der Angaben von Tabelle 1 und 2; bei G. Schmoller, Zur Geschichte der deutschen Kleingewerbe im 19. Jh., a. a. O., S. 549. – Dieterici, Statistische Übersicht der wichtigsten Gegenstände des Verkehrs und Verbrauchs im Preußischen Staate und im deutschen Zollverband 1834–1848.

17 Zusammengestellt nach E. Hornung, a. a. O., S. 98, und dem Bielefelder Handelskammerbericht für die Jahre 1849 und 1850. Die hannoversche Produktion des Jahrfünfts 1831–1835 enthält den Durchschnitt der Jahre 1833–1835 und die des folgenden Jahrfünfts nur den der Jahre 1839 und 1840.

Zentren Deutschlands unterschiedlich, im Vergleich zur ersten Hälfte der dreißiger Jahre steigern konnte. Die Produktionssteigerung lag für Hannover offensichtlich in den dreißiger Jahren, während in den vierziger Jahren ein wahrscheinliches Absinken, aber, wenn wir berücksichtigen, daß der Wert des Jahrfünfts von 1836 bis 1840 zu hoch ist, zumindest eine Stagnation der Produktion vorhanden war.

Das Bielefelder Leinenzentrum zeigte hingegen eine geringere, aber stetigere Zunahme der Produktion, die sich lediglich während des letzten Jahrfünfts, insbesondere durch den rapiden Produktionsrückgang im Jahre 1848, unwesentlich verminderte. Es wird somit deutlich, daß sich die Entwicklung der Leinenindustrie in Deutschland nicht gleichmäßig vollzog.

Die Leinenproduktion, insgesamt betrachtet, bewegte sich jedoch während der dreißiger und vierziger Jahre in der gleichen *Richtung*, wie sie für Hannover statistisch dargestellt wurde. Darauf weist bereits ein Vergleich der

Tabelle 6

Die Leinenerzeugung in Hannover, im Landeshuter und Mindener Bezirk in der Zeit von 1850–1870[18]

	Hannover		Landeshut		Minden	
Jahr	Leinenprod. in Meter	Index	Leinenprod. in Stück Leinen	Index	Leinenprod. in preuß. Ellen	Index
1850	12133728	116,36	—	—	1969093 1/3	97,58
1851	11465677	109,95	—	—	2104861	103,73
1852	10427297	100,00	145018	100,00	2028846	100,00
1853	9879142	94,74	128062	88,30	1870111	92,13
1854	10172872	97,57	139050	95,88	—	—
1855	9815442	94,14	146740	101,18	1480758	72,99
1856	9032073	86,62	167050	115,19	1574251	77,59
1857	10133473	97,18	172385	119,28	1914070	94,34
1858	9117461	87,44	205911	141,99	1905898	93,94
1859	8551769	82,02	173360	119,54	1547101	76,26
1860	8048516	77,19	188743	130,15	1438389	70,93
1861	8405839	80,62	197405	136,12	1624312	80,06
1862	8988303	86,15	207889	143,3	—	—
1863	8987404	86,10	213874	147,5	—	—
1864	10175478	97,58	232537	160,4	—	—
1865	10407399	99,81	244246	168,4	—	—
1866	9089782	87,08	235480	162,4	1967522	97,47
1867	8191286	78,56	201598	139,0	1716366	85,13
1868	6864508	65,83	232097	160,0	—	—
1869	5888176	56,47	227315	156,7	—	—
1870	6163845	59,11	242720	167,4	—	—

[18] Zusammengestellt und berechnet nach den Angaben bei E. HORNUNG, a. a. O., Jahresberichte der Handelskammer Minden 1850–1861, 1866, 1867, und O. SCHUMANN, Die Landeshuter Leinenindustrie in Vergangenheit und Gegenwart. Jena 1928.

preußischen und hannoverschen Daten hin. Für Sachsen ist ein Aufschwung der Leinenweberei in den dreißiger und eine Abnahme in den vierziger Jahren ebenfalls nachweisbar.[19] In der württembergischen Leinenweberei setzte der Niedergang bereits in den dreißiger Jahren ein, der aber auch in den vierziger Jahren nicht aufgehalten worden ist.[20]

Die deutsche Leinenindustrie folgt somit hinsichtlich der Produktionsentwicklung nicht dem allgemeinen industriellen Aufschwung der vierziger Jahre.

Es gilt nun zu untersuchen, in welcher Weise die Produktionsbewegung während der fünfziger und sechziger Jahre verlief, den Jahrzehnten des allgemeinen industriellen Aufschwungs in Deutschland. Tabelle 1 und 2 hatten uns bereits gezeigt, daß es letzten Endes zu einem Absinken der Produktion gekommen zu sein scheint. Betrachten wir nun das an Hand der Entwicklung der Leinenweberei einzelner Gebiete.

Die Leinenproduktion dieser drei Gebiete zeigte im sechsten und siebenten Jahrzehnt zwar im großen ganzen die gleiche Entwicklungsrichtung, aber im einzelnen waren doch bedeutende Unterschiede vorhanden. Bei den Hannoveraner und Mindener Leinenproduktionsangaben handelte es sich um Leggeleinen, d. h. es ist der Teil der Leinenproduktion erfaßt, der auf die Leggen zur Schau gebracht wurde. Infolge der sich verändernden Organisationsformen in der Leinwandproduktion nahm dieser Teil in diesen Jahrzehnten ab.[21] Somit ist der Rückgang der ausgewiesenen Leinenproduktion teilweise Ausdruck des Niederganges, aber teilweise auch der Ausdruck der festeren Bindung des einzelnen Webers an den Verleger bzw. Manufakturier.

Die Aufschwungsphase des industriellen Zyklus in den fünfziger Jahren, die von der Krise 1857 abgelöst wurde, brachte für die deutsche Leinenindustrie keine kontinuierliche Produktionssteigerung. Nach Überwindung der Krise von 1847/48 folgte zwar ein Aufschwung, der jedoch bereits 1852 wieder unterbrochen wurde. Dies wird aus Tabelle 6 deutlich und läßt sich auf Grund der in Tabelle 4 enthaltenen Angaben für die gesamte preußische Leinenindustrie feststellen. Besonders das Jahr 1853 bringt einen starken Abfall der Produktion, der vor allem durch die Kriegsgefahr ausgelöst wurde. Die kriegerischen Auseinandersetzungen zwischen Rußland und der Türkei, die in den Krimkrieg mündeten, schufen auch in Deutschland eine unsichere politische Lage. Da jedoch Preußen nicht in diesen Krieg verwickelt wurde, waren diese Folgen für den industriellen Aufschwung in Deutschland nicht von nachhaltiger Wirkung. Die Leinenindustrie hingegen befand sich auch danach in

[19] Vgl. Bericht über die Ausstellung sächsischer Gewerb-Erzeugnisse im Jahre 1831 und 1834. Leipzig 1833 und 1836. – WIECK, F. G., Die Manufaktur- und Fabrikindustrie des Königreichs Sachsen. Leipzig 1845, S. 25, und Acta, den Leinwandhandel in der Oberlausitz betreffend. In: Sächsisches Landeshauptarchiv Dresden, Ministerium des Innern, Nr. 1439.

[20] Vgl. R. KAHN, Die Leineweberei auf der schwäbischen Alb. „Heimarbeit und Verlag in der Neuzeit", Heft 5, S. 17, Jena 1924; SCHMOLLER, Die Ergebnisse der im Jahre 1861 . . ., a. a. O., S. 187ff.

[21] Vgl. E. HORNUNG, a. a. O., S. 97.

einer gedrückten Lage, die sich erst im Verlaufe des Jahres 1855 besserte. Mit Ausnahme von nur einigen Zentren der deutschen Leinenindustrie, wie z. B. dem Landeshuter Gebiet, ging die Leinwandproduktion zurück. Die Tabelle 6 weist diesen Rückgang für Hannover und das Gebiet um Minden aus. Das gleiche läßt sich für Sachsen feststellen. 1851 zählte man noch 106 Fabriken und Fabrik-Verlagsgeschäfte, die einen Steuerbetrag von 1495 Talern aufbrachten. 1855/56 waren es hingegen nur noch 98 mit einem Steuerbetrag von 1338 Talern.[22] Aus den angegebenen Zahlen darf man nicht etwa einen Konzentrationsprozeß in der sächsischen Leinenweberei entnehmen, sondern es handelt sich im Gegensatz zu den anderen Zweigen der sächsischen Industrie um einen echten Rückgang. Der geringere Rückgang der Steuerbeträge ist infolge der inzwischen stattgefundenen Steuererhöhungen in Sachsen zu erklären.[23] Die Jahre 1856/57 bringen auch für die deutsche Leinenindustrie einen beachtlichen Aufschwung. Dieser Aufschwung ist so groß, daß in einzelnen Gebieten die eintreffenden Aufträge wegen Arbeitskräftemangel – für die deutsche Leinenindustrie eine völlig ungewohnte Erscheinung – nicht voll befriedigt werden konnten.[24] Jedoch auch dieser Aufschwung währte nicht lange, da die im Herbst 1857 ausbrechende Weltwirtschaftskrise ihn jäh in das Gegenteil verkehrte. Die Krise selbst hat in der Leinenweberei wohl zu keinem bedeutenden Verlust geführt, da infolge des enormen spekulativen Bedarfs kaum auf Lager gearbeitet worden war.[25] Sie hatte jedoch einen beachtlichen Preissturz zur Folge, der sich insbesondere auf die Lage der Weber nachteilig auswirkte.[26] Soweit Verluste infolge der Krise eingetreten waren, handelte es sich vor allem um Exportlieferungen über Hamburg.[27] Die Preise für Leinen erreichten jedoch verhältnismäßig rasch wieder ihre ursprüngliche Höhe, ohne eine wesentliche Besserung für die Leinenweberei zu bringen, da diese Preissteigerung auf die infolge schlechter Flachsernten angestiegenen Rohstoffpreise zurückzuführen war.[28]

Wollen wir die Entwicklung der deutschen Leinenproduktion in den fünfziger Jahren insgesamt einschätzen, so müssen wir eine fallende Tendenz konstatieren. Diese absinkende Tendenz der deutschen Leinenproduktion vollzog sich jedoch innerhalb der deutschen Leinenindustrie nicht gleichmäßig, was

[22] „Zeitschrift des statistischen Büros ...“, Heft 2/1857, S. 42.

[23] Ebenda, S. 43.

[24] Jahresbericht der Handelskammern Hirschberg, Schönau, Bielefeld, Landeshut, Kottbus, Köln für 1857.

[25] Jahresberichte der Handelskammern Reichenbach, Schweidnitz, Waldenburg, Bielefeld, Landeshut, Minden für 1857 und 1858.

[26] Jahresbericht der Handelskammern Minden, Kottbus, Bielefeld für 1857. Dies trifft außer auf die Weber auch auf die Fabrikanten zu, die 1857 auf Bestellung weben ließen. (Vgl. Nachricht aus Liegnitz, Mitte Januar 1858, in: Preußisches Handelsarchiv, Nr. 9/1858, S. 207).

[27] Jahresbericht der Handelskammer Bielefeld für 1857.

[28] Jahresbericht der Handelskammern Minden und Köln für 1857 und der Handelskammern Hirschberg und Landeshut für 1858.

bereits ein Vergleich der Tabellen 1 und 2 verdeutlicht. Besonders stark war der Rückgang in der sächsischen, bayrischen und württembergischen Leinenweberei. Somit folgte auch in den fünfziger Jahren die deutsche Leinenindustrie, von dem Jahr 1856 und den ersten neun Monaten des Jahres 1857 abgesehen, nicht der industriellen Entwicklung Deutschlands. Dagegen erlebt sie in der Aufschwungsphase der sechziger Jahre einen beachtlichen, der allgemeinen Entwicklungstendenz entsprechenden Aufschwung.
Dies ist der letzte Höhepunkt der deutschen Leinenproduktion, durch den sie noch einmal ein bedeutendes Produktionsvolumen hervorbringen konnte. Doch dieses Produktionsvolumen hat wohl kaum den höchsten Stand der vierziger Jahre überschritten.[29]
Abschließend können wir für die Leinenweberei feststellen, daß ihre Produktionsentwicklung in der Zeit von 1860 bis 1870 eine sinkende Tendenz aufwies, die durch kurzlebige Konjunkturen in ihrer Auswirkung gebremst wurde.
Bisher haben wir uns mit der Leinenweberei beschäftigt, haben uns einen Überblick über die quantitative Produktionsentwicklung, soweit es aus dem benutzten Material möglich war, erarbeitet. Anschließend wollen wir uns dem Rohstofflieferanten der Weberei, der Flachsspinnerei, zuwenden.
Da die Flachsspinnerei in der Weberei ihr Absatzgebiet besitzt, können wir schließen, daß ihre Produktionsentwicklung der der Leinenerzeugung entspricht. Ein solcher Schluß ist nur zulässig und richtig, wenn wir die Flachsspinnerei in ihrer Gesamtheit im Auge haben.

Tabelle 7
Die Flachsmaschinenspinnerei[30]

	Spinnereien		Feinspindeln		Durchschnittl. Spindelzahl	Garnproduktion	
	Zahl	Index	Zahl	Index		in Ztr.	Index
1834	3	30	5300	29,7	2650	2650	29,7
1840	10	100	17844	100,0	1983	8922	100,0
1846	22	220	55051	308,5	2502	27526	308,5
1861	38	380	136492	764,9	3592	204738	2294,8
1863	–	–	176200	987,4	–	264300	2967,4
1865	–	–	218500	1224,5	–	327750	3673,5
1871	–	–	260977	1462,5	–	391466	4387,5

29 Für Hannover kann das auf Grund des statistischen Materials nachgewiesen werden. (Vgl. E. Hornung, a. a. O., S. 98.)

30 Zusammengestellt nach den in dem verarbeiteten Material angegebenen Einzelangaben. Bei der Feinspindelangabe des Jahres 1834 fehlt die Zahl der Bayreuther Spinnerei und 1840 die der Württemberger. – Die Garnproduktion wurde aus der Zahl der Feinspindeln unter Benutzung der von G. Jacobs, Die deutschen Textilzölle im 19. Jh., Phil. Diss. Erlangen 1907, S. 33 und 57, gemachten Angaben errechnet. Die für die vierziger Jahre angegebene Leistung einer Maschinenspindel scheint zu niedrig zu sein. (Vgl. G. Schmoller, Zur Geschichte der deutschen Kleingewerbe im 19. Jh., a. a. O., S. 464–465.)

Bei der Leinengarnspinnerei haben wir es jedoch mit zwei grundsätzlich verschiedenen Arten zu tun, der Handspinnerei und der Maschinenspinnerei. Die letztere war fast noch gar nicht in Deutschland verbreitet, lieferte aber gegenüber der Handspinnerei ein Material mit wesentlichen Vorteilen. Aus diesem Grunde ist für die Produktion von Maschinengarn eine wesentlich andere Entwicklung in dem Zeitraum von 1834 bis 1870 möglich und wahrscheinlich. Prüfen wir aus dem uns zugänglichen statistischen Material, inwieweit das zuletzt Gesagte zutrifft.

Die Tabelle veranschaulicht uns die quantitative Zunahme der Flachsmaschinenspinnerei in Deutschland während des zu untersuchenden Zeitraums. Sie offenbart uns damit das gewaltige Entwicklungstempo, durch das diese Zunahme erreicht wurde, aber zugleich auch, daß die Flachsmaschinenspinnerei erst in den sechziger Jahren des vorigen Jahrhunderts eine solche Ausdehnung erzielte, daß sie als Industriezweig im Rahmen der deutschen Volkswirtschaft eine gewisse Bedeutung gewann.

Eine genauere Analyse ihrer Entwicklung, insbesondere der einzelnen Etappen, ist jedoch allein aus der obigen Tabelle – von den sechziger Jahren abgesehen – nicht vorzunehmen, sondern nur unter Hinzuziehung der Angaben für Preußen, da dieselben insbesondere für die vierziger und fünfziger Jahre detaillierter sind. Da Preußen über die Mehrzahl der deutschen Flachsmaschinenspinnereien verfügte, kann ohne Bedenken den sich aus der Entwicklung der preußischen Maschinenspinnereien ergebenden Schlußfolgerungen allgemeine Gültigkeit zugesprochen werden.

Ein Vergleich beider Tabellen zeigt, daß Preußen während der gesamten Zeit über die größere Zahl der Spinnfabriken in der Leinenindustrie, aber auch

Tabelle 8

Die preußische Flachsmaschinenspinnerei in der Zeit von 1834–1861[31]

Jahr	Zahl der Spinnereien	Zahl der Feinspindeln	Index	Durchschn. Feinspindelzahl	Zahl der Beschäftigten
1834	2	5300	33,5	2650	–
1837	6	10404	65,7	1734	–
1840	8	15844	100,0	1981	–
1843	17	27819	175,6	1636	–
1846	14	44963	283,8	3212	3061
1849	14	46074	290,8	3291	2963
1852	20	57334	361,9	2867	4056
1855	19	67341	425,0	3544	4174
1858	21	89475	564,7	4261	5217
1861	26	106508	672,2	4096	6668

[31] Zusammengestellt nach den in dem verarbeiteten Material gemachten Einzelangaben und seit 1846 nach den Angaben in: Jahrbuch f. d. Amtliche Statistik des Preußischen Staates, 1. Jg./1863, S. 450.

über die Masse der in Deutschland vorhandenen Feinspindeln dieses Zweiges verfügte. Gleichzeitig war der Unterschied hinsichtlich der durchschnittlichen Spindelzahl zwischen der preußischen und der gesamtdeutschen Maschinenspinnerei seit 1846 beträchtlich. Die schnellere Entwicklung der deutschen Flachsmaschinenspinnerei gegenüber der preußischen zeigt jedoch, daß sie in den anderen deutschen Teilstaaten seit den vierziger Jahren an Boden gewonnen hatte, ohne jedoch das preußische Übergewicht und seine bestimmende Rolle in diesem Industriezweig zu gefährden.

Wenn wir nun Tabelle 8 im Hinblick auf die Entwicklung der Flachsmaschinenspinnerei während der einzelnen Zeitabschnitte auswerten, so erhalten wir doch ganz interessante Ergebnisse:

Die dreißiger und der Beginn der vierziger Jahre sind durch ein rasches Anwachsen der Spinnereien gekennzeichnet, und die gesteigerte Produktion erfolgt in erster Linie auf der Basis von Neugründungen. Mit dem Jahre 1843 setzt eine Änderung dieser Entwicklung ein. Die erschwerte Konkurrenzlage auf dem deutschen Markt[32] führt zur Verminderung der Zahl der Betriebe, aber gleichzeitig zu einem bedeutsamen Konzentrationsprozeß in der *preußischen* Maschinenspinnerei. In den wenigen Jahren von 1843 bis 1846 haben wir eine Zunahme der Spindelzahl um 62%, und die durchschnittliche Spindelzahl erhöht sich auf 3212 und damit um 98%.

In den letzten Jahren setzt sich der Konzentrationsprozeß, wenn auch wesentlich abgeschwächt, fort, und eine Zunahme der Spinnfabriken bringt erst der Beginn der zweiten Hälfte des vorigen Jahrhunderts wieder. Der Schwerpunkt bei der Erweiterung der Produktion von Flachsmaschinengarn bleibt jedoch auf der Basis der bestehenden Betriebe in Preußen, was nach 1852 wieder deutlicher wird. Es ist interessant festzustellen, daß sich die deutsche Maschinenspinnerei besonders nach der Krise von 1857 bis zu Beginn des siebenten Jahrzehnts rasch entfaltete. In den Jahren 1858 bis 1861 haben wir seit 1846 die rascheste jährliche Zunahme der Feinspindelzahl. Diese Entwicklung ist jedoch nur der Beginn einer noch rascheren Zunahme der deutschen Flachsmaschinengarnproduktion, wie sie sich in den Jahren 1861 bis 1871 vollzieht.

Zusammenfassend können wir feststellen, daß innerhalb der deutschen Leinenindustrie nur die Flachsmaschinenspinnerei in der untersuchten Periode einen bedeutungsvollen Produktionsaufschwung erlebte. Im Vergleich zum Jahre 1840 konnte sie ihre Produktion auf mehr als das Vierzigfache steigern. Sie folgte hinsichtlich des Entwicklungstempos der Gesamtentwicklung der deutschen Industrie. Diese Entwicklung ist jedoch der in den anderen Zweigen der Textilindustrie nicht ebenbürtig, denn trotz dieser Produktionssteigerung konnte die deutsche Flachsmaschinenspinnerei selbst gegen Ende des siebenten Jahrzehnts kein dem Bedarf der deutschen Leinenweberei entsprechendes Produktionsvolumen aufweisen. Bis gegen Ende der fünfziger Jahre wurde ihr Bedarf noch zu einem beachtlichen Teil von der Handspinnerei gedeckt und

[32] Vgl. S. 91 und 111.

in zunehmendem Maße durch ausländische Maschinengarne. Die Handspinnerei spielte seit dem siebenten Jahrzehnt nur noch eine untergeordnete Rolle als Lieferant für die Leinenweberei.

Die Verteilung der Flachsmaschinenspinnerei war in Deutschland recht unterschiedlich. Als eigentliches Zentrum müssen Schlesien sowie die Rheinprovinz und Westfalen, also Preußen – worauf bereits hingewiesen wurde – angesehen werden. In den übrigen deutschen Staaten waren nur einzelne Flachsmaschinenspinnereien vorhanden. Tabelle 9 zeigt den Stand von 1861.

Tabelle 9

Die Standortverteilung der deutschen Flachsmaschinenspinnerei 1861[33]

Staat	Zahl der Spinnereien	Zahl der Feinspindeln	Durchschn. Spindelzahl	Garnproduktion in Ztr.
Preußen	21	106508	5072	159762
Hannover	3	3304	1101	4956
Bayern	5	4192	838	6288
Württemberg	3	5896	1632	8844
Baden	1	2000	2000	3000
Sachsen	3	13308	4436	19962
Braunschweig	1	1000	1000	1500
Oldenburg	1	284	284	426

Welchen Platz nahm die Flachsspinnerei in der gesamten Textilindustrie (Spinnerei) ein? Angesichts der geringen Entwicklung der Flachsmaschinenspinnerei in den vierziger Jahren ist es wohl kaum notwendig, mit Hilfe von statistischem Material nachzuweisen, daß diese im Rahmen der deutschen Textilindustrie (Spinnerei) eine unbedeutende Position einnahm. Wir können uns deshalb darauf beschränken, in dieser Hinsicht eine genauere Analyse für 1861 zu geben.

Tabelle 10

Die Maschinenspinnerei der einzelnen Zweige der Textilindustrie Deutschlands 1861[34]

Zweig	Baumwollspinnereien	Streich- u. Kammgarnspinnereien	Flachsspinnereien
Zahl der Spinnereien	310	1920	38
Anteil an d. Gesamtz. d. Spinnereien in %	13,67	84,66	1,67
Zahl der Spindeln	2235195	1362169	136492
Anteil an d. Gesamtz. d. Feinspindeln in %	59,86	36,48	3,66
Durchschnittliche Spindelzahl	7210	709	3592

[33] v. VIEBAHN, G., a. a. O., S. 896.

[34] Ebenda, S. 877, 887 und 896.

Selbst zu Beginn des siebenten Jahrzehnts konnte die Flachsmaschinenspinnerei ihren beiden großen Schwestern nicht das Wasser reichen. Trotz ihres bedeutenden Entwicklungstempos nahm sie sich im Rahmen der deutschen Maschinenspinnerei recht kümmerlich aus und konnte lediglich durch die durchschnittliche Größe ihrer Betriebe beeindrucken, obgleich auch hier die Baumwollspinnereien durchschnittlich mehr als die doppelte Anzahl der Spindeln aufwiesen.

Die internationale Stellung der deutschen Flachsmaschinenspinnerei unterschied sich wohl nicht wesentlich von der in der deutschen Textilindustrie festgestellten. Allein die irische Flachsmaschinenspinnerei arbeitete 1859 mit 651872[35] Spindeln, d. h. mit nahezu der fünffachen Spindelzahl. Großbritannien besaß bereits 1856 mit seinen 1288053 Spindeln[36] fast $9^1/_2$mal soviel wie die deutsche Flachsmaschinenspinnerei. Wir werden mit der Annahme kaum fehlgehen, daß Großbritanniens Spinnereien dieser Branche 1861 über die zehnfache Menge Spindeln gegenüber Deutschland verfügten. Ein Vergleich hinsichtlich des Produktionsvolumens fiele noch ungünstiger für die deutsche Spinnerei aus, da die englischen Spinnmaschinen leistungsfähiger waren.[37] Unter den führenden Leinengarn produzierenden Staaten stand Deutschland sowohl hinsichtlich der Produktivität seiner Maschinen als auch hinsichtlich der Größe seiner Betriebe hinten an.

II. DIE ENTWICKLUNG DES INNEREN UND ÄUSSEREN MARKTES FÜR DIE DEUTSCHE LEINENINDUSTRIE

1. Die Entwicklung des inneren Marktes für die deutsche Leinenindustrie

Die konkrete Darstellung der Entwicklung des inneren Marktes im Zusammenhang mit der Entwicklung der kapitalistischen Produktionsweise in Deutschland gehört wohl zu den kompliziertesten Problemen der deutschen Wirtschaftsgeschichte des vorigen Jahrhunderts. Es ist dies zugleich einer der Problemkreise, die bisher von den marxistisch-leninistischen Wirtschaftshistorikern am wenigsten behandelt wurden.

[35] Vgl. Handel und Schiffahrt Großbritanniens im Jahre 1859. In: Preußisches Handelsarchiv, Jg. 1860, Nr. 60, S. 430.

[36] Vgl. Bericht über die Handels- und Schiffahrtsverhältnisse im Großbritannischen Reiche im allgemeinen und speziell über die des Hafens von London im Jahre 1856. In: a. a. O., Jg. 1857, S. 557.

[37] 1862 gab man auf der Londoner Ausstellung das Jahresquantum einer Maschinenspindel wie folgt an:

Großbritannien	9–10 Pack à 3 Bündel
Frankreich, Belgien	8–9 Pack à 3 Bündel
Zollverein, Österreich	7–$7^1/_2$ Pack à 3 Bündel

(Vgl. G. Jacobs, a. a. O., S. 33–34.)

In dem vorliegenden Abschnitt soll zu den Fragen des inneren Marktes in bezug auf die deutsche Leinenindustrie Stellung genommen werden. Im Zusammenhang mit der Frage des inneren Marktes werden wesentliche Faktoren dargelegt, die die kauffähige Nachfrage nach Leinen im Zollvereinsgebiet erweiternd beeinflußten, wobei zugleich auf die in den einzelnen Zeitperioden in entgegengesetzter Richtung wirkenden Faktoren hingewiesen werden soll. Das verarbeitete Material und somit der Stand der bisherigen Untersuchung erlauben nicht eine exakte Darstellung der sich erweiternden Nachfrage nach Leinen auf dem Zollvereinsmarkt, sondern nur die ungefähre Darlegung ihrer Entwicklung. Die für die Behandlung des inneren Marktes wichtige Frage der Realisierung der Produktion der deutschen Leinenindustrie und die sich aus den Schwierigkeiten ergebenden Expansionsbestrebungen nach dem äußeren Markt werden nicht im einzelnen dargelegt, wobei die hier für die deutsche Leinenindustrie vorhandene Problematik im Zusammenhang mit dem zweiten Abschnitt, der dem äußeren Markt für deutsche Leinen gewidmet ist, verständlich wird. Die Frage des Arbeitskräftemarktes für die deutsche Leinenindustrie wird in diesem Abschnitt gleichfalls nicht berührt.

Die einleitenden theoretischen Bemerkungen sollen auf die Bedeutung des inneren Marktes für die Entwicklung der Industrie hinweisen, ohne den Anspruch auf eine abgeschlossene Behandlung der Probleme des inneren Marktes zu erheben, was für den Rahmen einer solchen Zweiguntersuchung auch nicht erforderlich ist.

Für die Entwicklung der Industrie im allgemeinen wie für die eines Industriezweiges im besonderen ist der innere Markt von entscheidender Bedeutung, da er die Grundlage bildet, auf der sich die Industrie und damit auch ihre einzelnen Zweige entwickeln können. Diese Grundlage kann der äußere Markt niemals geben.

Industrie – das bedeutet kapitalistische Warenproduktion und damit Ausbeutung von doppelt freien Lohnarbeitern. Sie setzt also bereits eine in gewissem Umfange entwickelte Warenproduktion und damit einen in mehr oder weniger großem Umfange entwickelten Markt für ihre Herausbildung voraus. Der innere Markt ist somit eine notwendige Bedingung für die Entstehung der kapitalistischen Produktionsweise. Diese Bedingung wird im Prozeß der ursprünglichen Akkumulation geschaffen. In diesem Sinne bringt die kapitalistische Produktionsweise sich ihren inneren Markt selbst hervor. Marx erklärt uns das mit folgenden Worten:

„Die Expropriation und Verjagung eines Teils des Landvolks setzt mit den Arbeitern nicht nur ihre Lebensmittel und ihr Arbeitsmaterial für das industrielle Kapital frei, sie schafft den inneren Markt.“[38]

Der innere Markt ist somit letztendlich Produkt der kapitalistischen Warenproduktion, wenngleich in seinen ersten Anfängen bereits mit dem Aufkommen der Warenproduktion entstanden. Deshalb stellte Lenin an den An-

[38] Marx, K., Das Kapital. Berlin 1951, Bd. I, S. 787.

fang seiner genialen Darlegung der Entwicklung des Kapitalismus in Rußland folgende wichtige Bemerkung: „Der Markt ist eine Kategorie der Warenwirtschaft, die sich in ihrer Entwicklung in kapitalistische Wirtschaft verwandelt und erst in dieser letzteren zu voller Herrschaft und allgemeiner Verbreitung gelangt.“[39]

Der für den Kapitalismus notwendige innere Markt setzt sich aus drei Bestandteilen zusammen: dem Produktionsmittel-, dem Arbeitskräfte- und dem Konsumtionsmittelmarkt, und existiert auf dem der sich entwickelnden kapitalistischen Warenproduktion zur Verfügung stehenden wirtschaftlich zusammenhängendem Territorium. In unserem Falle handelt es sich also um das Territorium des deutschen Zollvereins. Daraus wird zugleich ersichtlich, daß der innere Markt zunächst nicht identisch zu sein braucht mit dem sogenannten nationalen Markt. Um Mißverständnissen vorzubeugen, muß darauf hingewiesen werden, daß der Kapitalismus auf einer bestimmten Stufe seiner Entwicklung des inneren Marktes in Form des nationalen Marktes bedarf.

Aus dem oben angeführten Leninschen Zitat wird bereits deutlich: Der innere Markt ist nicht etwas Feststehendes, ein für allemal Gegebenes, sondern mit der Entwicklung des Kapitalismus erweitert er sich zugleich. Deshalb sagte Lenin an anderer Stelle: „Die Entwicklungsstufe des inneren Marktes ist die Entwicklungsstufe des Kapitalismus im Lande.“[40] Die Entwicklung der Industrie im allgemeinen wie die ihrer einzelnen Teile ist demzufolge eng verknüpft mit der des inneren Marktes und zugleich ohne ihn undenkbar. Das wesentliche Moment in der Vergrößerung des inneren Marktes muß in der der kapitalistischen Entwicklung eigenen, sich ständig verstärkenden gesellschaftlichen Arbeitsteilung gesehen werden. „Eben diese progressive Zunahme der gesellschaftlichen Arbeitsteilung ist das Hauptmoment im Entstehungsprozeß des inneren Marktes für den Kapitalismus“[41], worauf Lenin in seinem bereits zitierten Werk hinweist. Angesichts des konkreten Gegenstandes unserer Untersuchung – der innere Markt für die Leinenindustrie – ist nur die Arbeitsteilung insofern von Bedeutung, soweit sie zur Ausdehnung des Konsumtionsmittelmarktes führt, d. h. vor allem die vergrößerte Anlage von variablem Kapital sich teilweise ausdrückt in einer kauffähigen Nachfrage nach Leinengeweben. Zugleich interessiert uns die Seite der gesellschaftlichen Arbeitsteilung, die zur völligen Trennung zwischen landwirtschaftlicher und nichtagrarischer Produktion führt. Dieser Prozeß, der die Liquidierung der Haushaltsproduktion zum Inhalt hat, ist besonders für die Ausdehnung des inneren Marktes für Leinenwaren von wesentlicher Bedeutung, da ja besonders in der ersten Hälfte des vorigen Jahrhunderts eine bedeutende Menge der in Deutschland verbrauchten Leinengewebe auf diese Weise erzeugt wurde. Diese Seite der gesellschaftlichen Arbeitsteilung ist darüber hinaus auch vom Standpunkt der allgemeinen Entwicklung der kapitalistischen Warenproduktion von

[39] Lenin, W. I., Werke, Bd. 3, Berlin 1956, S. 25.
[40] Ebenda, S. 57/58.
[41] Ebenda, S. 26.

wesentlichem Interesse, da „nur die Vernichtung des ländlichen Hausgewerbes ... dem inneren Markt eines Landes die Ausdehnung und den festen Bestand geben" kann, „deren die kapitalistische Produktionsweise bedarf".[42]

Für die Entwicklung der Industrie ist jedoch nicht allein die Erweiterung des inneren Marktes von Bedeutung, sondern die zweite Frage ist zugleich die Beherrschung des Marktes. Letzteres ist besonders für jene Länder schwierig, die verspätet in das Stadium des industriellen Kapitalismus eintreten, da sie der Gefahr ausgesetzt sind, durch die fortgeschritteneren Länder selbst vom „eigenen" Markt verdrängt zu werden. Daher besteht der Wunsch der Bourgeoisie, „sich ihren ‚eigenen', ‚heimatlichen' Markt zu sichern".[43] Durch den im Jahre 1834 geschaffenen Zollverein wurde diesem Wunsche der deutschen Bourgeoisie, zumindest in gewisser Weise, Rechnung getragen. Für die Leinen-„Fabrikanten", um uns nun dem eigentlichen Problemkreis zuzuwenden, hatte der Zolltarif zunächst einen genügenden Schutz geboten, wenngleich die Zölle als verhältnismäßig niedrig angesehen werden können.[44]

Die deutsche Leinenindustrie beherrschte den ihr durch den Zollverein geschaffenen „inneren" Markt ausschließlich.[45] Gleichzeitig hatte der Zollverein durch den Wegfall der Binnenzölle den Absatz innerhalb der Vereinsstaaten erleichtert, woraus besonders jene Gebiete größere Vorteile zogen, in denen die Leinenweberei im großen Umfange betrieben wurde. Dies trifft in erster Linie für Schlesien[46] und teilweise auch für Sachsen[47] zu. Dieser zunehmende Absatz einzelner Gebiete verlief jedoch kaum auf Kosten der übrigen, da sich in Deutschland eine verhältnismäßig ausgeprägte Arbeitsteilung innerhalb der deutschen Leinenindustrie herausgebildet hatte, so daß die einzelnen Gebiete zumeist unterschiedliche Leinenarten produzierten.[48] Allerdings trifft das für Sachsen und Schlesien nicht in vollem Maße zu, da nach den Angaben von Thieriot der Rückgang der sächsischen Leinenproduktion zum Teil auf die überlegene Konkurrenz Schlesiens zurückzuführen war.[49]

Allerdings darf die positive Wirkung des Zollvereins auf die Vermehrung des Absatzes der Leinenerzeugnisse der einzelnen Zentren in Deutschland auch nicht überschätzt werden. Der innere Markt – oder anders ausgedrückt, die durch ihn repräsentierte kauffähige Nachfrage nach Leinen – war in den

[42] MARX, K., a. a. O., S. 787.

[43] STALIN, J. W., Werke, Bd. 2, Berlin 1950, S. 279.

[44] Für den Ztr. Pack- und Segelleinen wurde ein Einfuhrzoll von 20 Sgr., für Rohleinen 2 Taler und für feine Leinen 11 Taler erhoben. (Vgl. A. ZIMMERMANN, Blüte und Zerfall des Leinengewerbes in Schlesien. Breslau 1885, S. 302.)

[45] Ebenda.

[46] Ebenda.

[47] Vgl. J. H. THIERIOT, Welchen Einfluß auf dem Felde des sächsischen Gewerbfleißes und Handels hat der Anschluß des Königreiches Sachsens an den preußisch-deutschen Zollverein bis jetzt gehabt? Leipzig 1838, S. 66.

[48] Vgl. A. ZIMMERMANN, a. a. O., S. 302.

[49] Vgl. J. H. THIERIOT, a. a. O., S. 66.

dreißiger Jahren noch schwach entwickelt. Die für den allgemeinen Bedarf verwendete Leinwand wurde in nahezu allen Teilen Deutschlands als sogenannte Hausleinwand von der Mehrzahl der Bevölkerung, eben den in der Landwirtschaft Tätigen, noch selbst gewebt.[50] Dies trifft, wie wir vielleicht heute annehmen könnten, nicht nur für die selbständigen Bauern, sondern auch für die Knechte und Mägde, für einen Teil des Landproletariats, zu.[51]
Somit bestand in Deutschland ein Markt im wesentlichen nur für feinere Leinen[52], die vor allem in Schlesien, der sächsischen Lausitz und in den westlichen Teilen von Preußen hergestellt wurden.[53]
Für die Erweiterung des inneren Marktes insoweit, daß auch die sogenannte Hausleinwand in größerem Maße in den Handel einbezogen werden konnte, fehlten die Voraussetzungen. Dies hätte ja nur geschehen können, wenn sowohl die Haushaltsproduktion als auch die Hausindustrie zurückgedrängt worden wären. Dazu wären jedoch wesentliche technische Verbesserungen in der Produktion von Leinenwaren notwendig gewesen, da nur billigere und zugleich qualitativ bessere Leinen die Haushaltsproduktion ernsthaft gefährden konnten. Solange aber beide Formen der Produktion im wesentlichen auf der gleichen technischen Grundlage beruhten, konnte dies nur in geringem Umfange geschehen.[54]
Die Erweiterung des inneren Marktes für Leinen (auch für die ordinären Gattungen) in den dreißiger und vierziger Jahren vollzog sich demzufolge in erster Linie auf der Basis des sich vermehrenden Industrieproletariats. Das schnellere Anwachsen der Industrie in diesem Zeitraum gegenüber der Vorzeit hat dazu geführt. Allerdings wuchs damit nicht in gleichem Umfange die Nachfrage nach Leinen, da infolge der weiteren Verbreitung der Baumwollgewebe die Nachfrage nach Leinen langsamer steigen mußte, als es der Proletarisierungsprozeß vermuten ließe.
Angesichts der stark verminderten Ausfuhr in den vierziger Jahren und der relativ geringen Erweiterung des inneren Marktes lastete auf der deutschen Leinenindustrie eine chronische Überproduktion, die bis auf wenige Jahre, und zwar 1844 und 1847/48, nur latent vorhanden war. Demzufolge verschärfte sich gleichzeitig die Konkurrenz zwischen den einzelnen Leinenzentren Deutschlands.[55] Außerdem wurde gerade in diesen Jahren der deutschen Leinenindustrie der innere Markt durch ausländische Konkurrenten, vor allem durch die britische Leinenindustrie, streitig gemacht.[56] Die Leineneinfuhr nach dem

[50] Ebenda.
[51] Vgl. E. Hornung, Entwicklung und Niedergang der hannoverschen Leinwandindustrie. Hannover 1905, S. 61, und J. Tack, Die Hollandgänger in Hannover und Oldenburg. Volkswirtsch. u. wirtschaftsgesch. Abh., Heft 2, S. 138.
[52] Vgl. J. H. Thieriot, a. a. O., S. 66.
[53] Ebenda.
[54] Vgl. K. Marx, a. a. O., S. 788.
[55] Vgl. C. Sasse, Die Leinenweberei in Laichingen – OA: Münsingen. Tübingen 1914, S. 21.
[56] Vgl. Alberti und Schreiber, Die deutsche Leinenindustriefrage. Breslau 1845, S. 7.

Zollverein stieg bis zum Jahre 1843 (Höchststand der vierziger Jahre) gegenüber den ersten Jahren des Zollvereins (1836) bei gebleichter, gefärbter usw. Leinwand um 141% und die von roher Leinwand um 49%.[57] Es stieg also besonders stark jener Teil der Leinenimporte, der aus fertigen, direkt für den Konsumenten bestimmten Waren bestand, was angesichts der allgemein schwierigen Absatzlage für deutsche Leinen die vereinsländische Leinenindustrie besonders hart treffen mußte, obgleich auch die Einfuhr von 1843 – absolut gesehen – nicht hoch war, nämlich nur 3082 Zentner betrug.[58]
Die importierte rohe Leinwand ist zwar bei weitem nicht im gleichen Maße gestiegen, schadete jedoch zumindest im gleichen Maße der deutschen Leinenweberei, da ihre absolute Höhe bereits zu Beginn des Zollvereins beträchtlicher war. Mit ihren 28743 Zentnern machte sie mehr als ein Viertel der deutschen Ausfuhr des Jahres 1843 aus. Bei dieser Leinwand handelte es sich vor allem um böhmische Rohleinen, die zumeist zollfrei nach Schlesien und Sachsen zur weiteren Verarbeitung (Bleichen und Appretieren) eingeführt wurden. Den Höchststand hatte diese Einfuhr 1841 mit 39571 Zentnern erreicht gehabt. Gemessen an der deutschen Ausfuhr waren dies jedoch nur 2% mehr als 1843. Die Einfuhr von Rohleinen war also langsamer gesunken als die deutsche Ausfuhr.
Die Vertreter der deutschen Leinenindustrie forderten deshalb zur Sicherung des inneren Marktes erhöhte Einfuhrzölle. Dieser Forderung wurde 1846 mit dem neuen Zolltarif – freilich in unzureichender Weise[59] – Rechnung getragen. Für rohe Leinen wurde nun ein Einfuhrzoll von 4 Talern und für gebleichte, gefärbte usw. Leinwand ein solcher von 20 Talern erhoben.[60]
In den letzten Jahren begann sich die Einfuhr zu vermindern, was zumindest bei der mit dem 20-Taler-Satz versteuerten Leinwand auf den neuen Tarif zurückzuführen war. Die Folge war jedoch keine wesentliche Besserung der Absatzlage für deutsche Leinen auf dem inneren Markt. Das konnte auch nicht sein, da ja die Einfuhr nicht die Ursache für diese mißlichen Verhältnisse war, sondern nur ein Moment ihrer Verschärfung. Die Ursache ist in dem in den vierziger Jahren vorhandenen Widerspruch zwischen Produktion und kauffähiger Nachfrage zu suchen. Dieser Widerspruch trat 1847 wieder offen zutage, als die Industrie – wenn auch in ihren einzelnen Zweigen in unterschiedlichem Umfange – von einer zyklischen Krise betroffen wurde, wodurch sich die kauffähige Nachfrage für Leinen weiter verminderte. Das Marktproblem wurde durch die gleichzeitig einsetzende Teuerung der Lebensmittel infolge schlechter Ernten weiter verschärft, da damit die Masse der Konsumenten die Ausgaben

[57] Errechnet aus den Angaben bei DIETERICI, Statistische Übersicht der wichtigsten Gegenstände des Verkehrs und Verbrauchs im Preußischen Staate und im deutschen Zollverein. Berlin 1838, S. 104; Berlin 1848, S. 175–176, und bei A. BIENENGRÄBER, Statistik des Verkehrs und Verbrauchs im Zollverein für die Jahre 1842–1864. Berlin 1868, S. 251.
[58] BIENENGRÄBER, A., a. a. O., S. 251.
[59] Vgl. A. ZIMMERMANN, a. a. O., S. 394f.
[60] Ebenda.

für Kleidung auf ein Minimum beschränken mußte. Die durch diese Faktoren verschärft hervortretende Überproduktion in der deutschen Leinenindustrie entstand jedoch nicht auf der Grundlage der zyklischen Entwicklung in ihr selbst, sondern im Zusammenwirken der internationalen Entwicklung, insbesondere des britischen Industriezyklus, mit der bereits in gewissem Umfang vorhandenen zyklischen Entwicklung der deutschen Industrie im allgemeinen. Einen eigenen Beitrag zur zyklischen Entwicklung konnte die deutsche Leinenindustrie noch nicht bringen, da in ihr – wenn von der quantitativ gering entwickelten Maschinenspinnerei abgesehen wird – die Anlage von konstantem fixen Kapital, bekanntlich die Basis der zyklischen Entwicklung, eine völlig untergeordnete Rolle spielte. Diese Tatsache, die auf das niedrige technische Niveau und damit zugleich auf den qualitativ niedrigen Stand der kapitalistischen Warenproduktion in der deutschen Leinenindustrie zurückzuführen war, schloß – wie dargelegt – die Überproduktion jedoch nicht aus. Diese Überproduktion wurde gelöst durch eine umfangreiche Vernichtung der Produktivkräfte, die in Schlesien direkt zur physischen Vernichtung der Produzenten führte, worauf im IV. Abschnitt näher eingegangen wird. Zugleich wurde die Produktionskapazität in den folgenden Jahren durch die Abwanderung eines Teils der Weber in andere Industriezweige eingeschränkt. Die Überproduktion wurde jedoch kaum infolge einer Verbilligung der Produktion durch den Übergang zu einer höheren, demzufolge produktivitätssteigernden Technik gelöst. Damit blieb die Rückständigkeit in diesem Industriezweig weiter heimisch. Zur Beseitigung der Überproduktion trug ebenfalls die mit dem neuen zyklischen Aufschwung der deutschen Industrie einsetzende Erweiterung des inneren Marktes für Leinenwaren bei, mit der wir uns nun näher befassen wollen.

In den fünfziger und sechziger Jahren wurde das Zollvereinsgebiet noch in stärkerem Maße zum Hauptabsatzgebiet für die deutsche Leinenindustrie.[61] Nach Jacobs wurden bereits Mitte der vierziger Jahre mehr als vier Fünftel der deutschen Produktion auf dem deutschen Markte selbst abgesetzt.[62]

Betrachten wir zunächst die wesentlichen Faktoren, die es der deutschen Leinenindustrie ermöglichten, in zunehmendem Maße ihre Produktion auf dem inneren Markte zu realisieren. An erster Stelle steht hierbei wohl die Vermehrung der Bevölkerung sowohl insgesamt als auch die nicht landwirtschaftlich gebundene.

Tabelle 11 zeigt uns die Bevölkerungsbewegung im größten Staate Deutschlands, in Preußen, in den fünfziger und sechziger Jahren. Danach hat sich absolut die Bevölkerung nahezu um ein Fünftel vermehrt. Noch stärker ist die Vermehrung der städtischen Bevölkerung gewesen. In diesen Zahlen spiegelt sich die industrielle Entwicklung Deutschlands in diesen beiden Jahr-

[61] Vgl. O. Schumann, Die Landeshuter Leinenindustrie in Vergangenheit und Gegenwart. Jena 1928, S. 55; Jahresbericht der Handelskammer Minden für das Jahr 1855; Jahresbericht der Handelskammer Bielefeld für das Jahr 1852.

[62] Vgl. G. Jacobs, Die deutschen Textilzölle im 19. Jahrhundert. Erlangen 1907, S. 37.

Tabelle 11

Die Bevölkerungsentwicklung in Preußen und Deutschland, 1849–1875[63]

a) Preußen

Jahr	Gesamtbevölkerung		Nicht in der Landwirtschaft Tätige			Städtische Bevölkerung		
	in Mill.	Index	in Mill.	Index	Anteil an der Gesamtbevölkerung in %	in Mill.	Index	Anteil an der Gesamtbevölkerung in %
1849	16,4	100	5,9	100	36,0	–	–	–
1852	17,0	103,8	–	–	–	5,0	100	29,4
1858	17,7	107,9	9,7	164,4	54,8	–	–	–
1861	18,5	112,8	–	–	–	–	–	–
1864	19,2	119,8	–	–	–	13,2	264	68,8

b) Deutschland (Gebiet des Zollvereins von 1861)

Jahr	Gesamtbevölkerung		Außerhalb der Landwirtschaft Beschäftigte		
	in Mill.	Index	in Mill.	Index	Anteil an der Gesamtbevölkerung in %
1861	35,5	100	4,7	100	13,2
1875	40,0	113	5,9	126	14,7

zehnten in gewissem Umfange wider. In Gesamtdeutschland hat sich die Bevölkerung von 1861 bis 1875 um 13% vermehrt, die außerhalb der Landwirtschaft beschäftigten Personen um mehr als ein Viertel. Die absoluten Ziffern dieser Gruppe der Bevölkerung erscheinen jedoch, verglichen mit den preußischen Angaben von 1864, als zu niedrig, so daß wir uns bei der Entwicklung des Marktes für Leinenerzeugnisse auf die preußischen Angaben stützen müssen. Schmoller gibt als jährlichen Pro-Kopf-Verbrauch an Leinengeweben sowohl für 1849 als auch für 1863 5 Ellen an.[64] Danach würde sich die Nachfrage nach Leinen allein in Preußen in der Zeit von 1849 bis 1858 um mindestens 19 Millionen und in der Zeit von 1852 bis 1864 um mindestens 41 Millionen Ellen Leinwand vermehrt haben. Wir haben bei diesen Berechnungen nur die

[63] Zusammengestellt und berechnet nach J. KUCZYNSKI, Die Geschichte der Lage der Arbeiter in Deutschland, 1789–1870. Berlin 1954, 6., verb. Aufl., Bd. I, 1. Teil, S. 189; L. POHLE, Die Entwicklung des deutschen Wirtschaftslebens im 19. Jh. Leipzig 1908, 2. Aufl., S. 19; K. MARX, Preußen und die Hohenzollern um die Jahreswende 1858/59. In: Marx-Engels-Lenin-Stalin – Zur deutschen Geschichte. Berlin 1954, Bd. II, S. 671; G. v. VIEBAHN, Statistik des zollvereinten Deutschlands. Bd. II, S. 604 und 607; Preußische Statistik, XVIII: Die Gebäude im Preußischen Staate nach den Aufnahmen der Gebäudesteuer-Veranlagung auf Grund des Gesetzes vom 21. Mai 1861. Berlin 1871, S. 113.

[64] SCHMOLLER, G., Zur Geschichte der deutschen Kleingewerbe im 19. Jh. Halle 1870, S. 474.

nicht in der Landwirtschaft Tätigen bzw. die städtische Bevölkerung berücksichtigt, da die absolute Bevölkerungsvermehrung auch den Teil der Bevölkerung enthält, der im eigenen Haushalt für den eigenen Verbrauch Leinen erzeugte, demzufolge kaum als Abnehmer von Leinenwaren in Frage kam. In den fünfziger und sechziger Jahren bot somit der vergrößerte innere Markt einen Ersatz für den rückläufigen Export. Im Vergleich zur ersten Hälfte des 19. Jh. hat sich auch unter der in der Landwirtschaft beschäftigten Bevölkerung die Nachfrage nach Leinenwaren vermehrt, da infolge der verstärkten Intensivierung der Landwirtschaft notwendigerweise die Haushaltsproduktion immer mehr verschwinden mußte. Auf diese Weise vermehrte sich die Nachfrage nach Leinengeweben (Waren) auch in den landwirtschaftlichen Gebieten. Diese Zunahme kann jedoch zahlenmäßig nicht angegeben werden.

In der ersten Hälfte der fünfziger Jahre wurde die Nachfrage nach Leinenerzeugnissen allerdings dadurch vermindert, daß infolge einer Reihe von schlechten Ernten die Lebensmittelpreise verhältnismäßig hoch waren, so daß die werktätige Bevölkerung nicht im notwendigen Umfange Textilien, also auch Leinen, kaufen konnte. In ähnlicher Weise mußte sich die Krise von 1857 auswirken.

In der ersten Hälfte der sechziger Jahre wurde die Nachfrage nach Leinen durch die allgemeine Baumwollknappheit (amerikanischer Bürgerkrieg) gehoben, da sich infolge der hohen Baumwollpreise die Leinengewebe relativ billiger stellten. Neben der eigentlichen Bevölkerung spielte sowohl in den fünfziger als auch in den sechziger Jahren der Staat eine beachtliche Rolle als Abnehmer von Leinen für militärische Zwecke.

Der deutsche Markt stand in den fünfziger und sechziger Jahren der deutschen Leinenindustrie fast ausschließlich zur Verfügung, so daß seine Ausdehnung ihr voll zugute kam. Die Einfuhr von Leinen hat sich zwar gegenüber dem Ende der vierziger Jahre in den fünfziger, besonders in den sechziger Jahren, vermehrt, aber blieb stets unter dem Höchstand von 1843. Mit Ausnahme des Jahres 1859 war der Unterschied zu diesem Höchststand sogar beträchtlich. Die 1854 eingetretene Vergrößerung des Zollvereinsgebietes durch den Anschluß des Steuervereins war für die Erweiterung der Absatzmöglichkeiten für deutsche Leinen auf dem inneren Markt vom Standpunkt der gesamten Leinenindustrie Deutschlands unbedeutend, da ja gerade Gebiete hinzukamen, die selbst über eine beachtliche Leinenindustrie verfügten. Allerdings dürfte die Leinenindustrie der Steuervereinsländer, insbesondere Hannovers, bessere Absatzmöglichkeiten in Deutschland selbst dadurch erhalten haben. Damit wollen wir die Betrachtung über die Entwicklung des inneren Marktes für deutsche Leinengewebe abschließen.

Im Gegensatz zur Leinenweberei kam der deutschen Flachsgarnspinnerei in dem gesamten Zeitraum die Nachfrage auf dem inneren Markt nicht voll zugute, da sie sich dieses Absatzgebiet mit den ausländischen Maschinengarnen teilen mußte. Die folgende Tabelle 12 gibt eine Übersicht über die Einfuhr nach dem Zollverein.

Tabelle 12

Einfuhr roher Flachsgarne nach dem deutschen Zollverein in den Jahren 1834–1866[65]

Jahre	Durchschnittl. Einfuhr in Ztr.	Index
1834	34108	100,0
1836–1841	40069	120,22
1842–1846	59673	174,96
1847–1850	41453	121,53
1851–1854	48811	143,11
1855–1859	64555	189,27
1860–1864	104703	306,97
1865–1866	117003	343,04

Die Einfuhr, die sowohl Maschinengarne als auch Handgarne erfaßte (die ersteren hatten jedoch bei weitem das Übergewicht), war in der gesamten Periode beträchtlich und überstieg zumindest bis zur Mitte des vorigen Jahrhunderts die in Deutschland selbst erzeugten Maschinengarne erheblich. Die unmittelbar nach der Zollvereinsgründung einsetzende gesteigerte Einfuhr schädigte zwar den Absatz der Handspinnerei, aber beeinträchtigte nicht den Absatz der deutschen Maschinengarne. In dieser Zeit erlebte die deutsche Leinenweberei – von dem Jahre 1837 abgesehen – einen Aufschwung, so daß sich die Nachfrage nach Garnen hob. In den dreißiger Jahren war die Aufnahmefähigkeit des deutschen Marktes für Maschinengarnen größer als das vorhandene Angebot.[66] Diese Tatsache gab der deutschen Maschinenspinnerei *von seiten der Nachfrage* her günstige Bedingungen für ihre Entwicklung. Jedoch trifft das nicht für alle Leinenindustriezentren Deutschlands in gleichem Maße zu. In einem solch wichtigen Zentrum, wie das Bielefelder, sträubte sich die Mehrzahl der Verleger und Leinenhändler, Gewebe anzunehmen, die Maschinengarn enthielten, da sie hierin lange Zeit die Gefährdung des guten Rufes der Bielefelder Hand-Leinen erblickten. Trotzdem nahm auch hier die Verwendung von Maschinengarn, wenn auch oft „illegal", bei den Webern zu.[67]

Angesichts dieser konkreten Situation auf dem deutschen Flachsgarnmarkt wurden die sehr niedrigen Zölle, die nicht als Schutzzölle anzusprechen waren,

[65] Zusammengestellt nach den Angaben von Dieterici, a. a. O., und A. Bienengräber, a. a. O., S. 245.

[66] So schreiben die Gebr. Alberti in einer Denkschrift aus dem Jahre 1839 (enthalten in Deutsches Zentralarchiv Merseburg – weiterhin geführt als DZA Merseburg – Rep. 120 DV/2c, Nr. 9/Vol. 1), „daß wir, namentlich im letzten Jahre, nicht dem fünfzigsten Teil der Bestellungen entsprechen konnten". Auch in Sachsen spricht man im Bericht über die Ausstellung sächsischer Gewerb-Erzeugnisse 1834, Leipzig 1836, davon, daß auch in Sachsen ein Bedürfnis nach Flachsmaschinenspinnereien entstanden ist.

[67] Hildebrandt, J., Vergangenheit und Gegenwart der deutschen Leinenindustrie. In: Jahrbuch f. Nationalök. u. Statistik. 1869, Bd. 13, S. 241.

nicht als nachteilig empfunden.[68] Diese Situation änderte sich jedoch in den vierziger Jahren grundlegend. Die Nachfrage nach Flachsgarnen verminderte sich infolge der ungünstigen Lage in der deutschen Leinenweberei. In dieser Situation verstärkten sich aber zugleich die Garnimporte, insbesondere die der britischen Maschinengarne. Wie die Tabelle ausweist, stiegen sie um 49% gegenüber den letzten Jahren des vierten Jahrzehnts, aber die Steigerung war in den entscheidenden Jahren 1843/44 noch bedeutender und erreichte 1845 mit 69686 Zentnern[69] den höchsten Stand. Damit wurde der Konkurrenzkampf auf dem deutschen Markt zwischen deutschem und britischem, aber insbesondere zwischen Handgarn und Maschinengarn, wesentlich verschärft. Im Zusammenwirken der erhöhten Einfuhr und der gesunkenen Nachfrage nach Garnen in der Weberei entstand auch für Flachsgarne eine Überfüllung des Marktes. Unter dem Eindruck dieser katastrophalen Lage schildern die Gebr. Alberti 1845 diese Situation.

„Wenn wir nun die Plätze unserer renommirtesten Leinengarnmärkte des östlichen Deutschlands, für den Export sowohl als für den eigenen Verbrauch, ... betreten, so finden wir überall leere, verödete, von den früheren ungeheuren Garnmassen entblößte Verkaufsstätten, und ist in mancher gar kein Garnmarkt oder Verkehr, wo aber noch einer, dann kaum der Schatten des früheren Geschäfts anzutreffen ...

Die sich kreuzenden und jagenden Reisenden, entweder direkt von den englischen Spinnern gesandt, oder deren deutsche Kommissionäre und Agenten, überschwemmten das arme geduldige Deutschland, suchten jeden Punkt, ja auch den letzten glimmenden Funken von Leinenfabrikation aufzuspüren, um mit ihren, leider meist nur geringen Tow- und Leinengarnen zu überschütten.

Da half (besonders von dem Zeitpunkt an, wo sich Frankreich (1842 – H. B.) und Belgien (1838 – H. B.) gegen die Einfuhr von englischen Garnen verschlossen hatten ...) kein Abweisen, kein Ausweichen. Nichts! zu jedem Spottpreise, mit jeder Zahlungsfrist und zu jeder anderweitigen dem Käufer ... gefälligen Bedingung, ward es aufgedrungen, und selbst in die Hände der kleinen Faktoren und Weber, in die kleinsten Örter und Dörfer gespielt. Denn es galt, den Dreiviertheilbetrag des gesamten englischen Leinengarnexports, der bis dahin nach Frankreich und Belgien gegangen war, dem geöffneten duldsamen und gutmütigen Deutschland aufzuhängen."[70]

Mag diese Darstellung auch im Detail übertrieben sein, so vermittelt sie doch ein sehr lebendiges Bild von der Lage des deutschen Flachsgarnmarktes. Jetzt wurden die Stimmen nach höheren Zöllen für die deutsche Leinenindustrie immer lauter und auch für den preußischen Staat nicht mehr überhörbar, das um so weniger, da ja die Leinenindustrie eines seiner wichtigsten Zentren

[68] Rohes Flachsgarn wurde mit 5 Gr. und gebleichte und gefärbte Garne mit 1 Taler je Ztr. verzollt (G. Jacobs, a. a. O., S. 14).

[69] Dieterici, a. a. O.

[70] Gebr. Alberti, Die deutsche Leinenindustriefrage ... S. 5 und 10.

(Schlesien), in dem sich auch zwei große staatliche Maschinenspinnereien befanden, völlig am Boden lag. 1846 wurden dann auch die Zölle für Flachsgarne heraufgesetzt.[71] Wenn die neuen Zölle der deutschen Maschinenspinnerei auch nach den Auffassungen der Zeitgenossen noch keinen ausreichenden Schutz boten[72], so trugen sie unbestreitbar zu einem Rückgang der Einfuhr in den letzten Jahren des fünften Jahrzehnts bei und erleichterten doch die Konkurrenzfähigkeit des deutschen Maschinengarnes gegenüber den ausländischen Garnen, die in den vorangegangenen drei Jahren auch den Absatz für deutsche Maschinengarne hart bedrängt hatten.[73]

Mit der Belebung des Absatzes für deutsche Leinen erhöhte sich insbesondere in den ersten Jahren des sechsten Jahrzehnts und in den beiden Jahren vor Ausbruch der Krise von 1857 die Nachfrage nach Flachsgarnen. Diese Nachfrage nahm dann im siebenten Jahrzehnt noch wesentlich zu.

Die in den fünfziger, aber besonders in den sechziger Jahren ansteigende Nachfrage nach Maschinengarn nahm im Vergleich zu den dreißiger und vierziger Jahren wesentlich stärker als die Leinenproduktion zu. Diese Tatsache hängt mit dem sich stärker durchsetzenden Maschinengarn gegenüber dem Handgespinst zusammen. Diese Entwicklung wurde beschleunigt durch das Vordringen der kapitalistischen Ausbeutung in Form des Verlages im eigentlichen Sinne, der dezentralisierten Manufaktur und seit den sechziger Jahren der mechanischen Webereien. Solange der Weber sein Garn noch selbst kaufte und teilweise innerhalb der Familie spann, verwendete er trotz der Vorteile des Maschinengarns noch stärker Handgarn, das ja teilweise zu niedrigeren Preisen angeboten wurde.[74] Dies gilt insbesondere für jene Leinenzentren, in denen die Weberei als landwirtschaftliches Nebengewerbe verbreitet war. Als jedoch der Verleger die Lieferung des Garnes an den Weber übernahm und die Maschinengarne reichlicher auf dem deutschen Markt angeboten wurden (was jetzt im Vergleich zu den dreißiger Jahren der Fall war), erhielt er Maschinengarne zur Verarbeitung, da der Verleger für den Absatz möglichst hochwertige Leinen liefern mußte.[75] Damit konnte sich das Maschinengarn den inneren Markt auf Kosten der Handspinnerei erweitern. In den sechziger Jahren steigerte die aufkommende mechanische Leinenweberei den Absatz für die Maschinengarne, da auf dem Maschinenstuhl infolge der höheren Anforderungen an das Garn Handgespinste nicht verwendet werden konnten. Auch die Verbesserung der Qualität der Maschinengarne wirkte sich in den fünfziger und sechziger Jahren markterweiternd aus, da ja damit ihre Überlegenheit

[71] Der Zoll für rohe Maschinenflachsgarne wurde auf 2, der für bereits bearbeitete Garne (gefärbt, gebleicht etc.) auf 3 Taler heraufgesetzt (G. JACOBS, a. a. O., S. 31).

[72] Vgl. A. ZIMMERMANN, a. a. O., S. 394.

[73] Vgl. Bericht der Breslauer Regierung an den Finanzminister vom 16. 2. 1844. In: DZA Merseburg, Rep. 120 DV/2c, Nr. 9/Vol. 2.

[74] Vgl. E. HORNUNG, a. a. O., S. 52ff.

[75] Für die Überlegenheit des Maschinengarns gegenüber dem Handgarn und die damit verbundenen Folgen für die Handspinnerei vgl. Abschnitt III/1, S. 113f.

gegenüber den Handgarnen weiter anstieg. Zu einer völligen Verdrängung des Handgarns ist es jedoch nicht gekommen. Vor allem in den Zentren der deutschen Leinenindustrie, in denen die nebengewerbliche Leinenweberei einen größeren Anteil hatte – wie z. B. in Hannover – wurden auch weiterhin erhebliche Mengen Handgarne selbst in den sechziger Jahren verarbeitet.[76] Die ländliche Hausindustrie mit ihrer eigenen Rohstoffbasis erschwerte in Deutschland dem Maschinengarn den Kampf gegen die Handspinnerei und damit die Eroberung des gesamten vorhandenen Bedarfs.

Diese hemmenden Einflüsse dürfen jedoch nicht überbewertet werden, denn die deutsche Maschinenspinnerei konnte die vorhandene und ständig zunehmende Nachfrage nach Maschinengarnen nicht befriedigen. Ein beachtlicher Teil mußte durch ausländische Maschinengarne gedeckt werden. Deshalb führte der Verbrauch von Maschinengarnen besonders in den sechziger Jahren zu einem raschen Ansteigen der Garnimporte. Neben den britischen Spinnereien wurden in zunehmendem Maße die belgischen und vor allem die österreichischen Spinnfabriken zum Garnlieferanten für die deutsche Leinenweberei. Aus Österreich allein wurden im Jahre 1864 81623 Zentner Flachsgarne bezogen.[77]

Abschließend müssen wir jedoch feststellen, daß in den sechziger Jahren die deutsche Maschinenspinnerei mehr als zwei Drittel der in Deutschland verarbeiteten Maschinengarne lieferte. Die Konkurrenz der ausländischen Garne ist in der zweiten Hälfte des 19. Jh. angesichts dieser Entwicklung nicht zu überschätzen.[78] Wenn sie auch besonders in schlechten Geschäftsjahren drückend empfunden wurde, so hatte sie wahrscheinlich die Durchsetzung von Großbetrieben in diesem Industriezweig mehr gefördert als aufgehalten.

2. Die Entwicklung des äußeren Marktes für die deutsche Leinenindustrie

Tabelle 13 gibt die Leinenausfuhr des deutschen Zollvereins wieder.

Die Tabelle zeigt eine ständige Abnahme der Ausfuhr von deutscher Leinwand in den zehnjährigen Durchschnitten von 1834 bis 1863 gegenüber dem Gründungsjahr des Zollvereins. Die Zunahme der durchschnittlichen Jahresausfuhr von 1854 bis 1863 ist vor allem auf den Gebietszuwachs des Zollvereins (Anschluß des Steuervereins) zurückzuführen. Auch die in der Tabelle ausgewiesene beachtlich gesteigerte Ausfuhr in den Jahren 1864 bis 1873 ist wohl kaum in einem solchen Maße erfolgt. Die enorm gestiegenen Ausfuhrziffern für die ersten Jahre nach dem Kriege von 1866 stehen im Widerspruch zu den Angaben

[76] Vgl. E. Hornung, a. a. O., S. 51.

[77] Vgl. A. Bienengräber, a. a. O., S. 246.

[78] Vgl. O. Schumann, a. a. O., S. 54ff.

Tabelle 13

Gesamte Leinenausfuhr des Zollvereins[79]

Jahre	Leinen aller Art Ztr. (jährl. Durchschnitt)	Index
1834	153065	100,00
1834–1843	144763	94,58
1844–1853	110705	72,33
1854–1863	158701	103,69
1864–1873	184464	120,51

in allen Jahresberichten der wesentlichen Zentren der Leinenindustrie.[80] Die Ursachen für die statistische Zunahme der Leinenausfuhr können nicht angeführt werden. Wir weisen aber darauf hin, daß diese „Zunahme" erheblich den jährlichen Durchschnitt erhöhte. Es ist unter Berücksichtigung des bisher Gesagten wahrscheinlich, daß gegenüber der Ausfuhr von 1834 die durchschnittliche Ausfuhr im Zeitraum 1864 bis 1873 ebenfalls zurückgeblieben war.

Die deutsche Leinenausfuhr hatte also in den dreißiger Jahren, die Zeit des deutschen Zollvereins betrachtet, den höchsten Stand erreicht. In den nachfolgenden Jahren ist dieser Stand wohl kaum wieder erreicht worden, mit Ausnahme vielleicht der letzten Jahre vor der Krise von 1857. Den tiefsten Stand erreichte die deutsche Leinenausfuhr in den vierziger Jahren. Die Tabelle 13 zeigt einen Rückgang der durchschnittlichen Jahresausfuhr in der Periode 1844 bis 1853 gegenüber der Zeit 1834 bis 1843 um mehr als ein Fünftel. Gegenüber diesem Tiefstand weisen die danach folgenden zehnjährigen Perioden eine gesteigerte Ausfuhr auf, wenngleich die reale Steigerung infolge des Gebietszuwachses einerseits und der ungeklärten statistischen Steigerung 1867 und 1868 andererseits nicht zahlenmäßig angegeben werden kann.

Zusammenfassend kann festgestellt werden, daß die deutsche Leinenausfuhr in der Tendenz ständig abnahm. Dieser Export verminderte sich stärker als die Produktion in Deutschland, d. h. die Leinenindustrie realisierte einen ständig sinkenden Teil ihrer Produktion auf den außerdeutschen Märkten.

Gleichzeitig hat damit auch der Anteil der Leinengewebe am deutschen Export überhaupt abgenommen. Tabelle 14 vermittelt uns ein Bild über die Veränderungen der Leinenwaren im Rahmen des deutschen Außenhandels.

Bis zur Mitte des Jahrhunderts konnte die deutsche Leinenindustrie ihren Anteil im Rahmen der gesamten Ausfuhr von Textilien noch vergrößern. Die sechziger Jahre sind jedoch in dieser Hinsicht gekennzeichnet durch einen

[79] Zusammengestellt auf der Grundlage der Angaben bei A. Zimmermann, Blüte und Verfall des Leinengewerbes in Schlesien. Breslau 1885, S. 468–469.

[80] Vgl. Jahresberichte für 1867 der Handelskammern in Bielefeld, Hirschberg, Königsberg, Berlin, Landeshut, Breslau, Hildesheim, Münster und Zittau.

Tabelle 14
Der prozentuale Anteil der Textilien insgesamt und der Leinengewebe im deutschen Außenhandel[81]

Jahr	Textilien insgesamt	Leinengewebe	Anteil der Leinengewebe an der Textilien-ausfuhr
1837	40,0	11,1	27,8
1850	30,5	8,9	29,2
1864	34,8	3,2	9,2
1869	22,5	2,3	10,7

rapiden Rückgang dieses Anteils zugunsten anderer Textilerzeugnisse. Im Rahmen des deutschen Außenhandels ist der Export gegen Ende der sechziger Jahre bedeutungslos geworden.

Abschließend wollen wir noch einen Blick auf die wichtigsten ausländischen Absatzgebiete für deutsche Leinen werfen. Wesentliche Momente für den Absatz von Waren in ausländischen Gebieten sind die Konkurrenzfähigkeit, d. h. die Preiswürdigkeit im Vergleich zu den entsprechenden Erzeugnissen der anderen Länder, die Gestaltung der Zölle der einzelnen Staaten, die als Absatzgebiete in Frage kommen.

Das wichtigste Absatzgebiet für deutsche Leinen war in den dreißiger Jahren der amerikanische Kontinent, insbesondere Mexiko und die westindischen Inseln.[82] Den Umfang des Exports nach Nordamerika können wir an Hand von statistischem Material für die dreißiger Jahre und das Ende der vierziger Jahre veranschaulichen. Diese Zahlen sind von Bedeutung, da die USA teilweise als Vermittler für die mittel- und südamerikanischen Staaten auftraten.[83] Tabelle 15 veranschaulicht die Einfuhr deutscher Leinenfabrikate nach den USA und zeigt gleichzeitig die Entwicklung der Ausfuhr von Großbritannien sowie Frankreich nach den Vereinigten Staaten.

Die folgende Tabelle gibt nicht nur die Entwicklung der amerikanischen Einfuhr von Leinen an, sondern sie spiegelt darüber hinaus auch die Konkurrenzlage auf dem Weltmarkt für Leinengewebe wider, d. h. die Tabelle 15 ist geeignet, in dieser Hinsicht als repräsentativ gewertet zu werden. Wenn wir die gesamte Einfuhr der Vereinigten Staaten betrachten, so wird der bedeutende Unterschied derselben in den Jahren 1833/34 und 1834/35 augenscheinlich. Dieser Unterschied ist im wesentlichen auf die im Jahre 1834 in Kraft getretene neue Zollverordnung zurückzuführen, nach der ungebleichte und gebleichte Leinwand zollfrei eingeführt werden konnte. Demzufolge waren die Exporteure

[81] Vgl. G. Bondi, Deutschlands Außenhandel 1815–1870. Berlin 1958, S. 146.
[82] Vgl. F. Grünfeld, Streiks in der schlesischen Leinen- und Baumwollindustrie. Landeshut 1921, S. 67f.; Alberti und Schreiber, a. a. O., S. 6ff.; E. Hornung, a. a. O., S. 95.
[83] Vgl. Alberti und Schreiber, a. a. O.

Tabelle 15
Die Einfuhr der USA von ungebleichter und gebleichter Leinwand[84]

Jahre (1. Okt.– 30. Sept.)		Einfuhr insgesamt	Index	aus Großbritannien	Index	aus Deutschland	Index	aus Frankreich	Index
1833/34	in 1000 Pfd.	301,5	5,08	94,3	1,91	150,7	37,06	29,5	11,30
	Anteil in %	100		31,28		29,98		9,78	
1834/35	in 1000 Pfd.	5932,5	100	4940,9	100	406,6	100	261,0	100
	Anteil in %	100		83,29		6,85		4,40	
1835/36	in 1000 Pfd.	8271,8	139,43	6556,5	132,70	838,4	206,20	591,1	226,47
	Anteil in %	100		79,26		10,13		7,15	
1836/37	in 1000 Pfd.	4851,9	81,79	3816,6	77,25	393,8	96,85	358,5	137,35
	Anteil in %	100		78,66		8,12		7,56	
1837/38	in 1000 Pfd.	3526,0	59,44	2732,6	55,31	329,5	81,04	241,9	92,68
	Anteil in %	100		77,50		9,34		6,86	
1838/39	in 1000 Pfd.	6731,3	113,46	5569,1	112,71	322,9	79,41	600,7	230,15
	Anteil in %	100		82,74		4,79		8,92	
1847/48	in 1000 Dollar	5907,4	100	5544,6	100	91,6	100	265,4	100
	Anteil in %	100		93,86		1,55		4,49	
1848/49	in 1000 Dollar	5034,8	86,24	4815,4	86,85	78,4	85,59	198,4	74,75
	Anteil in %	100		94,52		1,54		3,89	

1833 sehr zurückhaltend, und beachtliche Mengen Leinen wurden reexportiert mit dem Ziel, sie im nächsten Jahr zu den günstigeren Zollbedingungen wieder einzuführen.[85] Die verminderte Einfuhr in den Jahren 1836/37 und 1837/38 spiegelt die Auswirkungen der Wirtschaftskrise von 1836 auf den Außenhandel wider.

Im Gegensatz zu Großbritannien hat der Anteil der deutschen Einfuhr nach den Vereinigten Staaten ständig abgenommen. Obgleich wir bis zum Jahre 1835/36 eine beachtliche Steigerung feststellen können, hatte sich doch die Einfuhr gegenüber dem Vorjahr mehr als verdoppelt. Damit war aber gleichzeitig der Höhepunkt der deutschen Einfuhr nach den Vereinigten Staaten in bezug auf Leinengewebe erreicht. Im Unterschied zu Großbritannien und Frankreich konnte Deutschland seine Einfuhr auch nach der Überwindung der Krisenerscheinungen im amerikanischen Außenhandel nicht mehr steigern, sondern sie ging weiter zurück. Anteilmäßig spielte die deutsche Einfuhr 1838/39 kaum noch eine Rolle, während sich die britische Leinenindustrie

[84] Zusammengestellt und berechnet an Hand von: Auszug aus dem jährlichen Bericht an den Kongreß in Washington über die Einfuhr verschiedener Artikel in die Vereinigten Staaten von Nordamerika ... In: Sächsisches Landeshauptarchiv Dresden (weiterhin geführt als LHA Dresden), Min. d. Innern, Nr. 1412; Einfuhr deutscher Produkte nach den Vereinigten Staaten. In: Handelsarchiv, Jg. 1851, 1. Hälfte, S. 75, Berlin 1851.

[85] Auszug aus dem jährlichen Bericht an den Kongreß in Washington ..., a. a. O.

diesen wichtigen Markt für Leinengewebe nahezu monopolisiert hatte. Wir stellen also in den dreißiger Jahren eine wesentliche Veränderung der Stellung Deutschlands auf dem USA-Markt fest. Lieferte Deutschland 1833/34 noch nahezu die Hälfte der Einfuhr aller ungebleichten und gebleichten Leinwand, so waren es 1838/39 noch nicht einmal 5%. Im gleichen Zeitraum war die britische Einfuhr von knapp ein Drittel im Jahre 1833/34 auf mehr als vier Fünftel im Jahre 1838/39 gestiegen. Die deutsche Leinwand war auf den überseeischen Märkten nicht mehr konkurrenzfähig. Die britische, insbesondere die irische Leinenindustrie lieferte wohlfeilere und qualitativ bessere Leinen auf Grund der allgemein verwendeten Maschinengarne, der Ausnutzung der chemischen Bleiche sowie der neuen Appreturverfahren. Diese Überlegenheit der britischen Leinen auf dem amerikanischen Kontinent wirkte sich besonders gegen Ende der dreißiger Jahre nachteilig für Deutschland aus.

In Europa kamen als bedeutende Absatzgebiete für deutsche Leinen noch die skandinavischen Länder, in gewissem Umfange Holland und auch Rußland, in Frage. Allerdings war der Rußlandhandel im Vergleich zu früher sehr stark zurückgegangen.[86]

Die vierziger Jahre sind für die deutsche Leinenindustrie durch große Absatzschwierigkeiten auf den ausländischen Märkten gekennzeichnet. Dies trifft besonders für die überseeischen Märkte zu. Nach den Angaben des Zollvereinsblattes von 1845 (S. 1021) ging die Ausfuhr über Bremen und Hamburg in den Jahren 1839 bis 1844 um etwa 50% zurück. Von dem Markt der Vereinigten Staaten wurde Deutschland so gut wie völlig verdrängt. Großbritannien war es endgültig gelungen, sich diesen Markt zu monopolisieren. Eine größere Rolle spielten weiterhin Mexiko und Kuba wie überhaupt die mittelamerikanischen Staaten für den Absatz deutscher Leinenerzeugnisse. In diesen Ländern wirkten sich jedoch die Unruhen und politischen Wirren sehr nachteilig aus. Hinzu kam, daß eine Reihe dieser Staaten, wie z. B. Mexiko, höhere Zölle zur Finanzierung des Staatsapparates einführte[87], die den legalen Handel behinderten, andererseits aber den Schmuggel begünstigten, der besonders auf dem Landwege von den Vereinigten Staaten aus betrieben wurde.[88] Demzufolge blieb dieser Weg der deutschen Leinenindustrie verschlossen. Insgesamt kann man jedoch feststellen, daß die deutsche Einfuhr von Leinen nach Mexiko in der zweiten Hälfte der vierziger Jahre ungefähr konstant geblieben ist[89], allerdings im Vergleich zu den früheren Jahrzehnten hatte sie nur noch einen geringen Umfang.

[86] Vgl. MAY, Bericht über die Reise nach einigen Manufakturorten des schlesischen Gebirges ... vom 15. 9. 1836. In: DZA Merseburg, Rep. 120 DI/1, Nr. 11, Vol. 2.

[87] Vgl. Bericht des Königl.-sächsischen Generalkonsulats in Mexiko vom 10. 7. 1841. In: LHA Dresden, Min. d. Innern, Nr. 1432.

[88] Vgl. Roherzeugung, Gewerbe und Handel von Mexiko 1846–1850 mit besonderer Beziehung auf den deutschen Handel. In: Handelsarchiv, Jg. 1850, S. 502f., Berlin 1850; Bericht des Königl.-sächsischen Generalkonsulats Mexiko vom 10. 7. 1841, a. a. O.

[89] Ebenda, S. 524.

Auf dem kubanischen Markt konnte die deutsche Leinenindustrie während der vierziger Jahre noch eine recht bedeutende Stellung behaupten. So betrug der Anteil Deutschlands an Kubas Leinenimporten 1847 nicht weniger als zwei Fünftel[90], und damit hatte die deutsche Einfuhr die britische überflügelt[91]. In dem folgenden Jahr sank der deutsche Anteil zwar etwas, aber machte immer noch ein Drittel der Gesamteinfuhr aus.[92] Diese verminderte Einfuhr war wohl weniger auf eine geringere Konkurrenzfähigkeit als vielmehr auf die erschwerten Produktionsbedingungen infolge der revolutionären Ereignisse in Deutschland zurückzuführen.[93] Die britischen Importe, obgleich sie ebenfalls zurückgegangen waren, überflügelten jetzt die deutschen. 1849 hingegen konnten die deutschen Leinenexporte nach Kuba wieder gesteigert werden.[94]

Der Handel mit Rußland war in den vierziger Jahren, im Gegensatz zu dem vorigen Jahrzehnt, umfangreicher. Rußland war für ein solch wesentliches Leinwandzentrum wie Bielefeld zum Hauptexportgebiet geworden.[95] Der Absatz deutscher Leinen nach Rußland vollzog sich vor allem auf dem Landwege, zumeist über Polen. Hierbei genoß Deutschland gegenüber den anderen, insbesondere der britischen Leinenindustrie, eine Zollbegünstigung.[96] Die früher so bedeutenden Absatzgebiete für deutsche Leinengewebe, wie Spanien und Italien, sanken infolge der britischen Konkurrenz in den vierziger Jahren zur Bedeutungslosigkeit herab.[97] Teilweise begann sich in diesen Ländern, wie in Spanien, die eigene Leinenindustrie stärker zu entwickeln.[98]

Bisher haben wir den deutschen Leinenexport im wesentlichen vom quantitativen Standpunkt aus betrachtet. Man darf aber nicht vergessen, daß sich in dieser Zeit auch in qualitativer Hinsicht der Export veränderte, da Deutschland infolge der ausländischen, insbesondere der britischen, Konkurrenz immer mehr auf die gröberen Sorten gedrängt wurde.[99]

Infolge dieser Entwicklung gaben eine Reihe Exporthandlungen ihr Geschäft auf. Nach Otto Schumann nahmen die Landeshuter Leinenexportfirmen in den vierziger Jahren wie folgt ab.[100]

[90] Vgl. Die Handelsbewegung auf der Insel Cuba mit Hinblick in Sonderheit auf die Verkehrsverhältnisse in Deutschland. In: Handelsarchiv, Jg. 1851, 1. Hälfte, S. 510, Berlin 1851.

[91] Ebenda.

[92] Ebenda.

[93] Ebenda.

[94] Ebenda, S. 511.

[95] Vgl. Jahresbericht der Handelskammer Bielefeld für 1849 und 1850.

[96] Ebenda.

[97] Vgl. ALBERTI und SCHREIBER, a. a. O., S. 7.

[98] Vgl. Über die Leinenindustrie und die Leineneinfuhr in Spanien. In: Handelsarchiv, Jg. 1850, S. 611f., Berlin 1850.

[99] Vgl. G. JACOBS, a. a. O., S. 38.

[100] SCHUMANN, O., a. a. O., S. 38f.

1834 gab es noch 11 gegenüber 22 im Jahre 1807
1844 „ „ „ 8
1845 „ „ „ 7 und
1847 „ „ nur noch 2.

Bei einem solch bedeutenden Leinenfabrikanten, wie Kramsta in Freiburg, spielte das Exportgeschäft Mitte der vierziger Jahre nur noch eine untergeordnete Rolle[101], und das württembergische Leinengewerbe arbeitete seit dieser Zeit kaum für auswärtige Märkte.[102]

Die Ursache für diese rückläufige Leinenausfuhr in den vierziger Jahren liegt darin begründet, daß die deutschen Gewebe nicht mehr konkurrenzfähig waren, worauf mehrfach hingewiesen wurde. Während die Länder, deren Leinenindustrie aufblühte, wie Großbritannien und Belgien, nahezu ausschließlich Maschinengarn verarbeiteten, wurde in Deutschland noch sehr viel Handgarn verarbeitet. Nur selten stellte man reine Maschinenleinen her. Zumeist wurde das Maschinengarn nur für die Kettfäden verwendet, während die Schußgarne aus Handgespinst bestanden.[103] In einigen bedeutenden Leinenzentren wurden aber nahezu ausschließlich Handgarne in der Weberei verarbeitet, wie in Westfalen und Hannover.[104] Damit verlor jedoch das Gewebe gegenüber dem sogenannten Maschinenleinen an gleichmäßigem Ansehen und stellte sich zumeist etwas teurer. Selbst wenn deutsche Leinen billiger als die britischen angeboten wurden, zogen die Käufer bald mehr und mehr die letzteren vor, da die ersteren ihren guten Ruf eingebüßt hatten. Die deutschen Firmen versuchten, die niedrigen Preise der Briten zu erreichen und sogar zu unterbieten, indem sie Baumwolle verarbeiteten und das in solch erheblichem Maße, daß diese „Leinen" bis zu 40 und 50% Baumwolle enthielten.[105] Mit bitterer Ironie stellte Schmoller dazu fest: „Der einzige technische Fortschritt war der, die Baumwolle so zu verstecken, daß kaum das geübteste Auge diese Stoffe von unvermengtem Leinen zu unterscheiden vermochte."[106] Die teilweise falsch angewendeten chemischen Bleichverfahren taten noch ihr übriges. Die auf diese Weise „gebleichte" Ware hielt kaum noch im Stück zusammen, wurde aber nach nochmaliger Appretur trotzdem exportiert.[107] Nicht selten mußte der ausländische Importeur feststellen, daß die gekaufte Ware nicht die angegebenen Maße aufwies oder der größere Teil des Stoffballens gegenüber den ersten Ellen

[101] Vgl. G. v. Viebahn, Bericht über eine agronomisch-technologische Bereisung von Brandenburg und Schlesien, Juli 1845. In: DZA Merseburg, Rep. 120 DI/1, Nr. 33; Reisenotizen auf der Reise durch Schlesien im August 1847 (III). In: DZA Merseburg, Rep. 120 HA, R., Nr. 16.
[102] Vgl. C. Sasse, a. a. O., S. 23.
[103] Vgl. Minutoli, Reisebericht über Westfalen und die Rheinprovinz aus dem Jahre 1838. In: DZA Merseburg, Rep. 120 DI/1, Nr. 11, Vol. 2; vgl. Viebahn, a. a. O.
[104] Vgl. W. Schinkel, Die wirtschaftliche Entwicklung von Stadt und Land Herford. Bünde i. W. 1926, S. 112; E. Hornung, a. a. O., S. 48 und 51.
[105] Vgl. Roherzeugung . . . Mexiko 1846–50. A. a. O., S. 524.
[106] Schmoller, G., a. a. O., S. 548.
[107] Vgl. W. Rinne, Revolution im Faserreich. Hannover 1950, S. 32.

von wesentlich schlechterer Qualität war.[108] Außerdem wurden in Deutschland zumeist die billigen englischen Towgarne für Gewebe verarbeitet, für die sie infolge ihrer minderen Festigkeit gar nicht geeignet waren.[109] Auch auf diesem Wege wurde versucht, mit den britischen Preisen „Schritt zu halten". Mit solchen Mitteln ließ sich freilich kein ernsthafter Konkurrenzkampf führen. Die Überlegenheit der britischen Leinen hätte nur überwunden werden können, wenn Deutschland die gleiche technische Vollkommenheit in diesem Industriezweig erreicht hätte.

Die deutsche Leinenindustrie trat demzufolge nicht gerade mit günstigen Bedingungen in die zweite Hälfte des 19. Jh. ein. Es ist deshalb nicht verwunderlich, daß einige Leinenhändler Klagelieder anstimmten, daß sie den hohen Gewinnen, die insbesondere die britische Leinenindustrie infolge der durch die amerikanischen und australischen Goldfunde gesteigerten Nachfrage (auch nach Leinengeweben) einstreiche, nicht teilhaftig wurden.[110]

Wir können allerdings diesen Klagen keinen vollen Glauben schenken; denn der überseeische Export hat sich zweifellos auch in Deutschland in den ersten Jahren des sechsten Jahrzehnts gehoben.[111] Freilich steht diese Zunahme in keinem Verhältnis zu der der britischen Exporte. Dies gilt um so mehr, als dieser Aufschwung für die deutsche Leinenindustrie recht kurzlebig war, da sich der *transatlantische* Export bereits 1852 verminderte.[112]

Der Anteil des Amerikageschäfts an der britischen Gesamtausfuhr von leinenen Geweben war außerordentlich groß. 1855 exportierte Großbritannien insgesamt für 3802116 Pfd. Sterling Leinen und davon 2392626 Pfd. Sterling nach dem amerikanischen Kontinent, was 79,22% entspricht.[113] Von diesen 2392626 Pfd. Sterling wurden allein 1782365 Pfd. Sterling, d. h. 47,97% des gesamten britischen Exports und 74,49% vom Amerikaexport, nach den Vereinigten Staaten und Mexiko verschifft. Die Gesamtausfuhr Großbritanniens nahm in der Zeit von 1851 bis 1856 um etwa 62% zu.[114]

Wir können feststellen, daß die deutsche Leinenindustrie direkt in unbedeutendem Maße der durch Gold- und Silberfunde in Amerika allgemein gesteigerten Nachfrage teilhaftig wurde. Die deutsche Leinenindustrie war auf dem überseeischen Gebiete auch in den fünfziger Jahren nicht konkurrenzfähig,

[108] Vgl. Roherzeugung ... Mexiko 1846–50. A. a. O., S. 524.

[109] Vgl. ALBERTI und SCHREIBER, a. a. O., S. 11.

[110] Vgl. Jahresbericht der Handelskammer von Bielefeld für das Jahr 1852.

[111] Vgl. die Berichte der Handelskammer für die Kreise Schweidnitz, Reichenbach und Waldenburg für die Jahre 1850, 1851, sowie den Bericht der Handelskammer für die Kreise Hirschberg und Schönau für das Jahr 1851.

[112] Vgl. Jahresbericht der Handelskammern Hirschberg, Schönau, Schweidnitz etc. für das Jahr 1852.

[113] Vgl. Hauptbericht des preußischen Generalkonsulats zu London über die Handels- und Schiffahrtsverhältnisse von Großbritannien ... im Jahre 1857. In: Preußisches Handelsarchiv, Jg. 1858/Nr. 16, S. 421.

[114] Vgl. ebenda und den gleichen Bericht für das Jahr 1852 in: Handelsarchiv, Jg. 1853, 1. Hälfte, II. Statistik, S. 24.

was zumindest für die wichtigsten Exportartikel nach diesen Ländern zutrifft. Bereits 1852 mußte der preußische Konsul in Port au Prince folgende Feststellung treffen:

„Die Preise der geringen wie der feineren englischen Creas sind so erheblich billiger, daß mit dem deutschen Fabrikate zu konkurrieren, kaum mehr möglich ist ... Das Geschäft in deutschen weißen Leinen wurde auch im verflossenen Jahre durch Importationen der irischen sehr beschränkt. Als die kurrenteste Sorte weißer Leinen müssen wir nun die Belfast Bretagnes (früher fast ausschließlich in Schlesien fabriziert – H. B.) bezeichnen: sie mögen hinlänglich mit Baumwolle gemischt sein; doch ist die *Appretur* gut, und zieht man sie deshalb allen anderen vor; der Verbrauch davon ist bedeutend."[115]

Der preußische Konsul in Mexiko kommt in seinem Bericht über die Handelsverhältnisse im Jahre 1855 in bezug auf diese beiden wichtigen Artikel, Creas und Bretagnes, der deutschen Leinenweberei, insbesondere der schlesischen, zu gleichen Feststellungen für den mexikanischen Markt.[116]

Seit 1852 stagnierte der Export deutscher Leinen nach den transatlantischen Märkten. Soweit deutsche Leinen dort abgesetzt wurden, geschah das zumeist zu sehr ungünstigen Preisen.[117] Im Unterschied zu den vierziger Jahren hat die in den fünfziger Jahren vorhandene gesteigerte Nachfrage in Amerika nur insofern Bedeutung gehabt, als der Export nach einer kurzlebigen Steigerung nicht wesentlich gesunken ist. Dies traf jedoch schon nicht mehr voll für die Zeit seit 1855 zu.[118] Wenn sich trotzdem der deutsche Leinenexport in der ersten Hälfte des sechsten Jahrzehnts bis zum Ausbruch der Krise von 1857 *gesteigert* hatte, so ist das auf den verstärkten Export nach den europäischen Staaten zurückzuführen. In gewisser Weise wurde der Export bis zur Mitte der fünfziger Jahre gehemmt durch die infolge einer Reihe von schlechten Ernten verhältnismäßig hohen Preise für Nahrungsmittel.[119] Dadurch mußte sich die Konsumtionsfähigkeit der breiten Massen für Leinen- wie für alle Textilwaren einschränken. Dieser Faktor wirkte noch dadurch schwerer, als gleichzeitig die Rohstoffpreise (Flachspreise) infolge einer Reihe von schlechten Ernten

[115] Jahresbericht des Königl.-Preußischen Konsuls zu Port au Prince für 1852. In: Handelsarchiv, Jg. 1853, 2. Hälfte, S. 57–58.

[116] Jahresbericht des Königl.-Preußischen Konsuls in Mexiko für das Jahr 1855. In: Preußisches Handelsarchiv, Jg. 1857, Nr. 11, S. 244.

[117] Vgl. Jahresbericht der Handelskammer des Landeshuter Kreises im Jahre 1854 und Jahresbericht der Handelskammer für die Kreise Reichenbach, Schweidnitz und Waldenburg für das Jahr 1856.

[118] Vgl. Jahresbericht der Handelskammer für die Kreise Reichenbach, Schweidnitz und Waldenburg für das Jahr 1856, Jahresbericht des Königl.-Preußischen Konsuls in Mexiko für das Jahr 1855, a. a. O., und Jahresbericht der Handelskammer für die Kreise Reichenbach, Schweidnitz und Waldenburg für das Jahr 1857.

[119] Vgl. Jahresbericht der Handelskammer für die Kreise Reichenbach, Schweidnitz und Waldenburg für das Jahr 1855 und Jahresbericht der Handelskammer des Landeshuter Kreises im Jahre 1854.

einerseits und dem großen Bedarf dieses Rohstoffes in Europa andererseits erheblich gestiegen waren und damit das Endprodukt verteuern mußten.[120] Diese hemmenden Faktoren wurden erst im Jahre 1856 überwunden, als sowohl die Flachs- wie auch die Getreideernten gut ausfielen und dadurch die Preise fielen. Die Beendigung des Krimkrieges wirkte sich gleichfalls belebend für die gesamte Handelswelt und damit auch für die deutsche Leinenindustrie aus. Die günstige Preissituation hatte sofort einen gesteigerten Export zur Folge.[121] Dieser schwunghafte Exporthandel hielt auch noch in den ersten neun Monaten des kommenden Jahres an, um dann durch die ausbrechende Wirtschaftskrise jäh unterbrochen zu werden.

Für die schlesischen Leinen war der Kontinent das Hauptexportgebiet geworden.[122] Insbesondere spielte der Rußlandhandel eine größere Rolle, wenngleich es auch hier eine Reihe von Schwierigkeiten gab, die vor allem aus der russischen Zollpolitik herrührten. Diese Zollpolitik konnte für Deutschland nicht voll wirksam werden, da ein umfangreicher Schmuggelhandel nach Polen betrieben wurde. Dies traf insbesondere für die Zeit des Krimkrieges zu, da in diesen Jahren die deutsch-russische Grenze weniger bewacht wurde und außerdem ein großer Bedarf nach Leinen in Rußland und Polen bestand, da die russische Produktion von Leinengeweben infolge Arbeitskräftemangel (Rekrutierung) zurückging.[123] Insgesamt kann man sagen, daß der Leinenexport für die deutsche Leinenindustrie nicht befriedigend war. Man suchte deshalb nach neuen Absatzmöglichkeiten durch Aufsuchen neuer Märkte bzw. Erweiterung alter und durch die Einführung neuer Ausfuhrartikel. In Schlesien begann man seit 1855 die Leinwand zu Wäsche zu verarbeiten, um an Stelle des Gewebes diese auszuführen. Für Leinenwäsche zeigte besonders der polnisch-russische Markt eine größere Aufnahmefähigkeit.[124] Die Krise von 1857 brachte verständlicherweise auch dem deutschen Leinenexport erheblichen Schaden. Für die Zeit von 1858 bis 1864 können wir die einzelnen Absatzgebiete der deutschen Leinenindustrie mit statistischem Material veranschaulichen, was durch die Tabelle 16 geschehen soll.

Es wird deutlich, daß gegen Ende der fünfziger Jahre Rußland und Polen zum wichtigsten Absatzgebiet (die ausländischen Märkte betrachtet) geworden waren. Durch die Herabsetzung der Zölle 1857 von seiten Rußlands war es Deutschland stärker möglich, auf legalem Wege seine Waren dort abzusetzen.

[120] Vgl. Jahresbericht der Handelskammer Gladbach für 1854 und 1855 und Jahresbericht der Handelskammer zu Hirschberg für 1855.

[121] Vgl. Jahresbericht der Handelskammer des Landeshuter Kreises für das Jahr 1856 und Jahresbericht der Handelskammer für die Kreise Reichenbach, Schweidnitz und Waldenburg für das Jahr 1857.

[122] Vgl. Jahresbericht der Handelskammer für die Kreise Reichenbach, Schweidnitz und Waldenburg für das Jahr 1854 und Jahresbericht der Handelskammer für die Kreise Bielefeld . . . für das Jahr 1852.

[123] Vgl. Jahresbericht der Handelskammer für die Kreise Hirschberg und Schönau für das Jahr 1855.

[124] Vgl. Jahresbericht der Handelskammer Breslau für 1854.

Tabelle 16

Ausfuhr von gebleichten, bunten usw. Leinen[125]

Durchschnitt d. Jahre	Ausfuhr insges. Ztr.	Rußld. u. Polen Ztr.	Österreich Ztr.	Schweiz Ztr.	Holland Ztr.	Bremen Ztr.	Hamburg Ztr.	Holstein Ztr.	die Ostsee Ztr.
1858/60	22138	5019,6	1305	1406	3967	2598,8	4600	993	1382
1861/64	25266	7778	2378	1965	3356	1758,7	3133	1503	1639,7
				Prozentualer Anteil					
1858/60	100	22,67	5,89	6,35	17,92	11,74	20,78	4,48	6,24
1861/64	100	30,78	9,42	7,78	13,28	6,96	12,40	5,95	6,49

Das traf besonders für die schweren Leinensorten zu, da der bisher erhobene Gewichtszoll in einen Wertzoll umgewandelt worden war.[126] Da solche Leinen vorzugsweise in Schlesien produziert wurden, kam diese Tarifänderung vor allem der schlesischen Leinenindustrie zugute.[127] Dagegen wurde der Bielefelder Absatz nach Rußland benachteiligt, da hier feinere Gewebe hergestellt wurden.[128] Demzufolge mußte der neueingeführte Wertzoll eine stärkere Belastung für diese Leinen zur Folge haben.

Neben Rußland spielte die Ausfuhr nach Holland sowie nach Bremen und Hamburg eine bedeutende Rolle. Alle drei Ausfuhrgebiete werden im wesentlichen die Funktion von Zwischenhändlern übernommen haben.

In den ersten vier Jahren des siebenten Jahrzehnts hatte der Rußlandhandel weiter an Boden gewonnen. Rußland bezog fast ein Drittel der deutschen Ausfuhr von Leinen. Demgegenüber hatte die Ausfuhr über Bremen, Hamburg und Holland an Bedeutung verloren, während die Ausfuhr nach der Schweiz und nach Österreich anteilmäßig zugenommen hatte.

Für den gesteigerten Absatz in den verschiedenen europäischen Ländern zeichnen sicherlich der allgemeine Baumwollmangel und die damit zusammenhängenden relativ hohen Preise für Baumwollgewebe mit verantwortlich. Durch diese Umstände wurde doch eine Reihe von Geweben wieder aus Flachsgarn gearbeitet, die in der vorangegangenen Zeit zumeist rein oder zur Hälfte aus Baumwollgarn hergestellt worden waren. In der zweiten Hälfte des siebenten Jahrzehnts des vorigen Jahrhunderts fiel dieser für die Leinenindustrie günstige Faktor aus, da Baumwolle wieder in ausreichendem Maße zur Verfügung stand.

125 Vgl. A. Bienengräber, a. a. O., S. 251 und S. 252.

126 Vgl. Jahresbericht der Handelskammer für die Kreise Reichenbach, Schweidnitz und Waldenburg für das Jahr 1857.

127 Vgl. Zollgesetzgebung Rußlands und die Wirkungen des neuesten Tarifs, besonders in Hinsicht auf den Handel mit Preußen. In: Preußisches Handelsarchiv, Jg. 1859, Nr. 2, S. 28.

128 Ebenda.

In dieser Zeit war der überseeische Export nahezu bedeutungslos.[129] Die deutsche Leinenindustrie mußte sich mit den europäischen Ländern, insbesondere mit Rußland und den skandinavischen Staaten, begnügen. In dieser Periode traten bekanntlich die großen Handelsverträge, die Preußen-Deutschland mit Frankreich und Österreich schloß, in Kraft. Der Handelsvertrag mit Frankreich hat für den deutschen Leinenexport kaum eine nennenswerte Rolle gespielt.[130] Die deutsche Leinwand konnte nicht auf dem französischen Markt Fuß fassen, da sie gegenüber der französischen Industrie benachteiligt war. Der Eingangszoll nach Frankreich war hierfür viel zu hoch.[131] Auch der österreichische Handelsvertrag hat wohl kaum für die deutsche Leinenindustrie eine größere positive Bedeutung gehabt. Hinsichtlich der Ausfuhr deutscher Leinen sind die letzten Jahre des siebenten Jahrzehnts des vorigen Jahrhunderts durch ein ständiges Absinken gekennzeichnet.

III. DIE PRODUKTIONSVERHÄLTNISSE IN DER LEINENINDUSTRIE (1834–1870)

1. Die Produktionsverhältnisse in der Flachsspinnerei

Die Flachsspinnerei wies bereits teilweise kapitalistische Produktionsverhältnisse in der Form der Fabrik auf. Die ersten Anfänge der Entwicklung der Fabrikproduktion sind im ersten Drittel des vorigen Jahrhunderts zu suchen.

In der Baumwoll- und Wollspinnerei hatte man es schon um die Jahrhundertwende verstanden, die Gespinste maschinell herzustellen. Es war naheliegend, daß die Kapitalisten der Leinenbranche auf diesem Wege folgen wollten, erhofften sie doch ähnliche Profite durch die Einführung von Spinnmaschinen. Während in den beiden anderen Zweigen England vorausgegangen war, kann man bei der Flachsspinnerei feststellen, daß man sich in nahezu allen Ländern, in denen die Leinenindustrie in größerem Maße heimisch war, mit der Lösung dieses Problems beschäftigte. Auf diesem Gebiet hatte man weit größere Schwierigkeiten zu überwinden, als das bei der Erfindung der Spinnmaschine für Baumwolle und Wollgarne der Fall gewesen war. Das lag im wesentlichen an der anders gearteten Faser, insbesondere an ihrer größeren Länge. Eine Flachsspinnmaschine konnte erst dann als vollkommen gelten, wenn beim Spinnprozeß diese Faserlänge erhalten blieb, da ja gerade darin ein Vorzug des Leinens bestand. Die brauchbarste Lösung hatte 1810 der Franzose Girard mit seiner Spinnmaschine gefunden, obgleich auch diese durch die in England gemachten Verbesserungen erst allgemeine Anwendung finden konnte.[132] Aber

[129] Vgl. Die Aktiengesellschaft für Flachsindustrie in Annaberg. In: LHA Dresden, Min. d. Innern, Nr. 6713.
[130] Vgl. Jahresbericht der Ältesten der Kaufmannschaft zu Berlin für 1866.
[131] Ebenda.
[132] Vgl. F. ENGELS, Die Lage der arbeitenden Klasse in England. Berlin 1947, S. 18.

es müssen bereits vorher in England Spinnmaschinen zur Anwendung gekommen sein.[133] Wahrscheinlich waren sie nicht vollkommen genug, um eine verbreitete Anwendung gefunden zu haben. In Deutschland ist die Einführung der Flachsspinnmaschine mit dem Namen Alberti verbunden.[134] Alberti war ein Leinenwarenhändler. Sein Vermögen (hypothekarisch) wurde 1806 mit 39604 Talern taxiert.[135] Wilhelm Alberti beschäftigte sich in den Jahren 1810/11 zum erstenmal mit der Erfindung einer geeigneten Flachsspinnmaschine. In der gleichen Zeit erhielt der preußische Staat von den Herren Tschudy aus Borschach bei St. Gallen das Angebot, eine Flachsspinnmaschine zu kaufen.[136] Sie selbst hatten sich die Erfindung eines gewissen Hemmer[137] zunutze gemacht, indem sie eine Flachsmaschinenspinnerei errichtet hatten. Die von ihnen verwandte Spinnmaschine besaß 128 Spindeln.[138] Nachdem die Gebrüder Tschudy das Angebot zurückzogen, gelang es Alberti, die Modelle der Maschinen im Auftrage des preußischen Staates für die Summe von 2100 Stück Carolinen vom Erfinder selbst zu erwerben. Alberti erhielt diese Modelle vom preußischen Staat mit der Maßgabe, mit ihrer Hilfe eine Flachsmaschinenspinnerei mit 1000 Spindeln zu bauen.[139] Die eingekauften Modelle erwiesen sich bald als unzureichend, insbesondere waren sie nicht dazu geeignet, das Werg zu verspinnen. Alberti nahm deshalb eine Reihe von Verbesserungen vor, so daß im Endeffekt von der Schweizer Maschine wenig übrigblieb. Der Regierungsassessor Krüger war sogar der Ansicht, daß die letztlich zur Anwendung gekommene Maschine eine völlig neue, von Alberti erfundene sei.[140] Im Jahre 1816 nahm dann Alberti die ersten 282 Feinspindeln in Betrieb.[141] Die Albertischen Spinnmaschinen arbeiteten mit je 48 Spindeln,

[133] Der Kaufmann Johann Östreich sen. aus Braunsberg berichtete in seinem Schreiben vom 29. 8. 1811 (DZA Merseburg, Rep. 120 DV/2c, Nr. 1, Vol. 1), daß ihm ein englischer Manufakturier, mit dem er in Handelsbeziehungen stand, im Jahre 1806 drei Proben Maschinengarn mit dem Bemerken zugeschickt habe, daß diese Erfindung über kurz oder lang ihren ganzen Garnhandel töten würde.

[134] Nach dem Promemoria an das Königliche Gewerbe-Department vom April 1812 (DZA Merseburg, Rep. 120 DV/2c, Nr. 1, Vol. 1) scheint 1806 ein gewisser Kaufmann Otto in Verbindung mit einem Engländer in Breslau bereits den Versuch unternommen zu haben, mit Hilfe von Maschinen zu produzieren und dafür Anhänger zu gewinnen. Durch den Mißerfolg veranlaßt, begab er sich nach England.

[135] Vgl. Vertrag mit J. G. Wilhelm Alberti vom 21. 11. 1818. In: DZA Merseburg, Rep. 120 DV/2c, Nr. 1, Vol. 4.

[136] Vgl. Schreiben der Gebr. Tschudy vom 11. 1. 1811. In: DZA Merseburg, Rep. 120 DV/2c, Nr. 1, Vol. 1.

[137] Vgl. Alberti, Schreiben vom 18. 1. 1812. In: DZA Merseburg, Rep. 120 DV/2c, Nr. 1, Vol. 1.

[138] Ebenda.

[139] Vgl. Protokoll der Verhandlungen zu Berlin vom 8. 2. 1813. In: DZA Merseburg, Rep. 120 DV/2c, Nr. 1, Vol. 2.

[140] Vgl. Krüger, Bericht vom 12. 2. 1815. In: DZA Merseburg, Rep. 120 DV/2c, Nr. 1, Vol. 2.

[141] Vgl. Krüger, Bericht vom 22. 10. 1816. In: DZA Merseburg, Rep. 120 DV/2c, Nr. 1, Vol. 3.

und im Jahre 1818 verfügte seine Spinnerei bereits über 720.[142] Nachdem die Spinnerei an die Söhne von Wilhelm Alberti übergegangen war, trat das Breslauer Handelshaus F. E. Schreiber Söhne als stiller Teilhaber in das Geschäft ein.[143] Die von diesem Handelshaus bereitgestellten Kapitalien ermöglichten den Bau einer neuen Spinnerei. Die hierfür verwandten Spinnmaschinen arbeiteten bereits mit 100 Spindeln, bei gleichzeitiger Arbeitserleichterung für den Spinner.[144] Im Frühjahr 1829 war dann die Spinnerei bei 3300 Feinspindeln angelangt. Die Spinnerei beschäftigte 240 bis 250 Arbeiter und 8 Aufseher. In den Werkstätten, in denen die Maschinen hergestellt wurden, arbeiteten weitere 38 bis 45 Personen.[145] Die Maschinenspinnerei hatte guten Absatz. Sowohl die Weber als auch die Verleger bemühten sich, soviel wie möglich von den in der Maschinenspinnerei gefertigten Garnen zu erhalten, da die Leinengewebe mit Hilfe von Maschinengarn in wesentlich kürzerer Zeit gefertigt werden konnten. Aus diesem Grunde gelang es den Gebrüdern Alberti, das Maschinengarn zu höheren Preisen als das gehandelte Handgarn zu verkaufen.[146] Das von der Fabrik gesponnene Werggarn konnte allerdings in Schlesien nicht abgesetzt werden, da es trotz seiner guten Qualität für die hier gefertigten Gewebe nicht geeignet war.[147] Dasselbe wurde unter Vermittlung des Handelshauses Schreiber Söhne nach England als Handgarn exportiert und fand dort guten Absatz bei verhältnismäßig hohen Preisen. Aus dem Gesagten ist zu ersehen, wie langwierig sich der Aufbau dieser Spinnerei gestaltete. Es muß noch hinzugefügt werden, daß es Alberti nur möglich war, mit Hilfe einer umfangreichen staatlichen Unterstützung dieses Werk zu errichten. Insgesamt erhielt die Familie Alberti für die Einrichtung dieser Spinnerei die Summe von 79963 Talern.[148] Die Entwicklungsarbeiten schluckten verständlicherweise beträchtliche Summen, ohne daß die Anlage zunächst Gewinn brachte. Die von Alberti errichtete kleine Spinnerei warf zum erstenmal im Jahre 1823 einen Gewinn ab. Zu dieser Zeit arbeitete sie mit 864 Spindeln (18 Feinspinnmaschinen).[149] Für einen solchen Aufwand reichte das Ver-

[142] Vgl. Kunth an den Minister von Bülow vom 20. 8. 1818. In: DZA Merseburg, Rep. 120 DV/2c, Nr. 1, Vol. 4.

[143] Vgl. Krüger, Bericht vom 8. 10. 1824. In: DZA Merseburg, Rep. 120 DV/2c, Nr. 1, Vol. 5.

[144] Vgl. Krüger, Bericht vom 12. 5. 1825. In: DZA Merseburg, Rep. 120 DV/2c, Nr. 1, Vol. 5.

[145] Vgl. Bericht des Landrates von Reichenbach vom 31. 5. 1829. In: DZA Merseburg, Rep. 120 DV/2c, Nr. 1, Vol. 6.

[146] Vgl. Krüger, Bericht vom 1. 1. 1820. In: DZA Merseburg, Rep. 120 DV/2c, Nr. 1. Vol. 4.

[147] Vgl. Krüger, Bericht vom 1. 5. 1824. In: DZA Merseburg, Rep. 120 DV/2c, Nr. 1, Vol. 5.

[148] Vgl. die Verträge zwischen dem Finanzministerium und der Familie Alberti. In: DZA Merseburg, Rep. 120 DV/2c, Nr. 1, Vol. 1–5. In der Summe sind nicht die gestundeten Zinsen enthalten, da die Albertis zunächst vom Staat Darlehen erhielten.

[149] Vgl. Krüger, Bericht vom 1. 5. 1824. In: DZA Merseburg, Rep. 120 DV/2c, Nr. 1, Vol. 5.

mögen von Alberti nicht aus; und außer dem Staate waren zunächst keine Kapitalisten bereit, ihre Kapitalien einer solch ungewissen Anlage anzuvertrauen.

Angesichts dieser umfangreichen Kapitalien, die aufgewandt wurden, konnte diese Maschinenspinnerei kaum als Anreiz zur Nachahmung dienen. Die Maschinenspinnerei der Gebrüder Alberti blieb deshalb lange Zeit die einzige Deutschlands.

Wir haben gesehen, daß hinsichtlich des Beginns der Einführung der Flachsmaschinenspinnerei zwischen Deutschland und Großbritannien in bezug auf den Zeitpunkt kein Unterschied besteht, wohl aber in der nachfolgenden Entwicklung. Die Flachsmaschinenspinnerei konnte sich in Großbritannien, insbesondere in Irland und Schottland, wesentlich schneller im größeren Umfange durchsetzen, als das in Deutschland der Fall war. Das hat seine Ursache in ihrer unterschiedlichen Lage, in der sich dieser Zweig in diesen beiden Ländern befand, ganz abgesehen von der günstigeren Kapitalsituation und des höheren Grades der Industrialisierung in England. Während der Absatz für Leinenprodukte in Großbritannien durch die Kontinentalsperre und auch danach ständig zunahm, befand sich die deutsche Leinenindustrie in einer gedrückten Lage. Die englische Leinenindustrie wurde außerdem noch durch hohe Zölle auf dem eigenen Markt gut geschützt.[150]

Gleichzeitig bestand schon vor der Kontinentalsperre in England, insbesondere in Irland, Mangel an Garnen, die aus Deutschland und Holland eingeführt werden mußten. Es mußte sich dieser Garnmangel bei gesteigerter Produktion noch verstärken. Demzufolge mußte das Bedürfnis für Flachsmaschinenspinnereien weit stärker wirksam werden, als das in Deutschland der Fall war; denn Deutschland litt ja nicht an Mangel, sondern an Überfluß an Arbeitskräften in der Spinnerei, was durch die Rückständigkeit der deutschen Verhältnisse verschuldet war.

Zweifellos können das langsame Aufkommen der Flachsmaschinenspinnerei in Deutschland und damit die Durchsetzung der kapitalistischen Produktionsverhältnisse in ihrer entwickeltsten Form, der Fabrik, nicht allein aus dem Arbeitskräfteproblem erklärt werden. Trotzdem darf dieser Faktor nicht unterschätzt werden, da in einem rückständigen Land, in dem die Industrie noch in den ersten Anfängen steckt, sich ein Überangebot an Arbeitskräften hemmend für die Einführung der Maschine auswirkt.

Dies mußte um so mehr der Fall sein, wenn wir bedenken, in welcher Form dieses Überangebot an Arbeitskräften existierte. Die Spinnerei war nur im geringen Umfang als Vollgewerbe ausgebildet. Die Masse des Handgarns wurde von der weiblichen Bevölkerung und von älteren und kranken Personen, die zu anderer Beschäftigung nicht mehr fähig waren, in den landwirtschaftlichen Gebieten zumeist aus dem selbstgezogenen Flachs gesponnen. Der Bauer, der

150 Vgl. F. ENGELS, Konspekt – G. v. Gülich – Deutschland. In: Marx-Engels-Lenin-Stalin – Zur deutschen Geschichte, Bd. I, S. 540.

seinen Flachs im eigenen Haushalt verspinnen ließ, sah doch darin vor allem die Ausnutzung der langen Winterabende, um durch den Verkauf des Garnes, sehr oft sogar des Gewebes, seine Geldeinnahmen im Vergleich zum Flachsverkauf zu erhöhen. Auch die Magd und die älteren sowie kranken Menschen sahen die Frage des Flachsspinnens mehr unter dem Aspekt des Zuverdienens. Es spricht für die drückende Lage sowohl der bäuerlichen Bevölkerung, die noch in dieser oder jener Form unter den feudalen bzw. halbfeudalen Fesseln litt, als auch für die große Ausbeutung der Landarbeiter, daß diese Schichten des deutschen Volkes noch lange Zeit die Handspinnerei als lohnend ansahen. Auf dieser Grundlage besaß die Handspinnerei eine „Rentabilität", die ihr das Anbieten ihrer Erzeugnisse auch zu den niedrigsten Preisen ermöglichte. Deshalb konnte sich zunächst auch von dieser Seite her ein Bedürfnis nach dem Übergang zur Maschinenspinnerei innerhalb der deutschen Leinenindustrie unabhängig von dem technischen Fortschritt in anderen Ländern kaum entwickeln. Als dieses Bedürfnis vor allem infolge der britischen Garnimporte und infolge der sich damit offenbarenden Vorteile des Maschinengespinsts gegenüber dem Handgarn langsam entstand, erschwerten die dargelegten Verhältnisse in der Handspinnerei dem Maschinengarn die Eroberung des Marktes.

Einen beachtlichen Anteil an diesem langsamen Aufkommen der Maschinenspinnerei muß auch den rückständigen Zuständen in der deutschen Leinenweberei zugeschrieben werden. Im Gegensatz zu den anderen Zweigen der deutschen Textilindustrie war die Leinenindustrie ein ländliches, schon jahrhundertelang von der bäuerlichen Bevölkerung oder zumindest von den mit der Landwirtschaft eng verbundenen Webern betriebenes Gewerbe. Die langsame Überwindung der feudalen Produktionsverhältnisse auf dem Lande im Verlaufe des vorigen Jahrhunderts unterstützte die Beibehaltung dieser für die Entwicklung einer Industrie im eigentlichen Sinne so hemmenden Zustände. Eine natürliche Folge dieser Verhältnisse waren die Dezentralisation und zugleich die starke Verbreitung der Leinenweberei. Dies alles verhinderte zwar nicht die Entfaltung kapitalistischer Ausbeutungsverhältnisse, aber erschwerte die Herausbildung solcher in reiferer Form, wie die der dezentralisierten und zentralisierten Manufaktur und selbst die des vollendeten Verlages. Demzufolge blieb der eigentliche Produzent, der Weber, voll und ganz für die Produktion und damit zugleich für den Bezug des Rohstoffes bzw. Halbfabrikats (Garn) verantwortlich. Dieser Organisation der Weberei entsprach die in gleicher Weise dezentralisierte Handspinnerei viel mehr als eine auf Massenabsatz orientierte Maschinenspinnerei. Es ist kein Zufall, wenn in Deutschland, im Gegensatz zu dem Aufkommen der Werkzeugmaschine in anderen Industriezweigen, Schlesien und nicht die in der kapitalistischen Entwicklung fortgeschritteneren deutschen Gebiete, wie Sachsen und das Rheinland, zum Ursprungsgebiet der Flachsmaschinenspinnerei wurde. Denken wir in den Maßstäben der deutschen Leinenindustrie, so waren doch hier die Verhältnisse noch am entwickeltsten. Die Leinenweberei wurde im schlesischen Gebirge bereits in größerem Umfange als Vollgewerbe betrieben, und die Verbindung zwischen Leinenhändler-Verleger und Weber war doch teilweise etwas enger als andernorts.

Unter diesen geschilderten Verhältnissen innerhalb der deutschen Leinenweberei mußte erst der durch die Albertische Spinnerei geweckte Begehr nach Maschinengarnen, verstärkt durch die in den dreißiger Jahren ansteigenden Maschinengarnimporte, einerseits größer werden und andererseits die günstige Entwicklung der Leinenweberei in diesem Zeitraum anhaltend gute Profitaussichten verheißen, bevor sich Nachfolger fanden.

Doch diese Nachfolger sahen sich riesigen Schwierigkeiten gegenüber, wollten sie eine solche Spinnerei errichten. Die Flachsmaschinenspinnerei erforderte, verglichen mit anderen Spinnfabriken, das höchste Anlagekapital.[151] Die Maschinen selbst waren sehr schwer zu bekommen. Soweit es deutsche Maschinenbauwerkstätten gab, stellten sie zwar Woll- und Baumwollspinnmaschinen her, aber keine für die Flachsspinnerei.[152] In England wurden zwar leistungsfähige Spinnmaschinen hergestellt, aber die Ausfuhr war verboten.[153] Die Maschinen konnten demzufolge nur im Schmuggelhandel bezogen werden, was sie unerhört verteuerte, denn hierfür waren Schmuggelprämien von $57^1/_2{}^0/_0$ des Wertes zu zahlen.[154] Unter sol‹hen Bedingungen konnten nur Maschinen als Modelle für den Nachbau in Deutschland aus England bezogen werden. Daß diese Nachbauten schlechter waren als die Originale, versteht sich von selbst, wenn wir berücksichtigen, daß die ersten Gründer von Maschinenspinnereien dieser Branche diese in eigens dazu von ihnen errichteten Werkstätten mit Unterstützung englischer Mechaniker herstellten.[155]

151 Die Gesamtkosten der Flachsmaschinenspinnerei (incl. Gebäude, Motoren etc.) betrugen pro Spindel 160 Franken, während für die Baumwollspinnerei 50 Franken und für die Wollspinnerei 60 Franken genügten.

152 Noch zu Anfang der sechziger Jahre trifft VIEBAHN folgende Bemerkung (als Anm. bei G. SCHMOLLER, Zur Geschichte der deutschen Kleingewerbe im 19. Jh. Halle 1870, S. 468, angeführt): „Die Zunahme der Maschinenspinnerei hat in Deutschland mehr noch als in England eine Schwierigkeit: die Konstruktion von Flachsmaschinen ist so viel seltener als die von Baumwollmaschinen, daß sich schwerer Etablissements bilden, die ausschließlich sich hiermit abgeben; nur in Irland und in Yorkshire gibt es einige wenige Firmen; in Belgien existiert ein einziges Haus von Bedeutung in Gent. In Deutschland baut Hartmann in Chemnitz, ‚der überhaupt alles macht', auch Flachsmaschinen. Einige süddeutsche und Schweizer Maschinenfabriken haben sich darauf gelegt, es aber wieder aufgegeben, weil sich die Unmöglichkeit herausstellte, stets genug Arbeit in dem Fache zu finden. Selbst die paar englischen großen Fabriken fangen an, neben den Flachsmaschinen sich auf Werkzeugmaschinen zu werfen, um bei eintretender Ebbe nicht ganz feiern zu müssen."

153 Dieses Ausfuhrverbot wurde selbst 1842 aufrechterhalten, als es für andere Maschinen beseitigt wurde. (Vgl. Brief des preußischen Generalkonsuls HEBELER an BEUTH vom 13. 9. 1842 aus London. In: DZA Merseburg, Rep. 120 DI/1, Nr. 1, Vol. 17.)

154 Vgl. Mitteilungen des preußischen Generalkonsulats aus dem Jahre 1840. In: DZA Merseburg, Rep. 120 DI/1, Nr. 1, Vol. 16.

155 Das läßt sich aus dem verarbeiteten Material für Kramsta (vgl. G. v. VIEBAHN, Bericht über die Bereisung von Brandenburg und Schlesien 1845. In: DZA Merse-

Wir müssen dem preußischen Staat bescheinigen, daß er nicht nur den Gebrüdern Alberti, sondern auch den ihnen nachfolgenden Gründern von Flachsmaschinenspinnereien Unterstützung gewährte. Dies geschah nicht mehr durch die Überlassung von Darlehen und finanziellen Zuwendungen, sondern vor allem durch die Übergabe von Maschinen.[156] Unterstützungen erhielten die ersten Flachsmaschinenspinnereien auch in den anderen deutschen Teilstaaten, so daß wir sagen können, daß bis in die vierziger Jahre hinein in Deutschland kaum eine Maschinenspinnerei in dieser Branche errichtet wurde, die nicht einen Teil des Kapitals in dieser oder jener Form aus der Staatskasse erhielt.[157] Der überwiegende Teil des Anlagekapitals wurde jedoch – zumindest in Preußen – von den Gründern selbst aufgebracht.

Wenn – wie im ersten Abschnitt behandelt – trotz dieser vielen Hemmnisse in Deutschland, und besonders in Preußen, eine ganze Anzahl Spinnereien entstanden ist, so läßt das auf überdurchschnittliche Profite in diesem Zweige schließen. Wie wir bei der Behandlung des inneren Marktes schon gesehen hatten, existierte ja auch in den dreißiger und noch zu Beginn der vierziger Jahre eine günstige Situation hinsichtlich der Nachfrage nach Maschinengarnen. Deshalb ist auch weitaus die Mehrzahl der Spinnereien der ersten Hälfte des 19. Jh. in jenen Jahren entstanden oder zumindest ihr Bau in Angriff genommen worden. Die Gründer dieser Fabriken waren zumeist ehemalige Leinenhändler und Leinenverleger[158], und dieser Tätigkeit gingen sie auch in der Regel als Spinnereibesitzer noch nach.[159]

burg, Rep. 120 DI/1, Nr. 33) und für den Fabrikanten Lindheim nachweisen (DZA Merseburg, Rep. 120 DV/2c, Nr. 9, Vol. 1; Gesuch von Lindheim vom 19. 3. 1859 und Reisenotizen auf der Reise nach Schlesien im August 1847 (II), a. a. O. HA, R, Nr. 16). Englische Facharbeiter wurden ebenfalls in einigen Spinnereien zum Anlernen der deutschen Arbeiter verwendet. (Vgl. Bericht über die Ursachen des Eingehens der Weberschen Flachsspinnerei in Blumenthal bei Bremen vom 21. 6. 1845. In: LHA Dresden, Min. d. Innern, Nr. 5771, und W. O. HENDERSON, Christian von Rother als Beamter, Finanzmann und Unternehmer im Dienste des preußischen Staates 1810–1848. In: „Zeitschrift für die gesamte Staatswissenschaft", 112. Bd., 3. Heft, S. 537, Tübingen 1956.

156 Die Maschinen wurden als Geschenke unter folgender Bedingung übergeben: Der Beschenkte mußte sie nachweislich 6 Jahre ununterbrochen in Betrieb haben und zugleich diejenigen Personen mit ihrem Gebrauch bekannt machen, die ihm von den Behörden zugewiesen wurden (vgl. Schreiben an die Königl. Provinzregierung zu Stralsund vom 3. 1. 1845. In: DZA Merseburg, Rep. 120 DI/1, Nr. 30).

157 Vgl. Übersicht der an Spinnereien, Flachsbereitungsanstalten 1840 gewährten Unterstützungen. In: DZA Merseburg, Rep. 120 DII, Nr. 86; Handelskammerbericht Bielefeld für die Jahre 1849/50; Akte über die Ravensberger Spinnerei AG (1855). In: DZA Merseburg, Rep. 120 B XI, Nr. 29, und Rep. 120 A XII/7, Nr. 42.

158 Sicher läßt es sich für eine Reihe schlesischer Spinnereibesitzer nachweisen: Alberti, Schreiber, Kramsta, Kopisch, Willmann. Von den meisten Gründern der im Jahre 1853 entstandenen Ravensberger Spinnerei AG kann ebenfalls angenommen werden, daß sie Leinenhandlungen vertraten.

159 Dies trifft für Kramsta, Willmann, Alberti und wohl auch für Kopisch zu.

Die mit dem Jahre 1842 einsetzende überlegene britische Konkurrenz begann jedoch, im Zusammenhang mit der schlechten Lage in der deutschen Leinenweberei, die Profitaussichten wesentlich zu verschlechtern, so daß eine Reihe kleinerer Spinnereien dem Konkurrenzkampf erlagen und eine schnellere Entwicklung der Flachsmaschinenspinnerei verhindert wurde. Dieser ausländischen Konkurrenz stand die junge Industrie angesichts der unbedeutenden Zölle schutzlos gegenüber.

Wenn die preußische Statistik in der Zeit von 1843 bis 1846 trotzdem eine beachtliche Zunahme der Feinspindeln aufweist, so erklärt sich das aus folgenden Umständen:

Vor Einsetzen der Überproduktionskrise in der deutschen Leinenindustrie 1843/44 befand sich eine Anzahl Spinnereien erst im Bau, die 1843 die Produktion noch nicht oder nur teilweise aufgenommen hatten.[160] Diese Spinnereien mußten, wollten die Gründer das verausgabte Kapital nicht verlieren, in der Hoffnung auf eine baldige Änderung der Absatzlage vollendet werden. Bei den älteren Spinnereien hingegen ist, mit Ausnahme der Spindelzahl für die Wergspinnerei keine Zunahme festzustellen. Durch die Ausdehnung der Wergspinnerei, versuchten die Spinnfabrikanten, angesichts der ungünstigen Verhältnisse, eine vollständigere Ausnutzung des Flachses zu erzielen.

Diese Schwierigkeiten – wobei wir auf die Frage der Technik noch nicht einmal eingegangen sind –, die es in der Flachsspinnerei zu überwinden galt, regten die in Deutschland sowieso nicht zahlreiche Schicht von Kapitalisten – zumeist Handelskapitalisten –, die bereit waren, ihr Kapital entgegen den herkömmlichen Gewohnheiten in Form von Maschinen und Fabrikanlagen zu investieren, kaum an, sich der Flachsmaschinenspinnerei zuzuwenden. Ihr disponibles Kapital konnten sie, besonders in den vierziger Jahren, mit wesentlich geringeren Risiken und Mühen in der Baumwoll- oder Wollspinnerei anlegen, und auch der aufkommende Eisenbahnbau bot ausreichende Möglichkeiten.[161] Die Ausnutzung der Form der Aktiengesellschaft hätte zumindest

[160] Aus dem uns vorliegenden Material können wir das für folgende Spinnereien nachweisen:

Willmann, Sagan	Zunahme	3000 Spindeln
Erdmannsdorfer Spinnerei der Königl. Seehandlung	Zunahme ca.	2400 Spindeln
Landeshuter Spinnerei der Königl. Seehandlung	Zunahme	2000 Spindeln
Lindheim, Ullersdorf	Zunahme ca.	500 Spindeln
	zusammen	7900 Spindeln

Dagegen ist die Frage für die im gleichen Zeitraum neu entstandenen drei schlesischen Wergspinnereien (5526 Spindeln) auf der Grundlage des bearbeiteten Quellenmaterials nicht zu klären.

[161] Die Fabrikanten WILLMANN schreiben hierzu in ihrem Gesuch an den König vom 5. 2. 1844 (in: DZA Merseburg, Rep. 120 DV/2c, Nr. 9, Vol. 2): „Alle unsere Bemühungen, ein größeres Betriebskapital selbst gegen höhere als landsübliche Zinsen zu beschaffen, sind gescheitert. Man entzieht den Fabrikanlagen lieber Kapitalien (das war bei Alberti 1844 durch einen der Teilhaber der Firma Schreiber & Söhne

von der Seite der Kapitalbeschaffung die Entwicklung der Flachsmaschinenspinnerei erleichtert, aber dieser Weg war in Deutschland kaum beschritten worden, und vor allem unterband ihn der preußische Staat.[162] Die Staatsbürokratie brauchte erst den Schock der bürgerlich-demokratischen Revolution von 1848, um zu begreifen, daß für die Entwicklung der deutschen Industrie diese Organisationsform der Fabrik unerläßlich war.[163]

Die vom Standpunkt des Produktionsumfangs der Leinenweberei unzureichende Entwicklung der deutschen Maschinenspinnerei, vor allem in den für das Schicksal der deutschen Leinenindustrie so entscheidenden dreißiger und vierziger Jahren, beeinträchtigte jedoch ihre Stellung gegenüber der ausländischen Konkurrenz[164] und trug zum Verfall bei. Dieser Verfall wirkte nun wieder auf die Maschinenspinnerei hemmend zurück.

Wir haben bisher die Problematik für das Aufkommen der Flachsmaschinenspinnerei in Deutschland behandelt. Die hierbei dargelegten Hemmnisse für ihre Entwicklung waren in der zweiten Hälfte des vorigen Jahrhunderts nicht mehr voll wirksam. Dies gilt insbesondere für die hemmenden Einflüsse der ausländischen Konkurrenz. Das erleichterte das schnellere Vordringen der Fabrikproduktion in der Flachsspinnerei.

Betrachten wir abschließend noch die Produktionsverhältnisse in der deutschen Flachshandspinnerei. In der Handspinnerei trugen die Produktionsverhältnisse keinen einheitlichen Charakter. Die Handspinnerei war nicht einmal in vollem Umfange Warenproduktion.

Spinnen von Flachsgarn mit Hilfe der Spindel und des Spinnrades war auch im Zeitraum von 1834 bis 1870, soweit noch vorhanden, kaum Vollgewerbe, sondern zumeist das Betätigungsfeld der ländlichen Bevölkerung neben ihrer landwirtschaftlichen Hauptbeschäftigung.[165] Die Handspinnerei war deshalb eng mit dem einheimischen Flachsanbau verbunden. Nach Hildebrandt spannen gegen Ende der vierziger Jahre des 19. Jh. in dem Bielefelder Leinenzentrum

der Fall – H. B.), um sie auf die Gefahr eines Gewinnes oder Verlustes bei im Bau begriffenen oder projektierten Eisenbahnanlagen zu belegen, als sie jenen anzuvertrauen."

162 Vgl. den Schriftverkehr der Gebr. Alberti mit dem preußischen Staat aus den Jahren 1843/44 und die voranstehenden einleitenden Bemerkungen: Zum Verlauf und einigen Hauptproblemen der industriellen Revolution in Deutschland. S. 34.

163 Es ist interessant zu bemerken, daß die gleichen gesetzlichen Bestimmungen, auf deren Grundlage die preußische Staatsbürokratie die Gründungen der AG (die Eisenbahngesellschaften ausgenommen) in der Mehrzahl ablehnte, ihr in den fünfziger Jahren zur Befürwortung der Konzessionierung durch den König dienten.

164 Vgl. Abschnitt II, S. 99ff.

165 Vgl. R. Kahn, Die Leinenweberei auf der Schwäbischen Alb. „Heimarbeit und Verlag in der Neuzeit", Heft 5, S. 17, Jena 1924; E. Hornung, Entwicklung und Niedergang der hannoverschen Leinenindustrie. Hannover 1905, S. 48ff.; G. v. Viebahn, Über die Leinen- und Wollmanufakturen, deren Ursprung, Umfang und Leistungen in Deutschland, deren Wert und Fortschritte. Berlin 1846, S. 22, Anm. 2; J. Musäus, Die Leinenindustrie der Niederlausitz in Vergangenheit und Gegenwart. Diss. jur. Halle 1922, S. 45ff.; Jahresbericht der Handelskammer Bielefeld für die Jahre 1849/50.

ca. 80000 bis 100000 Menschen Flachsgarn; das war ein Drittel der dortigen Bevölkerung.[166]

Die Flachsspinnerei kam als Vollgewerbe besonders im schlesischen Gebirge[167], in dem es ganze Spinnerdörfer gab[168], vor. Die Produktionsverhältnisse der Handspinnerei der hier angeführten ersteren Art sind wohl zumeist als die der einfachen Warenproduktion anzusprechen, soweit es sich nicht um ausgesprochene Haushaltsproduktion handelte. Die vollgewerbliche Handspinnerei existierte sowohl in Form der einfachen Warenproduktion als auch in der des Verlages, also kapitalistischen Warenproduktion. Ein Beispiel für den Verlag in der Handspinnerei liefert uns der Bielefelder Handelskammerbericht für das Jahr 1852: „Schon verspinnen in unserem Bezirke mehr als 2000 Handspinner gegen Lohn französischen und belgischen Flachs zu Batistgarn für Rechnung belgischer Fabrikanten!"

Das verarbeitete Quellenmaterial läßt nicht zu, eindeutig zu entscheiden, in welchem Umfange der Verlag die Handspinnerei beherrschte. Es ist jedoch wahrscheinlich, daß die Handgespinste zumeist für eigene Rechnung von den Spinnern zum Absatze auf den Garnmärkten, bei den Webern direkt oder den Garnhändlern produziert wurden.

Die Handspinnerei ging in den fünfziger Jahren stark zurück und spielte im siebenten Jahrzehnt für die deutsche Leinenindustrie in ihrer Gesamtheit nur noch eine geringe Rolle. Naturgemäß hielt sie sich dort am längsten, wo sie nur als Füllarbeit betrieben wurde.

Die Ursache ihres Unterganges liegt in der immer stärker und schließlich sich nahezu völlig durchsetzenden Verwendung von Maschinengarnen begründet. Mit dem Aufkommen der Maschinenspinnerei erwuchs ihr ein Konkurrent, dem sie auf die Dauer nicht standhalten konnte. Hierbei ist hervorzuheben, daß es nicht allein die deutsche Flachsmaschinenspinnerei, sondern auch die britische, daneben die belgische und böhmische waren, denen die deutsche Handspinnerei erlag. Es war nicht nur der niedrige Preis[169] des Maschinengarns infolge der größeren Produktivität der Spinnmaschine gegenüber dem Handspinner, sondern zumindest in gleichem Umfange auch die bessere Qualität, was dem Maschinengarn zur Durchsetzung verhalf. Das Maschinengarn war von gleichmäßiger Stärke und größerer Festigkeit. Es ermöglichte dem Weber einen beträchtlich größeren Produktionsausstoß ohne Übergang zu technischen Verbesserungen in der Weberei. Die Spinnmaschine konnte weit besser als der Handspinner ein breites Sortiment verschieden starker Garne liefern. Trotz des umfangreichen Sortiments waren jedoch die einzelnen Garnsorten,

[166] Vgl. J. HILDEBRANDT, Vergangenheit und Gegenwart der deutschen Leinenindustrie. In: Jahrbücher für Nationalökonomie und Statistik, 1869, Bd. 13, S. 242.

[167] Vgl. G. SCHMOLLER, Zur Geschichte der deutschen Kleingewerbe im 19. Jh. Halle 1870, S. 465.

[168] Vgl. Bericht der Handelskammer Bielefeld für die Jahre 1849/50.

[169] Nach G. JACOBS, a. a. O., S. 34, kostete Ende der fünfziger Jahre ein Pfund Maschinengarn schon weniger als 50 Jahre vorher allein das Spinnen.

auch über einen längeren Zeitraum betrachtet, von gleicher Beschaffenheit. Bei der Handspinnerei waren dagegen schon die Garne von Spinner zu Spinner unterschiedlich sowohl hinsichtlich der Stärke als auch hinsichtlich der Festigkeit, da ja das Geschick des Spinners nicht einheitlich und das verwendete Rohmaterial durchaus nicht das gleiche sowie weit weniger sortiert war als das in den Spinnfabriken. Aber gerade die Gleichmäßigkeit der einzelnen Garnsorten war für die Herstellung der einzelnen Leinensorten unerläßlich, da ja davon die Qualität des Gewebes abhing. Je mehr nun das Maschinengarn in der Weberei Verwendung fand, um so mehr setzten sich bestimmte Anforderungen hinsichtlich der gleichmäßigen Beschaffenheit des Gewebes durch, so daß schließlich die Verwendung von Maschinengarn mehr und mehr zur Bedingung für den Verkauf des Gewebes wurde. Mit dem Aufkommen des Maschinenwebstuhls und damit der Fabrikproduktion wurde der Bezug von Maschinengarn noch mehr zur Notwendigkeit, da ja damit die Anforderungen an das Garn sowohl hinsichtlich der gleichmäßigen Stärke als auch im Hinblick auf die höhere Festigkeit noch größer wurden.

Aber die Dialektik dieses Prozesses zeigt sich darin, daß die Handspinner sich in diesem Konkurrenzkampf selbst mehr und mehr den Absatz beschränkten. Durch die bessere Qualität und die größere Preiswürdigkeit des Maschinengespinstes mußte auch das Handgarn im Preise weichen, wollte es Absatz finden. Damit sank jedoch der Verdienst des Handspinners. Um von dieser Beschäftigung leben zu können, mußte er das Produktionsquantum ausdehnen, was im wesentlichen nur durch die Ausdehnung der Arbeitszeit geschehen konnte. Das mußte jedoch durch die Abnahme seiner Konzentrationsfähigkeit infolge des verlängerten Arbeitstages zur Verschlechterung der Qualität des Garnes führen. Schließlich suchte er auch die Ausgaben für den Rohstoff selbst zu senken, d. h. billigeren, also schlechteren Flachs zu kaufen, was in der gleichen Richtung wirkte. Damit vergrößerte sich der Unterschied zwischen Handgarn und Maschinengarn weiter zugunsten des letzteren und engte den Absatz für das erstere weiter ein.

Zunächst verblieben der Handspinnerei noch lange Zeit die Fertigung von Schußgarnen, später die der groberen Flachs- und Werggarne für Packleinen und ähnlichem. Von diesem Gebiet wurde sie jedoch im Laufe der sechziger Jahre von der aufkommenden Juteweberei verdrängt.[170]

Gleichzeitig entzog der Rückgang des Flachsanbaues in Deutschland ihr dort den Boden, wo sie sich am hartnäckigsten behauptet hatte, in der Landwirtschaft als sogenannte Füllarbeit.

2. *Die Produktionsverhältnisse in der Leinenweberei*

Die deutsche Leinwandproduktion basierte noch bis Ende der fünfziger Jahre des vorigen Jahrhunderts auf dem Handwebstuhl. Demzufolge waren Fabriken, also die höchste Form der kapitalistischen Produktionsverhältnisse, nicht oder

[170] Vgl. J. MUSÄUS, a. a. O., S. 50.

kaum anzutreffen. Die niederen Formen der kapitalistischen Produktionsverhältnisse, wie Verlag und Manufaktur, waren unterschiedlich in den einzelnen Zentren der deutschen Leinenweberei ausgebildet. In den dreißiger Jahren waren in der deutschen Leinenweberei noch die Produktionsverhältnisse der einfachen Warenproduktion in stärkerem Maße vorhanden. Die kapitalistischen Produktionsverhältnisse, insbesondere in der Form des Verlages und der dezentralisierten Manufaktur, befanden sich jedoch im Vormarsch.[171] Die Leinenweberei in Form der einfachen Warenproduktion überwog vor allen Dingen in jenen Gebieten, in denen sie zum größten Teil als Nebengewerbe betrieben wurde.

Betrachten wir nun die wesentlichsten Zentren der deutschen Leinenweberei. In Schlesien herrschte der Verlag in seiner eigentlichen Form bis gegen Ende der vierziger Jahre noch nicht vor. Zu dieser Auffassung müssen wir gelangen, wenn wir die Hinweise von A. Zimmermann[172], Minutoli[173], einer der besten Kenner der schlesischen Leinenindustrie, und Alberti[174] berücksichtigen. Gegen diese Auffassung steht lediglich die Aussage Kramstas, nach der die Mehrzahl der schlesischen Weber Lohnweber war.[175] Kramsta hat wahrscheinlich die Verhältnisse zu stark unter dem Blickwinkel seiner umfangreichen Beschäftigung von Lohnwebern gesehen, die sicherlich in der Gegend um Freiburg, seines Wohnorts, der Leinenweberei das Gepräge gaben.

Als die vorherrschende Organisationsform in der schlesischen Leinenweberei muß das sogenannte „Kaufsystem" angesehen werden. Der Weber war Eigentümer der Produktionsmittel und produzierte die Leinen auf eigene Rechnung, um sie dann im Hausierhandel oder, was zumeist der Fall war, bei Leinenhändlern abzusetzen. Soweit die Leinenweberei mit Hausierhandel verbunden war, handelte es sich einwandfrei um einfache Warenproduktion. Schwerer fällt die Entscheidung beim eigentlichen „Kaufsystem", wo der Kaufmann Abnehmer der Ware wird, da hier Ausbeutungsverhältnisse vorliegen. Der Weber wurde vom Leinenhändler gezwungen, seine Waren unter dem Wert zu verkaufen. Alexander Schneer erläutert das auf folgende Weise: „Wo die Kaufleute zusammenhalten, zeigt sich dies namentlich darin, daß sie die Tage, an denen sie Leinwand kaufen, unter sich auf die ganze Woche verteilen, so daß an einem sogenannten Markttage höchstens drei oder vier Kaufleute des Ortes Waren kaufen, damit die Verkäufer gezwungen werden, diesen die Ware billiger zu überlassen."[176]

171 Vgl. J. Hildebrandt, a. a. O., S. 327.
172 Vgl. A. Zimmermann, Blüte und Verfall des Leinengewerbes in Schlesien. Breslau 1885, S. 379.
173 Vgl. Minutoli, Die Lage der Weber und Spinner im Schlesischen Gebirge und die Maßregeln der Preußischen Staatsregierung zur Verbesserung ihrer Lage. Berlin 1851, S. 19ff.
174 Vgl. Hildebrandt, a. a. O., S. 238.
175 Ebenda.
176 Schneer, Alexander, Über die Not der Leinenarbeiter in Schlesien und die Mittel, ihr abzuhelfen. Berlin 1844, S. 63–64.

Ein weiteres Mittel, den Webern die Preise zu diktieren, war das sogenannte Beschreiben der Ware. Der Kaufmann, dem der Weber die Ware zum Kauf anbot, zeichnete sie sofort. Willigte der Weber in den Kauf zu dem angebotenen Preis nicht ein, so diente das Zeichen dem nächsten Leinenhändler, um einen noch niedrigeren Preis zu bieten. Trotz zahlreicher Verbote wurde diese Methode beibehalten, der sich der Weber nicht entziehen konnte, da er sich andernfalls der Rache der Leinenhändler auslieferte.[177] Auf diese hier geschilderte Weise gelang es den Leinenhändlern, sich das vom Weber geschaffene Mehrprodukt weitgehendst anzueignen, ohne Eigentümer der Produktionsmittel zu sein. Betrachtet man nur die Produktion selbst, so könnte man von Produktionsverhältnissen der einfachen Warenproduktion sprechen. Wir können jedoch die Produktion nicht isoliert von diesem „Kauf" betrachten und müssen demzufolge das in Schlesien übliche „Kaufsystem" als eine primitive Form des Verlages ansehen. In seiner eigentlichen Form existierte der Verlag in Schlesien wohl nur selten. Verbreiteter war jedoch die dezentralisierte Manufaktur. Die bürgerliche Literatur (soweit sie hier verwendet wurde) spricht jedoch durchweg vom Verlag, da sie zwischen Verlag und dezentralisierter Manufaktur nicht unterscheidet. Bei den dezentralisierten Manufakturen erhielten die Weber das Garn, teilweise bereits die geschlichtete Kette (Zettel) und Schußgarn und fertigten daraus Rohleinen, die sie dem Manufakturier übergaben. Derselbe bleichte und appretierte dieselben dann in eigenen zentralen Werkstätten. Teilweise wurden die Leinen jedoch nur in eigenen Werkstätten appretiert, während das Bleichen gegen Lohn geschah. Über eine solche dezentralisierte Manufaktur verfügte die Firma Kramsta und Söhne in Freiburg.[178] Kramsta ließ gegen Mitte der vierziger Jahre jährlich 70000 Stück Leinwand produzieren. Er müßte damit ungefähr 2000 Webstühle beschäftigt haben. Kramsta kaufte gleichzeitig auch Rohleinen von den selbständigen Webern, die er teils mit Maschinengarn bezahlte.[179] Die nächste größere dezentralisierte Manufaktur war die der Erdmannsdorfer Maschinenspinnerei, die der Königlichen Seehandlung gehörte. Diese beschäftigte 1847 1500 Lohnweber außerhalb der Manufaktur und kaufte gleichzeitig noch Rohleinen von selbständigen Webern, die gleichfalls teilweise mit Garn bezahlt wurden.[180] In Erdmannsdorf wurden wöchentlich 350 Stück Leinen gegen Lohn gewebt und 150–300 Stück Leinen gekauft.[181] Der Erdmannsdorfer Spinnerei war außerdem noch eine zentralisierte Manufaktur angeschlossen.[182] Hartmann in

177 ZIMMERMANN, A., a. a. O., S. 379.

178 Vgl. G. v. VIEBAHN, Bericht über eine agronomisch-technologische Bereisung von Brandenburg und Schlesien im Jahre 1845. In: DZA Merseburg, Rep. 120 DI/1, Nr. 33.

179 Vgl. Reisenotizen von der Reise nach Schlesien im August 1847. In: DZA Merseburg, Rep. 120 HA, R, Nr. 16.

180 Ebenda.

181 Ebenda.

182 Vgl. J. HILDEBRANDT, Die Erdmannsdorfer Aktiengesellschaft für Flachsgarnmaschinenspinnerei und -weberei Zillerthal in Schlesien. Berlin 1922, S. 2.

Greifenberg beschäftigte in seiner dezentralisierten Manufaktur etwa 600 Menschen.[183] Damit mögen die Beispiele für das Vorhandensein von dezentralisierten Manufakturen in Schlesien genügen.

Die schlesische Damastweberei scheint wohl völlig durch die zentralisierte bzw. durch die dezentralisierte Manufaktur gekennzeichnet gewesen zu sein.[184] Dies trifft übrigens für die Damastweberei in ganz Deutschland zu; denn es läßt sich für Sachsen, Württemberg und auch für Bielefeld nachweisen.[185] Die Ursache für diese Tatsache muß in den hohen Anschaffungskosten für die Damastwebstühle (zumeist Jacquardstühle) im Vergleich zu den gewöhnlichen Leinenwebstühlen gesehen werden, die von den Leinewebern kaum aufgebracht werden konnten.

In Westfalen überwog noch der selbständige Weber.[186] Allerdings existierte auch hier bereits der Verlag in kleinerem Umfange. Im Jahresbericht der Handelskammer Bielefeld für die Jahre 1849/50 heißt es über die Organisation der dortigen Leinenweberei: „Die Leinenweber betreiben ihr Geschäft ebenfalls selbständig mit einem, zwei oder auch mehreren Stühlen, je nachdem sie vermögend sind. Es gibt derer, die außer zwei oder drei Stühlen, die sie im Haus beschäftigen, auch noch einige Stühle außer ihrem Haus unterhalten und die somit kleine Fabrikanten sind. Ihre Zahl ist aber gering und nimmt immer mehr ab. Auch findet dies nur bei den feineren Leinengattungen statt. Im allgemeinen kaufen die Weber das Garn vom Spinner selbst oder auf dem Garnmarkte, verweben dasselbe für eigene Rechnung und tragen das fertige Gewebe, wie es vom Stuhl kommt, zur Stadt (Bielefeld), wo eine große Anzahl von Kaufleuten an jedem Wochentage ... bereit ist, die ihnen vorgelegte Leinwand nach Bedürfnis zu kaufen. Der Käufer läßt die gekaufte Leinwand für seine Rechnung bleichen und appretieren, um sie sodann zu versenden."

Die Produktionsverhältnisse waren hier wohl im großen Maße die der einfachen Warenproduktion, was vor allem bis zum Ende der dreißiger Jahre zutrifft. Für diese Zeit betont Minutoli eine verhältnismäßig selbständige Stellung der Weber gegenüber den Leinenkaufleuten.[187] Diese selbständige Position der Weber beruhte teilweise auf einer ökonomisch besseren Stellung gegenüber den schlesischen Webern, da die dortigen Weber zumeist über einen gewissen landwirtschaftlichen Grundbesitz verfügten.[188] Die Leinenweberei wurde des-

183 Vgl. Reisenotizen von der Reise nach Schlesien im August 1847. A. a. O.

184 Vgl. A. Zimmermann, a. a. O., S. 326.

185 Vgl. G. v. Viebahn, Über Leinen- und Wollmanufakturen, deren Ursprung ..., S. 20; Hildebrandt, Vergangenheit und Gegenwart der deutschen Leinenindustrie. A. a. O., S. 241; Jahresbericht der Handelskammer Bielefeld für 1849/50; Schmoller, Die Ergebnisse der im Jahre 1861 zu Zollvereinszwecken veranstalteten Aufnahme der Gewerbe in Württemberg. S. 198.

186 Vgl. Hildebrandt, a. a. O., S. 241.

187 Vgl. Minutoli, Reisebericht aus dem Jahre 1838. In: DZA Merseburg, Rep. 120/DI/1, Nr. 11, Vol. 2.

188 Ebenda; Jahresbericht der Handelskammer Bielefeld 1849/50.

halb als Nebengewerbe von der bäuerlichen Bevölkerung, aber auch von Landarbeitern (Häuslern) betrieben. Die letzteren befaßten sich jedoch zumeist mit der Flachshandspinnerei. Gleichzeitig existierte die Landwirtschaft auch als Nebenbeschäftigung, d. h. in diesem Falle mußte die Leinenweberei den Hauptteil zum Lebensunterhalt des Webers erbringen. Eine Anzahl Weber verfügte über keinen eigenen oder nur über einen geringfügigen Bodenbesitz, sondern versuchte, auf einem kleinen Pachtland sich einen Teil des Lebensunterhalts zu erwirtschaften.[189]

Doch diese enge Verbindung von Leinenweberei und Landwirtschaft, die überdies nicht für alle Weber zutreffend war, verhinderte nicht das Vordringen der Lohnweberei in der Form des Verlages. Hatten wir oben festgestellt, daß sich der Verlag im kleinen unabhängig vom Handelskapital aus der Leinenweberei selbst entwickelte, so läßt sich in den vierziger Jahren, insbesondere gegen Ende derselben, ein stärkcres Eindringen der Leinenhändler in die Produktion selbst feststellen. Mehr und mehr begannen die Leinenhändler die Garne selbst zu kaufen, um sie mit einem bestimmten Produktionsauftrag dem Weber zu übergeben.[190] Der Weber wurde auf diese Weise zum Lohnweber, der Leinenhändler zum Verleger. Die Ursache für die stärkere Herausbildung des Verlages im Bielefelder Leinenzentrum ist in erster Linie in der wachsenden Verelendung der Weber zu suchen, die bald nicht mehr in der Lage waren, das notwendige Garn wie bisher selbst zu kaufen.[191] Die Not zwang sie, sich *direkt* in die Knechtschaft des Kapitals zu begeben; denn ausgebeutet wurden sie vom Handelskapital bereits als selbständige Weber. Es wäre jedoch falsch, dem Handelskapital nur eine mehr oder weniger passive Haltung bei der Herausbildung des Verlages zuzuschreiben, wenngleich es unbestreitbar ist, daß die Bielefelder Leineweber gegen Ende der vierziger Jahre eine größere Bereitschaft zum Übergang zur Lohnweberei zeigten als die schlesischen Weber. Zum letzteren stellt der Bielefelder Handelskammerbericht für 1849/50 folgendes fest: „Tatsache aber ist es, daß der Wunsch in Lohnarbeit zu treten, bei den Webern von Jahr zu Jahr sehr gestiegen und der Andrang derselben gegenwärtig so groß ist, daß bei weitem nicht alle Arbeit finden können."

Hierzu sei noch bemerkt, daß sich die Bielefelder Leinenweberei in den Jahren 1849 und 1850 eines verhältnismäßig guten Absatzes erfreute. Die dezentralisierte und zentralisierte Manufaktur ist wohl – die Damastweberei ausgenommen – in Bielefeld in der Leinenweberei nicht oder zumindest höchst selten aufgetreten. Sowohl die Leinenhändler als auch die Verleger ließen die vom Weber gearbeitete Rohleinwand in fremden Werkstätten bleichen und appretieren.[192] Zu diesem Zwecke besaß Bielefeld neben zahlreichen Privatbleichen drei große Aktienbleichen, zusammen mit einer Kapazität von etwa

[189] Vgl. Bielefelder Handelskammerbericht für die Jahre 1849/50.
[190] Ebenda.
[191] Ebenda.
[192] Ebenda.

60000 Stück Leinen.[193] Diese Aktienbleichen zählten in Deutschland zu den besten ihrer Art.[194] Wenn wir uns zuletzt mit der Herausbildung des Verlages und damit mit dem Vordringen der kapitalistischen Produktionsverhältnisse in der Bielefelder Leinenindustrie beschäftigt haben, so muß hierzu, um das Entstehen eines falschen Eindruckes zu vermeiden, abschließend betont werden, daß die aus Leinwandhandlungen hervorgegangenen Verlagsgeschäfte nicht den Hauptteil der Produktion lieferten. Der überwiegende Teil der gewebten Leinen wurde zur Legge gebracht, stammte also von den Webstühlen der selbständigen Weber und kleinen Verleger. Während die Leggeleinen 1850 56683 Stück betrugen, wurde die Leinenproduktion der großen Verlagsgeschäfte, deren Leinen vom Weber direkt ohne Einschaltung der Legge bezogen wurden, auf 8000–9000 Stück geschätzt.[195]

Im Königreich Hannover waren die Verhältnisse wohl die gleichen wie in Bielefeld. Der Verlag existierte zwar, aber wohl in geringem Umfange.[196]

In Württemberg überwogen gegen Ende der vierziger Jahre die kapitalistischen Produktionsverhältnisse, wahrscheinlich vor allem in der Form des Verlages.[197]

Im Thüringer Wald existierte die dezentralisierte Manufaktur.[198] Die Webstühle waren jedoch hier zum größten Teil noch Eigentum der Weber, während die Blätter Eigentum der Manufakturiers waren.[199]

Im Eichsfeld arbeitete die Hälfte der Leineweber für eigene Rechnung. Auch hier existierte die dezentralisierte Manufaktur. Die Firma E. und A. Solf zu Neustadt beschäftigte 400 Stühle, das waren fast ein Viertel der Leinenwebstühle des Eichsfeldes.[200]

Für Sachsen gibt Wieck für 1837 471 Fabrikverlags- und Faktorgeschäfte und 438 Faktor- und kleine Fabrikgeschäfte an.[201] Es handelt sich hierbei offensichtlich um Verlage und Manufakturen. Welches Ausmaß die kapitalistischen Produktionsverhältnisse in der sächsischen Leinenweberei angenommen haben, kann auf Grund des verarbeiteten Materials nicht angegeben werden.

Auf Grund des aus den verschiedenen Leinenzentren Deutschlands dargelegten Materials kann man wohl den Schluß ziehen, daß um die Mitte des vorigen

193 Ebenda.
194 Sasse, C., Die Leineweberei in Laichingen, OA: Münsingen. Diss. Tübingen 1914, S. 20.
195 Vgl. Bielefelder Handelskammerbericht für 1849/50.
196 Vgl. E. Hornung, Entwicklung und Niedergang der hannoverschen Leinwandindustrie. Hannover 1905, S. 50.
197 Vgl. Hildebrandt, a. a. O., S. 247.
198 Vgl. Delbrück, Reisebericht aus dem Jahre 1846. In: DZA Merseburg, Rep. 120 HA, R, Nr. 17.
199 Ebenda.
200 Ebenda.
201 Vgl. Wieck, Die Manufaktur- und Fabrikindustrie des Königreiches Sachsen. Leipzig 1845, S. 26.

Jahrhunderts in der deutschen Leinenindustrie die kapitalistischen Produktionsverhältnisse das Übergewicht über die einfache Warenproduktion besaßen.

Die fünfziger und sechziger Jahre sind durch eine starke Zunahme der Lohnweber in der deutschen Leinenweberei gekennzeichnet. In diesen Jahrzehnten setzte sich in stärkerem Maße der Verlag in seiner *eigentlichen* Form durch. Die statistischen Angaben im Breslauer Handelskammerbericht von 1853 weisen das in der Leinenindustrie der Provinz Schlesien schon zu Beginn der fünfziger Jahre anschaulich nach. Für das Landeshuter Zentrum der Leinenproduktion (Schlesien) können wir das an Hand von statistischem Material noch umfassender veranschaulichen. Nach O. Schumann setzte der Umschwung vom „Kaufsystem" zum eigentlichen Verlagssystem mit dem Jahre 1852 ein.[202]

Tabelle 17
Die Landeshuter Leinenweberei[203]

	Rohleinenweberei					Creasweberei				
	Lohnweber		selbständige Weber		Anteil der Lohnweber	Lohnweber		selbständige Weber		Anteil der Lohnweber
	Zahl	Index	Zahl	Index		Zahl	Index	Zahl	Index	
1853	424	100	508	100	45,49	630	100	72	100	89,74
1854	334	78,77	488	96,06	40,63	738	117,14	74	102,78	90,88
1856	414	97,64	505	99,41	45,05	739	117,30	65	90,28	91,91
1857	385	90,80	502	98,82	43,41	703	111,33	64	88,88	91,66
1858	426	100,47	487	95,86	46,66	641	101,74	48	66,66	93,03
1859	545	128,54	464	91,34	52,78	832	132,06	53	73,61	94,01
1860	681	164,35	481	94,69	58,61	1080	171,43	55	76,38	95,15
1861	774	182,54	563	110,83	57,89	1171	190,20	63	87,50	94,89
1866	1236	291,74	431	84,84	74,21	1079	171,27	58	80,55	94,90

Die Tabelle zeigt, daß bei der Rohleinenweberei sich der selbständige Weber noch am längsten halten konnte und hier erst nach der Krise von 1857 eine starke Zunahme der Lohnweber feststellbar ist. Im Jahre 1866 wurden dann fast drei Viertel der vorhandenen Weber als Lohnweber ausgebeutet. In der Creasweberei hingegen spielten die selbständigen Weber schon vorher eine untergeordnete Rolle.

Die kapitalistischen Produktionsverhältnisse waren in der schlesischen Leinenweberei der fünfziger Jahre die entscheidenden Produktionsverhältnisse. Für das Hirschberger Tal bestätigt uns das E. Michael.[204] Die einfache Waren-

[202] Vgl. O. SCHUMANN, Die Landeshuter Leinenindustrie in Vergangenheit und Gegenwart. Jena 1928, S. 51.

[203] Berichte der Handelskammer Landeshut.

[204] Vgl. E. MICHAEL, Die Hausweberei im Hirschberger Tal. „Heimarbeit und Verlag in der Neuzeit", Heft 7, S. 44, Jena 1925.

produktion existierte wohl nur noch in verschwindendem Umfange. Der Obengenannte gibt für die Leinenweberei des Ortes Grunau in Schlesien ein solches Beispiel an[205], wie sich die einfache Warenproduktion, verbunden mit Hausierhandel, auch noch in den fünfziger und sechziger Jahren aufrechterhalten hat. Allerdings existierte auch hier der Verlag im kleinen.[206] Die Verlagsgeschäfte entsprachen denen, wie sie in dem oben angeführten Zitat des Bielefelder Handelskammerberichts für die Jahre 1849/50 für Bielefeld dargelegt worden sind. Gleichzeitig ist es, zumindest in der Damastweberei, zur stärkeren Herausbildung von zentralisierten Manufakturen gekommen.[207]

Auch in der gesamten preußischen Lausitz war gegen Ende der fünfziger Jahre die Mehrzahl Lohnweber.[208] Daneben gab es bereits 1858 in der Lausitz eine Reihe von Manufakturen. Musäus führt für die Lausitz für dieses Jahr 42 „Fabriken“ mit 361 Stühlen und 393 Arbeitskräften an.[209] Eine solche Manufaktur besaß also in der Lausitz durchschnittlich 9 Stühle und beschäftigte 9 Personen. Eine ähnliche Entwicklung ist auch für Westfalen[210] und Hannover[211] nachweisbar.

Es erhebt sich nun die Frage, welche Ursachen für das rasche Vordringen der kapitalistischen Ausbeutungsverhältnisse in den fünfziger Jahren verantwortlich zeichnen. Zu dieser Entwicklung, die bereits in den vierziger Jahren beachtliche Fortschritte erzielt hatte, führte das Zusammenwirken verschiedener Faktoren, die nicht in allen Leinenzentren gleichmäßig wirksam waren, jedoch an dieser Stelle zusammenhängend dargelegt werden sollen.

Das bisher weitverbreitete und in Schlesien ausgeprägt vorhandene sogenannte Kaufsystem bot dem Leinenhändler im Gegensatz zum eigentlichen Verlag kaum eine Einflußnahme auf die Produktion, die sich im völligen Verantwortungsbereich des Webers befand. Somit trug zwar der Leinenhändler nicht das Risiko der Produktion, sondern konnte den Aufkauf entsprechend der jeweiligen Marktlage zu den entsprechenden Preisen regulieren. Aber er besaß deshalb auch wenig Möglichkeiten, seine Kunden mit einer gleichmäßigen und qualitativ gleichbleibenden Ware zu versorgen. Um das letztere zu verstehen, muß man folgendes bedenken: Die Gleichmäßigkeit und Qualität der Leinwand hängen vor allem von der Beschaffenheit des verwendeten Garnes ab. Die deutsche Leinenweberei verarbeitete noch in hohem Maße Handgespinste; in einigen Gebieten, wie Hannover und Westfalen, fast ausschließlich solche. Die Handspinnerei kann im Gegensatz zur Maschinenspinnerei kein gleichmäßiges Garn liefern.[212] Seine Beschaffenheit hängt vor allem von den Fähig-

[205] Ebenda, S. 44f.
[206] Ebenda.
[207] Ebenda, S. 47.
[208] Vgl. J. Musäus, a. a. O., S. 45.
[209] Ebenda, S. 48.
[210] Vgl. Jahresbericht der Handelskammer Bielefeld für das Jahr 1859.
[211] Vgl. E. Hornung, a. a. O., S. 97.
[212] Vgl. Handelskammerbericht Bielefeld 1849/50.

keiten und den Arbeitsbedingungen des Spinners ab.[213] Selbst bei der Verwendung von Maschinengarn ist die Qualität der Leinwand, auch wenn gleich starkes Garn verwendet wird, nicht in jedem Falle die gleiche. Die Unterschiede können sich vor allem dadurch ergeben, daß der Weber sowohl das eigentliche Flachsgarn als auch das minderwertigere, aber billigere, das sogenannte Werggarn verwendete. Hinzu kam noch, daß der Weber, ohne Kenntnis der Marktlage für bestimmte Waren, stets das gleiche Gewebe produzierte. Diese Mängel[214], die der Leinenhändler beim sogenannten Kaufsystem in Kauf nahm, mußten sich um so nachteiliger für ihn auswirken, je schwieriger sich die Absatzlage für deutsche Leinen sowohl auf dem inneren als auch auf dem äußeren Markt gestaltete. Diese Nachteile wurden für den deutschen Leinenhändler um so fühlbarer, als sich die in- und ausländischen Konsumenten durch die britischen Maschinenleinen an eine gleichbleibende Qualität gewöhnten. In dieser Situation waren die Profite des Leinenhändlers, selbst wenn er die Aufkaufpreise noch so drückte, gefährdet, und er war demzufolge daran interessiert, den Garnkauf selbst zu übernehmen und den Weber nach seinen genauen Angaben produzieren zu lassen, d. h., der Leinenhändler wurde zum Verleger.[215] Einen weiteren Grund für den Übergang zum Verlag müssen wir noch in der zunehmenden Verelendung der Weber sehen, worauf bereits bei der Behandlung der Bielefelder Verlags-Geschäfte eingegangen worden ist. In den fünfziger Jahren tritt zu diesen bereits in den vierziger Jahren wirkenden Faktoren ein weiterer hinzu. Die chronische Überproduktion in der Leinenweberei während der vierziger Jahre einerseits, der in den fünfziger Jahren einsetzende Intensivierungsprozeß in der Landwirtschaft und der größere industrielle Aufschwung aller Industriezweige in dem gleichen Zeitraum führten zu einer Verminderung der Zahl der Leinenweber. Wenngleich aus dieser Entwicklung heraus zunächst noch kein akuter Arbeitskräftemangel in der Leinenweberei auftrat, so führte es doch dazu, daß die bisherigen Leinenhändler stärker daran interessiert waren, eine bestimmte Zahl von Webern fest an sich zu binden. Das sogenannte Kaufsystem verlor infolge der verringerten Zahl der Weber einen wesentlichen Vorteil, nämlich den, daß sich der Leinenhändler nicht mehr wie bis dahin – selbst zu Zeiten der Hochkonjunktur – den gesamten, vom Weber geschaffenen Mehrwert aneignen konnte, ohne Eigentümer der von diesem verwendeten Produktionsmittel zu sein, da ja das Überangebot an Leinewebern nicht mehr gegeben war. Die im Jahre 1857 ausgebrochene Weltwirtschaftskrise, die auch die deutsche Leinenindustrie traf, hat den Prozeß der Verwandlung des selbständigen Webers in

[213] Ebenda.

[214] Vgl. hierzu auch die Darlegungen von A. v. MINUTOLI, Die Lage der Weber und Spinner im Schlesischen Gebirge und die Maßregeln der Preußischen Staatsregierung zur Verbesserung ihrer Lage. Berlin 1851, S. 68ff.

[215] Wenn jetzt vom Verlag gesprochen wird, so ist damit der Verlag im eigentlichen Sinne gemeint, d. h. im Unterschied zum „Kaufsystem“ als primitiver Form des Verlags bestand hier eine feste Bindung zwischen dem Weber und einem *bestimmten* Verleger.

einen Lohnweber weiterhin beschleunigt[216], aber sie hatte noch nicht den Übergang von der Hand- zur Maschinenweberei in der Leinenindustrie zur Folge. Die Anwendung des Maschinenstuhls fand erst in größerem Umfange in der Aufschwungsphase der sechziger Jahre und in der folgenden Zeit statt. In dieser Zeit kam es auch in der Leinenindustrie zur Gründung einer ganzen Anzahl von Fabriken. In Sachsen gründete 1860 K. G. Großmann eine Leinwandfabrik in der Nähe von Dresden.[217] In Bielefeld wurde 1862 die Bielefelder Aktiengesellschaft für mechanische Weberei mit einem Aktienkapital von 500000 Talern gegründet.[218] Im Frühjahr 1865 arbeitete diese Aktiengesellschaft mit 180 Maschinenstühlen, die aus England bezogen wurden, und Ende 1869 waren hier bereits 340 Stühle aufgestellt.[219] Die Produktion betrug im letztgenannten Jahr 45345 Stück Leinen.[220] Das war mehr, als 1859 auf die Leggen des Bielefelder Leinenbezirks gebracht worden waren. Die mechanischen Webereien haben besonders in der zweiten Hälfte der sechziger Jahre stark zugenommen.[221] Schon die Handelskammerberichte aus dem Jahre 1866 wiesen auf eine Reihe mechanischer Webereien in den verschiedensten Zentren der deutschen Leinenweberei hin.[222]

Die starke Zunahme der Maschinenstühle in der deutschen Leinenweberei während der sechziger Jahre bis zur Mitte des achten Jahrzehnts veranschaulichen folgende Zahlen. Während die preußische Leinenindustrie 1861 nur über 244 Maschinenstühle[223] verfügte, zählte man 1875 in den preußischen Leinenwebereien 4894 mechanische Webstühle für glatte Leinen und 1677 mechanische Jacquardwebstühle.[224] Die Zahl der mechanischen Webstühle hätte sich damit in Preußen in diesem Industriezweig um 169% vermehrt. Die wirkliche Steigerung ist jedoch nicht ganz so hoch gewesen, da 1875 eine Reihe deutscher Länder zu Preußen gehörte, die 1861 noch selbständig existiert haben. Die sächsische Leinenweberei wies 1875 89 mechanische Webstühle mit Jacquard-Einrichtung und 696 mechanische Webstühle ohne Jacquard-Einrichtung auf.[225] In den sächsischen Fabriken waren neben den mechanischen

216 Tabelle 15 hat das für den Landeshuter Leinenbezirk deutlich gezeigt.

217 Vgl. Verwaltungsbericht des Hauptsteueramtes Dresden pro 1860. In: LHA Dresden, Min. d. Innern, Nr. 6030.

218 Vgl. Die Bielefelder mechanische Weberei AG. In: DZA Merseburg, Rep. 120 A XII/7, Nr. 48.

219 Vgl. Berichte des Verwaltungsrates der Aktiengesellschaft vom 8. 5. 1865 und 4. 5. 1870.

220 Ebenda.

221 Vgl. H. Grothe, Der Einfluß des Manchesterthums auf Handwerk und Hausindustrie, gezeigt an dem Ergehen der Hand- und Hausweberei. Berlin 1884, S. 224.

222 Vgl. Handelskammerbericht für das Jahr 1866 aus Kottbus, Landeshut, Schweidnitz, Münster und Bielefeld.

223 Vgl. A. Bienengräber, Statistik des Verkehrs und Verbrauchs im Zollverein für die Jahre 1842 bis 1864. Berlin 1868, S. 248.

224 Vgl. H. Grothe, a. a. O., S. 223.

225 Ebenda, S. 245.

Webstühlen noch 29 Handstühle mit Jacquard-Einrichtung und 229 solcher Stühle ohne Jacquard-Einrichtung tätig. Das Nebeneinanderexistieren von Hand- und Maschinenstuhl in den damaligen Webereien ist nicht nur für Sachsen zutreffend.

Wenngleich der Maschinenstuhl in den sechziger Jahren in der deutschen Leinenweberei starken Eingang gefunden hat, so überwogen auch zu dieser Zeit noch die Handstühle. Die Vorherrschaft des Maschinenstuhls in der Leinenweberei fällt in die Zeit nach 1870. Trotz der starken Zunahme der Maschinenstühle in den folgenden Jahrzehnten ist es bis zu Beginn des ersten Weltkrieges nicht zu einer völligen Verdrängung des Handwebstuhles in der Leinenweberei gekommen.

IV. DIE LEINENINDUSTRIE UND DIE HERAUSBILDUNG DES DEUTSCHEN PROLETARIATS SOWIE DIE LAGE DER ARBEITER IN DER LEINENINDUSTRIE

1. Die Leinenindustrie und die Herausbildung des deutschen Proletariats

Für die Herausbildung des deutschen Proletariats hat die deutsche Leinenweberei eine wesentliche Rolle gespielt. Angesichts der unter der ländlichen Bevölkerung Deutschlands weit verbreiteten Kenntnis des Leinenwebens dürfte die Leinenweberei beim Proletarisierungsprozeß der bäuerlichen Bevölkerung eine beachtliche Rolle gespielt haben. Für den ehemaligen Bauern, dem die Landwirtschaft keine Existenzgrundlage mehr bot, mußte doch das Naheliegendste sein, sich einer solchen gewerblichen Produktion zuzuwenden, die er selbst zumindest in größerem Umfange beherrschte und für die er selbst die notwendigen Produktionsmittel besaß. Diese gewerbliche Produktionsart war für einen solchen „Bauern“, zumindest in zahlreichen Gegenden Deutschlands, die Leinenweberei. Darauf weist doch die große Zahl der nebengewerblich verwendeten Webstühle hin.

Die Anzahl solcher Webstühle in den preußischen Provinzen im Jahre 1843 gibt Tabelle 18 wieder.

Wenngleich die vorhandenen nebengewerblich verwendeten Webstühle nicht überall in gleich großem Umfange vorhanden waren, so gab es sie in ähnlichem Ausmaß doch auch in einigen Gebieten außerhalb Preußens, in erster Linie im Nordwesten und Südwesten Deutschlands.

Die Annahme scheint demzufolge begründet, daß ein beachtlicher Teil der im Laufe der Jahre aus den verschiedensten Gründen ruinierten Bauern zu Leinewebern wurde. Bei dem geringen Stand der industriellen Entwicklung Deutschlands in der ersten Hälfte des vorigen Jahrhunderts und der nicht uneingeschränkt bestehenden Freizügigkeit der Bauern war die Leinenweberei der einzige Industriezweig, der gerade in den zurückgebliebenen ländlichen Gegenden eine größere Verbreitung besaß. Der Aufschwung der Leinenweberei in den 30er Jahren begünstigte diesen Übergang des ruinierten Bauern

Tabelle 18
Die nebengewerblich verwendeten Leinenwebstühle Preußens 1843[226]

Provinz	Zahl der nebengewerblich verwendeten Webstühle	Prozentualer Anteil an der Gesamtzahl der Webstühle
Preußen	111723	99,1
Posen	33377	96,1
Brandenburg	25956	84,3
Pommern	39630	94,7
Schlesien	12652	51,3
Sachsen	13764	76,3
Westfalen	25528	84,1
Rheinprovinz	13441	77,4
Königreich Preußen	276071	88,9

zur vollgewerblichen Leinenweberei, die aber zumeist noch verbunden blieb mit einem geringen Ackerbau als Nebengewerbe. Auch die vierziger Jahre mit ihren ungünstigen Verhältnissen in der Leinenindustrie werden den Prozeß der Vermehrung der Leinenweber aus den bäuerlichen Kreisen nicht wesentlich beeinträchtigt haben. Für den Übergang zur Leinenweberei trotz dieser relativ ungünstigen Umstände spricht folgendes:

1. wird der „Bauer" die Landwirtschaft teilweise noch als Nebengewerbe weiterbetrieben haben, wie es Musäus[227] für die Lausitz nachgewiesen hat, so daß der Ertrag der Leinenweberei eine „ausreichende" Existenz bot;
2. selbst, wenn das erstere nicht zutraf, war der „Bauer" doch bestrebt, seine bisher gewohnte Selbständigkeit auch bei seiner neuen Beschäftigung aufrechtzuerhalten, was angesichts des Besitzes der dafür notwendigen Produktionsmittel für die erste Zeit gesichert war.

Sind die angeführten Gründe subjektiver Natur, so dürfen wir ihre Wirksamkeit im Proletarisierungsprozeß doch nicht unterschätzen, spielt doch das Festklammern an der wenigstens offiziellen Selbständigkeit und das Sich-Wehren gegen die Ausbeutung unter dem direkten Kommando des Kapitals selbst bei den vollgewerblichen Webern eine beachtliche Rolle.[228] Der Weber zog doch seine fragwürdige Selbständigkeit der Tätigkeit in der Fabrik auch

[226] Gewerbetabellen in: DZA Merseburg, Rep. 120 HA, G 10, Vol. 1.

[227] Musäus, J., Die Leinenindustrie der Niederlausitz in Vergangenheit und Gegenwart. Diss. jur. Halle 1922, S. 45f.

[228] Schon Marx weist im ersten Band des Kapitals im Zusammenhang mit der Behandlung der sogenannten ursprünglichen Akkumulation auf diesen Umstand bei der Proletarisierung der Landbevölkerung hin (vgl. S. 733ff.). Zur Illustration möge das folgende Beispiel aus dem Deutschland der dreißiger Jahre dienen: May schreibt in seinem Reisebericht vom 15. 9. 1836: „Marklussa, 1336 Einwohner. Hier haben die Fabrikunternehmer Nanen, Loewe et Comp. zu Berlin eine Maschinenweberei, vor mehreren Jahren etabliert, welche anfangs mit vielen Schwierigkeiten zu kämpfen hatte ... Eine Zeitlang ging es mit dem Etablissement gut. Als aber

oft dann vor, wenn er in diesen einen höheren Lohn und damit eine Verbesserung seiner elenden Lage erzielen konnte. Um so mehr mußte das für die bäuerliche bzw. halbbäuerliche Schicht gelten, die außerdem noch an ihrer kleinen Scholle hing.

Allerdings wird die Leinenweberei für den ehemaligen Bauern in vielen Fällen nur als ein Übergangsstadium anzusehen sein. Die Leinenweberei soll hier nicht als die einzige Möglichkeit angesehen werden, durch die der ehemalige Landwirt, soweit er seine ursprüngliche Tätigkeit, die Landwirtschaft, verließ, eine neue Existenzgrundlage fand. Es sollte nur darauf hingewiesen werden, daß die Leinenweberei eine beachtliche Rolle beim Proletarisierungsprozeß der ländlichen Bevölkerung gespielt hat. Diese Rolle hat sie wohl *vor allem* bis Mitte des vorigen Jahrhunderts gespielt, da in dieser Zeit neben dem zuletzt Angeführten hinzu trat, daß der Übergang zu anderer gewerblicher Tätigkeit nur im *beschränkten* Umfange möglich war.

Die Leineweber selbst haben für die Entwicklung der deutschen Industrie gleichfalls eine beachtliche Bedeutung gehabt, da sie bei dem Überangebot in diesem Gewerbe einen beachtlichen Teil der industriellen Reservearmee darstellten.

Es kamen aus ihren Reihen Arbeitskräfte für alle Zweige der Textilindustrie (Weberei), freilich im unterschiedlichen Ausmaße. In erster Linie hatte die Baumwollweberei von der Leinenweberei ihre Arbeitskräfte bezogen. Die Arbeitskräfte der ersteren entstammten wohl zum größten Teil aus der Leinenindustrie. Das wird schon daraus ersichtlich, daß die Zentren der Baumwollweberei zumeist innerhalb, zumindest aber in unmittelbarer Nachbarschaft der Leinenproduktionszentren, zu finden waren. Für den Übergang der Leinenweberei zur Baumwollweberei gibt uns das verarbeitete Material zahlreiche Hinweise.[229]

die Leinen- und Baumwollweberei im Kreise wieder lebhafter wurde, wollten die Weber sich nicht mehr die Ordnung gefallen lassen, die für eine solche Anlage notwendig ist. Sie erklärten, daß sie nicht länger in einem solchen Zuchthause arbeiten wollten, und entfernten sich größtenteils. Das Etablissement kam daher eine Zeit zum Stillstand . . . Um Arbeiter aus entfernten Orten annehmen zu können, wird jetzt noch ein Gebäude zu ihrer Beherbergung über Nacht errichtet. Man hofft, daß es der Anstalt dann nicht mehr an Arbeitern fehlen soll.“ (Enthalten in: DZA Merseburg, Rep. 120 DI/1, Nr. 11, Vol. 2.)

[229] Vgl. u. a.

1. v. VIEBAHN, G., Reisebericht aus dem Jahre 1843. In: DZA Merseburg, Rep. 120 DI/1, Nr. 33. – In den dreißiger Jahren findet dieser Prozeß im nördlichen Teil des Reg.-Bezirks Münster im großen Umfange statt –;
2. denselben Reisebericht aus dem Jahre 1845 – Schlesien ebenda;
3. Jahresbericht der Handelskammer für die Kreise Schweidnitz, Reichenbach und Waldenburg für das Jahr 1850;
4. SCHMOLLER, G., Die Ergebnisse der im Jahre 1861 zu Zollvereinszwecken veranstalteten Aufnahme der Gewerbe in Württemberg. In: Württembergische Jahrbücher, 1862, Heft 2, S. 197.
5. Das Weberelend in Schlesien. In: Preußische Jahrbücher, 67. Bd., S. 183.

Die Woll- und Seidenindustrie hatten in weit geringerem Umfange ihre Arbeitskräfte von der Leinenweberei bezogen, da sie als seit Jahrhunderten in Deutschland betriebene Gewerbe bereits über einen größeren Stamm von Arbeitskräften verfügten. In der Lausitz gingen die Leineweber in den fünfziger und sechziger Jahren zur Wollindustrie über.[230] In Gladbach zog die Sammet- und Seidenweberei – vor allem in den fünfziger Jahren – Arbeitskräfte von der Leinenindustrie ab.[231]

Neben der Textilindustrie erhielten auch noch andere Zweige Arbeitskräfte von der Leinenindustrie, so z. B. die Landwirtschaft[232] und der Eisenbahnbau.[233]

2. Die Lage der Arbeiter in der Leinenindustrie

Bei der Erörterung der Lage der Arbeiter wollen wir den Begriff „Arbeiter" weiter fassen, als er gewöhnlich gebraucht wird. Wir wollen darunter alle diejenigen fassen, die unmittelbar mit der Produktion von Flachsgarn und Leinwand beschäftigt waren. Wir rechnen also auch den sogenannten selbständigen Weber und Spinner dazu, da sich ihre Lage nur unwesentlich von der der eigentlichen Proletarier unterschied. Ganz im Gegenteil war das Einkommen der selbständigen Weber, die Zeiten ausgesprochener Hochkonjunktur ausgenommen, in der Regel niedriger als der Lohn der sogenannten Lohnweber.

Ein wesentlicher Faktor, der die Lage der Arbeiter bestimmt, ist der Lohn, wenn er im Verhältnis zu seiner Kaufkraft gesehen wird. Deshalb wollen wir mit der Entwicklung der Löhne beginnen. Auf Grund des verarbeiteten Materials können wir keine Darstellung der Kaufkraft der Löhne geben. Aus diesem Grunde werden Löhne aus anderen Wirtschaftszweigen zum Vergleich angegeben und wird der Entwicklung der Löhne die der Lebenshaltungskosten, wie sie J. Kuczynski in seinem Werk „Die Geschichte der Lage der Arbeiter in Deutschland, 1789–1870" angibt, gegenübergestellt.

Da, soweit wir es auf Grund des verarbeiteten Quellenmaterials beurteilen können, keine Statistik der Löhne der Arbeiter in der Leinenindustrie existiert, haben wir die in den verschiedensten Quellen (Literatur und Archivalien) vorhandenen Lohnangaben zusammengetragen und in den folgenden Tabellen

6. Schmoller, G., Zur Geschichte der deutschen Kleingewerbe im 19. Jh. Halle 1870, S. 550.
7. v. Mülmann, O., Statistik des Reg.-Bezirks Düsseldorf. Iserlohn 1867, Bd. II, 2. Hälfte, S. 514f.

[230] Vgl. Handelskammerbericht aus Kottbus für 1853; J. Musäus, a. a. O., S. 51.

[231] Vgl. Handelskammerberichte aus Gladbach für 1852, 1853, 1854.

[232] Vgl. G. Schmoller, Die Ergebnisse ... S. 198; Handelskammerbericht aus Görlitz für 1860.

[233] Vgl. G. Schmoller, a. a. O., S. 198.

zeitlich geordnet. Bei den Weberlöhnen handelt es sich um Familienlöhne, da, solange der Weber im eigenen Hause arbeitete, die ganze Familie an der Produktion beteiligt war. Die Lohnangaben aus den anderen Wirtschaftszweigen wurden bei J. Kuczynski, „Die Geschichte der Lage der Arbeiter in Deutschland, 1789–1870", entnommen.

Tabelle 19

Die Wochennominallöhne in der Leinenindustrie in der Zeit von 1834–1871

1. Die Wochenlöhne in der Leinenhandweberei:

Jahr	Schlesische Leinenhandweberei (Wochenlöhne)			Lebenshaltungskosten		Baumwollweber (Wochenlöhne)	Landw. Tagelöhner	Zimmerer in Rostock
	in Mark	1871 = 100	Veränderung	1900 = 100	Veränderung	in Mark	in Mark	in Mark
1838	1,50	20,0		52		6,45	4,14	10,50
			+0		+1			
1844	1,50	20,0		53		—	4,13	10,50
			+12		+4			
1845	2,40	32,0		57		—	4,14	10,50
			−12		+22			
1847	1,50	20,0		79		—	—	10,50
			+14,7		−22			
1848	2,60	34,7		57		6,78	—	12,00
			+13,3		−8			
1850	3,60	48,0		49		—	—	12,38
			−3,6		+25			
1860	3,30	44,4		74		8,00	8,22	12,38
			+32,5		−3			
1865	5,77	76,9		71		—	7,98	13,13
			+7,6		+17			
1867	6,34	84,5		88		10,00	8,76	—
			+7,8		−6			
1869	6,92	92,3		82		10,00	9,78	15,00
			+7,7		+8			
1871	7,50	100		90		—	—	—

Wochenlöhne der Leinenweberei im Thüringer Wald 1846:

Maximum:	3,00–4,50 Mark
Durchschnitt:	2,00–2,50 Mark
Minimum:	1,60 Mark

Wochenlöhne der Leineweber im Eichsfeld:

1843	2,50–3,00 Mark
1844	3,75 Mark
1846	3,00–4,00 Mark

Landwirtschaftliche Tagelöhner: 3,75–4,50 Mark (1843)

2. Die Wochenlöhne in der Flachshandspinnerei:

Jahr	Flachshandspinnerei (Wochenlöhne in Mark)					Lebenshaltungskosten	
	Maximum	Minimum	üblicher Ø	1860 = 100	Veränderungen	1900 = 100	Veränderungen
1838	—	—	0,80	129,0		52	
					−48,4		+1
1844	1,20	—	0,50	80,6		53	
					+64,5		+5
1845	—	0,35	1,20	193,5		57	
					−12,9		+22
1847	—	0,20	0,50	80,6		79	
					+48,4		−29
1849	—	—	0,80	129,0		50	
					+137,1		−1
1850	2,10	0,50	1,65	266,1		49	
					−169,3		+15
1852	—	—	0,60	96,8		64	
					+3,2		+8
1857 (v. d. Krise)	—	0,47	0,62	100,0		72	
1860	2,05	—	—	—		—	

Batistspinner: 1857 (vor der Krise) Maximum: 3,00 Mark
Minimum: 1,80 Mark

3. Die Wochenlöhne in der Maschinenspinnerei:

Jahr	Wochenlöhne der Flachsmaschinenspinnerei			Lebenshaltungskosten		Wochenlöhne der Baumwollspinner in Mark	Löhne der Flachsspinner zu denen der Baumwollspinner
	in Mark	1868 = 100	Veränderung	1900 = 100	Veränderung		
1836	2,20*	61,1		45		6,78	1 : 3
			+1,4		+7		
1841	2,25	62,5		52		7,74	1 : 3,4
					−3		
1850	6,00	80,0		49		—	—
			−20		+25		
1860	4,50	60,0		74		9,26	1 : 2
			+40		+15		
1868	7,50**	100,0					
	3,60*	100,0		89		—	—

* Frauenlöhne – übrige Löhne unbestimmt. 1850 u. 1860 wahrscheinlich Löhne für männliche Arbeitskräfte.

** Männerlöhne.

Die Tabellen veranschaulichen, daß die niedrigsten Löhne in der deutschen Leinenindustrie gezahlt wurden. Sie lagen noch beträchtlich unter denen der Landarbeiter. In der Leinenindustrie im engeren Sinne (Bleicherei und Appretur ausgenommen) bot die Handspinnerei die geringsten Verdienstmöglichkeiten, die Maschinenspinnerei die größten; aber selbst die „hohen" Löhne in der Flachsmaschinenspinnerei betrugen nur $^1/_3$ bzw. $^1/_2$ der der Baumwollspinnerei.

Die Handspinnerei hatte im gesamten Zeitraum von 1834–1870 nie ein ausreichendes Auskommen gewährleistet. Die Menschen, die sie als Vollgewerbe betrieben, lebten selbst zu Zeiten guten Geschäftsganges in unsagbarem Elend. In Krisenzeiten wie 1836/37, 1844 und 1847 verhungerten viele von ihnen buchstäblich bzw. wurden durch Epidemien, vor allem Hungertyphus, hinweggerafft.[234] Die Spinner versuchten deshalb immer wieder, ihr Los dadurch zu verbessern, indem sie zur Leinenweberei übergingen.[235] Sehr oft war der Spinner jedoch gar nicht mehr fähig, eine andere Tätigkeit auszuführen. Das Spinnrad hatte ihn bis dahin „ernährt", aber nur so, daß er zu nichts anderem mehr fähig war und langsam dahinsiechte und schließlich durch Hunger, Kälte und Krankheit völlig zugrunde gerichtet wurde. Diese Verhältnisse konnte auch der preußische Staat durch seine Spinnschulen[236] und die Suche nach neuen, besseren Spinnrädern[237] nicht ändern, da die Handspinnerei angesichts der wesentlich leistungsfähigeren Maschinenspinnerei zum Untergang verurteilt war.

Seit den fünfziger Jahren spielte die Handspinnerei als Vollgewerbe eine zunehmend geringere Rolle, da sie nur noch als Füllarbeit durchführbar war. Wie uns unsere Lohntabelle zeigt, hatte sie ja selbst an dem zyklischen Aufschwung von 1850–1857 keinen Anteil; denn das durchschnittliche Einkommen der Spinner ging auch in dieser Zeit zurück und folgte in keiner Weise den gestiegenen Lebenshaltungskosten. Für den Spinner wurde es – unabhängig von den niedrigen Löhnen – in den sechziger Jahren schwierig, guten Flachs zu kaufen, da – wie uns der Handelskammerbericht aus Hirschberg für das Jahr 1866 mitteilt – „die Händler den besseren Flachs in größeren Partien lieber an die Spinnereien" verkauften.

Die Handspinner waren gezwungen, anderer Beschäftigung nachzugehen, da das bisher betriebene Gewerbe keine Verdienstmöglichkeiten mehr bot. In den sechziger Jahren geht selbst in den Gebieten die Handspinnerei stark zurück, in denen sie seit jeher überwiegend als Nebenbeschäftigung betrieben wurde.[238]

234 Vgl. G. SCHMOLLER, Zur Geschichte der deutschen Kleingewerbe im 19. Jh. S. 465.

235 Ebenda, S. 550.

236 Der preußische Staat ließ in Schlesien Spinnschulen errichten, und auch in Westfalen zählte man 1845 bereits 75 dieser Einrichtungen. (G. SCHMOLLER, a. a. O., S. 464.)

237 In den vierziger Jahren wurden auf Kosten des preußischen Staates umfangreiche Versuche mit Spinnrädern unternommen, um die Handspinnerei zu heben. (Vgl. diesbezügliche Berichte in DZA Merseburg, Rep. 120 DV/1, Nr. 29.)

238 Vgl. Handelskammerberichte aus Bielefeld für 1861, 1862 und 1866.

Der Weber konnte sich zwar zumeist eines mindestens doppelt so hohen Verdienstes erfreuen wie der Spinner, aber auch sein Lohn lag beträchtlich unter dem Existenzminimum. Dr. Bernhardi gibt für 1846 das Existenzminimum für einen Arbeiter mit Frau und zwei Kindern mit 2 Talern und 4 Silbergroschen an.[239] Das würde einem Wochenlohn von 6,40 Mark entsprechen. Für 1848/49 wird das Existenzminimum mit 174 Talern (für das ganze Jahr) angegeben[240], und zwar für eine Familie mit drei Kindern. Das würde einem Wochenverdienst von 10,04 Mark entsprechen. Obgleich unsere Tabelle für das Jahr 1848 einen im Verhältnis zu den vorher angeführten Jahren „hohen" Lohn von 2,50 Mark aufweist[241], lag das Einkommen einer Weberfamilie, die außerdem zumeist mehr als drei Kinder besaß, um nicht weniger als 76% unter diesem Existenzminimum. Es gehört wohl wenig Phantasie dazu, sich die elende Lage der Leineweber vorzustellen. Dabei handelt es sich bei den Löhnen von 1848 noch nicht einmal um den niedrigsten Stand der vierziger Jahre. Berücksichtigen wir die niedrigeren Lebenshaltungskosten von 1844 gegenüber 1848, so erhalten wir für das Jahr 1844 ein Existenzminimum für den Zeitraum von einer Woche von 9,64 Mark. Das Einkommen einer schlesischen Weberfamilie hatte damit 1844 nur 15,5% des notwendigen Existenzminimums erreicht, und selbst die besser bezahlten Leineweber des Eichsfeldes erreichten noch nicht einmal die Hälfte des Existenzminimums.

Die Not der schlesischen Leineweber im Jahre 1844 war unbeschreiblich. Um uns ihr Ausmaß einigermaßen zu verdeutlichen, soll aus A. Schneer, „Über die Not der Leinenarbeiter in Schlesien und die Mittel, ihr abzuhelfen" zitiert werden:

„Seit sieben und mehr Jahren haben sich die Unglücklichen nicht mehr irgend ein Kleidungsstück beschaffen können; ihre Bedeckung besteht aus Lumpen, ihre Wohnungen verfallen, da sie die Kosten der Herstellung nicht aufbringen können; die mißratenen Ernten der Kartoffeln, namentlich in den beiden letzten Jahren, haben sie auf die billigeren wilden oder Viehkartoffeln und auf das Schwarz- oder Viehmehl zur Nahrung angewiesen; Fleisch kommt nur bei Einigen zu Ostern, Pfingsten und Weihnachten ins Haus, und dann für eine Familie von fünf bis sechs Personen ein halbes Pfund! Schenkt der Bauer ihnen ein Quant Buttermilch, oder tauschen sie es für die Kartoffelschalen nach langem Aufsammeln ein, so ist dies ein Festtag. Wenn es zuweilen zu etwas Butter noch ausreicht, so zehrt die ganze Familie an einem Viertel Pfund die Woche."[242]

239 Angeführt bei J. Kuczynski, Die Geschichte der Lage der Arbeiter in Deutschland, 1789–1870. 6. verb. Aufl., Bd. I, 1. Teil, S. 140. 240 Ebenda.

241 Die Lohnerhöhung gegenüber den Vorjahren ist sicherlich auf die aktive Teilnahme des deutschen Proletariats an der 1848er Revolution im allgemeinen wie auf den stärkeren Klassenkampf der Leinenweber im besonderen zurückzuführen. Für das letztere findet sich bei F. v. Grünfeld, Streiks in der schlesischen Leinen- und Baumwollindustrie. Landeshut 1921, S. 76f., ein Hinweis.

242 Schneer, A., Über die Not der Leinenarbeiter in Schlesien und die Mittel, ihr abzuhelfen. Berlin 1844, S. 43.

Und weiter lesen wir:

„Häusler Lachmann, alt 74 Jahre, wohnt mit seiner Tochter allein. Die Stube ist zur Hälfte ohne Diele, geschnittene Kartoffeln und Schalen liegen an der Erde wie im Stall. ‚Ich bin selbst nicht mehr fähig mich zu erhalten', sagte der alte Häusler, ‚meine Tochter von 40 Jahren ernährt mich. Wir haben des Tags bei der Weberei mit größter Anstrengung 1 Sgr. (Wochenlohn also 0,60 Mark-HB); dabei soll ich an das Dominium 4 Taler 8 Silbergroschen Grundzins zahlen und 6 Handdiensttage leisten, und monatlich 2 Groschen Haussteuer entrichten.' Das Haus sieht so aus, daß es kaum mehr bewohnbar erscheint, die Schlafkammer unter dem Dach ist dem Wind und Wetter preisgegeben; auf der Treppe zu derselben bin ich eingebrochen."[243]

Aus dem letzten Zitat ist zu ersehen, daß die Weber in Schlesien nicht nur der Ausbeutung durch die Leinenhändler-Verleger, sondern auch der der Grundherren unterlagen. Neben den obengenannten direkten Dienstleistungen für den Grundherrn kam noch der sogenannte Weberzins hinzu, der trotz der bestehenden Gewerbefreiheit weiterhin entrichtet werden mußte.[244] Die Zahlung von Steuern sowie Abgaben an Gemeinde, Kirche und Schule kamen noch hinzu[245] und schmälerten weiter das kärgliche Einkommen der Weber.

Selbst dieses karge Einkommen war vielen Weberfamilien 1844 nicht vergönnt, da sie keine Beschäftigung fanden. Allein im Bolkenhainer und Landeshuter Kreis zählte man unter 56000 Einwohnern allein 7000 arbeitslose Weber und Spinner.[246]

Die einzigen Mittel, sich gegen diese Not und grenzenlose Ausbeutung zu wehren, hatten bisher vor allem darin bestanden, dem Leinenhändler möglichst schlechte Gewebe, verdeckt durch Kartoffelkleister, anzubieten[247] oder durch den Verkauf von unterschlagenem Garn den Verdienst zu erhöhen.

Als jedoch im Jahre 1844 die Baumwollweber sich in Peterswaldau und Langenbielau erhoben, um sich eine menschenwürdige Existenz mit Gewalt zu erobern, schlossen sich ihnen die Leineweber an.[248] An diesem Aufstand beteiligten sich etwa 5000 Weber[249], die sich auch, als der preußische Staat Militär gegen sie einsetzte, heldenhaft verteidigten. Der Übermacht konnten die entkräfteten Weber jedoch nicht widerstehen. Der Aufstand wurde blutig niedergeschlagen. Die Führer dieser Erhebung wurden vor Gericht gezerrt

[243] Ebenda, S. 46–47.

[244] Vgl. F. MEHRING, Historische Aufsätze zur preußisch-deutschen Geschichte. Berlin 1946, S. 155.

[245] Vgl. A. SCHNEER, a. a. O., S. 76.

[246] Vgl. A. ZIMMERMANN, Blüte und Verfall des Leinengewerbes in Schlesien. Breslau 1885, S. 346.

[247] Vgl. MINUTOLI, Reisebericht aus dem Jahre 1838. In: DZA Merseburg, Rep. 120 D I/1, Nr. 11, Vol. 2.

[248] v. GRÜNFELD, F., a. a. O., S. 69.

[249] Vgl. G. ADLER, Die Geschichte der ersten sozialpolitischen Arbeiterbewegung mit besonderer Rücksicht auf die einwirkenden Theorien. Breslau 1885, S. 108.

und erhielten die niederträchtige Strafe von 24 Peitschenhieben und 10 Jahren Schanzarbeit.[250]

Marx und Engels haben diesen Weberaufstand hoch eingeschätzt[251] und datierten die aktive Bewegung des deutschen Proletariats „mit den Erhebungen der schlesischen und böhmischen Fabrikarbeiter im Jahre 1844".[252]

Nachdem sich die Lage der Weber in den Jahren 1845 und 1846 etwas gebessert hatte, brach die Not, bedingt durch die Krise von 1847 einerseits und die hohen Nahrungsmittelpreise andererseits, erneut aus. Diesmal wurde die Not noch dadurch verstärkt, daß auch die Baumwollweber infolge fehlender Verdienstmöglichkeiten sich teilweise der Leinenweberei zuwandten[253], um hier das Überangebot an Arbeitskräften weiter zu erhöhen. Soweit der Weber noch Beschäftigung finden konnte, erhielt er den gleichen niedrigen Lohn wie 1844. Angesichts der enorm gestiegenen Lebenshaltungskosten gegenüber dem Jahre 1844 konnte er sich dafür noch weniger kaufen. Die Not der Weber und Spinner war auch diesmal im schlesischen Gebirge am größten. Epidemien brachen aus. Im Eulengebirge sollen 1848 allein 10000–20000 Menschen an Hungertyphus gestorben sein.[254]

In diesem Gebiet begannen die Herren Bourgeois wieder um Leben und Eigentum zu bangen. Zu ihrem „Schutz" wurde im Mai 1847 eine Kompanie Infanterie und ein Husarenschwadron nach Reichenbach gelegt.[255]

Die fünfziger und sechziger Jahre waren nicht mehr durch solche Notzeiten gekennzeichnet, die Löhne der Leineweber stiegen gegenüber den vierziger Jahren nicht unwesentlich. Die gleichzeitig angestiegenen Lebenshaltungskosten brachten jedoch insgesamt keine grundlegende Besserung. Die besten Verdienstmöglichkeiten fielen wohl in die erste Hälfte der sechziger Jahre, als die Leinenweberei einen neuen Aufschwung erlebte. Da sich bis zu diesem Zeitpunkt die Zahl der Leineweber durch den Übergang zu anderen Beschäftigungen gegenüber den vierziger Jahren vermindert hatte, trat in dieser Zeit sogar ein Mangel an Arbeitskräften in der Leinenweberei auf[256], der sich für die Weberlöhne günstig auswirken mußte. Trotz dieser Steigerung blieben die Löhne der Leineweber weiterhin die niedrigsten in Deutschland.

Es ergibt sich daraus die Frage, welches die Ursachen für das niedrige Lohnniveau in der Leinenindustrie waren. Dieses Problem kann an dieser Stelle

[250] Ebenda.

[251] Vgl. K. Marx, Über den Weberaufstand und die Bildungsfähigkeit der deutschen Arbeiter. In: Marx-Engels-Lenin-Stalin – Zur deutschen Geschichte. Berlin 1954, Bd. II, S. 117f.

[252] Marx-Engels, Revolution und Konterrevolution in Deutschland. In: a. a. O., S. 360.

[253] Vgl. O. Schumann, Die Landeshuter Leinenindustrie in Vergangenheit und Gegenwart. Jena 1928, S. 40.

[254] Vgl. A. Zimmermann, a. a. O., S. 405.

[255] Ebenda, S. 381.

[256] Vgl. O. Schumann, a. a. O., S. 56, und Handelskammerbericht aus Bielefeld für das Jahr 1862.

nicht zufriedenstellend beantwortet werden, da es einer gründlicheren Untersuchung bedarf. Es kann nur der Versuch einer Klärung gegeben werden.

Da der Lohn wie der Preis jeder Ware durch Angebot und Nachfrage beeinflußt wird, mußte sich das Überangebot an Arbeitskräften in der Leinenweberei (vor allem in der ersten Hälfte des 19. Jh.) als lohnsenkend auswirken. Bei dem Vergleich des Lohnniveaus verschiedener Länder weist Marx darauf hin, daß „Preis und Umfang der natürlichen und historisch entwickelten ersten Lebensbedürfnisse, Erziehungskosten des Arbeiters, Rolle der Weiber- und Kinderarbeit . . ."[257] Einfluß auf die Höhe des Lohnes nehmen. Diese Momente beeinflussen sicherlich in gewissem Umfange auch die unterschiedliche Höhe des Lohnes zwischen den einzelnen Zweigen eines Landes. Das Lohnniveau der Leinenindustrie war selbst zu Zeiten der Blüte nicht erheblich gewesen, so daß der Leineweber sich – wie in den Archivalien angeführt wird – durch „Sparsamkeit" und „Mäßigkeit" auszeichneten. May drückt sich z. B. wie folgt aus: „Bei geringem Verdienst herrscht Mäßigkeit, Reinlichkeit und Zufriedenheit . . ."[258] Die deutsche Leinenweberei war vor allem auf dem Lande beheimatet, und die Weber waren in hohem Maße mit der Landwirtschaft verbunden oder kamen aus derselben. Die bis in das 19. Jh. hinein herrschende Leibeigenschaft und die mit ihr verbundene Fronarbeit, also unbezahlte Arbeitsleistung, muß gleichfalls als Faktor angesehen werden, der das niedrige Lohnniveau in der Leinenweberei bedingte. Dieser Faktor mußte in Deutschland um so stärker wirken, da die feudalen Produktionsverhältnisse nicht auf revolutionärem Wege, sondern auf dem für die Ausgebeuteten so qualvollen preußischen Wege beseitigt wurden.

„Die Erziehungskosten des Arbeiters", wie es Marx nennt, waren gleich Null; denn der Leineweber wurde von Kind auf mit den verschiedensten Tätigkeiten des Webprozesses je nach dem erreichten Alter und der dadurch möglichen Kraftanstrengung vertraut gemacht.[259] Die Leineweber kannten – im Gegensatz zu anderen Gewerben – keine eigentliche Lehrzeit.

Diese Momente mußten gleichfalls als lohnsenkend wirken. Als ein wesentliches Moment, das das in der Leinenindustrie vorhandene niedrige Lohnniveau bedingte, muß der hohe Anteil der nebengewerblich betriebenen Leinenweberei angesehen werden. Lenin erläutert uns das in seinem Werk „Die Entwicklung des Kapitalismus in Rußland" an einem analogen Beispiel:

„Im Baumwollhasplergewerbe erklärt sich der außerordentlich niedrige Arbeitslohn dadurch, daß diese Arbeit für die Frauen und Töchter der Bauern usw. nur ein Nebenverdienst ist. Auf diese Weise senkt das in diesem Gewerbezweig bestehende System den Arbeitslohn für Personen, die ausschließlich

[257] Marx, K., Das Kapital. Berlin 1951, Bd. I, S. 586.

[258] May, Reisebericht aus dem Jahre 1836. In: DZA Merseburg, Rep. 120 D I/1, Nr. 11, Vol. 2.

[259] Vgl. Minutoli, Die Lage der Weber und Spinner im Schlesischen Gebirge und die Maßregeln der Preußischen Staatsregierung zur Verbesserung ihrer Lage. Berlin 1851, S. 69.

von ihm leben, unter die Grenze des Erträglichen, drückt den Lohn der ausschließlich von Fabrikarbeit lebenden Personen unter das Minimum der Bedürfnisse oder aber hemmt die Hebung des Bedürfnisniveaus. Das eine wie das andere schafft völlig anormale Verhältnisse."[260]

In der gleichen Richtung wirkte die in Deutschland verbreitete Erscheinung, daß auch dem Leinenweber ein kleines Grundstück als Eigentum oder auch als Pachtland als Ernährungsquelle zur Verfügung stand. Friedrich Engels hat auf diesen Umstand in seinem Artikel „Gegenwart und Zukunft der ländlichen Hausindustrie" hingewiesen: „Nirgends, selbst die irische Hausindustrie kaum ausgenommen, werden so infam niedrige Löhne gezahlt wie in der deutschen Hausindustrie. Was die Familie auf ihrem eigenen Gärtchen und Feldchen erarbeitet, das erlaubt die Konkurrenz dem Kapitalisten vom Preis der Arbeitskraft abzuziehen; die Arbeiter müssen eben jeden Akkordlohn nehmen, weil sie sonst gar nichts erhalten und vom Produkt ihres Landbaus allein nicht leben können und weil andererseits eben dieser Landbau und Grundbesitz sie an den Ort fesselt, sie hindert, sich nach anderer Beschäftigung umzusehen."[261]

Diese Engelssche Darstellung aus dem Jahre 1887 ist für die deutsche Leinenweberei der zurückliegenden Jahrzehnte um so zutreffender, da der Entwicklungsstand der deutschen Industrie niedriger und die Verkehrsbedingungen weit schlechter waren.

Ein weiterer Umstand für das niedrige Lohnniveau muß in den schwierigen Absatzverhältnissen auf dem Weltmarkt für deutsche Leinen einerseits und in dem geringen Grad der kapitalistischen Entwicklung Deutschlands in der ersten Hälfte des 19. Jh. andererseits gesehen werden. Das letztere ist hierbei das Entscheidende. Die Absatzlage auf dem Weltmarkt zwang die deutschen Leinen„industriellen", ihre Leinen billiger anzubieten. Infolge des geringen Grades der kapitalistischen Entwicklung Deutschlands konnten sie dies im wesentlichen ohne Einführung neuer Produktionsverfahren auf Kosten des Weberlohnes tun, da der Weber wenig Möglichkeiten hatte, seine Arbeitskraft anderweitig zu günstigeren Bedingungen zu verwerten.[262]

Dieses niedrige Lohnniveau der Leinenindustrie mußte in den Gebieten, in denen die Leinenweberei der wesentliche Industriezweig war, sich auch auf andere Zweige auswirken.[263] Dies läßt sich z. B. für die Baumwollweberei des schlesischen Gebirges nachweisen. Während ein württembergischer Baumwollweber in den 30er Jahren einen Wochenlohn von 6,54 Mark[264] erhielt, konnte ein solcher Weber im Reichenbacher Kreis nur 2,50–3,00 Mark aufweisen.[265]

Das niedrige Lohnniveau der Flachsmaschinenspinnerei im Vergleich zu den anderen Spinnereizweigen der Textilindustrie hat sicherlich die gleiche Ursache.

[260] LENIN, W. I., Werke, Bd. 3. Berlin 1956, S. 454.

[261] ENGELS, F., Gegenwart und Zukunft der ländlichen Hausindustrie. In: Marx-Engels-Lenin-Stalin – Zur deutschen Geschichte. Berlin 1954, Bd. II, S. 1043f.

[262] Vgl. G. SCHMOLLER, a. a. O., S. 550–551.

[263] ENGELS, F., a. a. O., S. 1044.

[264] Vgl. J. KUCZYNSKI, a. a. O., S. 299.

[265] Vgl. MAY, a. a. O.

Das verarbeitete Material erlaubt leider nicht eine ausführliche Beweisführung für die zuletzt aufgestellten Thesen. Sie wären sicherlich einer gründlicheren Untersuchung wert.

Abschließend soll noch auf einige andere Faktoren, die die Lage der Arbeiter bestimmen, eingegangen werden, wenngleich auch hier auf Grund des verarbeiteten Materials keine größere Darlegung möglich ist.

Die Arbeitszeit ist in der Handweberei für die dreißiger und vierziger Jahre von G. Schmoller mit 14–16 Stunden angegeben worden.[266] Jacobs gibt für die Periode von 1865–1879 einen Arbeitstag von 12–14 Stunden an.[267] Die gleiche Zeit finden wir auch in der Lausitzer Handweberei für die fünfziger Jahre.[268] Angesichts der niedrigen Löhne scheint es zumindestens für die Zeiten günstiger Konjunktur wahrscheinlicher zu sein, wenn wir auch in der zweiten Hälfte des vorigen Jahrhunderts einen 14–16stündigen Arbeitstag annehmen.

Die Arbeitszeiten der Handspinner sind wahrscheinlich analog denen der Leineweber gewesen.

Die Flachsmaschinenspinnerei wies Ende der sechziger Jahre einen 12–13-stündigen Arbeitstag auf.[269] In den vorangegangenen Jahren war sie sicherlich höher, da es gegen Ende der sechziger Jahre wohl in der Leinenindustrie allgemein zu einer Arbeitsverkürzung gekommen ist, was aus dem Bericht des Verwaltungsrates der Bielefelder A.G. für mechanische Weberei zu entnehmen ist:

„Einer Lohnerhöhung sowie der Verkürzung der Arbeitszeit haben wir uns freilich auch nicht entziehen können, um nicht begründete Klage über ungleiche Stellung unserer Arbeiter anderen gegenüber hervorzurufen.“[270]

Die Kinder- und Frauenarbeit war in der Handweberei im gesamten Zeitraum eine allgemein übliche Erscheinung. Die Frauen und Kinder wurden jedoch zumeist nicht in der Weberei direkt, sondern mit den notwendigen Vorarbeiten beschäftigt.[271]

Die Handspinnerei wurde gleichfalls zumeist von Kindern und Frauen sowie von alten, zu anstrengenderen Arbeiten nicht mehr geeigneten Menschen durchgeführt.[272]

[266] Vgl. G. Schmoller, a. a. O., S. 551.

[267] Vgl. G. Jacobs, Die deutschen Textilzölle im 19. Jh. Phil. Diss. Erlangen 1907, S. 58.

[268] Vgl. J. Musäus, a. a. O., S. 49.

[269] Vgl. J. Kuczynski, Geschichte der Kinderarbeit in Deutschland, 1750–1939. Berlin 1958, S. 187.

[270] Verwaltungsrat der Bielefelder AG für mechanische Weberei, Bericht vom 4. Mai 1870. In: DZA Merseburg, Rep. 120 A XII/7, Nr. 48.

[271] Vgl. Minutoli, Reisebericht aus dem Jahre 1838. A. a. O.; G. Kopisch, Bericht über den schlesischen Leinenhandel vom 15. 1. 1835. In: DZA Merseburg, Rep. 120 D V/2c, Nr. 9, Vol. 1; A. Schneer, a. a. O., S. 38; G. Jacobs, a. a. O., S. 58.

[272] Vgl. Bericht der Kommission zur Verwaltung des Königlichen Gnadenfonds zu Bielefeld vom 15. Sept. 1845. In: DZA Merseburg, Rep. 120 D V/1, Nr. 29, Vol. 1; G. Kopisch, a. a. O.; Schmoller, Die Ergebnisse . . ., S. 183.

In der Maschinenflachsspinnerei überwogen die weiblichen Arbeitskräfte.[273] Nach G. Jacobs sollen die Arbeitskräfte der mechanischen Flachsspinnerei in den fünfziger und sechziger Jahren zu 60% Frauen gewesen sein.[274]

V. SCHLUSSBETRACHTUNG

In den vorhergehenden Abschnitten haben wir wesentliche Seiten der Entwicklung der deutschen Leinenindustrie behandelt. Im Ergebnis dieser Darstellung können wir feststellen, daß in der Periode der industriellen Revolution und der Herausbildung des deutschen Industriekapitalismus die deutsche Leinenindustrie in quantitativer Hinsicht eine negative Entwicklung nahm. Im Gegensatz zur allgemeinen Entwicklung der deutschen Industrie nahm die Produktion der deutschen Leinenindustrie – von kurzlebigen Perioden eines Aufschwunges unterbrochen – laufend ab. In qualitativer Hinsicht folgte jedoch, wenn auch langsamer, die deutsche Leinenindustrie dem Lauf der deutschen Industrie. Der Prozeß der industriellen Revolution hatte zögernd die deutsche Leinenindustrie erfaßt. In diesem Zweig der deutschen Industrie setzten sich ebenfalls die kapitalistischen Produktionsverhältnisse durch und verdrängten die der einfachen Warenproduktion. Die sich herausbildenden kapitalistischen Produktionsverhältnisse erreichten jedoch – von der Flachsmaschinenspinnerei abgesehen – nicht den gleichen Reifegrad wie in der Mehrzahl der anderen Industriezweige, was insbesondere durch die verbreitete Existenz des Verlages und der Manufaktur selbst gegen Ende der hier betrachteten Periode des vorigen Jahrhunderts zum Ausdruck kam.
In den voranstehenden Abschnitten wurde auf die Ursachen dieser zur allgemeinen Entwicklung der deutschen Wirtschaft entgegengesetzten Bewegungsrichtung der deutschen Leinenindustrie hingewiesen, soweit es sich aus der Behandlung des konkreten Problemkreises ergab. Abschließend soll zu diesem Problem noch einmal zusammenhängend Stellung genommen werden.
Die deutsche Leinenindustrie als erster Zweig der deutschen Textilindustrie wurde von zwei Seiten angegriffen, als sie sich in einem rückständigen Zustand befand, der im wesentlichen dem Entwicklungsstand des 18. Jh. entsprach. Dieser Angriff erfolgte von seiten der industriellen Revolution, und zwar in zweifacher Hinsicht: einmal von der von der industriellen Revolution erfaßten Baumwollindustrie und zum anderen von der sich im gleichen Prozeß befindlichen britischen Leinenindustrie. Durch den technischen Fortschritt innerhalb der Baumwollindustrie und dem damit verbundenen Übergang zur Fabrikproduktion, zunächst in der Spinnerei, später auch in der Weberei, konnte das an sich infolge des billigeren Rohstoffes schon wohlfeilere Baumwollgewebe zum Massenkonsumtionsmittel werden. Die durch den technischen

[273] Vgl. May, Reisebericht aus dem Jahre 1836. A. a. O.; Schubarth, Reisebericht aus dem Jahre 1852. In: DZA Merseburg, Rep. 120 D I/1, Nr. 11, Vol. 4; G. Viebahn, Reisebericht aus dem Jahre 1845. A. a. O.
[274] Jacobs, G., a. a. O., S. 33.

Fortschritt mögliche Verwendung von Baumwolle für zahlreiche Stoffe, die bisher aus Leinen hergestellt wurden, schränkte den Markt für die Leinenindustrie ein. Der sich infolge des Proletarisierungsprozesses und der Zurückdrängung der Haushaltsproduktion infolge der Intensivierung der Landwirtschaft erweiternde Markt kam aus den gleichen Gründen in hohem Maße der Baumwollindustrie und erst mit Abstand der Leinenindustrie zugute.

Durch den Übergang der britischen Flachsspinnerei zur Maschinenspinnerei und den schnellen Aufschwung der letzteren konnte die britische Leinenindustrie ihre Produktion bedeutend steigern und ein qualitativ besseres und billigeres Erzeugnis auf den Markt bringen. Das verstärkte sich noch, als die Veredlung – Bleiche und Appretur – vom technischen Fortschritt erfaßt wurde. Damit geriet die deutsche Leinenindustrie auf dem Weltmarkt in eine nachteilige Lage, die ihr einen traditionellen Absatzmarkt nach dem anderen kostete. Zugleich wurde sie selbst auf dem eigenen Markt von der britischen Konkurrenz bedrängt, und zwar weniger durch britische Leinen, als vielmehr durch das britische Maschinengarn. Dieses Maschinengarn ruinierte die deutschen Handspinner, aber hemmte zugleich die Entwicklung der deutschen Maschinenspinnerei in den vierziger Jahren, die sich ohnehin unter schwierigeren Bedingungen entwickeln mußte, worauf bereits hingewiesen worden ist. Die deutschen Handspinner, von dieser Seite in ihrer Existenz ernsthaft bedroht, suchten ihr Heil in der Leinenweberei und vermehrten das hier vorhandene Arbeitskräfteüberangebot.

Im gleichen Zeitraum brachte die Beseitigung der feudalen Produktionsverhältnisse und ihre Ersetzung durch kapitalistische auf dem für Deutschland charakteristischen preußischen Weg nachteilige Folgen, vor allem für die deutsche Leinenindustrie. Die langsame Ablösung der Bauern von den Feudallasten und die damit verbundene starke Belastung der entstehenden bäuerlichen Wirtschaften hemmten den Übergang dieser Wirtschaften zu intensiveren Methoden. Dadurch konnte sich jedoch die Leinenweberei lange Zeit noch als landwirtschaftliches Nebengewerbe erhalten. Ja, es muß sogar gesagt werden, daß die landwirtschaftlich Tätigen dadurch auf diese Nebenerwerbsquelle weitgehendst angewiesen waren. Die Folge des preußischen Weges für die zahlreich ruinierten Bauern bestand darin, daß auf Grund ihrer Kenntnis der Leinenweberei einerseits und der geringen industriellen Entwicklung Deutschlands andererseits ihnen der Weg zur Leinenweberei gewiesen wurde. Beides bewirkte eine weitere Überfüllung der Leinenweberei. Der Teil des deutschen Handelskapitals, der sich mit dem Leinenhandel befaßte, sah sich demzufolge einem starken Angebot von Leinen gegenüber. Er war dadurch in der Lage, ohne Kapital in die Leinen*produktion* zu investieren, durch den Aufkauf der Leinen zu niedrigsten Preisen hohe Profite einzustreichen. Auf Kosten der Weber konnten so die deutschen Leinen zunächst noch mit den ausländischen konkurrieren.

Auf Grund der oben und in den voranstehenden Abschnitten näher erläuterten Lage in der deutschen Leinenweberei bestand, zumindest in den wichtigsten

Leinenzentren Deutschlands, keine Notwendigkeit für das Eindringen des Handelskapitals in die *unmittelbare* Produktion, was vor allem bis zu den dreißiger, aber auch noch in gewissem Umfange für die vierziger Jahre, zutreffend ist. Unter den konkreten historischen Bedingungen des vorigen Jahrhunderts konnte jedoch nur durch die Kapitalistenklasse der technische Fortschritt Einzug halten. Da das letztere unterblieb, mußte sich die rückständige Technik in der deutschen Leinenindustrie konservieren. Die zunächst auf der Grundlage der brutalsten Ausbeutung der Weber, die bis zu ihrer physischen Vernichtung führte, bewährte Konkurrenzfähigkeit der deutschen Leinen konnte jedoch mit dem zunehmenden technischen Fortschritt der Leinenindustrie Großbritanniens und schließlich auch anderer Länder nicht von Bestand sein. Dies mußte schließlich zum Verfall der deutschen Leinenweberei mit all ihren schrecklichen Folgen für die unmittelbaren Produzenten führen, wie er in den vierziger Jahren eingetreten war. Diese Periode in der deutschen Leinenindustrie zählt zu den abscheulichsten Kapiteln der Entwicklung der kapitalistischen Produktionsweise Deutschlands.

Die Entscheidung über das Schicksal der deutschen Leinenindustrie fiel demzufolge in den dreißiger und vierziger Jahren. In diesem Zeitraum entschied sich der Untergang der deutschen Leinenindustrie als des ersten Zweiges der deutschen Textilindustrie im Ergebnis des Zusammenwirkens der verschiedenartigsten Faktoren, die auf den voranstehenden Seiten genannt wurden.

Abschließend soll noch einmal von einer anderen Seite die Rolle der rückständigen Verhältnisse auf dem Lande für das Schicksal der deutschen Leinenindustrie behandelt werden. Den rückständigen gesellschaftlichen Zuständen muß ein entscheidenderer Anteil an der Entwicklung der Leinenindustrie zugesprochen werden, als das für die gesamte industrielle Entwicklung Deutschlands gilt. Die langsame und unvollkommene Überwindung der feudalen Produktionsverhältnisse in der Landwirtschaft hemmte – worauf bereits hingewiesen wurde – die rasche Entwicklung der Produktivkräfte, besonders auf dem agrarischen Sektor, und begünstigte die breite Existenz der Leinenproduktion in Form des bäuerlichen Nebengewerbes und der Haushaltsproduktion. Beides hemmte die Entwicklung des inneren Marktes für Leinengewebe und erschwerte den Übergang zur kapitalistischen Warenproduktion reiferen Typus sowie allgemein die Durchsetzung des technischen Fortschritts. Die unentwickelten Marktverhältnisse in Deutschland hatten die deutsche Leinenindustrie bereits früher auf den äußeren Markt gedrängt. An der Entwicklung der deutschen Leinenindustrie zeigt sich mit aller Deutlichkeit, daß der äußere Markt für die Industrie ohne starken Rückhalt auf dem inneren keinen echten Ausweg bieten kann, denn dieser Ausweg bestand nur solange, wie der Stand der Technik in den anderen Ländern dem der deutschen Leinenindustrie entsprach, da zu diesem Zeitpunkt die deutsche Leinenindustrie im Konkurrenzkampf die niedrigeren Löhne und den günstigeren Rohstoffbezug für sich als Vorteile buchen konnte. Als der technische Fortschritt in der Leinenindustrie der anderen Länder, besonders Großbritanniens, diese Vorteile nivellierte und schließlich in Nachteile verkehrte, ging der deutschen Leinenindustrie in wenigen Jahren in hohem Maße der äußere Markt verloren, ohne daß der innere Markt einen ausreichenden Ersatz bot. Die damit zutage tretende Überproduktion hemmte im Zusammenwirken mit der britischen Konkurrenz auf dem deutschen Markt die geringen Ansätze der sich entwickelnden Maschinenspinnerei an einer schnellen, sprunghaften Ausdehnung der Produktion. Nur auf diese Weise hätten jedoch die Überlegenheit der ausländischen Konkurrenz eingeholt und ein ausgedehnter Export der deutschen Leinenindustrie erhalten werden können. Die deutsche Leinenindustrie konnte aber nur im Zusammenhang mit einem ausgedehnten äußeren Markt ihre einstige Stellung innerhalb der deutschen Textilindustrie erhalten, da die weitere Entwicklung ihr im gesamten Gewebeverbrauch einen abnehmenden Anteil zuwies.

Besonders um die Mitte des vorigen Jahrhunderts zeigte sich mit aller Deutlichkeit, daß die deutsche Leinenproduktion, welche Zehntausenden Proletariern als Existenzgrundlage diente, nur durch den technischen Fortschritt, d. h. durch die Anlage von Kapital, erhalten und gehoben werden konnte. Die sich im Niedergang befindliche Leinenindustrie bot jedoch für diejenigen, die bereit waren, Kapital in der Industrie überhaupt anzulegen, eine zunächst ohnehin zahlenmäßig geringe Schicht[275], wenig Anreiz. Es zeigt sich sogar, daß selbst die vorhandenen Leinenindustriellen nicht ihr gesamtes akkumuliertes Kapital diesem Zweig zur Verfügung stellten.[276]

Die Aufschwungsphase des industriellen Zyklus der fünfziger Jahre veranlaßt zwar ein stärkeres Eindringen des Kapitals in die Leinen*produktion*, aber ohne eine wesentliche Verbesserung für die deutsche Leinenindustrie in ihrer Gesamtheit zu bringen. Die erste Hälfte der sechziger Jahre bringt infolge der besonders günstigen Konjunkturbedingungen (vor allem Auswirkungen des amerikanischen Bürgerkrieges) einen Aufschwung der Leinenproduktion bei gleichzeitiger kapitalistischer Durchdringung derselben. In diesem Zeitraum faßt der Kapitalismus in Form der *Fabrikproduktion* in der deutschen Leinenindustrie festen Fuß. Damit wird die deutsche Leinenindustrie vor ihrem völligen Untergang gerettet, aber die Bedingungen für ihren Aufschwung zur einstigen Bedeutung innerhalb der deutschen Textilindustrie sind für immer entschwunden. Somit erfolgte die Durchsetzung der Industrie im eigentlichen Sinne in der deutschen Leinenindustrie auf einem besonders langsamen und für die eigentlichen Produzenten besonders qualvollen Wege, der nur in der Entwicklung der kapitalistischen Produktionsverhältnisse in der deutschen Landwirtschaft seinesgleichen findet.

[275] Vgl. die diesbezüglichen Bemerkungen im Schreiben der preußischen Minister v. ROTHER und v. ALVENSLEBEN an den König vom 3. Dezember 1839. In: DZA Merseburg, Rep. 120 D V/2c, Nr. 9, Vol. 1.

[276] Vgl. Bemerkungen über Kramsta und Willmann bei G. v. VIEBAHN, Bericht über eine agronomisch-technologische Bereisung von Brandenburg und Schlesien 1845. In: DZA Merseburg, Rep. 120 D I/1, Nr. 33.

QUELLENVERZEICHNIS

A. Die verwendeten Archivmaterialien:

1. Aus den Beständen des ehemaligen Preußischen Geheimen Staatsarchivs, heute: Deutsches Zentralarchiv, Abteilung Merseburg (DZA Merseburg):

   a) Rep. 109 B IV, Nr. 44 und Nr. 56
   Rep. 109 B XI, Nr. 29

   b) Rep. 120 HA, G 10, Vol. 1
   Rep. 120 HA, E, Nr. 2
   Rep. 120 HA, L, Nr. 7
   Rep. 120 HA, R, Nr. 16 und Nr. 17

   c) Rep. 120 A XII/7, Nr. 42, 43 und 48
   Rep. 120 C VIII/2, Nr. 37, Vol. 1
   Rep. 120 B IV, Nr. 22
   Rep. 120 D I/1, Nr. 6, 11 (Vol. 2 und 4), 30, 33, 35 und 44
   Rep. 120 D I/2, Nr. 11
   Rep. 120 D V/1, Nr. 1 (Vol. 5–7), 11, 14, 18, 28, 29 und 30
   Rep. 120 D V/2c, Nr. 1 (Vol. 1–6), 9 und 17
   Rep. 120 D II, Nr. 86
   Rep. 120 D V/2d, Nr. 17, Vol. 2 und 3

2. Aus den Beständen des Sächsischen Landeshauptarchivs, Dresden (LHA Dresden):
   a) Statistisches Büro, Nr. 4, 5, 7 und 8
   b) Ministerium für äußere Angelegenheiten, Nr. 6503
   c) Ministerium des Innern,
   Nr. 1334, 1398a–e, 1399, 1271a und b, 1412, 1420, 1432, 1466a–c, 1439, 1413b, 5771, 5928, 6030, 6503, 6713, 6953

B. Die verwendete Literatur:

1. Marx, K., Das Kapital. Berlin 1951, Bd. I.
2. Lenin, W. I., Werke. Berlin 1956, Bd. 3.
3. Marx-Engels-Lenin-Stalin – Zur deutschen Geschichte. Berlin 1953/54, Bd. I und II.
4. Pohle, L., Die Entwicklung des deutschen Wirtschaftslebens im 19. Jh. 2. Aufl., Leipzig 1908.
5. Mehring, F., Historische Aufsätze zur preußisch-deutschen Geschichte. Berlin 1946.
6. Risch, Th., Das königlich-preußische Seehandlungsinstitut und dessen Eingriffe in die bürgerlichen Gewerbe. Berlin 1845.
7. Dieterici, Statistische Übersicht der wichtigsten Gegenstände des Verkehrs und Verbrauchs im preußischen Staate und im deutschen Zollverbande von 1831 bis 1836.
8. Derselbe, Der Volkswohlstand im preußischen Staate. Berlin, Posen und Bromberg 1846.
9. v. Viebahn, G., Statistik des zollvereinten und nördlichen Deutschlands. Berlin 1868, Bd. II und III.
10. Bondi, G., Deutschlands Außenhandel 1815–1870. Berlin 1958.
11. Bienengräber, A., Statistik des Verkehrs und Verbrauchs im Zollverein für die Jahre 1842–1864. Berlin 1868.

12. THIERIOT, J. H., Welchen Einfluß auf dem Felde des sächsischen Gewerbfleißes und Handels hat der Anschluß des Königreiches Sachsen an den preußisch-deutschen Zollverein bis jetzt gehabt? Leipzig 1838.

13. SCHMOLLER, G., Zur Geschichte der deutschen Kleingewerbe im 19. Jh. Halle 1870.

14. SCHMOLLER, Die Ergebnisse der im Jahre 1861 zu Zollvereinszwecken veranstalteten Aufnahme der Gewerbe in Württemberg. In: Württembergische Jahrbücher, Jg. 1862, Heft 2, 1863.

15. Jahrbuch für die Amtliche Statistik des Preußischen Staates, 1. Jg. 1863.

16. TACK, J., Die Hollandgänger in Hannover und Oldenburg. Volkswirtsch. u. wirtschaftsgesch. Abh., Heft 7.

17. WIECK, Industrielle Zustände Sachsens. Chemnitz 1839/40.

18. Derselbe, Die Manufaktur- und Fabrikindustrie des Königreiches Sachsen. Leipzig 1845.

19. MIRUS, A., Über Gewerbeförderung und Gewerbetätigkeit im Königreich Württemberg. Leipzig 1861.

20. SCHERTEL, L. W., Über den Zustand der bayrischen Gewerbeindustrie. München 1836.

21. SCHINKEL, W., Die wirtschaftliche Entwicklung von Stadt und Land Herford. Bünde i. W. 1926.

22. JACOBS, G., Die deutschen Textilzölle im 19. Jh. Phil. Diss. Erlangen 1907.

23. HENDERSON, W. O., Christian von Rother als Beamter, Finanzmann und Unternehmer im Dienste des preußischen Staates 1810–1848. In: „Zeitschr. f. d. gesamte Staatswissenschaft“, 112. Bd., Heft 3, Tübingen 1956.

24. KUCZYNSKI, J., Die Geschichte der Lage der Arbeiter in Deutschland, 1789–1870. Berlin 1954, 6. verb. Aufl., Bd. 1, 1. Teil.

25. Derselbe, Geschichte der Kinderarbeit in Deutschland, 1750–1939. Berlin 1958.

26. GROTHE, H., Der Einfluß des Manchestertums auf Handwerk und Hausindustrie, gezeigt am Ergehen der Hand- und Hausweberei. Berlin 1884, 2. Abdruck.

27. FRAHNE, C., Die Textilindustrie im Wirtschaftsleben Schlesiens. Diss. Tübingen 1905.

28. RINNE, W., Revolution im Faserreich. Hannover 1950.

29. v. MINUTOLI, A., Die Lage der Weber im Schlesischen Gebirge und die Maßregeln der Preußischen Staatsregierung zur Verbesserung ihrer Lage. Berlin 1851.

30. SCHNEER, A., Über die Not der Leinenarbeiter in Schlesien und die Mittel, ihr abzuhelfen. Berlin 1844.

31. ALBERTI und SCHREIBER, Die deutsche Leinenindustriefrage. Breslau 1845.

32. v. VIEBAHN, G., Über die Leinen- und Wollmanufakturen, deren Ursprung, Umfang und Leistungen in Deutschland, deren Wert und Fortschritte. Berlin 1846.

33. HILDEBRANDT, J., Vergangenheit und Gegenwart der deutschen Leinenindustrie. In: Jb. f. Nationalökonomie u. Statistik, Bd. XIII, 1869.

34. ZIMMERMANN, A., Blüte und Verfall des Leinengewerbes in Schlesien. Breslau 1885.

35. Das Weberelend in Schlesien. In: Preußische Jb., 67. Bd., Berlin 1891.

36. HORNUNG, E., Entwicklung und Niedergang der hannoverschen Leinwandindustrie. Hannover 1905.

37. Sasse, C., Die Leineweberei in Laichingen, OA: Münsingen. Staatswiss. Diss. Tübingen 1914.
38. v. Grünfeld, F., Streiks in der schlesischen Leinen- und Baumwollindustrie. Landeshut 1921.
39. Musäus, J., Die Leinenindustrie der Niederlausitz in Vergangenheit und Gegenwart. Diss. jur. Halle 1922.
40. Hildebrandt, J., Die Erdmannsdorfer Aktiengesellschaft für Flachsgarnmaschinenspinnerei und -weberei Zillerthal in Schlesien. Berlin 1922.
41. Kahn, R., Die Leinenweberei auf der Schwäbischen Alb. „Heimarbeit und Verlag in der Neuzeit", Heft 5, Jena 1924.
42. Michael, E., Die Hausweberei im Hirschberger Tal. „Heimarbeit und Verlag in der Neuzeit", Heft 7, Jena 1925.
43. Schumann, O., Die Landeshuter Leinenindustrie in Vergangenheit und Gegenwart. Abh. d. wirtschaftswiss. Seminars Jena, 19, Heft 1, Jena 1928.
44. Handelskammerberichte aus den fünfziger und sechziger Jahren des 19. Jh.

Die Herkunft der industriellen Bourgeoisie Preußens in den vierziger Jahren des 19. Jahrhunderts

VON HEINZ WUTZMER

Die kapitalistische Produktion setzt die Existenz von Arbeitskräften, die frei von feudalen Bindungen und frei von Eigentum an irgendwelchen Produktionsmitteln sind, ebenso voraus wie die von Eigentümern großer Geldfonds und Produktionsmittel. Diese Voraussetzungen entstehen als Ergebnis der sogenannten ursprünglichen Akkumulation. In diesem Moment sind gleichzeitig die entscheidenden ökonomischen Bedingungen für die Überwindung der alten Feudalgesellschaft durch die kapitalistische Produktionsweise vorhanden. Durch diesen Umwälzungsprozeß erfahren die Produktionsverhältnisse und die gesellschaftlichen Produktivkräfte eine gewaltige revolutionäre Vorwärtsbewegung. Die führende Kraft in dieser Entwicklung ist die Bourgeoisie, die Repräsentantin der kapitalistischen Eigentumsverhältnisse und der bürgerlichen Ideologie.

Diese Arbeit konzentriert sich auf ein Problem aus dem Anfangsstadium der *industriellen* Bourgeoisie.

Über die Bedeutung dieses Teiles der Bourgeoisie schrieb Friedrich Engels im März 1847: „Die entscheidende Fraktion der deutschen Bourgeoisie sind die Fabrikanten. Von dem Aufblühen der Industrie hängt das Aufblühen des ganzen Binnenhandels, des Hamburger und Bremer und zum Teil des Stettiner Seehandels, des Bankgeschäftes, hängt der Ertrag der Eisenbahn und damit der bedeutendste Teil des Börsengeschäfts ab. Unabhängig von der Industrie sind nur die Korn- und Wollexporteure der Ostseestädte und die unbedeutende Klasse der Importeurs fremder Industrieprodukte. Die Bedürfnisse der Fabrikanten repräsentieren also die Bedürfnisse der ganzen Bourgeoisie und der von der Bourgeoisie augenblicklich abhängigen Klassen."[1]

Die kapitalistischen Unternehmer und Fabrikanten waren zunächst, also im Anfangsstadium, nicht nur schlechthin Eigentümer von Produktionsmitteln und Geldfonds, sondern auch häufig qualifizierte Fachleute und Praktiker in ihrem Produktionszweig. In Deutschland, bzw. Preußen wurde ein großer Teil der industriellen Unternehmer durch den sogenannten Ingenieur-Unternehmer verkörpert.

Diese progressive Wirkung konnte die industrielle Bourgeoisie nur so lange haben, wie die kapitalistischen Produktionsverhältnisse den gesellschaftlichen Produktivkräften eine ungehemmte Entwicklung ermöglichten.

[1] MARX-ENGELS-LENIN-STALIN – Zur deutschen Geschichte. Berlin 1954, Bd. II/1, S. 135.

Die Hervorhebung der Pionierleistungen von industriellen Unternehmern wird in dem Moment zu einer gefährlichen Demagogie, wenn sie dazu dient, das Privateigentum an Produktionsmitteln prinzipiell zu rechtfertigen. Unhistorisch wäre es aber auch, die fortschrittliche Rolle der industriellen Bourgeoisie z. B. in den vierziger Jahren des 19. Jh. bestreiten zu wollen. Die deutsche und vor allem die preußische Bourgeoisie war zwar politisch eine recht unfruchtbare Klasse; dagegen hatte sie es verstanden, die ökonomischen und technischen Erfahrungen des Auslandes, besonders Englands, weitgehend zu übernehmen. Auch an eigenen Erfindungen, Entdeckungen und Weiterentwicklungen hat es nicht völlig gemangelt. Als Klasse war die Bourgeoisie in den vierziger Jahren des 19. Jh. noch in der Entstehung begriffen. Sie wuchs vor allem im Zusammenhang mit der industriellen Revolution vor allem um den Teil der industriellen Bourgeoisie, der entscheidenden Kraft für die uneingeschränkte Durchsetzung der kapitalistischen Produktionsverhältnisse. Auch darin besteht die historische Bedeutung der industriellen Bourgeoisie.

In zwei der Provinzen des Königreichs Preußen hatte sich die Bourgeoisie am stärksten entwickelt – in der Rheinprovinz und in Schlesien. Trotz dieses gleichartigen Entwicklungsergebnisses waren die Entwicklungsbedingungen für die Herausbildung einer industriellen Bourgeoisie in beiden Gebieten voneinander verschieden.

Im folgenden wird zuerst auf die Herausbildung der industriellen Bourgeoisie in der Rheinprovinz (und in der Provinz Westfalen) eingegangen.

Im Unterschied zu anderen Teilen der preußischen Monarchie wurden in der Rheinprovinz, besonders im linksrheinischen Gebiet, die Errungenschaften der französischen bürgerlichen Revolution mit Hilfe der Armeen Napoleons fast uneingeschränkt durchgesetzt. Damit sind die Entwicklungsbedingungen für die Herausbildung einer industriellen Bourgeoisie in dieser Provinz deutlich gekennzeichnet. Nach den Worten von Friedrich Engels war Rheinpreußen der einzige Teil Deutschlands, dessen gesellschaftliche Entwicklung fast ganz die Höhe der modernen bürgerlichen Gesellschaft erreicht hatte.[2] Die kapitalistischen Produktionsverhältnisse konnten sich während der französischen Besetzung, aber auch danach, im größeren Umfange und weniger mit Überresten feudaler Produktionsverhältnisse behaftet durchsetzen als in anderen preußischen Landesteilen. Schon in den ersten Jahrzehnten des 19. Jh. wurde hier ein für die damaligen Verhältnisse im Königreich Preußen einmaliger Entwicklungsstand der kapitalistischen Produktionsverhältnisse erreicht. Diesen gesellschaftlichen Verhältnissen entsprechend konnte die Rheinprovinz eine verhältnismäßig ausgebildete und vielseitige Industrie aufweisen. In den drei Regierungsbezirken Aachen, Köln und Düsseldorf konzentrierten sich die Baumwoll-, Woll- und Seidenindustrie mit den dazugehörigen Veredelungsgewerben, der Bergbau, die Hüttenindustrie und die eisenverarbeitende Industrie einschließlich des Maschinenbaues, um nur die wichtigsten Zweige zu

[2] MARX-ENGELS-LENIN-STALIN – Zur deutschen Geschichte, Berlin 1954, Bd. II/1, S. 299.

nennen. Friedrich Engels bezeichnete in den vierziger Jahren die industrielle und kommerzielle Entwicklungsstufe der Rheinprovinz zwar für den Weltmarkt als ziemlich unbedeutend, jedoch für Deutschland als einzig.[3]

Soviel zur Charakterisierung der gesellschaftlichen Verhältnisse in der Rheinprovinz.

Die Provinz Westfalen war nicht in dem Maße wie die Rheinprovinz ein ausgesprochener Industriebezirk. Allerdings hatte auch hier die französische bürgerliche Revolution Spuren hinterlassen. Da in den beiden Provinzen die Entwicklungsbedingungen nicht grundsätzlich voneinander verschieden waren, wird die Untersuchung über die Herkunft der industriellen Bourgeoisie im Rheinland und Westfalen nicht gesondert durchgeführt. Gewisse Gemeinsamkeiten in den Entwicklungsbedingungen schließen nicht aus, daß sich in der Rheinprovinz die ökonomisch und politisch stärkste Fraktion der preußischen Bourgeoisie entwickelte.

Die Untersuchung über die Herkunft der industriellen Bourgeoisie wird zuerst am Beispiel der Baumwollindustrie durchgeführt. Eine ganze Reihe von Unternehmen in den vierziger Jahren des 19. Jh., die die Verarbeitung von Baumwolle vornahmen, hatten schon seit Generationen eine Tradition in der Textilproduktion und der Textilveredelung.

Kennzeichnend dafür ist die Entwicklung der Baumwollspinnerei Ermen und Engels im Regierungsbezirk Köln. Im Jahre 1770 war die Familie Engels bereits 191 Jahre im Textilveredelungsgewerbe tätig gewesen. Vor allem war die Bleicherei betrieben worden. Etwa 1770 hatte J. C. Engels die Spitzenfabrikation eingeführt. Im Jahre 1837 gründete F. Engels in Barmen und Manchester die Baumwollspinnerei Ermen u. Engels. Bis in das 20. Jh. hinein bestand die Firma unter diesem Namen. Ihre Haupterzeugnisse waren Baumwollgarne, Strick-, Stopf-, Häkel-, Eisen- und Reihgarn. Neben der Baumwollspinnerei wurde die Bleicherei, dieses traditionelle Familienunternehmen, weitergeführt.[4] Ein anderes, schon lange vor den vierziger Jahren gegründetes Unternehmen war das der Firma F. W. Brügelmann & Söhne in Köln. Das 1820 gegründete Unternehmen war ein gemischter Betrieb; neben dem Großhandel mit Manufakturwaren, Kurz- und Weißwaren wurden verschiedene Fabrikationen betrieben. In den vierziger Jahren hatte sich die Firma Brügelmann & Söhne bereits der Baumwollmaschinenspinnerei zugewandt.[5]

Bedeutende Unternehmer der Baumwollindustrie waren auch ehemals Handwerker gewesen. J. A. Oberempt war in den vierziger Jahren Inhaber einer bedeutenden Baumwollmaschinenspinnerei (1843: 7200 Spindeln) in Rauendahl im Regierungsbezirk Münster. J. A. Oberempt war Handwerker gewesen und hatte das notwendige Kapital mit Hilfe bemittelter Freunde aufbringen

[3] Ebenda, S. 476.

[4] Vgl. P. Steller, Führende Männer des rheinisch-westfälischen Wirtschaftslebens. Berlin 1930.

[5] Ebenda, S. 140–141.

können. Bereits in den dreißiger Jahren arbeiteten in seiner Spinnerei mehrere hundert Arbeiter.[6]
Andere Fabrikunternehmer in Westfalen hatten sich als Kaufleute zum Teil oder vollständig der Baumwollverarbeitung zugewandt. Noch in den vierziger Jahren betrieb der Kaufmann Schmölder in Rheydt einen umfangreichen Handel mit englischen Garnen. Mit einem für die damalige Zeit großen Kapitalaufwand von 113000 Talern kaufte er im Jahre 1846 ein Mühlengrundstück und eine Reihe von Maschinen und richtete damit eine Baumwollspinnerei ein. Im Jahre 1847 wurde die Produktion mit 250 Arbeitern aufgenommen.[7]
Auch der Baumwollwarenfabrikant Wahrendorf war ein Kaufmann. Er besaß in Höxter, Regierungsbezirk Minden, eine Baumwollweberei. Im Jahre 1840, wo dieses Unternehmen in den Akten des preußischen Ministeriums für Handel, Gewerbe und öffentliche Arbeiten erschien, war es noch kein reiner kapitalistischer Fabrikbetrieb. In der Weberei dieser Anstalt waren noch keine Maschinenwebstühle in Betrieb. Die Weberei war auch nicht die Hauptbeschäftigung, denn der größte Teil der Webarbeiten wurden außerhalb des Betriebes in der Stadt Höxter und den umliegenden Dörfern durch Hausweber ausgeführt. Nur 20 Weber waren in der Anstalt tätig, dagegen 380 Lohnweber in der Stadt und der näheren Umgebung. Über das Stadium des reinen Verlages oder der Manufaktur war dieses Unternehmen aber schon weit hinaus. In allen anderen Abteilungen des Betriebes, wo die gewebten Stoffe veredelt wurden, arbeiteten Maschinen, die eine Dampfmaschine in Bewegung setzte. Das Unternehmen des Kaufmanns Wahrendorf weist also noch Züge eines Verlagsgeschäftes, aber auch schon solche eines Fabrikbetriebes auf. Hier findet sich eine der mannigfachen Übergangsformen zum reinen Fabrikbetrieb. Die Mechanisierung der Baumwollweberei befand sich in Deutschland auch noch in den Anfängen, und damit waren die technischen Voraussetzungen für einen Fabrikbetrieb in dieser Branche noch nicht vorhanden.[8]
Auf dem Gebiete der Wollverarbeitung war der kapitalistische Fabrikbetrieb noch weniger ausgeprägt als in der Baumwollindustrie. Demzufolge ist in den vierziger Jahren die Gruppe der industriellen Bourgeoisie, die die Wollindustrie repräsentiert, relativ klein und wenig entwickelt. Ein großer Teil der Unternehmer in der Wollindustrie ist noch nicht als Industrie-Bourgeoisie zu bezeichnen. Während in der Streichgarnspinnerei sich in den vierziger Jahren der Fabrikbetrieb allmählich durchsetzte, ging in der Kammgarnspinnerei die Zahl der Betriebe und der Feinspindeln zurück. Der Kleinbetrieb dominierte. Aber selbst in der Streichgarnspinnerei kann eine große Zahl von Unternehmen nur mit Einschränkung zur industriellen Bourgeoisie gerechnet werden. Das gilt zum Beispiel für die wohlhabenden Tuchmacher und Tuchveredler, die in den vierziger Jahren oder auch in den vorangegangenen Jahrzehnten

[6] Akten des DZA Merseburg, Rep. 120 D VI/2, Nr. 11, Vol. 2, und Rep. 120 HA G 10 (Gewerbetabellen).
[7] Akten des DZA Merseburg, Rep. 120 D VI/2, Nr. 11, Vol. 2.
[8] Akten des DZA Merseburg, Rep. 120 D VI/2, Nr. 11, Vol. 2.

die Streichgarnproduktion auf Maschinenbasis aufnahmen und dabei zur Tuchveredelung Appreturmaschinen in Betrieb nahmen. Wichtige Abteilungen der Betriebe zeichneten sich dann zwar durch eine fabrikmäßige Produktion aus; im Rahmen des Gesamtunternehmens spielte aber die Handarbeit noch eine Rolle. Auf diesem Wege taten reiche Handwerksmeister den Schritt zum industriellen Bourgeois, ohne in jedem Falle dieses Stadium vollständig zu erreichen.

Die Verarbeitung des Flachses war in Preußen vor allem in den schlesischen und westfälischen Regierungsbezirken konzentriert. In den vierziger Jahren des 19. Jh. machte die Entwicklung von Flachsmaschinenspinnereien rasche Fortschritte. In diesen Spinnereien hatte sich der kapitalistische Fabrikbetrieb weitgehend durchgesetzt. Ihre Eigentümer waren in der Regel Leinenhändler oder Leinenverleger gewesen. Offensichtlich zeigt sich das an der Herkunft der bedeutendsten schlesischen Flachsspinnereibesitzer. Darauf wird näher in dem Kapitel über die Herkunft der industriellen Bourgeoisie Schlesiens eingegangen.

Mit der Herkunft der Bourgeoisie in der Produktionsmittelindustrie wird sich der folgende Abschnitt beschäftigen. Die Bergbau- und Hüttenbetriebe, besonders aber die Maschinenbaubetriebe, sind entscheidend für den Industrialisierungsprozeß. Preußen war in den vierziger Jahren zwar noch weit davon entfernt, ein Industriestaat zu sein. In jenen Jahren wurde aber dazu der Grundstein gelegt. Eine große Zahl der in den dreißiger und vierziger Jahren entstandenen Betriebe konnte sich in den späteren Jahrzehnten des 19. Jh. zu bedeutenden, auch auf dem Weltmarkt konkurrenzfähigen Unternehmen entwickeln. Zunächst einige Bemerkungen über die Unternehmer im Bergbau.

Ein Repräsentant des rheinischen Steinkohlenbergbaues war Mathias Stinnes. Am Anfang seiner Laufbahn betrieb er Kohlenhandel, Kohlenschiffahrt und auch andere Fluß- und Seeschiffahrt. Daneben leitete er den Bau von Kirchen, Brücken und Straßen. Eine allerdings nicht seltene Vielseitigkeit der frühen bürgerlichen Unternehmer. Im Jahre 1839 ließ M. Stinnes in seinem Auftrag im Essener Bergrevier nach Kohlen bohren, 1843 setzte dann die Förderung ein. Schon seit 1814 war Stinnes an Kohlengruben beteiligt, wobei er selbst als Abnehmer bedeutender Kohlenmengen auftrat. Auch nach der Inbetriebnahme eigener Kohlengruben war die Schleppschiffahrt auf dem Rhein eine bedeutende Quelle des Vermögens der Familie Stinnes.[9]

Der Besitzer und Mitinhaber mehrerer Kohlengruben, F. Haniel, war, wie Stinnes, Spediteur und Kohlenhändler gewesen. Nachdem er 1830 mit seinem Bruder noch eine Schiffswerft am Rhein gegründet hatte, erwarb er in den Jahren 1837/38 mehrere Kohlengruben.[10]

Auch einige Mitglieder der Familie Liebrecht, die sich in den vierziger Jahren am Steinkohlenbergbau beteiligten, waren Kohlenhändler gewesen.[11] Soweit der rheinische Steinkohlenbergbau.

9 Vgl. P. Neubaur, H. Stinnes und sein Haus, ein Jahrhundert der Entwicklung 1808–1908. Mülheim 1908.
10 Rheinisch-westfälische Wirtschaftsbiographie. Münster 1932, Bd. III, S. 115–130.
11 Ebenda, S. 115–130.

Ein großer Teil der Eisenhüttenbesitzer kam ebenfalls aus der Handelsbourgeoisie. Soweit sie selbst nicht mehr Kaufleute waren, gilt das doch für ihre Vorfahren. Das Kapital zur Anlage oder zum Kauf einer Eisenhütte stammte vor allem aus dem Handel. Dafür einige Beispiele:

Die Vorfahren von Alfred Krupp (1812–1857) waren wohlhabende Kaufleute gewesen. Sein Großvater hatte einen Flachs- und Eisenhandel betrieben und daneben noch auf eigene Rechnung Heimarbeiter als Weber beschäftigt. Aus diesem Handelsgeschäft kam das Geld zum Ankauf der Gutehoffnungshütte (1800), die aber bald wieder verkauft werden mußte. Der Vater von Alfred Krupp betätigte sich während der Kontinentalsperre als „wagender Kaufmann". Mit dem so erworbenen und auch zum Teil ererbten Vermögen konnte er im Jahre 1811 die Kruppsche Gußstahlfabrik eröffnen. Der Anstoß zur Gründung eines solchen Unternehmens waren auch die von Napoleon ausgesetzten Prämien auf die einheimische Erzeugung von Rohstoffen. In diesem Unternehmen gelang es Friedrich Krupp, einen brauchbaren Gußstahl herzustellen. Auf diesem Grundstock konnte Alfred Krupp dann weiterbauen. Dem Mangel an Betriebskapital konnte Alfred Krupp immer wieder durch Darlehen von einem verwandten Kaufmann abhelfen. Auch in den vierziger Jahren mußte er noch die finanzielle Unterstützung eines kapitalkräftigen Geldgebers in Anspruch nehmen.[12]

Die Vofrahren des Franziskus Haniel waren gleichfalls Kaufleute. Der Vater betrieb einen Weinhandel; F. Haniel lernte Kaufmann und arbeitete in verschiedenen Handlungshäusern und errichtete 1799 ein selbständiges Geschäft für Spedition, Kommission und Kohlenhandel. Später beteiligte sich F. Haniel auch an der Begründung eines Eisenhüttenunternehmens (Jacobi-Haniel u. Hyssen).[13]

C. D. Wehrenbold war nach dem Kriege von 1814/15 als Kaufmann und Spediteur vor allem im Salzgeschäft tätig gewesen. Im Jahre 1823 erhielt er die Berggerechtsame. Zur Ausbeutung der Gruben verband er sich mit anderen Kaufleuten und Beamten zu einer Gewerkschaft; 1826 wurde noch eine Eisenhütte angelegt. So entstand die Westfalia-Hütte mit ihrem Eisenwerk. Im Jahre 1838 wurden weitere Zechen erworben. Das Hüttenwerk hatte auch zum Teil die Weiterverarbeitung des Roheisens übernommen, seit den dreißiger Jahren wurden Druckpumpen und Pumpenrohre fabriziert. C. D. Wehrenbold war der Geschäftsführer der Gewerkschaft geworden und betrieb auf eigene Rechnung daneben noch einen schwunghaften Handel mit Eisenbahnschwellen. Einen wesentlichen Zustrom erhielt sein Vermögen aus Grundbesitz, Renten, Staatspapieren, Eisenbahnaktien, Geldverleih und ähnlichem.[14]

[12] Vgl. W. BERDROW, Alfred Krupp und sein Geschlecht, 150 Jahre Kruppgeschichte 1787–1937. Berlin 1937.

[13] Vgl. Rheinisch-westfälische Wirtschaftsbiographie. Münster 1932, Bd. III, S. 115–130.

[14] Vgl. Rheinisch-westfälische Wirtschaftsbiographie. Münster 1932, Bd. I, Heft 3, S. 430–448.

Als letztes Beispiel für die Herkunft der Hüttenunternehmer aus der Handelsbourgeoisie sei hier die Familie Lossen angeführt. Schon im 18. Jh. waren Mitglieder der Familie Hüttenarbeiter gewesen. Anfang des 19. Jh. war ein Lossen Pächter eines Hüttenwerkes und Eisenhändler. Im Jahre 1832 begann die Gründung eigener Hüttenwerke, 1838 wurde die spätere Concordia-Hütte gebaut. Die Nachkommen der Familie Lossen, die in den vierziger Jahren Inhaber der Firma waren, hatten bereits eine Universitätsausbildung.[15]

Bei einigen Eisenhüttenunternehmern ist die Entwicklung vom Kaufmann zum Industriekapitalisten nicht festzustellen. Die berufsmäßige Gewinnung oder Weiterverarbeitung von Eisen ist hier schon eine weit zurückreichende Familientradition. Die Herkunft der Unternehmer Stumm und Hoesch sind dafür ein Beispiel. Die Vorfahren von Stumm waren schon seit 1715 Eisenschmiede im Hunsrück gewesen. Im Jahre 1806 faßten sie im Saargebiet Fuß und erwarben das schon ansehnliche Hüttenwerk zu Neuenkirchen, ohne fremde Finanzhilfe in Anspruch nehmen zu müssen.[16]

Auch in der Familie Hoesch, deren Vertreter in den vierziger Jahren bedeutende Hüttenunternehmer waren, läßt sich das Eisengewerbe Generationen zurück verfolgen.[17]

In einzelnen Fällen stammen die Eisenindustriellen der vierziger Jahre auch aus dem Handwerker- und Bauernstand. J. Mayer war der Sohn eines Bauern, hatte das Uhrmacher- und Schlosserhandwerk erlernt. Mit dem Kaufmann E. Kühne als Finanzier gründete er 1842 in Bochum eine Gußstahlfabrik, die 1854 in die Aktiengesellschaft „Bochumer Verein für Bergbau und Gußstahlfabrikation" umgewandelt wurde.[18] Die Entwicklung des Gußstahlfabrikanten J. Mayer dürfte aber fast ein Einzelfall sein.

Der Maschinenbau war in der Rheinprovinz und zum Teil auch in Westdeutschland am stärksten von allen preußischen Provinzen entwickelt. Der Entstehung nach lassen sich zwei Typen von Maschinenbaubetrieben unterscheiden. Der eine Typ stellte eine Produktionsabteilung des in einem anderen Industriezweig zugehörigen Betriebes dar. Zum Beispiel entstanden eine Reihe von Maschinenbaubetrieben als Reparaturwerkstätten von Textilbetrieben, aber auch als Bestandteil von Eisenhüttenwerken. Ein Teil der Roheisenproduktion dieser Hütten wurde in Gießereien und mechanischen Werkstätten zur Herstellung von Maschinen und Maschinenteilen verwandt. Typische Vertreter dafür waren: Das Hochofenwerk und Eisengießerei von Hoesch in Lendersdorf im Regierungsbezirk Düsseldorf, die Maschinenbauanstalt von Kamp in Wetter an der Ruhr im Regierungsbezirk Arnsberg und die Maschinenbauanstalt von Deus und Moll bei Mühlheim an der Ruhr.[19]

15 Vgl. Rheinisch-westfälische Wirtschaftsbiographie. Münster 1932, Bd. III, S. 203–227.

16 Rheinisch-westfälische Wirtschaftsbiographie. Münster 1932, Bd. II, S. 276–289.

17 Ebenda.

18 Schwäbische Lebensbilder. Stuttgart 1941, Bd. II, S. 340–350.

19 Vgl. Akten des DZA Merseburg, Rep. 120 D I/1, Nr. 11.

Den zweiten Typ der Maschinenbaubetriebe stellten die selbständigen, spezialisierten Anstalten dar. Darunter fallen auch die Betriebe, die zur Herstellung der gußeisernen Maschinenteile eine eigene Gießerei unterhielten. Typisch dafür sind die Maschinenbaubetriebe von F. Dinnendahl, von D. Uhlhorn in Grevenbroich, von W. Oechelhäuser in Siegen, der Gebrüder Druckenmüller in Koblenz, von Bellinghaus in Elberfeld, von Reuleaux und Comp. in Eschweiler, von Piedboeuf, von Dobbs und Pönsgen, von Emonds und Herkohl, letztere in Aachen.[20]

Die überwiegende Zahl der rheinisch-westfälischen Maschinenfabrikanten waren Handwerker gewesen. Das gilt unter anderem für die Fabrikanten D. Uhlhorn, J. Piedboeuf und Gebr. Druckenmüller. In einigen Fällen war der Maschinenbau auch in den vierziger Jahren schon Familientradition. Als Beispiel sei hier die Entwicklung der Familie Dinnendahl angeführt. Der Begründer des Unternehmens, F. Dinnendahl, entstammte einer kleinbürgerlichen Familie auf dem Lande. Er wurde Bergmann und lernte schließlich Bauschreiner. Um 1800 beschäftigte er sich zum erstenmal mit Maschinen und baute 1803 seine erste Maschine, eine Feuermaschine. Seinen Lebensunterhalt erwarb er aber weiter als Zimmermann. Seit 1806 widmete er sich dann ausschließlich dem Maschinenbau. In den zwanziger Jahren hatte er schon ein ansehnliches Vermögen erworben und begann, wenn auch wenig erfolgreich, sich an Bergbauunternehmungen zu beteiligen. Im Jahre 1826 übernahmen seine Söhne die Firma.[21]

Es ist mit Sicherheit anzunehmen, daß bei den Maschinenbaubetrieben des ersten Typs, den gemischten Werken, die Herkunft der Unternehmer aus der Schicht der Handwerker nicht so uneingeschränkt Geltung hat. Der Kapitalbedarf für ein gemischtes Werk war natürlich viel höher als für eine selbständige Maschinenbauanstalt. Daher wird ein Handwerker schwerlich in der Lage gewesen sein, als Gründer oder Eigentümer eines gemischten Werkes zu fungieren. Dazu kommen andere wesentliche Unterschiede. So spielt z. B. in der Eisenhüttenindustrie die Handfertigkeit nicht diese Rolle wie im Handwerk bzw. in einer Maschinenbauanstalt. Auf diese Probleme wird in einem anderen Zusammenhang noch ausführlicher eingegangen.

In den westlichen Provinzen Preußens entwickelte sich auch eine chemische Industrie.

Der Begründer einer später bedeutend werdenden chemischen Fabrik war F. W. Curtius. Er war ein gelernter Apotheker und arbeitete als Kaufmann in Duisburg. Seit 1815 betrieb er einen Handel mit Medizinalwaren und Farbstoffen und konnte dabei bedeutende finanzielle Erfolge erzielen. F. W. Curtius wandte sich vom Drogenhandel der Erzeugung von Chemikalien zu und gründete eine Reihe von chemischen Fabriken. So 1824 eine Schwefelsäurefabrik, 1838 eine Sodafabrik, 1840 eine Alaun- und Tonerdesulfatfabrik, 1848 eine

[20] Vgl. Akten des DZA Merseburg, Rep. 120 D XIV/1, Nr. 17; Nr. 21, Vol. 1 und 2, und Rep. 120 D I/1, Nr. 11.

[21] Vgl. Rheinisch-westfälische Wirtschaftsbiographie. Münster 1932, Bd. I, Heft 3, S. 357–372.

Chlorkalkfabrik und 1849 eine Ultramarinfabrik. Diese Unternehmungen wurden durch Bankkredite, mit eigenen Mitteln und mit Hilfe von Teilhabern finanziert.[22]

Der Gründer der ersten Ultramarinfabrik in Deutschland, C. Levercus, war ebenfalls ein gelernter Apotheker, hatte Chemie und Pharmakopöe studiert und zum Doktor der Chemie promoviert. Bevor er 1834 die Ultramarinfabrik gründete, war er Teilhaber der Sodafabrik von Hoesch und Langenbeetz in Barmen gewesen.[23]

Diese beiden Beispiele dürften typisch für die Herkunft der Unternehmer in der chemischen Industrie sein.

Ein anderes industrielles Zentrum der preußischen Monarchie war die Provinz Schlesien. Mit der Rheinprovinz hatte sie allerdings auch nur die Gemeinsamkeit, daß sie, im Vergleich zu den anderen preußischen Provinzen, einen Industriebezirk darstellte. Friedrich Engels betonte auch, daß Rheinpreußen den übrigen deutschen Industriebezirken (Sachsen und Schlesien) die französische Revolution voraus hatte.[24] In der Provinz Schlesien (und nicht nur hier) waren bei der Herausbildung kapitalistischer Produktionsverhältnisse und einer industriellen Bourgeoisie Elemente des „preußischen Weges" wirksam. In diesem industriellen Zentrum Preußens verwandelte sich ein Teil der zu Agrarkapitalisten werdenden Junker auch zum Industriekapitalisten. Diese Tendenz ist nicht in allen Industriezweigen gleichmäßig stark. Das wird an den nachfolgenden Beispielen deutlich.

Die Provinz Schlesien war vor allem ein Gebiet der Leinenherstellung gewesen. Die Untersuchung über die Herkunft einer industriellen Bourgeoisie in diesem Gewerbezweig wirft ein bereits bekanntes Problem auf, nämlich das der Vereinigung von kapitalistischen Produktionsverhältnissen ungleichen Reifegrades in einem Unternehmen. Die vorherrschenden Produktionsverhältnisse in der eigentlichen Leinenproduktion waren eine primitive Form des Verlages und auch der dezentralisierten Manufaktur. So noch in den vierziger Jahren des 19. Jh. Nur von dieser Produktionsstufe her betrachtet, mußten diese kapitalistischen Unternehmer von vornherein als industrielle Bourgeois ausscheiden. Aber im Gegensatz zur Leinenweberei machte die Entwicklung des Maschinenbetriebes in der Flachsspinnerei in den vierziger Jahren verhältnismäßig rasche Fortschritte. In diesen Spinnereien hatte sich der kapitalistische Fabrikbetrieb weitgehend durchgesetzt. In Gestalt von Spinnfabriken und handwerklicher Leinenweberei waren also kapitalistische Produktionsverhältnisse verschiedener Entwicklungsstufen in einem Unternehmen miteinander vereinigt. Die Tatsache, daß in diesen kapitalistischen Betrieben auf einer wichtigen Produktions-

[22] Vgl. W. Däbritz, E. Matthes u. Weber AG, Duisburg – die Entwicklung einer chemischen Fabrik in 100 Jahren, 1838–1938. Duisburg 1938.

[23] Vgl. Historisch-biographische Blätter, hrsg. von J. Eckstein. Bd. II, VII. Lieferung 1898/99.

[24] Marx-Engels-Lenin-Stalin – Zur deutschen Geschichte. A. a. O., S. 477.

stufe die Fabrik in der Durchsetzung begriffen war, berechtigt, die entsprechenden Unternehmer der industriellen Bourgeoisie zuzuordnen.

Sie waren in der Regel Leinenhändler oder Leinenverleger gewesen. Offensichtlich zeigt sich das an der Herkunft der bedeutendsten Flachsspinnereibesitzer Schlesiens, wie Alberti u. Schreiber, Kramsta, Kopisch und Willmann.

Der Leinengroßhändler W. Alberti hatte in seiner Waldenburger Maschinenspinnerei Spinnmaschinen eigener Konstruktion in Betrieb. Die Leinenweberei erfolgte von Hand und in Heimarbeit.[25]

In dem Leinen- und Manufakturwarengeschäft von Kramsta bestanden ähnliche Verhältnisse wie bei Alberti. Der Kramstaschen Maschinenspinnerei war eine Maschinenbauwerkstatt angegliedert, in der alle erforderlichen Maschinen gefertigt wurden. Der Oberfinanzrat G. v. Viebahn bezeichnet Mitte der vierziger Jahre in einem Reisebericht das Unternehmen des Kommerzienrates Kramsta in Freiberg als das wichtigste des schlesischen Gebirges.[26]

Das Unternehmen des Kaufmanns C. G. Kopisch in Breslau war von der gleichen Art wie das Albertis.[27]

Als ein weiteres Beispiel für die Herkunft der schlesischen Leinenfabrikanten sei hier noch die Firma der Gebrüder Willmann erwähnt. Die Gebrüder Willmann waren Besitzer einer Garnhandlung und hatten in Sagan eine Flachsmaschinenspinnerei angelegt. Die erzeugten Garne wurden verkauft. Es war also keine Kombination mit einer Weberei vorhanden.[28]

Die Verarbeitung von Baumwolle breitete sich auch in Schlesien auf Kosten des Flachses aus.[29] Zum Teil nahmen Leinenfabrikanten noch die Herstellung von baumwollenen Geweben auf.

In den vierziger Jahren bestanden aber auch eine Reihe von reinen baumwollverarbeitenden Betrieben. Ein bedeutendes Unternehmen war z. B. das der Gebrüder Lindheim in Ullendorf bei Glaz. Zu Anfang der zwanziger Jahre waren die Lindheims noch Kaufleute, die mit englischem Baumwollgarn handelten. Wahrscheinlich gründeten sie noch im Laufe der zwanziger Jahre eine Baumwollmaschinenspinnerei; in den dreißiger Jahren ist das Bestehen dieser Spinnerei nachweisbar.[30]

Neben der von der Königlichen Seehandlung gegründeten Spinnerei-AG in Eisersdorf war das Unternehmen von K. A. Milde eines der leistungsfähigsten, in welchem die Baumwollspinnerei, mit einer Weberei verbunden, betrieben wurde. K. A. Milde war der Sohn eines Breslauer Kattundruckers und Kaufmanns. Besonders in der Zeit der Kontinentalsperre entwickelte sich die

[25] Vgl. K. GROBA, Der Unternehmer im Beginn der Industrialisierung Schlesiens. Breslau 1936, S. 18–19.
[26] Vgl. Akten des DZA Merseburg, Rep. 120 D I/1, Nr. 33.
[27] Vgl. Akten des DZA Merseburg, Rep. 120 D V/2c, Nr. 9, Vol. 1.
[28] Ebenda.
[29] Ebenda.
[30] Vgl. Akten des DZA Merseburg, Rep. 120 D VI/2, Nr. 4.

Kattundruckerei und hatte bis 1815 ein Vermögen von 80000 Talern eingebracht. Auf dieser finanziellen Grundlage konnte K. A. Milde umfangreiche Studien in England treiben und im Jahre 1825 eine Baumwollspinnerei in Breslau einrichten, kombiniert mit einer Maschinen-Walzendruckerei.[31]

Die Produktion von Wollgarn und wollenen Geweben war in der Provinz Schlesien von geringer Bedeutung.

Einer der führenden Tuchfabrikanten der Provinz war der Kaufmann F. Förster in Grüneberg. In Suckau besaß er eine Wollmaschinenspinnerei und eine Walkerei. Dieser Fabrik war eine Zahl von Hauswebern angeschlossen. Daneben handelte Förster weiter mit Tuchen, die nicht aus seiner Produktion stammten.[32]

Es waren ebenfalls Kaufleute, die Anfang der vierziger Jahre in Gemeinschaft mit der Königlichen Seehandlung in Breslau eine Kammgarnspinnerei errichteten.[33]

Verbreitet war auch die gemeinsame Nutzung einer Maschinenspinnerei durch mehrere Verleger.

In der schlesischen Hüttenindustrie und im Bergbau hatten sich bis zu den vierziger Jahren des 19. Jh. eine ganze Reihe von kapitalistisch betriebenen Unternehmen entwickelt. Die Herkunft der großen Hüttenunternehmer ist ziemlich einheitlich, sie sind fast alle aus dem Feudaladel hervorgegangen.

Der Besitzer der Laurahütte bei Beuthen war der Graf Henkel Siemianowitz in Gemeinschaft mit den Gebrüdern Oppenfeld aus Berlin. Die Hüttenwerke Zandowitz, Zawadskiwerk, Kolonnowska und Renardshütte waren Eigentum des Grafen Renard. Sehr bedeutende Eisenwerke waren die des Herrn von Winkler auf Miechowitz. Von den Hüttenwerken in Privateigentum waren weiter bemerkenswert: die Eintrachtshütte des Grafen Einsiedel (in Gemeinschaft mit dem Berliner Maschinenfabrikanten Egells), das Hochofenwerk des Regierungspräsidenten Graf Pückler, die Werke der Fürsten Adolf und August von Hohenlohe und die Eisenhütte des Grafen Henkel von Donnersmark. Soweit die bedeutendsten Magnaten Oberschlesiens.[34]

In Niederschlesien waren die Verhältnisse nicht wesentlich anders. Auch hier dominierten unter den Eisenindustriellen die Unternehmer feudaler Herkunft, wie der Graf Solm-Tecklenburg, Fürst Pückler-Muskau, Gräfin Einsiedel und Reichsgraf Dohna. Einige Hütten waren dagegen Eigentum einer Aktiengesellschaft, wie z. B. in Niederleschen und Eylau (Regierungsbezirk Liegnitz).[35]

Die großen Hüttenwerke, besonders in Oberschlesien, waren zum Teil mit Steinkohlengruben kombiniert.

[31] Schlesische Lebensbilder. Hrsg. von der Historischen Kommission für Schlesien, Breslau 1922, Bd. II, S. 216–231.

[32] Akten des DZA Merseburg, Rep. 120 D IV/7, Nr. 6.

[33] Akten des DZA Merseburg, Rep. 109 Bd. II, Nr. 84.

[34] Akten des DZA Merseburg, Rep. 120 D I/1, Nr. 35.

[35] Akten des DZA Merseburg, Rep. 120 D I/1, Nr. 36.

Im Unterschied zu den rheinischen Hüttenwerken war auf den schlesischen Hütten die Herstellung von Maschinen fast gar nicht verbreitet. Die letzte Verarbeitungsstufe des Eisens war gießen oder walzen. Eine Ausnahme war die Eisenhütte in Eylau bei Sprottau; ursprünglich eine Akteingesellschaft, übernahm ein gewisser Baller nach Auflösung der Aktiengesellschaft das Werk. Dieser Betrieb war eine Kombination von Hochofenwerk, Gießerei und Maschinenbauwerkstatt. Die einzige Maschinenbauanstalt Schlesiens von wirklicher Bedeutung befand sich in Breslau. Der Begründer war ein Sohn S. B. Ruffers. S. B. Ruffer hatte die Liegnitzer Tuchindustrie ins Leben gerufen. Im Jahre 1798 hatte die Firma vom König den Titel „Königlich preußische privilegierte Ruffer'sche Tuchfabrik" erhalten. Das bedeutete ausschließliches Monopol der Tuchherstellung in Liegnitz. Einer der Söhne Samuel Benjamin Ruffers gründete 1832 in Breslau eine Maschinenfabrik. Der Ausbau des Unternehmens erfolgte mit Unterstützung der Seehandlungsgesellschaft, die als Teilhaber in die Maschinenfabrik eintrat.[36]

Anschließend an die Betrachtungen über die Herkunft der industriellen Bourgeoisie in Rheinland-Westfalen und Schlesien noch einige Bemerkungen zu diesem Thema in Berlin. In der preußischen Hauptstadt waren vor allem die weiterverarbeitenden Gewerbe und Industrien vertreten.[37] Berlin war nicht in dem Sinne ein Industriezentrum wie etwa die Rheinprovinz und Schlesien, zeichnete sich aber durch eine außerordentliche Mannigfaltigkeit in der gewerblichen Produktion aus. Verhältnismäßig stark entwickelt hatte sich der Berliner Maschinenbau.

Auf einige Repräsentanten des Berliner Maschinenbaues in den vierziger Jahren sei hier eingegangen.

August Borsig hatte, wie sein Vater, den Zimmermannsberuf erlernt. Er absolvierte die Königliche Kunst-, Bau- und Handwerksschule in Breslau und das Berliner Gewerbeinstitut. In Berlin konzentrierte er sich vor allem auf den Maschinenbau und machte auch eine praktische Maschinenbauausbildung bei Woderb und Egells durch. In dieser Firma wurde er Angestellter und schließlich Fabrikleiter. Mit seinen Ersparnissen und einer vertraglich vereinbarten Abgangsprovision eröffnete er 1837 eine Maschinenfabrik mit 50 Arbeitern. A. Borsig konnte sich mit seinen Erzeugnissen schnell durchsetzen. Im ersten Jahre stellte er noch kleine Gußwaren her, 1843 waren seine Lokomotiven den englischen schon überlegen. Im Jahre 1849 wurde der Fabrik ein Eisenhüttenwerk und ein Walzwerk in Moabit angegliedert.[38]

J. K. Hummel war ein gelernter Schlosser. Durch den Nachbau einer französischen Kanonenbohrmaschine erregte er die Aufmerksamkeit des preußischen Königs. Bis 1824 arbeitete er als Schlosser und Schmied und begann dann

[36] Schlesische Lebensbilder. Breslau 1922, Bd. I, S. 151–154, und Akten des DZA Merseburg, Rep. 120 D I/1, Nr. 33.

[37] v. REDEN, F., Erwerbs- und Verkehrsstatistik des Königsstaats Preußen. II. Abteilung (Berlin), Darmstadt 1853.

[38] Schlesische Lebensbilder. Bd. II, S. 232–236.

mit der Herstellung von Werkzeugmaschinen, besonders für die preußischen Artilleriewerkstätten. Sein Hauptauftragsgeber war der preußische Staat, in dessen Auftrage er Maschinen aller Art baute, die der Privatindustrie als Unterstützung zur Verfügung gestellt wurden. J. K. Hummel konstruierte auch eine Reihe von Textilmaschinen.[39]

Auch die Maschinenfabrikanten Egells, Freund und Wöhlert sind aus dem Handwerk hervorgegangen. J. Egells konnte auf Grund besonders guter Beziehungen zu Beuth Anfang der zwanziger Jahre ausgedehnte Studienreisen durch England und Frankreich unternehmen.[40]

Zur Entstehung der Berliner Industrie und der Industriellen schrieb O. Wiedfeld im Jahre 1899: „In der Hauptsache erwuchs die Großindustrie aus dem Handwerk, indem tüchtige, intelligente Meister, die durch die vorzügliche Schule des Kgl. Gewerbe-Instituts gegangen waren, sich im Ausland und namentlich in Paris die nötigen technischen Fähigkeiten vollends angeeignet und nach der Heimat zurückgekehrt, Fabriken gründeten."[41]

Für die Herkunft der Berliner Maschinenfabrikanten hat sich diese Einschätzung vollauf bestätigt.

Die Übersicht über die Herkunft der preußischen industriellen Bourgeoisie kann als repräsentativ angesehen werden, trotz der Beschränkungen auf einzelne Provinzen und Industriezweige. Daß andere Provinzen der preußischen Monarchie keine Erwähnung fanden, bedeutet nicht, daß sich dort überhaupt keine industrielle Bourgeoisie nachweisen ließe. Soweit in diesen Provinzen spezifische Abweichungen in der Herkunft der industriellen Bourgeoisie aufgetreten sein sollten, können sie die Gesamteinschätzung nicht grundsätzlich verändern. Der Entwicklungsstand der Industrie in den nicht erwähnten Provinzen ist quantitativ und zum Teil auch qualitativ unter dem Stand der untersuchten Provinzen.

Ähnlich verhält es sich mit der Existenz von Fabriken oder fabrikähnlichen Unternehmungen in den Industriezweigen, die völlig unberücksichtigt blieben. Entweder waren sie in den vierziger Jahren noch nicht von der industriellen Revolution erfaßt oder für die industrielle Entwicklung eines Landes von geringer Bedeutung.

Auf der Grundlage des Materials über die bedeutendsten Industriezweige in der Rheinprovinz, Westfalen, Schlesien und des Maschinenbaues in Berlin sind also Verallgemeinerungen über die Herkunft der industriellen Bourgeoisie Preußens in den vierziger Jahren des 19. Jh. möglich.

Die industrielle Bourgeoisie ist ein Produkt der industriellen Revolution, die gerade in den vierziger Jahren in ein entscheidendes Stadium getreten war.

[39] Vgl. Allgemeine deutsche Biographie, Bd. 50, S. 507–509, Leipzig 1876.

[40] Vgl. H. Witt, Die Triebkräfte des industriellen Unternehmertums vor 100 Jahren und heute. Hamburg 1929, S. 14.

[41] Wiedfeld, O., Die Berliner Industrie. S. 79. Zitiert bei W. Sombart, Der Bourgeois. München und Leipzig 1913, S. 487.

Von der industriellen Revolution wurden nach und nach fast alle Industriezweige erfaßt. Nach den Worten von Friedrich Engels lieferten die Maschinen, d. h. die Werkzeug- und Dampfmaschinen, die Industrie gänzlich in die Hände der großen Kapitalisten.[42] Diese einheitliche Klasse der industriellen Kapitalisten sonderte sich aus verschiedenen sozialen Schichten der Bevölkerung ab. Dabei zeigt sich eine gewisse Einheitlichkeit in der Herkunft der Unternehmer in den einzelnen Industriezweigen.

In der Textilindustrie der vierziger Jahre entstammen die schon zur Bourgeoisie zu rechnenden Fabrikanten überwiegend Kaufmannsfamilien oder waren selbst Kaufleute gewesen.[43] Für die Baumwoll- und Leinenindustrie sind dazu eine ganze Reihe von Beispielen angeführt worden. Diese ausgeprägte Verbindung von Handelsbourgeoisie und Textilindustrie (vor allem Baumwoll- und Leinenindustrie) war nicht zufällig und ist auch schon vor den vierziger Jahren des 19. Jh. eine typische Erscheinung.

Bei den Vertretern der Handelsbourgeoisie sind für ihre Entwicklung zu industriellen Bourgeois in der Textilindustrie eine Reihe von günstigen Voraussetzungen vorhanden. Für Textilerzeugnisse hatte sich bis in die vierziger Jahre hinein der innere und äußere Markt, wenn auch mit Schwankungen, verhältnismäßig schnell weiterentwickelt. Die Textilindustrie ist auch vornehmlich auf einen Massenabsatz eingerichtet und nicht nur mit einem bestimmten und begrenzten Käuferkreis verbunden. Der Absatz von Textilien ist mit keinerlei technischen Problemen verbunden, wie es z. B. im Maschinenbau der Fall war. Der Produzent und Verkäufer von Fertigwaren oder Halbfabrikaten in dieser Branche mußte vor allem die Marktverhältnisse kennen, der Absatz war also vorwiegend ein kaufmännisches Problem. Unter diesen Bedingungen war für einen Kaufmann die Kapitalsanlage in der Textilindustrie am profitabelsten. Die Repräsentanten des Handelskapitals sind an sich die entscheidende Schicht, aus denen sich die industrielle Bourgeoisie entwickelt; in der Textilindustrie findet der Kaufmann außerdem noch Bedingungen, die seinen Interessen und Gewohnheiten als Kaufmann besonders entsprechen. In diesem Zusammenhang ist auf die Form der Verbindung von Handelskapital und gewerblicher Produktion hinzuweisen, die der Fabrik vorausgeht – dem Verlag. Auf die historische Entstehung des Verlages soll hier nicht eingegangen werden.

In den vierziger Jahren des 19. Jh. sind unter den Kaufleuten, die sich in industrielle Bourgeois umwandeln, die Mehrheit Verleger. Über das Verlagsgeschäft entwickelte sich der Handelskapitalist zum Industriekapitalisten, ohne dabei die Handelsfunktion immer aufzugeben. Den Interessen und Gewohnheiten des Kaufmanns entspricht dieser Weg insoweit, als die Anlage von fixem Kapital unbedeutend bleiben kann. Außerdem lassen sich die aus Absatzschwierigkeiten resultierenden Probleme leicht auf die individuell, mit

[42] Vgl. K. MARX und F. ENGELS, Werke. Berlin 1959, Bd. IV, S. 364.

[43] Vgl. H. WITT, Die Triebkräfte des industriellen Unternehmertums vor 100 Jahren und heute. Hamburg 1929, S. 11.

eigenen Produktionsinstrumenten arbeitenden Hausarbeiter abwälzen. Bei der Zurückhaltung, die die Kaufleute zunächst bei der Anlage von fixem Kapital übten, ist es verständlich, daß sie nur allmählich und schrittweise die fabrikmäßige Produktion in das Verlagsgeschäft eingliederten und dabei allerdings selbst den Rahmen des Verlages von innen her sprengten. Das war gleichzeitig der Schritt vom Handelskapitalisten zum Industriekapitalisten.

Für einen Handwerker war es weniger leicht, zum industriellen Kapitalisten in der Textilindustrie aufzusteigen. In den Händen von selbständigen Handwerkern hatten sich in geringem Umfang für die Umwandlung in Kapital geeignete Geldfonds konzentriert. Der Handwerker dürfte auch kaum die Gelegenheit gehabt haben, sich die notwendige Marktübersicht anzueignen. Der Kaufmann war ihm durch seine Tradition überlegen. Aus dieser Einschätzung muß die Wollindustrie allerdings ausgeklammert werden. Es wurde bereits darauf hingewiesen, daß auf dem Gebiet der Wollverarbeitung die industriellen Kapitalisten zum großen Teil einer Schicht wohlhabender Handwerker entstammen, den sogenannten Tuchern. Da einerseits die Tucher schon lange vor dem 19. Jh. eine führende Stellung im Wollgewerbe als Verleger erlangten und andererseits die Umwandlung dieser Handwerker-Verleger in industrielle Kapitalisten in den vierziger Jahren noch in den Anfängen steckte, soll dieses Problem hier nicht weiter verfolgt werden. Es sei nur noch darauf hingewiesen, daß sich die Tucher in den ersten Jahrzehnten des 19. Jh. bereits weit von ihrer ursprünglichen Handwerkerfunktion entfernt hatten.

Im Bergbau und in der Eisenhüttenindustrie ist die Herkunft der industriellen Unternehmer nicht mehr ganz so einheitlich. Außerdem treten in Preußen auch territoriale Unterschiede auf. Für die Rheinprovinz und die Provinz Westfalen sind zwei Typen kennzeichnend. Die eine Gruppe von kapitalistischen Unternehmern hatte als Ausgangspunkt das Handels- und Speditionsgeschäft, besonders den Kohlenhandel und den Kohlentransport. Gerade die letztgenannten Unternehmen waren die Quelle bedeutender Vermögen, mit welchen die Kaufleute, Spediteure und Reeder in den Bergbau und das Eisenhüttengewerbe eindrangen. Das Interesse speziell dieser Kaufleute an einer Kapitalsanlage z. B. im Bergbau bestand in der Möglichkeit der höheren Verwertung des Kapitals, die sich aus der Verbindung von Kohlenhandel, Kohlentransport und Kohlenabbau ergibt.

Ähnliche Interessen bestanden bei den Kaufleuten, die ursprünglich Eisenhändler waren und begannen, Kapital in der Hüttenindustrie anzulegen. Der Kaufmann wird vorwiegend Kapital in den Sphären außerhalb des Handels angelegt haben, über die er auf Grund seiner Handelstätigkeit eine Übersicht erlangt hatte und daher glaubte, die Verwertungsmöglichkeiten des Kapitals realer einschätzen zu können. Diesem Motiv soll damit keine uneingeschränkte Gültigkeit unterstellt werden, denn gerade in den vierziger Jahren des 19. Jh. strömte Kaufmannskapital in verschiedene Sphären der gewerblichen Produktion und des Transports, ohne daß die obengenannten Zusammenhänge bestanden.

Bei der anderen Gruppe von kapitalistischen Unternehmern, vor allem ist sie in der Eisenhüttenindustrie nachweisbar, stellt die Gewinnung und Weiterverarbeitung von Eisen eine weit zurückreichende Familientradition dar. Sie waren entweder Hüttenarbeiter, Schmiede oder bereits Inhaber von Hüttenwerken. Hier ist also eine ununterbrochene Entwicklungsreihe zu beobachten.

Die Entscheidung, ob Unternehmer im Bergbau und im Eisenhüttenwesen in den vierziger Jahren bereits zur industriellen Bourgeoisie gerechnet werden können, hängt im Detail von anderen Faktoren ab als z. B. in der Textilindustrie. In der Textilindustrie war das Kriterium die fabrikmäßige Produktion, d. h. die Anwendung von Werkzeugmaschinen in Verbindung mit zentralen Antriebsmaschinen und die Konzentration einer größeren Zahl von Lohnarbeitern unter das Kommando eines Kapitalisten. Auf den Bergbau und das Eisenhüttenwesen läßt sich dieses Kriterium nur mit Einschränkung anwenden. Die industrielle Revolution bringt in diesen Zweig nicht den Übergang von der Hand- zur Maschinenarbeit, sondern führt zu Vervollkommung chemisch-technologischer Prozesse, Anwendung von Dampfmaschinen, zu einer Vergrößerung und Vervielfältigung der Aggregate und zu einer verstärkten Zusammenballung von Arbeitskräften.

Bei Herausbildung derartiger, den beiden Zweigen Bergbau und Hüttenwesen entsprechender Bedingungen entwickelten sich die einzelnen Betriebe zu Fabriken und ihre Eigentümer zu industriellen Bourgeois. Für eine annähernd fabrikmäßige Produktion im Bergbau und Eisenhüttengewerbe ist der Kapitalbedarf verhältnismäßig hoch. Unter solchen Bedingungen ist es vor allem wieder der Kaufmann, der sich zum industriellen Bourgeois entwickeln kann. Seine Überlegenheit gegenüber dem Handwerker besteht vor allem in der Verfügung über größere Geldfonds und nicht so sehr in der besseren Übersicht über den Markt.

Da aber in der Hüttenindustrie durch die industrielle Revolution die Anforderungen an die Qualifikation der technischen Leiter und der Arbeitskräfte nicht geringer, sondern größer wurden, hatten auch die spezialisierten Handwerker des Eisenhüttengewerbes die Möglichkeit, allmählich zur industriellen Bourgeoisie aufzusteigen. Die Überlegenheit des Handwerkers gegenüber dem Kaufmann kommt in seiner technischen Qualifikation zum Ausdruck. Beispiele dafür sind bereits angeführt worden. In vielen Fällen wird auch erst eine Verbindung von Kaufmann und Handwerker bzw. Facharbeiter zur Einführung fabrikmäßiger Produktion geführt haben.

Es wurde schon darauf hingewiesen, daß in Preußen hinsichtlich der Herkunft der industriellen Bourgeoisie im Bergbau und Hüttenwesen auch territorial Unterschiede auftreten.

In der Provinz Schlesien läßt sich dafür das beste Beispiel finden. Hier war die Herkunft der Bergbau- und Eisenindustriellen ganz anderer Art. Die allmählich zu kapitalistischer Ausbeutung übergehende alte Feudalklasse hatte hier auch in den vierziger Jahren noch die entscheidende politische und ökonomische Macht. Ein neues fortschrittliches Bürgertum hatte sich nicht in dem Maße entwickeln können, wie z. B. in der Rheinprovinz. Die Provinz Schlesien war auch von den Auswirkungen der französischen Revolution verhältnismäßig unberührt geblieben. Trotzdem entstanden in der Provinz Schlesien bedeutende Fabrikbetriebe im Bergbau und Eisenhüttenwesen. Hier waren es aber in erster Linie Teile des Feudaladels, die sich in industrielle Bourgeois umwandelten. Sie verfügten über umfangreiche, günstige Voraussetzungen, wie z. B. über umfangreichen Landbesitz. Im Zusammenhang mit dem preußischen Weg zum Kapitalismus in der Landwirtschaft konzentrierten sich in ihren Händen Geldfonds, die zum Teil als Kapital in der Industrie angelegt wurden.

So zeigten sich bei der Herausbildung der industriellen Bourgeoisie in der Provinz Schlesien starke Elemente des sogenannten preußischen Weges. Ein Teil des alten, historisch überlebten Feudaladels wurde zu Industriekapitalisten.

Im preußischen Maschinenbau ist die Herkunft der industriellen Unternehmer recht einheitlich. Als Regel ist die Entwicklung eines selbständigen Handwerkers oder eines Facharbeiters zum Inhaber einer Maschinenbauanstalt anzusehen.

In den vierziger Jahren des 19. Jh. waren die preußischen Maschinenbaubetriebe nicht auf den Maschinenabsatz gleichartiger, spezialisierter Maschinen und Geräte eingestellt. Die Maschinenbauer arbeiteten zum größten Teil auf Bestellung, so daß jede Maschine in Einzelfertigung hergestellt werden mußte. Auch eine Spezialisierung der Maschinenbaubetriebe war in den vierziger Jahren noch nicht ausgeprägt. Deutlich kommt das in einem Schreiben des Industriellen C. T. Vopier an Beuth zum Ausdruck: „Zu dem höchst gütigen Schreiben vom 26. Mai forderten Euer Hochwohlgeboren mich auf, die Maschinen anzuführen, welche ich für die neue Fabrik besonders notwendig halte. Es ist aber sehr schwierig, jetzt schon vorherzusehen, welche Maschinen im Anfang am nötigsten sind, indem dieses sich gänzlich nach den ersten Bestellungen richten wird; sollten wir sogleich Schiffsmaschinen für die neue rheinische Dampfschiffahrtsgesellschaft machen, so erforderte dieses mehrere Maschinen, die Herr Cockerill am besten von Seraing liefern könnte. Allein in diesem Falle sowohl als auch wenn Spinnmaschinen und dergleichen unsere erste Beschäftigung bilden würden, wünschte ich einige sehr genau und nach der englischen Konstruktion gearbeitete Maschinen zu haben, durch welche ich auch die anderen notwendigen Maschinen anfertigen könnte."[44]

Jeder Betrieb mußte in der Lage sein, die verschiedensten Maschinen auch für die Eigenausrüstung herzustellen. Die Maschinenbaubetriebe traten nur selten von vornherein mit einem spezialisierten Produktionsprogramm hervor, sondern vor allem die verschiedenartigsten Bestellungen bestimmten ihre Tätigkeit.

[44] Akten des DZA Merseburg, Rep. 120 D XIV/1, Nr. 21, Vol. 1.

Die Maschinenbauer mußten sich daher ständig umstellen können, um eingehenden Aufträgen gerecht zu werden. Allerdings bewegte sich auch die Leistungsfähigkeit des Maschinenbaues nur in bestimmten Grenzen. Das gilt in erster Linie für den Textilmaschinenbau, hier war die Überlegenheit z. B. Englands besonders augenfällig. W. Lochmüller schrieb dazu: „Daher bedeutete es für die gesamte deutsche Baumwollindustrie ein großes Glück, als England 1842 seine Tore zur Ausfuhr von Textilmaschinen öffnete. Die deutsche Maschinenindustrie war nicht fähig, die nötigen Spinn- und Webmaschinen zu liefern."[45]

Die preußischen Maschinenbauanstalten wiesen in den vierziger Jahren des 19. Jh. noch stark handwerkliche Züge auf. Die oben geschilderten Verhältnisse und Produktionsbedingungen im Maschinenbau lassen bereits erkennen, daß besonders auf diesem Gebiet sich Handwerker zu Fabrikanten entwickeln konnten. Die Herkunft der Maschinenfabrikanten und der Charakter dieser Produktion stimmen überein.

Selbst der Absatz der Maschinenbauprodukte war keine überwiegend kaufmännische Angelegenheit, denn die angefertigten Maschinen mußten beim Auftraggeber aufgestellt und in Betrieb gesetzt werden. Im Gegensatz z. B. zur Textilindustrie überwog im Maschinenbau zunächst die technische Funktion des Unternehmers.[46]

Neben den Umständen, die von der Produktion her den Maschinenbau zum besonderen Entwicklungsgebiet des Handwerks machten, erforderte diese Branche verhältnismäßig wenig Kapital zur Begründung und zum Betrieb des Unternehmens. Die preußischen Maschinenbaubetriebe konnten zum größten Teil mit Eigenmitteln der Gründer aufgebaut werden (siehe Borsig). Der geringe Kapitalbedarf, oft genügten weniger als 1000 Taler, erleichterte den Handwerkern und Facharbeitern den allmählichen Übergang zum Fabrikunternehmer. Es gibt auch einige Beispiele, wo zur Finanzierung des Unternehmens Kaufleute herangezogen wurden bzw. die Kaufleute verbanden sich mit Mechanikern zum Betriebe einer Maschinenbauanstalt.[47]

Der Maschinenfabrikant in den vierziger Jahren hat auch innerhalb des Betriebes eine ähnliche Stellung wie ein Handwerksmeister. Er mußte die Arbeiter anlernen und war selbst qualifizierteste Arbeitskraft in seiner Anstalt.[48] Hierin unterscheidet er sich wesentlich vom Unternehmer in der Textilindustrie.

[45] LOCHMÜLLER, W., Zur Entwicklung der Baumwollindustrie in Deutschland. Abh. d. Staatswiss. Seminars zu Jena, Jena 1906, Bd. III, Heft 3, S. 17.

[46] Vgl. Akten des DZA Merseburg, Rep. 120 D XIV/1, Nr. 21, Vol. 1. Einen Einblick in diese Verhältnisse in den Maschinenbauanstalten gibt ein Schreiben der Gebr. DRUCKENMÜLLER aus Koblenz an BEUTH vom Jan. 1834. Dieses Beispiel gilt aber auch für die vierziger Jahre des 19. Jh.

[47] Vgl. Akten des DZA Merseburg, Rep. 120 D XIV/1, Nr. 21, Vol. 2.

[48] Vgl. H. SACHTLER, Wandlungen des industriellen Unternehmens in Deutschland seit Beginn des 19. Jh. Halle 1937, S. 20.

Die Darstellung der Besonderheiten des Maschinenbaues und einiger damit zusammenhängenden Erscheinungen hat ergeben, daß die Herkunft der preußischen Maschinenfabrikanten aus dem Handwerkerstand nicht irgendwie zufällig war. Das Handwerk konnte allerdings nur solange für die Herkunft einer industriellen Bourgeoisie von Bedeutung sein, wie sich die Durchsetzung des Fabriksystems noch im Anfangsstadium befand. Solche Bedingungen waren für das Handwerk in den vierziger Jahren des 19. Jh. noch weitgehend vorhanden.

In dem Abschnitt über die Unternehmer in der chemischen Industrie wurde schon erwähnt, daß in ihrer Herkunft eine deutliche Übereinstimmung zu beobachten ist. Kaum ein Gewerbe stellte schon in der ersten Hälfte des 19. Jh. so hohe wissenschaftliche Anforderungen an die technische Leitung eines Betriebes, wie das in der sich entwickelnden chemischen Industrie der Fall war. Hier liegt ein ähnlicher Zusammenhang wie zwischen Handwerk und Maschinenbauindustrie vor. Auch in der chemischen Industrie kam der kapitalistische Unternehmer in der Anfangsperiode des Fabriksystems aus einer Schicht, die vor allem über die technisch-wissenschaftliche Qualifikation für die Errichtung und Führung eines fabrikmäßigen Chemiebetriebes verfügte.

Die industrielle Bourgeoisie Preußens kam in den vierziger Jahren des 19. Jh. aus den verschiedensten sozialen Schichten der Bevölkerung. Für die wichtigsten Industriezweige konnte jeweils, von Ausnahmen abgesehen, eine spezifische Herkunft der Unternehmer festgestellt werden. Gleichzeitig konnte auch der Nachweis erbracht werden, daß die Repräsentanten der einzelnen Industriezweige ihren Ausgangspunkt in den Sphären der gewerblichen Produktion oder des Handels hatten, die sie mit spezifisch günstigen ökonomischen oder technischen Voraussetzungen ausgestattet hatten. Bei der Klärung des Problems der Herkunft in der industriellen Bourgeoisie Preußens in den vierziger Jahren des 19. Jh. mußte der historischen Situation entsprechend die Bedeutung dieser Klasse als Träger des gesellschaftlichen Fortschritts im Vordergrund stehen. Die Herkunft und die ursprünglichen Verdienste um die Entwicklung der deutschen Industrie, um den technischen und ökonomischen Fortschritt, bewahren auch den industriellen Bourgeois nicht vor seinem historischen Schicksal. Die Geschichte Deutschlands ist den Beweis dafür nicht schuldig geblieben.

Die Finanzierung der Neugründungen und Erweiterungen von Industriebetrieben in Form der Aktiengesellschaften während der fünfziger Jahre des neunzehnten Jahrhunderts in Deutschland, am Beispiel der preußischen Verhältnisse erläutert

VON HORST BLUMBERG

Der vorliegende Beitrag, der auf der vom Verfasser im Jahre 1956 abgeschlossenen Diplomarbeit basiert, soll die Rolle der Aktiengesellschaft für die Finanzierung der industriellen Anlagen in den fünfziger Jahren des vorigen Jahrhunderts beleuchten. Damit wird zu dieser Frage der deutschen Wirtschaftsgeschichte konkretes Quellenmaterial in zusammengefaßter Form dargebracht, das sich in erster Linie auf Preußen bezieht, und der Versuch einer Auswertung vorgenommen. Die beiden ersten Abschnitte sollen das Verständnis der Behandlung des eigentlichen Themas erleichtern. In diesem Zusammenhang sei auf die Dissertation von Horst Thieme, „Die ökonomischen und politischen Widersprüche bei der Erteilung von Konzessionen zur Gründung von Aktiengesellschaften in Preußen 1850 bis 1857", Leipzig 1957, verwiesen, die sich ausführlich mit der Rolle des preußischen Staates befaßt.

I. ZUR ENTWICKLUNG VON INDUSTRIE UND BANKEN IN DEN FÜNFZIGER JAHREN

In der Einleitung des vorliegenden Bandes, die sich mit dem Prozeß der industriellen Revolution befaßt, wurde bereits darauf hingewiesen, daß die fünfziger Jahre des vorigen Jahrhunderts in ökonomischer Hinsicht durch eine den industriellen Aufschwung der vierziger Jahre übertreffende massenhafte Anlage von konstantem fixem Kapital gekennzeichnet waren.

Wenn Deutschland um die Mitte des 19. Jh. noch zu den Agrarländern zählte und im größten deutschen Staate, in Preußen, der Anteil der in der Landwirtschaft beschäftigten Bevölkerung noch $64^0/_0$[1] betrug, so vollzog Deutschland im Verlaufe des sechsten Jahrzehnts einen bedeutsamen Schritt zum Industriestaat. Der Prozeß der industriellen Revolution verlief in diesem Zeitraum auf einer breiteren Grundlage als in den vierziger Jahren, was Friedrich Engels anschaulich in den nachfolgend zitierten Worten zum Ausdruck brachte: „Nachdem der deutschen Bourgeoisie in den Jahren 1848 und 1849 ihre Feigheit eine schmähliche Niederlage auf politischem Gebiet eingetragen hatte,

[1] POHL, L., Die Entwicklung des deutschen Wirtschaftslebens im letzten Jahrhundert. Leipzig 1908, 2. Aufl., S. 19.

tröstete sie sich, indem sie sich mit Feuereifer auf die Großindustrie warf. Das Bild des Landes wandelte sich schnell. Wer Rheinpreußen, Westfalen, das Königreich Sachsen, Oberschlesien, Berlin und die Seestädte 1849 zum letztenmal gesehen hatte, erkannte sie im Jahre 1864 nicht wieder. Überall waren Maschinen und Dampfkraft eingedrungen. Große Fabriken waren größtenteils an die Stelle der kleinen Werkstätten getreten. Dampfschiffe ersetzten nach und nach die Segelschiffe, zunächst in der Küstenschiffahrt und dann im Überseehandel. Die Eisenbahnen vervielfachten sich; auf den Werften, in den Kohlengruben und Eisenbergwerken herrschte eine Aktivität, zu der sich die schwerfälligen Deutschen bis dahin für völlig unfähig gehalten hatten."[2]
Das Vordringen der zentralisierten kapitalistischen Industriebetriebe in fast allen Bereichen der materiellen Produktion, wenn auch im unterschiedlichen Ausmaße, kennzeichnete die fünfziger Jahre. Dieses Vordringen erforderte bedeutsame Kapitalien, die aus dem Sektor der kapitalistischen Produktion allein nicht beschafft werden konnten. Die für die Periode der industriellen Revolution so charakteristische Umwandlung des Handelskapitals in industrielles mußte deshalb noch eine wesentliche Rolle spielen, was in den folgenden Abschnitten noch näher dargelegt werden soll. Aber auch unter Benutzung des akkumulierten Handelskapitals war der allgemeine Stand der Kapitalakkumulation in Deutschland nicht ausreichend, um auf der Grundlage von *Einzelkapitalien* die Schwerindustrie aufzubauen, wie das in England in den vorangegangenen Jahrzehnten in größerem Maße bereits geschehen war. Dies galt für Deutschland um so mehr, da sich das Kapitalminimum für Anlagen der Schwerindustrie mit dem Fortschritt der Technik vergrößert hatte. Im Bergbau mußten die tieferen Lagerstätten erschlossen werden, was nur mit Hilfe umfangreicher Wasserhaltungsmaschinen möglich war.[3] Im Hüttenwesen wandte man sich immer mehr den größeren Hochöfen mit Koksfeuerung zu, die 15–20 m hoch waren und einen Durchmesser von 4–5 m besaßen. Die älteren Öfen erreichten kaum mehr als 10 m Höhe, und ihr Durchmesser schwankte zwischen 2,5 und 3 m.[4]
Solche großen Einzelkapitalien fehlten in der Regel. —
Die wenigen Ausnahmen, wie KRUPP, BORSIG und andere, widersprechen dem nicht; denn ihre Werke waren meist in früherer Zeit aus kleinen Anfängen entstanden. Die große Nachfrage nach Produktionsmitteln erheischte jedoch sofort solche Werke; denn sowohl der ausgedehnte Eisenbahnbau als auch der Bau und die Erweiterung zahlreicher Fabriken jeder Art benötigten Maschinen, Eisen, Kohle und anderes mehr. Das assoziierte Kapital war die einzige Möglichkeit in Preußen, auf der Grundlage der damaligen Kapitalverhältnisse die erforderlichen Werke zu erbauen, um damit die Nachfrage

[2] ENGELS, F., Der Sozialismus des Herrn Bismarck. In: Marx-Engels-Lenin-Stalin – Zur deutschen Geschichte. Berlin 1954, Bd. II, S. 1009–1010.
[3] WIEDENFELD, KURT, Die Montanindustrie und ihre Annexe ... In: Die Rheinprovinz 1815 bis 1915. Bonn 1917, Bd. I, S. 320.
[4] Ebenda, S. 322.

nach den Produktionsmitteln decken zu können. Die Aktiengesellschaft, die bisher „noch eine rara avis"[5], wie sich Marx ausdrückt, war, beginnt besonders im Bergbau und Hüttenwesen, eine wesentliche Rolle zu spielen.

Noch an der Schwelle zum fünften Jahrzehnt des 19. Jh. mußten die Staatsminister Rother und Graf von Alvensleben dem preußischen König berichten[6]:

„Die Kapitalisten sind hier (gemeint ist Preußen – H. B.) nicht geneigt, industrielle Unternehmungen gehörig zu würdigen; selbst die reellsten Entwürfe zu Aktienvereinen finden im allgemeinen wenig Anklang, jeder zieht vor, sein Vermögen, statt es der Industrie zuzuwenden, auf Hypotheken oder Staatspapieren anzulegen, um die Früchte desselben mit möglichster Sicherheit in Ruhe genießen zu können, und nur zum Ankauf von Landgütern sind einzelne bei dem jetzigen niedrigen Zinsfuße geneigt geworden."

Lediglich die Eisenbahn-Aktiengesellschaften erfreuten sich in diesem Jahrzehnt eines größeren Zustroms von Kapitalien.[7] Diese Haltung der vermögenden Schichten Preußens änderte sich auch in den letzten Jahren des fünften Jahrzehnts nicht. Ganz im Gegenteil, durch die revolutionären Ereignisse, durch den Sieg der Reaktion sowie durch die Krise von 1847 stark beeindruckt, hütete man das in den letzten Jahren nicht *unbeträchtlich* akkumulierte Kapital[8] ängstlich. Man traute sich nicht einmal, dasselbe den Banken zu übergeben[9], viel weniger den noch unsicheren Aktiengesellschaften. Noch 1850 sprach ein schlesischer Fabrikant[10] von einer „kreditlosen Zeit".

Doch bereits 1851 begann sich das zu ändern, und den Banken floß massenhaft Kapital zu[11], so daß sich die preußische Bank im Oktober gezwungen sah, einen Teil der Privatdepositen zu kündigen[12]; denn ihre Metallvorräte hatten sich innerhalb von 10 Monaten mehr als verdoppelt.[13] Die Banken sahen also zunächst noch keine genügenden Anlagemöglichkeiten, was sich jedoch in den folgenden Jahren grundlegend ändern sollte. In ganz Deutschland begannen die ersten Gründerjahre des deutschen Kapitalismus. Karl Marx charakterisierte die fünfziger Jahre bis zum Ausbruch der Wirtschaftskrise mit folgenden Worten[14]:

[5] Marx, K., Preußen und die Hohenzollern um die Jahreswende 1858/59. In: Marx-Engels-Lenin-Stalin – Zur deutschen Geschichte. Berlin 1954, Bd. II, S. 666.

[6] Rother und v. Alvensleben, Schreiben an den König vom 3. Dezember 1839. In: DZA Merseburg, Rep. 120 D V/2c, Nr. 9, Vol. 1.

[7] Vgl. A. und W. Willmann, Dahrlehnsgesuch an den König vom 5. Februar 1844. In: DZA Merseburg, Rep. 120 D V/2c, Nr. 9, Vol. 2. (zitiert in „Leinenindustrie", Abschnitt III/1, Anm. 161).

[8] Vgl. H. Rosenberg, Die Weltwirtschaftskrisis von 1857 bis 1859. Beiheft 30 zur Vj. f. Soz. u. Wirtschaftsgeschichte, Stuttgart 1934, S. 41.

[9] Vgl. W. Sombart, Die deutsche Volkswirtschaft im 19. Jh. und im Anfang des 20. Jh. Berlin 1923, 6. Aufl., S. 80.

[10] Vgl. Schreiben des Fabrikanten Gustav Volke zu Sagan an den Preuß. Handelsminister vom 6. Februar 1850. In: DZA Merseburg, Rep. 120 D IV/7, Nr. 15.

[11] Vgl. O. Michaelis, Volkswirtschaftliche Studien. Berlin 1873, Bd. I, S. 252f.

[12] Ebenda, S. 253. [13] Ebenda. [14] Marx, K., a. a. O., S. 684.

„Die Sucht, reich zu werden, vorwärtszukommen, neue Gruben zu erschließen, neue Fabriken zu errichten, neue Eisenbahnen zu bauen und *vor allem Geld in Aktiengesellschaften zu investieren* (hervorgehoben von mir – H. B.) und mit Aktien zu spekulieren, wurde zur Leidenschaft des Tages und ergriff alle Klassen, vom Bauern bis zum Fürsten mit der Adelskrone, der einst ein reichsunmittelbarer Fürst gewesen war."

Auf diese Weise wurde der unzureichenden Kapitalakkumulation durch die Zentralisation der Kapitale nachgeholfen. Die Zentralisation ermöglichte den preußischen Industriellen, „die Stufenleiter ihrer Operationen auszudehnen".[15] Das assoziierte Kapital hat bei der bedeutenden Entwicklung der deutschen Industrie während der fünfziger Jahre eine wesentliche Rolle gespielt; es trat besonders in der Form der Aktiengesellschaften und der Kommanditgesellschaften auf. Ohne dieselben wäre der bedeutende Aufschwung der Industrieproduktion, besonders der Schwerindustrie, während der fünfziger Jahre wohl kaum möglich gewesen.

Je mehr jedoch die Zentralisation des Kapitals, besonders „vermittelst des glatteren Verfahrens der Bildung von Aktiengesellschaften"[16], für die Entwicklung der Industrie an Bedeutung gewann, um so notwendiger wurde ein voll ausgebildetes Banksystem. Der Typ der Banken, der noch für die erste Hälfte des 19. Jh. charakteristisch war und sich vor allem mit der Zahlungsvermittlung und Zahlungserleichterung beschäftigte[17], genügte nicht mehr. Die industrielle Entwicklung erforderte, daß die Emission von Aktien und Obligationen sowie der sogenannte Industriekredit zum wesentlichen Bestandteil des Bankgeschäfts wurden. Hierzu waren jedoch vor allem große Banken notwendig; denn die kleinen Privatbanken konnten diese Aufgaben nicht erfüllen, da ihr Kapital für diese Zwecke nicht ausreichte.

Mevissen, wohl einer der besten Kenner des Bankwesens seiner Zeit, beurteilte das deutsche Bank- und Kreditwesen zu Beginn der fünfziger Jahre wie folgt:

„Zettelbanken existierten bis zum Jahre 1853 nur in Berlin, Stettin, München, Leipzig und Dessau, Banken oder Bankhäuser für den täglichen lebendigen Verkehr der Industrie und für die Vermittlung ihrer Beziehungen zum In- und Auslande, Institute, berufen, die Gründung zeitgemäßer großer industrieller Unternehmungen zu fördern und anzuregen, bestanden in größerem Umfange fast nur im preußischen Rheinlande. Das Bankgeschäft der Börsenplätze beschränkte sich größtenteils auf Operationen in Fonds und Aktien, und nur an wenigen Plätzen wurde der Industrie ein mäßiger Acceptkredit bewilligt.

Die Unzulänglichkeit der in Deutschland bestehenden Bank- und Kreditinstitute war seit Jahren eine von fast allen Organen der öffentlichen Meinung

[15] MARX, K., Das Kapital. Berlin 1951, Bd. I, S. 661.

[16] Ebenda.

[17] KÄHLER, WILHELM, Handel, Bankwesen, Versicherungswesen ... In: Die Rheinprovinz 1815 bis 1915. Bonn 1917, Bd. I, S. 523.

anerkannte, in den Verhandlungen der Parlamente und Kammern niedergelegte, von tausendfachen Vorschlägen zur Abhilfe begleitete Tatsache. Diese Unzulänglichkeit wurde um so fühlbarer, je mehr die deutsche Industrie sich entwickelte, je mehr Produktion und Export stiegen und je mehr mit großartigen Mitteln ausgerüstete Aktiengesellschaften auf den verschiedensten Gebieten der Industrie die dem Bedürfnisse der Gegenwart entsprechende Konzentration der Kapitalien und Kräfte herbeiführten."[18]

Die industrielle Entwicklung erforderte große Bank- und Kreditinstitute, die mittels Aktienbanken schnell aufgebaut werden konnten. Dieser Weg wurde jedoch vom preußischen Staate versperrt. Dieser stand den Aktienbanken feindlich gegenüber; denn er fürchtete die damit entstehende Kapitalmacht. Unter dem Vorwand, die Spekulation zu bekämpfen, wurden nur wenige Banken mit verhältnismäßig geringem Aktienkapital konzessioniert. Hansemann wurde die Konzessionierung der Diskontogesellschaft verweigert.[19] Mevissen beabsichtigte 1856, in Berlin ein „Preußisches Kreditinstitut zur Förderung von Ackerbau, Handel und Industrie" mit einem Aktienkapital von 50 Millionen Talern[20] zu gründen. Obwohl „das Unternehmen ... in seiner Verwaltung die besten Namen der preußischen Aristokratie mit namhaften Geldkräften"[21] vereinigte, verweigerte die Regierung ihre Zustimmung, da die Entstehung einer so bedeutenden neuen Geldmacht aus politischen und wirtschaftlichen Gesichtspunkten bedenklich erschien und „die drohenden Gefahren einer Überspannung des Unternehmergeistes" abgewendet werden sollten.[22]

Die preußische Regierung widersetzte sich vor allem einer Verbindung von Kredit- und Notenbank.[23] Trotzdem wurden in der Zeit von 1848 bis 1857 neun Aktienbanken konzessioniert, die – bis auf wenige Ausnahmen – Notenbanken waren und ein Aktienkapital von je einer Million Taler besaßen.[24] Diesen Banken war die Emission von Wertpapieren nicht gestattet.[25] Doch die wirtschaftliche Entwicklung erforderte im Hinblick auf die zunehmende Zahl der Aktiengesellschaften wie der Industrieunternehmungen überhaupt Banken mit größeren Kapitalien, die sich dem Emissions- und Kreditgeschäft widmeten. Die Bourgeoisie versuchte deshalb, durch die Gründung von zahlreichen Banken an den Grenzen des preußischen Staates diesem Mangel abzuhelfen, so

[18] MEVISSEN, G., Bericht auf der Generalversammlung der Bank für Handel und Industrie in Darmstadt vom 22. Mai 1854. In: HANSEN, J., Gustav v. Mevissen, ein rheinisches Lebensbild 1815 bis 1899. Berlin 1906, Bd. II, S. 525.

[19] DÄBRITZ, W., Gründung und Anfänge der Disconto-Gesellschaft. München 1931, S. 10.

[20] HANSEN, J., Gustav v. Mevissen, ein rheinisches Lebensbild 1815 bis 1899. Berlin 1906, Bd. I, S. 666–667.

[21] Ebenda, S. 667. [22] Ebenda.

[23] Ebenda, S. 661.

[24] Vgl. N. HOCKER, Sammlung der Statuten aller Aktienbanken Deutschlands. Köln 1858.

[25] Ebenda.

daß in den Jahren 1855/56 neue Banken in Braunschweig, Weimar, Sondershausen, Darmstadt, Meiningen, Gera, Gotha, Bückeburg, Hamburg und anderswo entstanden.[26] Außerdem fand man innerhalb Preußens ebenfalls einen Ausweg, größere Banken auf der Grundlage von „Aktien", unabhängig von der Konzessionierung des Staates, gründen zu können. Diesen Ausweg bot die Kommanditgesellschaft, die im Allgemeinen Preußischen Landrecht wegen ihrer bis dahin geringen Verbreitung nur mit zwei knappen, allgemein gehaltenen Paragraphen bedacht war.[27]

Die Kommanditgesellschaft wird nach außen hin durch die sogenannten Geschäftsinhaber vertreten, die mit ihrem gesamten Vermögen haften, während daneben die zahlreichen stillen Teilhaber bestehen, die durch die Erwerbung von Beteiligungsscheinen, also einer Art von Aktien, an der Gesellschaft beteiligt und in Höhe dieser Beteiligung haftbar sind. Bis 1857 wurden unter Ausnutzung dieser Form in Preußen sechs Banken als Kommanditgesellschaften gegründet, deren Kapital laut ihren Statuten 56 Millionen Taler[28] betragen sollte, das aber bis zum Jahre 1857/58 bei weitem nicht erreicht wurde. Zum Beispiel hatten vier Banken bis zu diesem Zeitpunkt nur ein Kapital von 16,3 Millionen Talern[29] aufzuweisen, obwohl ihre Statuten zusammen nicht weniger als 46 Millionen[30] vorsahen. Die große Diskrepanz zwischen effektivem Kapital und Statutenkapital rührte in erster Linie daher, daß die meisten Banken erst 1856 gegründet worden sind und durch den Ausbruch der Krise im darauffolgenden Jahr das vorgesehene Kapital nicht aufzubringen war.

Da diese Banken erst gegen Ende der eigentlichen Gründerjahre entstanden sind, haben sie bei der Emission von Aktien kaum eine Rolle gespielt. Die größte von ihnen, die Diskonto-Gesellschaft, begann sich ebenfalls erst seit 1856, nach einer Reform ihres Statuts, auch diesem Gebiete des Bankgeschäfts zu widmen.[31] Bei ihr spielten gemäß der durch die Krise bedingten Lage auf dem Effekten-Markte in den folgenden Jahren des sechsten Jahrzehnts des vorigen Jahrhunderts vor allem Eisenbahnobligationen, weniger Industrieaktien, eine Rolle.[32] Sie besaß selbst einige Industrieunternehmungen und war an anderen beteiligt.[33] Das Wechselgeschäft stand bei ihr, wie auch bei den meisten anderen Banken, an erster Stelle und nahm durchschnittlich 40,7%[34] des jährlichen Gesamtumsatzes in Anspruch, während der Anteil des Effektenumsatzes nur 16,8%[35] betrug. In den Jahren

[26] ROSENBERG, H., a. a. O., S. 90.
[27] DÄBRITZ, W., a. a. O., S. 55.
[28] Vgl. N. HOCKER, a. a. O., und W. DÄBRITZ, a. a. O., S. 54.
[29] Ebenda. [30] Ebenda.
[31] Vgl. Die Disconto-Gesellschaft 1851 bis 1901, Denkschrift zum fünfzigjährigen Jubiläum. Berlin 1901, S. 88f. und 158/159.
[32] Ebenda.
[33] Ebenda.
[34] Ebenda, S. 258/259.
[35] Ebenda.

1856 bis 1860 betrug der eigene Wertpapierbestand der Diskonto-Gesellschaft im Durchschnitt jährlich 5,5 Millionen Mark.[36]

Der rheinische Schaaffhausensche Bankverein war hingegen seit seiner Entstehung an der Gründung von Industrieunternehmungen und der entsprechenden Emission von Aktien stärker beteiligt. Der Anteil des Umsatzes auf dem *Aktien*konto am Gesamtumsatz der Bank stieg von 1849 bis 1853 von 8,5 auf 11%, und in absoluten Zahlen ausgedrückt betrug der Umsatz auf diesem Konto 1849 2,9 Millionen Taler, 1853 6,5 Millionen und 1856 5,5 Millionen Taler.[37] Doch auch bei dieser Bank spielte das Wechselgeschäft die entscheidende Rolle, und der Umsatz auf dem Wechselkonto beanspruchte sogar 47%[38] des Gesamtumsatzes. Aus der Bilanz des Jahres 1856 geht hervor, daß der Bankverein mit 3,2 Millionen Talern[39] in Form von Effektenbesitz, anderweitiger Beteiligung und Vorschüssen an fremden Unternehmungen beteiligt war. Dieser Betrag machte fast ein Viertel der Bilanzsumme aus.[40]

Eine weitere bedeutende Bank Preußens war das Bankhaus Sa. Oppenheim jr. u. Co. von Köln, das in starkem Maße Gründungs- und Emissionsgeschäfte in der Industrie betrieb und worüber noch näher gesprochen werden soll. Sie war eine Privatbank, wie überhaupt die Mehrzahl der damaligen Banken Privatbanken waren. In Berlin zählte man allein im Jahre 1850 144 einzelne Bankiers, Wechsel- und Fondshandlungen, deren Mehrzahl freilich von geringer Bedeutung war.[41]

Zweifellos die größte Bank der preußischen Monarchie war die Preußische Bank in Berlin. Sie stellte eine halbstaatliche Bank dar, an der neben dem Staat im starken Maße Privatpersonen beteiligt waren, und die das Recht hatte, Noten herauszugeben.[42] Das Betriebskapital schwankte in der Zeit von 1851 bis 1856 zwischen 55,4 Millionen und 57,7 Millionen Talern[43], und die Gesamtumsätze betrugen während dieser Zeit 1851 767 Millionen und 1856 1,7 Milliarden Taler.[44] Am Effektengeschäft war diese Bank nur wenig beteiligt, viel mehr aber am Wechsel- und Lombardgeschäft. Von den in den fünfziger Jahren gegründeten Aktiengesellschaften hatte sie sich nur an zwei Unternehmungen beteiligt, nämlich an der „Berliner Brotfabrik"[45] und an der „Ravensberger Spinnerei".[46]

Wie man an den wenigen Beispielen sieht, nahm die Geschäftstätigkeit der Banken in den fünfziger Jahren des 19. Jh. bedeutend zu. Gründungs- und

36 Ebenda.
37 Vgl. N. Hocker, a. a. O., S. 575 und 578.
38 Ebenda.
39 Vgl. Bilanz des A. Schaaffhausenschen Bankvereins zu Köln für das Jahr 1856. In: DZA Merseburg, Rep. 120 A XI/12, Nr. 2, Vol. 1.
40 Ebenda.
41 Däbritz, W., a. a. O., S. 28.
42 Vgl. N. Hocker, a. a. O., S. 519 und 714.
43 Ebenda.
44 Ebenda.
45 Vgl. Angaben in: DZA Merseburg, Rep. 109 B XI, Nr. 30.
46 Ebenda, Nr. 29.

Emissionsgeschäfte waren keine unbekannten Größen mehr, obwohl die größten deutschen Banken in jener Zeit sich mehr mit Staats-, Finanz- und Eisenbahngeschäften befaßten als mit eigentlichen industriellen Geschäften.[47] Marx charakterisierte die Entwicklung des preußischen Bankwesens dieser Jahre treffend mit den folgenden Worten:

„Kann sich Preußen auch nicht eines Isaac Péreire rühmen, so besitzt es doch Hunderte von Mevissens an der Spitze von mehr Credit-mobiliers, als der deutsche Bund Fürsten zählt."[48]

Wenn man weiß, welche Rolle der Credit-mobiliers bei den Gründungen von Industrieunternehmungen wie auch Verkehrsgesellschaften gespielt hat, kann man ermessen, wie hoch Marx mit diesen Worten die Rolle der preußischen Banken bei der Entwicklung der Industrie in jenen Jahren einschätzte.

Die Lage auf dem Geldmarkt gestaltete sich mit Beginn des industriellen Aufschwungs sehr lebhaft, obwohl es hier schon vor Ausbruch der Wirtschaftskrise vonn1857 an Störungen nicht fehlte. Schon Anfang 1853 zeigte sich, daß sich seine Expansionsfähigkeit den Grenzen näherte, und der Diskontsatz hatte den tiefsten Stand überschritten, den er bis zum Ausbruch der Krise nicht wieder erreichte.[49] Das Kapital begann auf dem Geldmarkt knapp zu werden. Dies wurde durch die Überschwemmung der europäischen Märkte mit staatlichen Anleihepapieren verursacht.[50] Die Verhältnisse wurden jedoch bald wieder stabiler, und die Hausse-Spekulation konnte sich bis zum Jahre 1856 trotz der zunehmenden Beanspruchung des Geldmarktes durch die Emissionen der vielfältigen Wertpapiere behaupten.[51] Jedoch bereits vor Ausbruch der Wirtschaftskrise schlug in der zweiten Hälfte des Jahres 1856 die Situation jäh um.[52] Die Börsenkrise begann die Wirtschaftskrise anzukündigen, ohne sich zunächst auf die Industrie stark auszuwirken.[53] Auf den Warenbörsen blühte die Spekulation sogar weiter, allerdings auch nur noch für kurze Zeit; denn in der zweiten Hälfte des Jahres 1857 endete alles im Chaos der Krise.[54] Die Lage auf dem Geldmarkt besserte sich in den beiden letzten Jahren des sechsten Jahrzehnts des 19. Jh. nicht mehr wesentlich.

Diese kurzen Ausführungen mögen für das Verständnis der zu behandelnden Hauptfragen genügen.

[47] RIESSER, Die deutschen Großbanken und ihre Konzentration im Zusammenhang mit der Entwicklung der Gesamtwirtschaft in Deutschland. Jena 1912, 4. Aufl., S. 71.

[48] MARX, K., Preußen und die Hohenzollern um die Jahreswende 1858/59. In: Marx-Engels-Lenin-Stalin – Zur deutschen Geschichte. Berlin 1954, Bd. II, S. 684.

[49] MICHAELIS, O., a. a. O., S. 293.

[50] Ebenda, S. 293/294.

[51] Ebenda, S. 294f.

[52] Ebenda, S. 303ff.

[53] OELSSNER, F., Die Wirtschaftskrisen. Berlin 1952, Bd. I, S. 236.

[54] Vgl. H. ROSENBERG, a. a. O., S. 114ff.; O. MICHAELIS, a. a. O., S. 360ff.

II. ZUM VERHÄLTNIS STAAT UND AKTIENGESELLSCHAFT IN PREUSSEN

Die gesetzliche Basis der Aktiengesellschaften bildete vor allem das preußische Aktiengesetz vom 9. November 1843 und die „Instruktion, die Grundsätze in Ansehung der Konzessionierung von Aktiengesellschaften betreffend"[55] vom 22. April 1845 sowie der Erlaß der Handels-, Innen- und Landwirtschaftsminister vom 8. Juni 1852.[56] Wenn man einen modernen Ausdruck gebrauchen will, so waren die beiden zuletzt erwähnten Erlasse gewissermaßen Durchführungsbestimmungen zum Aktiengesetz. Das Aktiengesetz verlangte die landesherrliche Genehmigung zur Gründung von Aktiengesellschaften, und auch das Statut bedurfte dieser Genehmigung (§ 1).[57] Durch diese Konzessionierung wurden die Aktiengesellschaften zu juristischen Personen erklärt, durften also auf ihren Namen Grundstücke und Kapitalien erwerben (§ 2)[58], was für die Kommanditgesellschaften nicht zutraf, da sie keine juristischen Personen darstellten. Hier konnten nur die Inhaber diese Operationen auf ihren Namen durchführen.

Jede Statutenänderung, einschließlich einer Kapitalerhöhung und Statutenverlängerung, bedurfte der landesherrlichen Genehmigung (§ 4).[59] Außerdem konnte der Landesherr der Aktiengesellschaft die Konzession wieder entziehen, und zwar „aus überwiegenden Gründen des Gemeinwohls gegen Entschädigung" (§ 6).[60] Bei Verletzung ihres „Privilegiums" konnte die Aktiengesellschaft durch Richterspruch ohne Entschädigung aufgelöst werden (§ 7).[61]

Der Paragraph 25 räumte den Bezirksregierungen das Recht ein, die Auflösung der Gesellschaften vorzunehmen, wenn sich das Grundkapital um die Hälfte vermindert hat.[62] Bei Konkurs erlosch ebenfalls die Konzession (§ 26).[63]

Der Beschluß der Generalversammlung zur Auflösung der Gesellschaft bedurfte zu seiner Verwirklichung erst der landesherrlichen Genehmigung (§ 28, 3).[64]

Dieses Gesetz enthielt nur die allgemeinen Bestimmungen über Aktiengesellschaften und besagte nicht, in welchem Fall die Konzessionierung vorgenommen werden sollte. Diese Frage wurde durch die oben näher bezeichnete Instruktion vom 22. April 1845 geklärt, die sämtliche Königlichen Provinzregierungen Preußens erhielten. Danach sollte die Errichtung einer Aktiengesellschaft nur dann zur Genehmigung dem König vorgeschlagen werden, „wenn der Zweck des Unternehmens

1. an sich aus allgemeinen Gesichtspunkten nützlich und der Beförderung wert erscheint, und zugleich

[55] Instruktion vom 22. April 1845. Enthalten in: DZA Merseburg, Rep. 120 A XII/5, Nr. 1, Vol. 2.

[56] Erlaß vom 8. Juni 1852. Ebenda.

[57] Gesetzsammlung für die Königlich Preußischen Staaten. 1843, S. 341.

[58] Ebenda, S. 343.

[59] Ebenda, S. 342.

[60] Ebenda.

[61] Ebenda. [62] Ebenda, S. 345.

[63] Ebenda, S. 342. [64] Ebenda, S. 346.

2. wegen der Höhe des erforderlichen Kapitals, oder nach der Natur des Unternehmens selbst das Zusammenwirken einer größeren Anzahl von Teilnehmern bedingt oder doch auf diesem Wege eher und sicherer als durch Unternehmungen einzelner zu erreichen ist."[65]

Wenn auch besonders der zweite Punkt noch näher erläutert wurde, so waren diese Bestimmungen so allgemein gehalten und dehnbar, daß es in erster Linie auf die Entscheidung der jeweiligen staatlichen Stelle ankam, ob die beabsichtigten Aktiengesellschaften für die Konzessionierung „würdig" waren oder nicht. Damit erschöpft sich jedoch diese Instruktion nicht, sondern sie klärt auch, in welchem Falle Aktiengesellschaften mit Inhaberaktien (an porteur) genehmigt werden sollen. Es wird betont, daß dies nur in Ausnahmen erfolgen soll. In der Instruktion heißt es:

„Es wird dabei hauptsächlich der Gesichtspunkt leitend sein, ob das Unternehmen

1. über den Kreis örtlicher Wirksamkeit und Nützlichkeit hinausgeht und im höheren Interesse des Gemeinwohls besondere Begünstigung verdient, und ob dasselbe .
2. ohne Gestaltung der Ausgabe derartiger Aktien überhaupt nicht würde zur Ausführung kommen können."[66]

Da jedoch Inhaberaktien die besten Möglichkeiten bieten, das benötigte Kapital einer Aktiengesellschaft kurzfristig aufzubringen, mußte diese Bestimmung zweifellos die wirtschaftliche Entwicklung hemmen, allerdings aber auch der Spekulation gewisse Schranken setzen.

Im dritten Teil der Instruktion wurden die Königlichen Regierungen aufgefordert, durch die Art der Begründung der Aktiengesellschaften „eine genügende Bürgschaft gegen Täuschung und Beeinträchtigungen des Publikums" zu gewährleisten.[67] Dies war zweifellos ein wichtiger Gesichtspunkt, der bei der Konzessionierung von Aktiengesellschaften beachtet werden mußte, obwohl seine Verwirklichung äußerst schwierig sein dürfte.

Der Erlaß vom 8. Juni 1852 bezweckte, das Aufsichtsrecht des Staates innerhalb der Aktiengesellschaften zu festigen und auszubauen.[68] In dem Aktiengesetz von 1843 (§ 25) war nur die Einsicht in die Bücher der Gesellschaft vorgesehen, wenn die betreffende Gesellschaft eine Verminderung des ursprünglich vorgesehenen Grundkapitals um die Hälfte aufwies.[69] Sonst wurde das Aufsichtsrecht nicht weiter erwähnt. Durch den oben angeführten Erlaß wurde für die Konzessionierung die Aufnahme folgendes Artikels in das Statut zur Bedingung gemacht:

„Die Königliche Regierung ist befugt, einen Kommissarius zur Wahrnehmung des Aufsichtsrechts für beständig oder für einzelne Fälle zu bestellen. Dieser

[65] Instruktion vom 22. April 1845. In: DZA Merseburg, Rep. 120 A XII/5, Nr. 1, Vol. 2.
[66] Ebenda.
[67] Ebenda.
[68] Erlaß vom 8. Juni 1852. A. a. O.
[69] Gesetzessammlung für die Königlich Preußischen Staaten. 1843, S. 345.

Kommissarius kann nicht nur den Gesellschaftsvorstand, die Generalversammlung oder sonstige Organe der Gesellschaft gültig zusammenrufen und ihren Beratungen beiwohnen, sondern auch jederzeit von den Büchern, Rechnungen, Registern und sonstigen Verhandlungen und Schriftstücken der Gesellschaft Einsicht nehmen."[70]

Damit wurden die Aktiengesellschaften einer allgemeinen staatlichen Kontrolle unterworfen, die jedoch von den einzelnen Regierungen nicht in jedem Falle voll ausgeübt wurde.

Allerdings konnte dieses Aufsichtsrecht auch zu einer energischen Einmischung in die inneren Angelegenheiten der Gesellschaft seitens des Staates führen, wie es das Beispiel der Berliner „Aktiengesellschaft für Fabrikation von Eisenbahnbedarf" zeigt. Als bekannt wurde, daß diese Gesellschaft einen gewissen Regierungsrat a. D. von Unruh, der dem preußischen Staat noch aus der Zeit der 1848er Revolution in „unangenehmer" Erinnerung war, als Direktor und Aufsichtsratsmitglied einsetzen wollte, geriet die halbe Regierung in Aufregung. Man befürchtete seine „Einwirkung auf die industrielle Bevölkerung, insbesondere auf die Arbeiter der Maschinenfabriken und ähnlicher Unternehmungen", wie seinen „Einfluß auf die kommerziellen und gewerblichen Kreise".[71] Als die Gesellschaft dieses Vorhaben trotz energischer Intervention seitens der Regierung nicht aufgeben wollte, wurde mit dem Entzug der Konzession gedroht[72], womit die preußische Regierung ihren Willen durchsetzen konnte.[73]

Wenn man die Haltung des preußischen Staates zu den Aktiengesellschaften beurteilen will, muß man feststellen, daß der preußische Staat den Aktiengesellschaften, ausgenommen natürlich den Aktienbanken, im allgemeinen nicht abweisend gegenüberstand. Man kann aber wiederum durchaus nicht behaupten, daß er die Aktiengesellschaften besonders gefördert hätte. Die gegenüber der ersten Hälfte des vorigen Jahrhunderts zu bemerkende Änderung der Haltung des preußischen Staates in der Frage der Konzessionierung von Aktiengesellschaften auf dem Gebiet der Industrie muß noch als eine der Auswirkungen der 1848er Revolution gesehen werden. Diese Änderung in der Wirtschaftspolitik wurde aber auch im Interesse des Staates notwendig, da er einerseits die Entwicklung der Industrie als Existenzfrage, als Frage der Aufrechterhaltung seiner Vorherrschaft in Deutschland, anerkennen mußte, andererseits eine schnelle Entwicklung der Industrie, besonders der Schwerindustrie, nur unter Ausnutzung der Kraft des assoziierten Kapitals möglich war.

[70] Erlaß vom 8. Juni 1852. A. a. O.

[71] Vgl. Schreiben des Innenministers an v. d. Heydt vom 6. November 1856. In: DZA Merseburg, Rep. 120 A XII/7, Nr. 166, Vol. 1.

[72] Vgl. Schreiben des Innenministeriums vom 17. Januar 1857. Ebenda.

[73] Vgl. Verhandlung des Polizeipräsidenten v. Zedlitz mit dem Verwaltungsrat der AG. Ebenda.

Das erklärt wohl, warum trotz der Herrschaft der äußersten Reaktion der Entwicklung des Kapitalismus solch großer Spielraum gelassen wurde. Für die Entwicklung der extraktiven Industrie brachten das sogenannte Miteigentümergesetz und das neue Besteuerungsgesetz, beide vom 12. Mai 1851, gewisse Erleichterungen. Während das erstere die Eigentumsrechte und deren Veräußerung innerhalb der Gewerkschaften regelte, wurden durch das letztere das Abgabensystem vereinfacht und die Zahlungen an den Staat herabgesetzt.[74] An Stelle des bisher üblichen Zehnten wurden seit dem dritten Quartal 1851 nur noch der zwanzigste Teil des Bergwerkertrages vom Staate gefordert und wurden eine Vielzahl von Abgaben beseitigt.[75] Das erleichterte ohne Zweifel die Gründung der zahlreichen Bergbauunternehmungen während der fünfziger Jahre.

Tabelle 1

Anzahl der in den fünfziger Jahren in Preußen gegründeten Aktiengesellschaften und derjenigen, mäßige Kapitalerhöhungen, gegliedert nach Industriezweigen[76]

Spalte		I	II	III	IV	V	VI
Nr.	Industriezweig	gegründete AG von 1850 bis August 1857	gegründete AG von September 1857 bis 1859	gegründete AG von 1850 bis 1859	AG, die in der Zeit von 1850 bis 1857 Kapitalerh. durchführten	wie IV von 1858 bis 1859	wie IV von 1850 bis 1859
1.	Bergbau und Hüttenwesen	54	12	66	10*	3	13
2.	Textilindustrie	10	—	10	—	—	—
	a) davon Baumwollindustrie	5	—	5	—	—	—
	b) davon Leinenindustrie	4	—	4	—	—	—
	c) davon Seidenindustrie	1	—	1	—	—	—
3.	Maschinenbau	3	1	4	—	—	—
4.	Chemische Industrie	8	7	15	1	—	1
	a) davon Gaswerke	4	5	9	1**	—	1
5.	Zuckerfabriken	1	1	2	—	—	—
6.	Baugesellschaften	4	—	4	—	—	—
7.	Sonstige Industrien	5	1	6	1**	—	1
bis 7. insgesamt		85	22	107	12	3	15

* Davon sind vier AG vor 1850 gegründet worden.
** Diese AG ist vor 1850 gegründet worden.

[74] Vgl. Gesetzessammlung für die Königlich Preußischen Staaten. 1851, Nr. 15.
[75] Ebenda: Gesetz über die Besteuerung . . ., § 1 bzw. § 6.
[76] Zusammengestellt nach den Angaben in: DZA Merseburg, Rep. 120 A VII/7, Nr. 20.

III. DIE AUSNUTZUNG DER FORM DER AKTIENGESELLSCHAFTEN FÜR DIE ENTWICKLUNG DER INDUSTRIE WÄHREND DER FÜNFZIGER JAHRE DES VORIGEN JAHRHUNDERTS

Wenden wir uns nun den Aktiengesellschaften zu, die in den fünfziger Jahren gegründet wurden und Kapitalerhöhungen vornahmen. Die nun folgenden Tabellen geben einen genauen statistischen Einblick in den Umfang der im Bereich der Industrie in Preußen und Sachsen gegründeten Aktiengesellschaften.

Es ist aus den Tabellen deutlich zu ersehen, daß die fünfziger Jahre als die erste große Gründerperiode des deutschen industriellen Kapitalismus anzusprechen sind. In Sachsen und Preußen, die zur damaligen Zeit die wesentlichsten Industriezentren Deutschlands beheimateten, wurden 194 Aktiengesellschaften allein im Bereich der Industrie gegründet. Den 107 gegründeten

die Kapitalerhöhungen durchgeführt haben, sowie ihr statutenmäßiges Kapital sowie statuten-

VII	VIII	IX	X	XI	XII
Aktienkapital lt. Statut der AG von Spalte I Taler	Aktienkapital lt. Statut der gegründeten AG von Spalte II Taler	Aktienkapital lt. Statut der AG von Spalte III Taler	Erhöhtes Aktienkapital lt. revid. Statut der AG von Spalte IV Taler	Erhöhtes Aktienkapital lt. revid. Statut der AG von Spalte V Taler	Erhöhtes Aktienkapital lt. revid. Statut der AG von Spalte VI Taler
52453366²/₃†	7685000	60138366²/₃	19789333¹/₃	900000	20689333¹/₃
12500000	—	12500000	—	—	—
8900000	—	8900000	—	—	—
3200000	—	3200000	—	—	—
400000	—	400000	—	—	—
6000000	50000	6050000	—	—	—
2656000	716000††	3372000	230000	—	230000
856000	316000	1172000	230000	—	230000
148000	500000	648000	—	—	—
424000	—	424000	—	—	—
3250000	300000	3550000	160000	—	160000
77431366²/₃	9251000	86682366²/₃	20179333¹/₃	900000	21079333¹/₃

† Die Drittelangaben entstehen durch die Umrechnung von Francs in Taler, da das Grundkapital im Statut in französischer Währung angegeben wurde.

†† Von einer AG (AG der Posener Guanofabrik, 25. 7. 1859 konzessioniert) ist das Kapital nicht enthalten.

Tabelle 2

Anzahl der in den fünfziger Jahren in Sachsen gegründeten Aktiengesellschaften (industrielle Unternehmungen ohne Verkehrsbetriebe) und ihr statutenmäßiges Kapital[77]

	I	II	III	IV	V	VI
Industriezweig	Gegr. AG von 1850—57	Gegr. AG von 1858—59	Gegr. AG von 1850—59	Aktienkap. lt. Statut der AG aus Spalte I in Taler	Aktienkap. lt. Statut der AG aus Spalte II in Taler	Aktienkap. lt. Statut der AG aus Spalte III in Taler
1. Bergbau	40	11	51	9420508	5430000	14850508
a) davon Kohle	40	9	49	9420508	3780000	13200508
b) davon Erz	—	2	2	—	1650000	1650000
2. Steinbrüche	4	4	8	710000	420000	1130000
3. Textilindustrie	1	1	2	1000000	350000	1350000
4. Bierbrauereien	5	2	7	1172000	450000	1622000
5. Papierfabriken	1	2	3	600000	625000	1225000
6. Gaswerke	9	3	12	364400	108000	472400
7. anderweitige Industrie	1	3	4	50000	700000	750000
8. Insgesamt	61	26	87	13316908	8083000	21399908

Aktiengesellschaften in Preußen stehen nur 37 Gründungen (Industriebetriebe) während der gesamten ersten Hälfte des 19. Jh. gegenüber.[78]

Die überwiegende Mehrzahl der Aktiengesellschaften war verständlicherweise in der Aufschwungsphase des industriellen Zyklus entstanden – in Preußen 85 und in Sachsen 61 Gesellschaften –, während die Zeit der Krise und Depression eine abgeschwächte Gründertätigkeit zeigte. Mit dem Ausbruch der Krise war die Gründerwelle vorbei. Die Aktienkurse der bestehenden Gesellschaften standen so niedrig, daß Aktien nur mit größten Verlusten verkauft werden konnten. Das wenige Geldkapital, was noch flüssig war, kam den Aktiengesellschaften in Form des Aktienkaufs kaum zugute. Diese Situation bestätigte z. B. der Verwaltungsrat der „Ravensberger Spinnerei AG" in seinem Schreiben vom 15. Juni 1858 an seine Aktionäre:

„Angesichts der augenblicklichen Lage der Dinge, bei welcher sich vor allem die Ungunst bemerkbar macht, mit welcher alle Aktienunternehmungen, ohne Unterschied ihres Werts, von dem Börsenpublikum angesehen werden, können wir uns nicht verhehlen, daß ein Appell an dessen Kreise ohne besonderen Erfolg bleiben würde . . ."[79]

[77] Die Tabelle enthält nur diejenigen Aktiengesellschaften, die 1860 noch bestanden, und ist nach den Angaben des Aktenbandes Statistisches Büro, Nr. 4, LHA Dresden, zusammengestellt.

[78] BÖSSELMANN, K., Die Entwicklung des deutschen Aktienwesens im 19. Jh. Berlin 1939, S. 194ff., und DZA Merseburg, Rep. 120 A XII/7, Nr. 56 und 57.

[79] Schreiben des Verwaltungsrates der „Ravensberger Spinnerei AG" vom 15. Juni 1858. In: DZA Merseburg, Rep. 109 B XI, Nr. 29.

Vom „Bochumer Verein für Bergbau und Gußstahlfabrikation" wurde zur gleichen Zeit berichtet, daß seine Aktien selbst zu 60% vergeblich angeboten wurden.[80]

Trotzdem weisen die Tabellen auch für die letzten Jahre des sechsten Jahrzehnts des vorigen Jahrhunderts das Entstehen von Aktiengesellschaften nach. Wenn berücksichtigt wird, daß es sich hierbei um die Depressionsjahre handelte, war ihre Zahl nicht unbeträchtlich. In Sachsen sind es fast 30% und in Preußen wenig mehr als $^1/_5$ der in den fünfziger Jahren gegründeten Aktiengesellschaften. Vergleicht man das statutenmäßige Gesamtkapital mit dem der zuletzt erwähnten Gesellschaften, so ergibt sich folgendes: In Preußen besitzen sie 10,7% und in Sachsen 37,8% (d. h. also mehr als $^1/_3$) des gesamten konzessionierten Aktienkapitals der fünfziger Jahre.

Es wird deutlich, daß der Anteil der Aktiengründungen nach Ausbruch der Krise an der Gesamtzahl der gegründeten Aktiengesellschaften in Sachsen erheblicher war als in Preußen. Auf Grund des verarbeiteten Materials kann dieser Unterschied nur konstatiert, aber seine Ursache nicht aufgedeckt werden.

Hingegen können die Gründungen in Preußen in der Zeit vom September 1857 bis Ende 1859 noch näher betrachtet werden. Die preußischen Gründungen jener Jahre sind im Vergleich zur Vorzeit, wenn ihr Kapitalanteil in Betracht gezogen wird, unbedeutend. Diese Auffassung wird noch erhärtet durch die Kurzlebigkeit einer Anzahl dieser Gesellschaften. Wenn außerdem die Arbeitsweise der preußischen Bürokratie gerade in bezug auf die Konzessionierung von Aktiengesellschaften berücksichtigt wird, so ist wahrscheinlich, daß zu einer ganzen Anzahl dieser Unternehmungen der Grundstein bereits vor Ausbruch der Krise gelegt worden ist, d. h. es sich hierbei gar nicht um echte Gründungen während bzw. kurz nach der Krise handelt. Vom Antrag der Konzessionierung bis zur „allerhöchsten Ordre", die die Genehmigung aussprach, verging nicht selten ein Jahr und mehr. Da der Handelsminister in der Regel die Zeichnung von mindestens der Hälfte, teilweise sogar des gesamten vorgesehenen Grundkapitals für seine Befürwortung der Konzessionierung beim König zur Bedingung machte, wird sogar ein Teil des Aktienkapitals bereits von der Krise gezeichnet worden sein. Als Beispiel hierfür mag die „Aktiengesellschaft für Bergbau und Eisenhüttenbetrieb bei Nicolai" dienen. Am 12. Mai 1857 (also vor Ausbruch der Krise) beantragte die Königliche Provinz-Regierung zu Breslau ihre Konzessionierung.[81] Aus dem Votum des Handelsministers an den Justizminister vom 17. Juni 1857 ist ersichtlich, daß bereits zu diesem Zeitpunkt nach dem Attest des Rechtsanwalts Simon das gesamte Grundkapital gezeichnet worden war.[82] Die Konzessionierung erfolgte jedoch

[80] Vgl. Schreiben der Arnsberger Regierung an v. d. Heydt vom 23. September 1858. In: DZA Merseburg, Rep. 120 A XII/7, Nr. 161.

[81] Vgl. Schreiben der Königlichen Regierung zu Breslau an den Handelsminister vom 12. Mai 1857. In: DZA Merseburg, Rep. 120 A XII/7, Nr. 90.

[82] Votum des Handelsministers an den Justizminister Simons vom 17. Juni 1857. Ebenda.

erst durch die „allerhöchste Ordre" vom 31. Mai 1858[83], d. h. es war ein reichliches Jahr vergangen. Bei der „Aktienfabrik landwirtschaftlicher Maschinen und Ackergeräte in Regenswalde" vergingen bis zur Konzessionierung sogar mehr als zwei Jahre.[84]

Berücksichtigt man das bisher Gesagte, so kann man nur von sieben Gesellschaften mit Sicherheit annehmen, daß sie in jeder Hinsicht nach Ausbruch der Krise entstanden sind. Das in ihren Statuten festgelegte Aktienkapital betrug insgesamt 2,3 Mill. Taler. Von diesen Gesellschaften bestanden bis Mitte der sechziger Jahre nur noch drei.

Wahrscheinlich ist die oben angegebene Zahl von sieben Aktiengesellschaften zu niedrig, aber selbst, wenn alle 22 Gesellschaften tatsächlich einwandfrei nach Ausbruch der Krise von 1857 entstanden wären, würde ihre Gründung noch verständlich sein. Es handelte sich doch bei der überwiegenden Mehrheit um Bergbau- und Hüttengesellschaften sowie Gaswerke. Auch bei den sächsischen Gründungen dieser Zeit handelte es sich vor allem um solche Unternehmungen. Während sich in der Montanindustrie die Krise erst später stärker bemerkbar machte, also die Kapitalanlage hier noch als sicher und profitbringend angesehen werden konnte, waren für die Gaswerke erstens wenig Kapital notwendig und zweitens die Kapitalanlage sicher, da sie städtischen Beleuchtungszwecken dienten und – wie unten noch näher erklärt werden soll – auch die Stadt selbst nicht selten daran beteiligt war. Bei den Gaswerken handelte es sich also ausschließlich um kommunale Unternehmungen, die von der Krise weit weniger betroffen werden als die eigentliche Industrie.

Eine nähere Untersuchung der Aktiengründungen der fünfziger Jahre muß sich vor allem der eigentlichen Gründerzeit, d. h. der Zeit vor Ausbruch der Krise von 1857 zuwenden. Bei der Behandlung dieser Zeit werden auch weiterhin im wesentlichen die preußischen Aktiengesellschaften näher behandelt, da es sich hierbei um die für die industrielle Entwicklung Deutschlands wichtigeren Unternehmungen handelt und das verarbeitete Material für diese eine größere Aussagekraft besitzt.

Bis zum Ausbruch der 1857er Krise wurden in Preußen 85 Aktiengesellschaften gegründet. Wenn man das oben Gesagte berücksichtigt, ist eventuell sogar für 100 Aktiengesellschaften in diesem Zeitraum der Grundstein gelegt worden. Das statutenmäßig festgelegte Kapital betrug 77,43 Mill. Taler resp. 84,78 Mill. In Sachsen wurden in jenen Jahren 61 Aktiengesellschaften mit einem Aktienkapital von 13,3 Mill. Talern gegründet.

In beiden Ländern entfällt der Mammutteil dieser beachtlichen Kapitalien auf das Bergbau- und Hüttenwesen bzw. nur auf den Bergbau. Hier wurden in Preußen 54 bzw. 62 Aktiengesellschaften mit einem Kapital von 52,45 bzw. 57,78 Mill. Talern und in Sachsen 40 mit 9,42 Mill. Talern ins Leben gerufen.

[83] Ebenda.

[84] Vgl. Schreiben der Stettiner Regierung an das Handelsministerium vom 11. Juni 1856 und die Kabinettsordre vom 9. Juli 1858. In: DZA Merseburg, Rep. 120 A XII/7, Nr. 168.

An zweiter und dritter Stelle, natürlich mit beachtlichem Abstand, folgen in Preußen die chemische und die Textilindustrie, während in Sachsen an die dritte Stelle die Bierbrauereien treten. Betrachtet man jedoch die Kapitalsummen, so steht in Preußen die Textilindustrie und stehen in Sachsen die Bierbrauereien an zweiter Stelle. Das erklärt sich daraus, daß in der chemischen Industrie vor allem (in Sachsen ausschließlich) Gaswerke zu Beleuchtungszwecken gegründet worden sind. Trotz der geringeren Kapitalien, die die Errichtung solcher Werke erforderte, wurde die Form der Aktiengesellgchaft verwendet, da auf diese Weise das benötigte Kapital kurzfristig aufsebracht werden konnte. Zum Teil war die jeweilige Stadt an diesen Gesellschaften beteiligt, wie beispielsweise an der „Essener Gas-AG."[85] Teilweise wurden sie nach einigen Jahren von der Stadt ganz übernommen, wie das 1859 bei der „Essener Gas-AG"[86] und 1864 bei der „Dürener AG für Gasbeleuchtung"[87] der Fall war.

Es ist wohl verständlich, warum die Montanindustrie die Mehrzahl der gegründeten Aktiengesellschaften aufwies: Der Bedarf an den Produkten dieser Industrie war angesichts der stürmischen Entwicklung der Industrie besonders groß und die Errichtung von Betrieben durch die Kapitalien einzelner am schwierigsten. Beides legte die Gründung von Aktiengesellschaften in diesem Bereich der Industrie nahe. Zumindest für Preußen spielte hierbei noch die Konzessionierungspolitik des Staates eine Rolle. Liefen doch die Grundsätze dieser Politik vor allem darauf hinaus – worauf bereits eingegangen wurde –, vor allem Unternehmungen als Aktiengesellschaften zu billigen, deren Kapitalien von einzelnen kaum aufgebracht werden konnten. Deshalb wurde auch einer ganzen Reihe projektierter Aktiengesellschaften der Zuckerindustrie die Konzessionierung versagt.[88]

Wie uns die erste Tabelle weiter zeigt, hat bei einigen der gegründeten Aktiengesellschaften das Kapital nicht ausgereicht, so daß teilweise beträchtliche Kapitalerhöhungen durchgeführt wurden, um die Industriebetriebe entsprechend der Konjunktur ausbauen zu können. Auch hier sind Kapitalerhöhungen fast ausschließlich in der Montanindustrie durchgeführt worden. Das trifft sowohl hinsichtlich der Anzahl der Gesellschaften als auch hinsichtlich des vermehrten Kapitals zu.

Außerdem muß man sehen, daß die Aktiengesellschaften selbst eine Form waren, durch die die Erweiterung bereits bestehender Industrieunternehmungen finanziert worden ist. Das trifft für alle Industriezweige zu, in denen in den fünfziger Jahren des vorigen Jahrhunderts Aktiengesellschaften gegründet

[85] Vgl. DZA Merseburg, Rep. 120 A XII/7, Nr. 20.

[86] Ebenda.

[87] Vgl. die Angaben über die „Dürener AG für Gasbeleuchtung". In: DZA Merseburg, Rep. 120 A V/5, Nr. 22, Vol. 1.

[88] Vgl. DZA Merseburg, Rep. 120 A XII/7, Nr. 152. Sicherlich mögen in diesem Zusammenhang auch die Konkurrenzinteressen bestimmter Junkerkreise eine Rolle gespielt haben.

worden sind. Im Maschinenbau dienten alle vier gegründeten Aktiengesellschaften dazu, bereits bestehende Maschinenbaubetriebe zu erweitern[89], und bei den chemischen Aktienunternehmungen läßt sich das zumindest für zwei von ihnen nachweisen.[90] Bei den Textilbetrieben wurden die „Vorwärts-AG"[91], die „Louisenthaler-AG"[92] und die „Gladbacher Aktiengesellschaft für Druckerei und Appretur"[93] gegründet, um entsprechende, bereits existierende Fabriken zu erweitern.

Für die Montanindustrie, bei der man auf Grund des verarbeiteten Materials nicht abschätzen kann, inwieweit die gegründeten Aktiengesellschaften diesem Zweck dienten, kann man auf jeden Fall sagen, daß eine Reihe großer Werke in dieser Weise entstanden ist. Das trifft beispielsweise für die „Phönix-AG"[94] und auch für den „Hörder Bergwerks- und Hüttenverein" zu[95], um nur einige zu nennen. Dadurch darf jedoch nicht der Eindruck entstehen, diese beiden Gesellschaften wären in diesem Industriezweig die einzigen gewesen.

Bechtel vertritt die Auffassung, daß die meisten Aktiengesellschaften der rheinisch-westfälischen Montanindustrie auf diese Weise entstanden sind.[96] Bei einer ganzen Reihe von Montanbetrieben handelte es sich allerdings um Neugründungen, was insbesondere für den Kohlenbergbau zutrifft. Wenn – wie es Bechtel formuliert – die großen Gesellschaftsunternehmungen meist durch Umwandlung entstanden[97], so kann das doch zu falschen Vorstellungen führen, da die ehemaligen Gewerke oder Einzelunternehmungen, die den Aktiengesellschaften als Ausgangsbasis dienten, doch meist wie ein Schatten den letzteren glichen.

Teilweise sollte die Umwandlung der bisherigen Betriebe in Aktiengesellschaften dazu dienen, den Gläubigern der alten Firma ihr Kapital zu retten. Dies läßt sich beispielsweise für den „Bochumer Verein für Bergbau und Gußstahlfabrikation" und den „Berliner Braunkohlenverein" nachweisen.[98] Wahrscheinlich wird das auch bei einigen Gründungen nach der Krise von 1857 der Fall gewesen sein.

Wenn auf den folgenden Seiten die Kapitalverhältnisse der Aktiengesellschaften sowie die Herkunft der in ihnen angelegten Finanzmittel behandelt werden, muß man sich deshalb bewußt sein, daß es sich hierbei sowohl um die Finan-

[89] Vgl. Angaben in: DZA Merseburg, Rep. 120 A XII/7, Nr. 166, 167 und 168, sowie HANSEN, a. a. O., Bd. I, S. 644.

[90] Vgl. Angaben ebenda, Nr. 3.

[91] A. a. O., Nr. 43.

[92] A. a. O., Nr. 45.

[93] A. a. O., Nr. 47.

[94] A. a. O., Nr. 67, Vol. 1.

[95] Vgl. HANSEN, a. a. O., Bd. I, S. 638.

[96] Vgl. H. BECHTEL, Wirtschaftsgeschichte Deutschlands im 19. und 20. Jh. München 1956, S. 181.

[97] Ebenda.

[98] Vgl. DZA Merseburg, Rep. 120 A XII/7, Nr. 155 und 161.

zierung von Neugründungen als auch um die von Erweiterungen bereits bestehender Industriebetriebe handelt; denn für beide Zwecke wurde die Form der Aktiengesellschaft ausgenutzt. Es ist schwierig, aber auch unzweckmäßig, zwei diesbezüglich getrennte Untersuchungen zu führen, da sich zwar Unterschiede hinsichtlich des Ausgangspunktes der gegründeten Aktiengesellschaften ergeben, jedoch kaum hinsichtlich der Fragen der Finanzierung.

Da bei einer Aktiengesellschaft, die zur Erweiterung eines bestehenden Industriebetriebes gegründet wird, nicht das gesamte Aktienkapital der Errichtung neuer Produktionsanlagen dient, besteht hier ein Unterschied auch hinsichtlich der Finanzierung gegenüber reinen Neugründungen. Im ersteren Falle wird ein Teil des Aktienkapitals zur Erwerbung der bestehenden Industrieanlagen benutzt. Da eine große Anzahl von Aktiengesellschaften auf bestehenden Werken aufbaute, ist demzufolge der Anteil des in den fünfziger Jahren emittierten Aktienkapitals an der gesteigerten industriellen Produktion geringer, als die in den Tabellen ausgewiesenen Summen vermuten ließen. Auf Grund des verarbeiteten Materials kann auf diese Tatsache nur hingewiesen, aber nicht die Kapitalsummen angeführt werden, die vom aufgebrachten Aktienkapital nicht der Ausdehnung der Produktionsstätten, sondern der Erwerbung bereits bestehender dienten. Bei der weiteren Untersuchung werden deshalb die Aktiengesellschaften nicht hinsichtlich ihres ökonomischen Ausgangspunktes unterschieden.

Wenn man untersuchen will, inwieweit und in welchem Umfang die Fabriken und industriellen Anlagen überhaupt durch die Emission von Aktien finanziert worden sind, dann sind die in der obigen Tabelle gemachten Angaben nicht ausreichend, da hier das in den Statuten angeführte Grundkapital und die konzessionierten Kapitalerhöhungen angeführt worden sind. Zweifellos sind auch diese Angaben von Interesse, um das Ausmaß der vorgesehenen Gründungen und um die staatliche Haltung gegenüber den Aktiengesellschaften richtig werten zu können. Entscheidend ist jedoch das effektive Aktienkapital, das Kapital, das während der fünfziger Jahre wirklich aufgebracht worden ist; denn zahlreiche Beispiele zeigen, daß zwischen dem effektiven Aktienkapital und dem statutenmäßigen Aktienkapital erhebliche Differenzen bestehen. Ein wesentlicher Grund hierfür mag der § 4 des Aktiengesetzes vom 9. November 1843 gewesen sein. Um der landesherrlichen Genehmigung bei Kapitalerhöhungen aus dem Wege zu gehen, wurde ein größeres Grundkapital angegeben. Damit die Notwendigkeit desselben glaubhaft erschien, wurde dann der Zweck der Gesellschaft so universell wie möglich gefaßt, und er umfaßte im Bergbau nicht selten den gesamten Bergbau, die Verarbeitung der gewonnenen Bergbauprodukte und die Veredlung dieser Rohprodukte.

Wir wollen hier nur zwei Beispiele anführen. Im Statut der Aktiengesellschaft „Hüttenwerk Eintracht“ zu Hochthal heißt es im Artikel 2 über deren Zweck: „Die Gesellschaft hat ... alle innerhalb ihrer jetzigen und künftig etwa zu erwerbenden Konzessionen vorkommenden Erze und Fossilien, dem Ankauf

fremder Erze, die Veräußerung respektive Verhüttung dieser Erze und Fossilien sowie den Absatz ihrer Hüttenprodukte zum Gegenstand."[99]
Der Zweck der „Hennebergia-AG für Bergbau und Hüttenbetrieb" zu Suhl lt. Statut (§ 2) war noch umfangreicher:
„Die Gesellschaft hat zum Zweck, fossile Brennstoffe und Erze zu gewinnen und Roheisen, Stabeisen und Stahl, sowohl zum Verkauf, als auch zur weiteren Verarbeitung zu Gegenständen des Eisenbahnbedarfs und der Maschinenfabrikation darzustellen."[100]
Diese umfassende Formulierung des Gegenstandes der Aktiengesellschaften finden wir sogar teilweise bei der Textilindustrie, wie beispielsweise bei der „Gladbacher Spinnerei und Weberei"[101], aber auch bei den chemischen Unternehmungen, wie es der § 1 des Statuts der „Aktiengesellschaft der chemischen Produktenfabrik Pommerensdorff"[102] zeigt. In den anderen Industriezweigen ist es jedoch nicht so ausgeprägt. Ein wesentlicher Grund für die universelle Abfassung des Gegenstandes der Aktiengesellschaften mag noch der sein, daß man sich genügend Bewegungsfreiheit sichern wollte, um, ohne eine erneute landesherrliche Genehmigung beantragen zu müssen, eine andere Fabrikation aufnehmen zu können.
Bei zahlreichen Aktiengesellschaften wurde von vornherein im Statut gesagt, daß zunächst nur ein Teil des vorgesehenen Grundkapitals emittiert werden sollte. Man versuchte damit, bei einer Kapitalerhöhung, die die zweite Emission faktisch darstellte, sich der erneuten Genehmigung des Staates zu entziehen und diese lediglich auf Beschluß des Verwaltungsrates bzw. der Generalversammlung durchführen zu können.[103] Freilich gelang das mancher nicht, und diese Aktiengesellschaften mußten auf Verlangen des Handelsministeriums in ihr Statut aufnehmen, daß die zweite Emission nur mit seiner Genehmigung erfolgen durfte.[104]

[99] Vgl. Amtsblatt der Düsseldorfer Regierung, Nr. 91 vom 15. November 1851. In: DZA Merseburg, Rep. 120 A XII/7, Nr. 64.
[100] Vgl. Statut der „Hennebergia" (§ 2), ebenda, Nr. 88.
[101] Vgl. Art. 4 im Statut dieser Aktiengesellschaft, a. a. O., Nr. 40.
[102] Vgl. DZA Merseburg, Rep. 120 A XII/7, Nr. 64.
[103] Vgl. 1. Statut der „Minerva" (§ 5). Ebenda, Nr. 76;
2. Statut der „Vorwärts AG" (§ 31). A. a. O., Nr. 43;
3. Statut der „Kölner Baumwollspinnerei . . ." (§ 5). A. a. O., Nr. 39;
4. Statut des „Bonner Bergwerks- und Hüttenvereins" (§ 5). A. a. O., Nr. 74;
5. Statut der „Gesellschaft für rheinischen Bergwerks- und Kupferhüttenbetrieb" (Art. 6). A. a. O., Nr. 70;
6. Statut der „Kölnischen Maschinenbau AG". A. a. O., Nr. 165 u. a. m.
[104] Vgl. 1. Statut der „Chemischen Fabrik ‚Rhenania' AG" (Art. 7 und 8). In: DZA Merseburg, Rep. 120 B XII/7, Nr. 3;
2. Statut des „Bochumer Vereins für Bergbau und Gußstahlfabrikation" (§ 6). In: DZA Merseburg, Rep. 120 A XII/7, Nr. 161;
3. Statut der „Allianz AG für Bergbau und Hüttenbetrieb bei Stolberg" (Art. 6). Ebenda, Nr. 63;
4. Statut der „Schlesischen Bergwerks- und Hütten-AG ‚Vulkan' " (§ 5). A. a. O., Nr. 79.

Tabelle 3

Die Kapitalverhältnisse der preußischen Aktiengesellschaften, die in der Zeit von 1850 bis Ende 1857 gegründet wurden bzw. Kapitalerhöhungen vorgenommen haben

Nr.	Industriezweig	Gebiet	I Anzahl der AG, die 1850–1857 gegründet wurden bzw. Kap. erhöhten	II Statutenmäßiges Kapital dieser AG Taler	III Effektives Kapital* 1857/58 Taler	IV Anzahl der AG v. Sp. I mit außerpreußischer Kapitalbeteilig.	V Außerpreußisches Kapital Taler	VI Anzahl d. AG mit nachweisbarer ausländ. Kapitalbeteiligung
1.	Bergbau und Hüttenwesen	Westfalen und Rheinprovinz	49	59962999	54116471	42	20048726	13
		übriges Preußen	10	21624700	14586360	7	5531600	2
		Gesamt-Preußen	59	81587699	68702831	49	25580326	15
2.	Textilindustrie	Westfalen und Rheinprovinz	9	12450000	6057600	8	1544800	1
		übriges Preußen	1	50000	40000	—	—	—
		Gesamt-Preußen	10	12500000	6097600	8	1544800	1
3.	Maschinenbau	Westfalen und Rheinprovinz	1	3000000	1000000	1	77400	—
		übriges Preußen	2	3000000	2000000	1	20000	1
		Gesamt-Preußen	3	6000000	3000000	2	97400	1
4.	Chemische Industrie	Westfalen und Rheinprovinz	4	1131000	447900	2	118800	1
		übriges Preußen	6	2250000	1772150	4	85200	—
		Gesamt-Preußen	10	3381000	2520050	6	204000	1
5.	Bauindustrie	Westfalen und Rheinprovinz	1	15000	14150	—	—	—
		übriges Preußen	3	409000	146150	—	—	—
		Gesamt-Preußen	4	424000	160300**	—	—	—
6.	Zuckerindustrie	Westfalen und Rheinprovinz	—	—	—	—	—	—
		übriges Preußen	1	148000	148000	—	—	—
		Gesamt-Preußen	1	148000	148000	—	—	—
7.	Anderweitige Industrie	Westfalen und Rheinprovinz	2	2250000	2156250	1	850000	1
		übriges Preußen	5	1695000	1695000	1	200	—
		Gesamt-Preußen	7	3945000	3851250	2	850200	1
	Insgesamt	Westfalen und Rheinprovinz	66	78808999	63792371	54	22639726	16
		übriges Preußen	28	29176700	20387660	13	5637000	3
		Gesamt-Preußen	94	107985699	84180031	67	28276726	19

* Teilweise Stand von 1866/67 verwendet.
** Nur Stand von 1866/67. (Zusammengestellt nach den Angaben in: DZA Merseburg, Rep. 120 A XII/5, Nr. 1, Vol. 3 adh, sowie den im Quellenverzeichnis außerdem noch angeführten Akten.)

Tabelle 4

Die Kapitalverhältnisse der sächsischen Aktiengesellschaften, die in den fünfziger Jahren gegründet worden sind

Industriezweig	Statutenmäß. Kapital der 1850–1857 gegr. AG Taler	Davon eff. Kapital 1860 Taler	Statutenmäß. Kapital der 1858–1859 gegr. AG Taler	Davon eff. Kapital 1860 Taler	Statutenmäß. Kapital der 1850–1859 gegr. AG Taler	Davon eff. Kapital 1860 Taler
1. Bergbau	9420508	5773590*	5430000	2013800†	14850508	7787390
2. Steinbrüche	710000	577200	420000	332000	1130000	909200
3. Textilindustrie	1000000	1000000	350000	140000	1350000	1140000
4. Bierbrauereien	1172000	800000**	450000	450000	1622000	1250000
5. Papierfabriken	600000	600000	625000	410000	1225000	1010000
6. Gaswerke	364400	364400	108000	78200	472400	442600
7. anderweitige Industrie	50000	20000	700000	650000	750000	670000
Insgesamt	13316908	9135190	8083000	4074000	21399908	13209190

* Von 14 Aktiengesellschaften ist die Höhe des eingezahlten Kapitals nicht bekannt, deren statutenmäßiges Kapital beträgt 832248 Taler. Von den übrigen haben nur 10 Aktiengesellschaften ihr Kapital voll eingezahlt.

** Drei Brauerei-Aktiengesellschaften haben ihr Kapital voll eingezahlt, während bei den restlichen zwei Aktiengesellschaften die zweite Emission noch nicht voll eingezahlt ist.

† Das effektive Kapital ist nur von sieben Aktiengesellschaften angegeben, deren statutenmäßiges Kapital 3230000 Talern entspricht. Von diesen sieben Aktiengesellschaften hat nur eine ihr Kapital voll realisiert.

Es muß deshalb untersucht werden, in welchem Maße die Pläne der Aktiengesellschaften realisiert worden sind, d. h., welche Kapitalsummen nun wirklich für die Finanzierung industrieller Unternehmungen mittels Aktienemission aufgebracht worden sind. Für die sächsischen Aktienunternehmungen, soweit sie die Krise von 1857 überstanden, kann das effektive Kapital verhältnismäßig vollständig angegeben werden. Für die preußischen Aktiengesellschaften verfügen wir nicht über den Stand des effektiven Kapitals am Ende des sechsten Jahrzehnts. Aus den Akten ist er nur für 1857/58, allerdings nicht vollständig, vorhanden. Ein Vergleich mit dem Stand des effektiven Kapitals von 1866/67 zeigt, daß von einzelnen Bezirksregierungen im Jahre 1858 das Statutenkapital angegeben wurde. Sofern 1866/67 das Statutenkapital noch nicht voll realisiert war, aber in den Angaben für 1857/58 das volle Kapital angegeben wurde, sind die Angaben der sechziger Jahre in die Tabelle aufgenommen worden. Jedoch wurde nur für eine Minderheit der Aktiengesellschaften das effektive Kapital von 1866/67 benutzt. Allerdings wird dadurch das ausgewiesene effektive Kapital verfälscht. Die Berechnung des wirklich realisierten Aktienkapitals in dieser Weise wird jedoch dadurch gerechtfertigt, daß in den Jahren 1857 bis 1866/67 keine beträchtlichen Aktienemissionen vorgenommen worden sind, da sich die Bourgeois von dem

Schreck der Krise und der durch sie erzeugten Abneigung gegen Aktiengesellschaften in der Industrie recht langsam erholten.

Diese Ausführungen waren zur richtigen Einschätzung der obigen Tabellen notwendig. Man muß sich bewußt sein, daß das realisierte Aktienkapital in Wirklichkeit noch niedriger war und diese Tabelle den Stand von 1857/58 nur annähernd richtig wiedergibt. Zu ihren übrigen Spalten soll weiter unten noch einiges bemerkt werden.

Die Tabellen zeigen mit aller Deutlichkeit, wie wichtig die Kenntnis des wirklich realisierten Kapitals für die Einschätzung der Finanzierung der damaligen Industrie mittels Aktiengesellschaften ist; denn seine Differenz zum Statutenkapital ist nicht unbeträchtlich. Insgesamt sind nur $^3/_4$ des konzessionierten Kapitals in Preußen aufgebracht worden. Die sächsischen Gesellschaften zeigen ein ähnliches Ergebnis. Bei den letzteren sind sogar nur etwas mehr als $^2/_3$ realisiert worden, obwohl es sich hier in den meisten Fällen um wesentlich kleinere Gesellschaften handelte und die allgemeine Kapitalakkumulation kaum geringer gewesen sein dürfte als in Preußen. Daß Preußen in dieser Hinsicht ein besseres Resultat aufweisen konnte, verdankte es jedoch lediglich seinen beiden fortgeschrittenen und aufblühenden westlichen Provinzen; denn das übrige Preußen wies einen nur geringen höheren Betrag auf als Sachsen. Da die sächsischen Angaben etwas zu niedrig, die Preußens etwas zu hoch sind, mag der Stand von Preußen (ohne Rheinprovinz und Westfalen) und Sachsen wohl gleich sein.

In beiden Ländern ist die Hauptmasse des Aktienkapitals, das industriellen Zwecken diente, dem Bergbau zugeflossen, weshalb die dortigen Verhältnisse noch etwas genauer betrachtet werden sollen. Auch hier geht Preußen Sachsen voran; denn die Bergbau- und Hüttengesellschaften des ersteren Staates haben ungefähr vier Fünftel ihres vorgesehenen Kapitals realisiert, während die sächsischen wenig mehr als drei Fünftel erreicht haben. Die Mehrzahl der Aktiengesellschaften in Preußen, nämlich die in Rheinland-Westfalen, hat sogar fast 90⁰/₀ ihres angegebenen Statutenkapitals erreicht.

Die Maschinenbauunternehmungen und Textilbetriebe auf Aktienbasis in Preußen führten allerdings nur die Hälfte bzw. weniger als die Hälfte der vorgesehenen Aktienemissionen durch. Teilweise mag das noch dadurch bedingt sein, daß eine Reihe von Gesellschaften erst zu einer Zeit entstand, als auf dem Geldmarkt durch die einbrechende Börsenkrise sich das nahende Gewitter bereits ankündigte oder aber das gesamte Kapital auch nicht benötigt wurde, wie es die Geschichte der „Berliner Aktiengesellschaft für Eisenbahnbedarf" zeigt, für die allerdings das erstere auch zutrifft.[105]

Für die preußischen Aktienunternehmungen, welche 1858/59 gegründet worden sind, fehlen leider die Angaben, wieweit sie in den fünfziger Jahren noch ihr Kapital aufbringen konnten. Wie die sächsischen Gesellschaften

[105] Vgl. Schreiben des Verwaltungsrates der AG vom 1. April 1857 an v. d. Heydt und Bericht des Polizeipräsidiums vom 22. Februar 1858 an v. d. Heydt. In: DZA Merseburg, Rep. 120 A XII/7, Nr. 166, Vol. 1.

zeigen, war das nur schwer möglich; denn dieselben konnten insgesamt nur etwas mehr als die Hälfte davon realisieren. Hier gelang es nur den Bierbrauereien, das vorgesehene Kapital zu erreichen. Für Preußen kann unter Berücksichtigung der diesbezüglichen Ausführungen einzelner Verwaltungsräte[106] Ähnliches angenommen werden.

Obwohl das vom Staate konzessionierte Aktienkapital nicht in vollem Maße aufgebracht wurde und der industriellen Entwicklung zugute kam, kann man die ökonomische Bedeutung dieser vermittels des assoziierten Kapitals entstandenen Industrieanlagen nicht leugnen. Die zahlreich gegründeten Aktiengesellschaften in der Industrie waren in Preußen seit den fünfziger Jahren zu einer „alltäglichen“ Erscheinung geworden. Die Bourgeoisie hatte sie als günstige Form der Kapitalverwertung erkannt, und es hatte sich gezeigt, daß mittels der Zentralisation des Kapitals die Akkumulation der Einzelkapitale ergänzt werden konnte, wodurch die industrielle Entwicklung beachtlich vorangetrieben wurde.

Wie der Tabelle über die sächsischen Aktiengesellschaften zu entnehmen ist, trifft das noch in stärkerem Maße für Sachsen zu, das trotz seines wesentlich kleineren Territoriums nicht viel weniger Gründungen von Aktienunternehmungen in den fünfziger Jahren aufzuweisen hatte. Wenn es sich hier im Durchschnitt auch um kleinere und damit kapitalärmere Gesellschaften handelte, so zeugt das nur davon, daß die Aktiengesellschaften als Form der Industriefinanzierung verbreiteter waren und auch für kleinere Betriebe Verwendung fanden.

Berücksichtigt man noch die von J. Kuczynski[107] angeführten Angaben über Bayern, wo besonders die Aktiengesellschaften in der Textilindustrie eine Rolle gespielt haben, dann ist wohl die Feststellung nicht unbegründet, daß die Entwicklung der deutschen Industrie in den fünfziger Jahren zu einem nicht unbeträchtlichen Teil auf die Verbreitung und Durchsetzung der Aktiengesellschaft als Form der Finanzierung von Industriebetrieben zurückzuführen ist. Mit ihrer Hilfe gelang es Deutschland, trotz der *relativ* geringen Kapitalakkumulation seine Rückständigkeit teilweise zu überwinden.

Bevor die obige Tabelle über die Kapitalverhältnisse usw. weiter ausgewertet werden soll, muß noch einiges über den wirtschaftlichen Wert der in den fünfziger Jahren in Preußen gegründeten Aktienunternehmungen gesagt werden.

Die größte wirtschaftliche Bedeutung hatten die im Bergbau und Hüttenwesen gegründeten Aktiengesellschaften. Der preußische Buntmetallerzbergbau, besonders der Zinkerzbergbau, wie auch die Verhüttung dieser Erze, befand sich zum beachtlichen Teil, wenn nicht gar in der Mehrzahl, in den Händen von Aktiengesellschaften.

In Schlesien verfügte die „Schlesische AG für Bergbau und Zinkhüttenbetrieb“ 1857 über 38,3% der oberschlesischen Zinkerzförderung und 23,9%

[106] Vgl. die Ausführungen oben, S. 178f.

[107] Vgl. J. KUCZYNSKI, Die Geschichte der Lage der Arbeiter in Deutschland, 1789–1870. S. 176.

der Zinkproduktion.[108] Zu ihren Aktionären zählten die bedeutendsten Zinkgrubenbesitzer Schlesiens, wie z. B. die beiden Grafen Henckels von Donnersmark.[109]

Im Rheinland waren die führenden Buntmetallerzbergbau- und Hüttengesellschaften die „Aktiengesellschaft für Bergbau und Zinkfabrikation zu Stolberg und Westfalen" mit einem Aktienkapital von 8 Millionen Talern (effektiv 7,3 Millionen Taler 1866)[110], die „Eschweiler Gesellschaft für Bergbau und Hütten" mit 1,5 Millionen Talern Kapital[111], die „Gesellschaft für Rheinischen Bergwerks- und Kupferhüttenbetrieb" mit einem Kapital von 476200 Talern (1866)[112], der „Saturn" mit einem Kapital von 640000 Talern[113] und der „Märkisch-Westfälische Bergwerksverein", dessen Kapital 1857 600000 Taler[114] betrug. Die Gesellschaften beherrschten zusammen mit der belgischen Aktiengesellschaft „Vicille Montagne" diesen Zweig des Bergbaus und die Buntmetallerzeugung des Rheinlandes und Westfalens.[115]

Die letztgenannte Gesellschaft steigerte beispielsweise ihre Zinkproduktion in den beiden im Essen-Werdenschen Bergamtsbezirk gelegenen Zinkhütten von 62640 Zentnern im Jahre 1854 auf 87850 Zentner bis zum Jahre 1857 bzw. auf 108737 Zentner bis 1859.[116]

In welchem Umfang Eisenerze von den Aktienunternehmungen im Vergleich zu den übrigen Bergwerken gefördert wurden, kann für Rheinland-Westfalen nicht angegeben werden. Ohne Zweifel war auch hier der Anteil der Aktiengesellschaften beträchtlich. Im Oberbergamtsbezirk Dortmund betrug ihre Eisensteinförderung an der Gesamtmenge 1861 51,7%[117], und die „Phönix-AG" förderte 1857/58 allein die beachtliche Menge von 1,9 Mill. Zentnern Eisenerz.[118]

Über die Verhältnisse in der eisenerzeugenden Industrie können für das Rheinland schon nähere Angaben auf Grund der Jahresberichte der Bergämter gemacht werden.

108 Vgl. Th. Schück, Oberschlesien – Statistik des Regierungsbezirks Oppeln mit besonderer Beziehung auf Landwirtschaft, Bergbau, Hüttenwesen, Gewerbe und Handel. Iserlohn 1860, S. 400f. und 591f.

109 Vgl. Statut der Gesellschaft, Art. 22, in: DZA Merseburg, Rep. 120 A XII/7, Nr. 73.

110 Vgl. den Bericht der Aachener Regierung in: DZA Merseburg, Rep. 120 A V/5, Nr. 22, Vol. 1.

111 Ebenda.

112 Vgl. Bericht der Regierung zu Köln, ebenda.

113 Vgl. Statut des „Saturn" (§ 5 und § 6). In: DZA Merseburg, Rep. 120 A VII/7, Nr. 86.

114 Vgl. DZA Merseburg, Rep. 120 A XII/5, Nr. 1, Vol. 3 adh.

115 Vgl. K. Wiedenfeld, a. a. O., S. 340.

116 Vgl. den Jahresbericht des Essener Bergamtes aus den Jahren 1854, 1857 und 1859. In: DZA Merseburg, Rep. 121 A XX/1, Nr. 6, Vol. 1 bzw. 2.

117 Vgl. O. v. Mülmann, Statistik des Regierungsbezirkes Düsseldorf. Iserlohn 1867, Bd. II, 2. Hälfte, S. 460f.

118 Vgl. den Bericht des Generaldirektors dieser AG zum Geschäftsjahr 1857/58. In: DZA Merseburg, Rep. 120 A XII/7, Nr. 67.

Die Anzahl der Hochöfen entwickelte sich im Essen-Werdenschen Bergamtsbezirk 1854 bis 1858 wie folgt[119]:

	Hochöfen insgesamt	davon im Besitz von AG	davon im Besitz der „Phönix-AG“
1854	15	7	5
1855	18	11	9
1856	24	17	11
1857	21	14	8
1858	27	18	10

Es ist deutlich ersichtlich, daß sich seit 1855 die Mehrheit der Hochöfen in den Händen der Aktiengesellschaften (zumindestens in diesem Bergamtsbezirk) befand. Um eine richtige Wertung zu ermöglichen, muß noch hinzugefügt werden, daß es sich bei den Hochöfen der Aktiengesellschaften um moderne Koksöfen handelte, während die Privathütten teilweise noch mit alten Holzkohleöfen arbeiteten. Von den 1858 angeführten 9 Hochöfen, die sich nicht in den Händen von Aktiengesellschaften befanden, wurden außer 4, die im Besitze der „Guten-Hoffnungshütte“ waren, alle mit Holzkohle beschickt. Die wirtschaftliche Bedeutung der Hochöfen in den Aktienunternehmen ist also noch größer, als sie durch die obigen Zahlen verdeutlicht wird.

Die Roheisenproduktion[120] im Essen-Werdenschen Bergamtsbezirk betrug beispielsweise 1563146 Zentner (1856), wovon die Aktienhütten 1185161 Zentner geschmolzen hatten. An Stabeisen wurden im gleichen Jahr 693561 Zentner gefertigt, und die drei Aktienvereine „Friedrich Wilhelmshütte“, „Phönix“ und „Neu-Essen“ lieferten 395188 Zentner, wovon wiederum 392215 Zentner aus der Phönixschen Produktion stammten. An Roheisen lieferte allein der „Phönix“ im angeführten Jahr 915246 Zentner. Diese Zahlen sprechen wohl eine deutliche Sprache und zeugen besser als Worte von der großen ökonomischen Bedeutung der rheinisch-westfälischen Aktienvereine in der eisenschaffenden Industrie. Ohne genaue Angaben über die Produktion in den anderen Bergamtsbezirken anzuführen, wird man nicht fehlgehen, wenn man sagt, daß die Eisenerzeugung im Rheinland in den fünfziger Jahren von den Aktiengesellschaften der betreffenden Industriezweige beherrscht wurde. Wenn ihre wirtschaftliche Stärke in den anderen Revieren hinsichtlich der Produktionshöhe nicht so überzeugend wie in dem angeführten Bergamtsbezirk wirkte, so verfügten sie doch im ganzen Rheinland, im Gegensatz zu den meisten Privathütten, über moderne Anlagen, denen die alten Holzkohleöfen usw. in zunehmendem Maße weichen mußten. In den sechziger Jahren liegt das Schwergewicht der Roheisenproduktion im rheinisch-westfälischen Industriegebiet mehr und mehr auf seiten der Aktienhütten. So erzeugten

[119] Vgl. die Jahresberichte des Essener Bergamtes für die Jahre 1854 bis 1858. Ebenda.
[120] Die folgenden Zahlenangaben sind aus dem Jahresbericht des Essener Bergamtes für 1856, a. a. O., Vol. 1, entnommen.

allein die zehn bedeutendsten Hütten-AG 1863 mehr als zwei Fünftel der rheinisch-westfälischen Roheisenproduktion.[121]
Der Steinkohlenbergbau erlebt, besonders in Rheinland-Westfalen, durch zahlreiche Gründungen von Aktiengesellschaften einen bedeutenden Aufschwung. „Dem Assoziationsgeist der Neuzeit ist es gelungen, die nötigen Kapitalien zusammen zu bringen, um den Menschenfleiß in das Kohlengebirge zu vertiefen“[122], wie sich von Mülmann 1867 ausdrückte. In diesem Teil der Montanindustrie spielten die Aktienunternehmungen also ebenfalls eine beachtliche Rolle[123], aber das Schwergewicht des Steinkohlenabbaus liegt sowohl im Rheinland als auch in Oberschlesien bei den „Gewerkschafts-“ gruben. Im Dortmunder Oberbergamtsbezirk förderten 1861 z. B. die dortigen AG nur 12% der abgebauten Kohle[124], und in Oberschlesien verfügten die beiden größten Aktiengesellschaften „Minerva“ und die „Schlesische AG“ 1857 zusammen nur über 6% der dortigen Steinkohlenförderung.[125]
In der Textilindustrie ist in den fünfziger Jahren die Mehrheit der Betriebe nicht durch Aktiengesellschaften entstanden, so daß die zehn gegründeten Aktienunternehmungen keine beherrschende Rolle gespielt haben. Sie waren in der preußischen Textilindustrie im Gegensatz zu den Bergbau- und Hüttenunternehmungen nicht das Typische, wenn sie auch zu den größten und modernsten Betrieben dieses Industriezweiges gehört haben. Lediglich die beiden Aktien-Flachsspinnereien haben einen größeren Platz innerhalb der 21[126] in ganz Preußen im Jahre 1858 bestandenen Flachsspinnereien beansprucht; denn sie besaßen mit mehr als 20000 Spindeln fast ein Viertel der gesamten Feinspindeln Preußens.
Für die vier Aktienunternehmungen des Maschinenbaus kann (mit Ausnahme der unbedeutenden Aktienfabrik für landwirtschaftliche Maschinen und Ackergeräte zu Regenswalde), wie auch für die beiden der Zuckerindustrie, das gleiche gesagt werden, wie es oben für die Textilindustrie getan worden ist.

Nachdem auf die wirtschaftliche Bedeutung der Aktiengesellschaften näher eingegangen worden ist, sollen die Finanzierungsquellen näher beleuchtet werden. Trotz aller Anstrengungen reichte weder im Rheinland noch in Oberschlesien das dort wie in der gesamten preußischen Monarchie angesammelte Kapital aus, um diese in den fünfziger Jahren entstandene Vielzahl von Aktienunternehmungen zu finanzieren. Das Kapital anderer deutscher Staaten sowie das des Auslandes mußten diese Lücken füllen. Die Größe des von außerhalb nach Preußen eingeströmten Kapitals in Form von Aktienkäufen können wir relativ

121 Vgl. N. Hocker, Die Großindustrie Rheinlands und Westfalens, ihre Geographie, Geschichte, Produktion und Statistik. Leipzig 1867, S. 321 und 335ff.
122 v. Mülmann, O., a. a. O., S. 510.
123 Vgl. Wiedenfeld, a. a. O., S. 334.
124 Vgl. O. v. Mülmann, a. a. O., S. 438ff.
125 Vgl. Th. Schück, a. a. O., S. 291 und 591f.
In Oberschlesien wurden in den fünfziger Jahren keine reinen Steinkohlenbergbau-AG gegründet.
126 Vgl. Jahrbuch für die Amtliche Statistik des Preußischen Staates. Berlin 1863, 1. Jg., S. 449.

genau angeben, da uns der Stand von 1857/58 aus den Akten bekannt ist. Leider sieht es bei dem ausländischen Kapital wesentlich schlechter aus, da für den preußischen Staat Sachsen genauso Ausland war wie Frankreich und man deshalb selten zwischen dem eigentlichen Ausland und den deutschen Staaten unterschied.

In der bereits weiter oben angeführten Tabelle ist die außerpreußische Kapitalbeteiligung an den preußischen Aktiengesellschaften angegeben worden. Leider muß auch hier festgestellt werden, daß diese Angaben nicht vollständig sind, da von sechs Bergbaugesellschaften diesbezügliche Angaben fehlen. Bei der verschwindenden Minderheit dieser Gesellschaften kann jedoch die Aussagekraft der Tabelle kaum wesentlich herabgesetzt werden. Entsprechend der oben angeführten Schwierigkeiten wird die ausländische Kapitalbeteiligung nur unvollständig durch die Anzahl der Aktiengesellschaften, an denen auf Grund des verarbeiteten Materials eine solche nachweisbar ist, wiedergegeben.

Wie ersichtlich, sind bedeutende Kapitalsummen von Preußen importiert worden, um diesen enormen Aufbau der Industrie, besonders der Montanindustrie, in den fünfziger Jahren des vorigen Jahrhunderts zu ermöglichen. Mehr als ein Drittel des in diesen Jahren emittierten Aktienkapitals war außerhalb Preußens akkumuliert worden. Dieses Kapital kam in erster Linie der Montanindustrie zugute, in die mehr als 37% des Aktienkapitals aus den anderen deutschen und den ausländischen Staaten einströmten.

In den übrigen Industriezweigen trat das außerpreußische Kapital stark zurück und war hier noch in der Textilindustrie mit mehr als einem Viertel des gesamten Aktienkapitals am stärksten vertreten. Ein beachtlicher Teil dieses fremden Kapitals stammte aus dem Ausland, in erster Linie aus Frankreich und Belgien. Das französische und belgische Kapital drang besonders in den rheinisch-westfälischen Bergbau und die dortige metallerzeugende Industrie ein. Der Zinkerzbergbau wie überhaupt der rheinisch-westfälische Buntmetallerzbergbau und die Buntmetallerzeugung waren zum größten Teil in den Händen von Kapitalisten aus diesen beiden Ländern. Von dem 7,32 Millionen Taler betragenden Aktienkapital der „Stolberger Gesellschaft für Zinkfabrikation" befanden sich beispielsweise 6,47 Millionen[127] in den Händen von französischen und belgischen Kapitalisten. Der „Saturn" befand sich ursprünglich völlig in belgischem Besitz.[128] Da aber die Konzessionierung davon abhängig gemacht wurde, daß die Mehrheit des Verwaltungsrates einschließlich seines Präsidenten aus Inländern bestehen sollte, kamen von dem Grundkapital in Höhe von 640000 Talern[129] 18000 Taler (180 Aktien[130]) in preußische Hände.

Hauptaktionäre der „Saturn-AG" waren die anonyme Bergbau- und Zinkhüttengesellschaft Corphaly in Huy, die deren Erze verarbeitete, der Huyer

[127] Vgl. Angaben in: DZA Merseburg, Rep. 120 A XII/5, Nr. 1, Vol. 3 adh.

[128] Vgl. Schreiben des Bevollmächtigten des „Saturn" vom 31. Mai 1856 an den Handelsminister. In: DZA Merseburg, Rep. 120 A XII/7, Nr. 86.

[129] Vgl. Statut der AG (§ 5), ebenda. [130] Ebenda.

Bankier L'Honeur Detru und der Lütticher Oberingenieur Gernart, die zusammen 300000 Taler zeichneten, von denen später die oben erwähnten 180 Aktien abgegeben wurden. Selbst in den oberschlesischen Zinkerzbergbau und in die Zinkerzeugung drang das belgisch-französische Kapital ein, indem es bei der Gründung der „Schlesischen Aktiengesellschaft für Bergbau und Zinkhüttenbetrieb" Aktien im Werte von $3^1/_2$ Millionen Talern erwarb.[131] Die belgische Aktiengesellschaft „Vicille Montagne" war hier beteiligt. Von derselben zählte der Vizepräsident der Repräsentantenkammer Belgiens, Graf Vicomte Carl Vilain XIV., zu den Großaktionären der schlesischen Aktiengesellschaft.[132] Als Vertreter des letzteren saßen Leopold Graf von Le Hou und zwei weitere Franzosen, nämlich Graf August von Morney und Alfred Mosselmann, beide aus Paris, im Verwaltungsrat der schlesischen Aktiengesellschaft.[133] Das Aktienkapital einschließlich der 1856 durchgeführten Kapitalerhöhung betrug 10 Millionen Taler, wovon bis 1862 Aktien im Werte von 6,717 Millionen Talern emittiert worden waren.[134] Für das Jahr 1857 gibt die Breslauer Regierung die außerpreußische Kapitalbeteiligung mit 4,3 Millionen Talern an,[135] davon wird sicherlich der größte Teil, wenn nicht nahezu alles, sich in ausländischen Händen befunden haben.

Jedoch nicht nur in diesen Aktiengesellschaften der Buntmetallerzeugung läßt sich die beträchtliche Beteiligung des belgischen und französischen Kapitals nachweisen, sondern auch bei der „Allianz"[136], bei der „Gesellschaft für Rheinischen Bergwerks- und Kupferhüttenbetrieb"[137] und der „Eschweiler Gesellschaft"[138], wie bei den bedeutendsten preußischen Gesellschaften dieses Teils der Montanindustrie ist das der Fall.

Nicht nur hier, sondern auch in der eisenschaffenden Industrie war das französische Kapital vertreten. Das französische Kapital wurde in der Direktion der größten eisenerzfördernden und eisenerzeugenden Aktiengesellschaft Preußens, dem „Phönix", durch den Pariser Bankier Koechlin, durch Alphons Graf von Raineville, ein Mitglied des Aufsichtsrates des „Credit foucier" zu Paris und ehemaliger Deputierter und Staatsrat, der außerdem noch in den Verwaltungsräten der „Aktiengesellschaft der Aachener Spiegelmanufaktur", wie der „Eschweiler Gesellschaft für Bergbau und Hütten" zu Stolberg saß, Emil Raimbeaux, dem Bankier Blount und dem Grafen von Grammont d'Astre – alle zu Paris – vertreten.[139]

131 Vgl. Schreiben von G. H. RUFFER vom 30. Juli 1853. In: DZA Merseburg, Rep. 120 A XII/7, Nr. 73.
132 Vgl. notariell bestätigte Vollmacht vom 16. Juli 1853. Ebenda.
133 Vgl. Statut der AG (Art. 22), a. a. O.
134 Schreiben des Präsidenten des Verwaltungsrates vom 29. März 1862. A. a. O.
135 Vgl. Angaben der Breslauer Regierung in: DZA Merseburg, Rep. 120 A XII/5, Nr. 1, Vol. 3 adh.
136 Vgl. DZA Merseburg, Rep. 120 A XII/7, Nr. 63.
137 Vgl. DZA Merseburg, Rep. 120 A XII/7, Nr. 70.
138 Vgl. DZA Merseburg, Rep. 120 A XII/7, Nr. 60.
139 Vgl. Statut des „Phönix" (Art. 15) in: DZA Merseburg, Rep. 120 A XII/7, Nr. 67.

Holländisches Kapital, das im geringeren Maße im Rheinland vertreten war, hatte fast völlig das zum Aufbau der „Bergbau AG Holland" zu Wattenscheid benötigte Aktienkapital aufgebracht[140], das 500000 Taler betrug.[141] Niederländische Kapitalisten waren auch am „Bergwerksverein Friedrich Wilhelmshütte"[142] und am „Deutsch-Holländischen Aktienverein für Hüttenbetrieb und Bergbau"[143] beteiligt, freilich in wesentlich geringerem Maße als bei der „Bergbau AG Holland".

Soweit es sich aus den eingesehenen Akten ergibt, hat das englische Kapital bei der Finanzierung der preußischen Aktiengesellschaften in jener Zeit keine besondere Rolle gespielt. An der „Eschweiler Gesellschaft für Bergbau und Hütten" waren einige Engländer, jedoch im Vergleich zu den Franzosen im unbedeutenden Maße, beteiligt.[144]

Für die Textilindustrie ist auf Grund des ausgewerteten Aktenmaterials eine ausländische Beteiligung nur bei der „Kölner Baumwollspinnerei und Weberei AG" festzustellen. An ihr waren mit 50000 Talern ein Pariser Bankier, mit 25000 Talern ein englischer, mit 5000 Talern ein Amsterdamer und mit 2000 Talern ein New Yorker Kaufmann beteiligt[145], d. h. von 1 Million Talern Kapital befanden sich 82000 Taler in ausländischen Händen. Im Maschinenbau war die ausländische Beteiligung noch geringer. Lediglich bei der „Aktiengesellschaft für Fabrikation von Eisenbahnbedarf" ist eine französische Beteiligung in Höhe von 20000 Talern bei einem Kapital von $1^1/_2$ Millionen Talern nachweisbar.[146] Aus den Akten geht hervor, daß in der chemischen Industrie bei der „Chemischen Fabrik Rhenania" ausländische, besonders belgische, Kapitalisten beteiligt waren.[147]

Das ausländische Kapital, insbesondere das aus Frankreich und Belgien, betrachtete vor allem die aufkommende rheinisch-westfälische Montanindustrie als günstige Anlagesphäre und hat beim Aufbau dieser Industrie, besonders des Buntmetallbergbaus und der Buntmetallerzeugung, in den fünfziger Jahren eine beachtliche Rolle gespielt. Trotzdem wurde auch bei den Aktiengesellschaften der Montanindustrie der größere Teil des Kapitals in Deutschland selbst aufgebracht, und die ausländischen Finanziers hatten zwar in einzelnen Teilen dieser Industrie die Übermacht, aber nicht in der Gesamtheit.

140 Vgl. Schreiben der Regierung zu Arnsberg vom 5. Juli 1855. In: DZA Merseburg, Rep. 120 A XII/7, Nr. 122.

141 Vgl. Statut der AG (Art. 3), ebenda.

142 Vgl. Auszug aus dem Protokoll der Generalversammlung vom 31. Oktober 1855. In: DZA Merseburg, Rep. 120 A XII/7, Nr. 68.

143 Vgl. Angaben in: DZA Merseburg, Rep. 120 A XII/7, Nr. 82.

144 Vgl. die Angaben über die Aktienzeichner in: DZA Merseburg, Rep. 120 A XII/7, Nr. 60.

145 Vgl. den notariellen Akt vom 9. April 1853. In: DZA Merseburg, Rep. 120 A XII/7, Nr. 39.

146 Vgl. die Angaben über die AG in: DZA Merseburg, Rep. 120 A V/5, Nr. 22, Vol. 2.

147 Vgl. Schreiben der Aachener Regierung vom 9. Mai 1855. In: DZA Merseburg, Rep. 120 A XII/7, Nr. 3.

In den Aktiengesellschaften, die vom ausländischen Kapital beherrscht wurden, stützte der preußische Staat die Stellung „seiner" Bourgeoisie, da er die Aufnahme eines Passus in das Statut, nach dem die Mehrheit des Verwaltungsrates einschließlich seines Präsidenten aus Inländern bestehen sollte, für die Konzessionierung zur Bedingung machte.[148] Unter diesen Bedingungen war die ausländische Beteiligung für die Entwicklung der preußischen Industrie durchaus förderlich.

Nachdem untersucht worden ist, inwieweit außerpreußisches und insbesondere ausländisches Kapital an den Aktiengesellschaften beteiligt war, muß man erfahren, welche Kreise die Kapitalien für diese Unternehmungen aufbrachten. Hierzu wäre die Untersuchung jeder gegründeten Aktiengesellschaft nach den Aktienzeichnern und der von ihnen gezeichneten Aktienbeträge notwendig. Dazu fehlen uns jedoch die ausreichenden Unterlagen, da einmal nur 57% der gegründeten Aktiengesellschaften näher untersucht worden sind, und zum anderen davon nur bei wenigen die Gesamtzahl der Aktionäre aus den Akten des Handelsministeriums ersichtlich ist. In fast allen Fällen sind jedoch die Gründer der Gesellschaft ersichtlich, die in der Regel den Verwaltungsrat besetzten. Die Gründer sind allerdings, gemessen an der Zahl der Aktionäre, nur ein kleiner Teil von ihnen, aber dafür in der Regel die größten Aktionäre.

Bei der „Berliner Brotfabrik-AG" beispielsweise zeichneten die Gründer von dem vorgesehenen Aktienkapital von 300000 Talern[149] allein mehr als ein Drittel, nämlich 103000 Taler.[150] Beim „Hörder Bergwerks- und Hüttenverein" zeichneten die sieben Gründer 250000 Taler[151] von einem vorgesehenen Aktienkapital von 2 Millionen Talern.[152] Die angeführten Beispiele zeigen deutlich – wenn auch die Gründer bedeutende Summen zeichneten –, daß es doch in der Regel nur ein Teil des emittierten Aktienkapitals war. Hinzu kommt noch, daß die Gründer die gezeichneten Aktien aus dem eventuell zu erwartenden Gründergewinn bezahlen konnten, d. h. sie nur buchmäßig als Finanziers der Gesellschaft erscheinen bzw. es in Wirklichkeit nur vorübergehend waren, da durch die anfallenden Gründergewinne sich das vorgestreckte Kapital in kurzer Zeit amortisierte.

Die Kenntnis der Gründer ermöglichte also nur im gewissen Umfange die Beantwortung der zu untersuchenden Frage. Man muß sich dabei ständig vor Augen halten, daß dies dadurch nur zu einem Teil möglich ist.

Die jetzt angeführte Tabelle gibt die Zusammenstellung der Gründer von 61 in den fünfziger Jahren gegründeten Aktiengesellschaften wieder:

[148] Vgl. Forderungen des Handelsministers. In: DZA Merseburg, Rep. 120 A XII/7, Nr. 73.

[149] Vgl. Statut der AG (§ 3) in: DZA Merseburg, Rep. 120 A XII/7, Nr. 182.

[150] Vgl. die gemachten Angaben in: DZA Merseburg, Rep. 109 B XI, Nr. 30.

[151] Vgl. Schreiben von CARL OVERWEG vom 26. April 1851 an das Handelsministerium bzw. den notariellen Akt im Amtsblatt der Königlichen Regierung, Arnsberg, den 6. März 1852 (Extrablatt). Beide in: DZA Merseburg, Rep. 120 A XII/7, Nr. 117 und Statut der AG (§ 6), ebenda.

[152] Ebenda.

Tabelle 5

*Zusammensetzung der Gründer der in den fünfziger Jahren konzessionierten Aktiengesellschaften, soweit sie untersucht worden sind**

Nr.	Industriezweig	I Anzahl der untersuchten AG	II Handelskapital	III Fabrikanten	IV Staatsbeamte	V Bankiers	VI Großgrundbesitzer	VII Gruben- und Hüttenbesitzer	VIII Rentiers	IX Eigentümer	X Andere AG	XI Militärs	XII Leitende Angestellte v. Fabriken u. Unternehmg.	XIII Sonstige **	XIV Unbestimmt	II-XIV Insgesamt
1.	Bergbau u. Hüttenwesen															
	a) Schlesien und	10	22	5	19	16	12	4	—	3	—	—	4	7	7	99
	andere Provinzen	in %	22,2	5,1	19,2	16,2	12,1	4,0	—	3,0	—	—	4,0	7,1	7,1	100,0
	b) Rheinprovinz und	32	74	12	28	20	16	15	11	—	3	5	8	14	16	222
	Westfalen	in %	33,3	5	12,6	9,1	7,3	6,8	4,9	—	1,4	2,3	3,7	6,3	7,3	100,0
	c) Gesamt-Preußen	42	96	17	47	36	28	19	11	3	3	5	12	21	23	321
		in %	29,9	5,3	14,6	11,3	8,7	5,9	3,4	0,9	0,9	1,6	3,8	6,5	7,2	100,0
2.	Textilindustrie	8	25	17	4	5	—	2	1	—	—	1	2	2	15	74
		in %	33,7	21,5	5,2	6,8	—	2,6	1,4	—	—	1,4	2,6	2,6	20,2	100,0
3.	Chemische Industrie	3	6	5	1	1	—	—	—	—	—	—	—	1	2	16
	ohne Gaswerke	in %	37,5	31,25	6,25	6,25	—	—	—	—	—	—	—	6,25	12,5	100,0
4.	Maschinenbau	3	9	5	3	5	1	—	—	—	—	—	1	—	2	26
		in %	34,6	19,3	11,5	19,3	3,8	—	—	—	—	—	3,8	—	7,7	100,0
5.	Zuckerindustrie	2	7	1	4	—	3	—	—	—	—	—	—	—	2	17
		in %	41,2	5,9	23,5	—	17,6	—	—	—	—	—	—	—	11,8	100,0
6.	Anderweitige Industrie	3	9	5	3	5	1	—	—	—	—	—	1	—	2	26
		in %	34,6	19,3	11,5	19,3	3,8	—	—	—	—	—	3,8	—	7,7	100,0
	Insgesamt	61	152	50	62	52	33	21	12	3	3	6	16	24	46	480
	Insgesamt absolut	61	152	71†	62	52	33	—	12	3	3	6	16	24	46	480
	Insgesamt in %	57,0 (v. 107)	31,7	14,8	12,9	10,8	6,9	—	2,5	0,6	0,6	1,3	3,3	5,0	9,6	100,0

* Zusammengestellt aus Angaben, die den im Quellenverzeichnis angeführten Akten und der Gesetzessammlung für die Preußischen Staaten entnommen sind. ** Rechtsanwälte, Ärzte, Ingenieure u. a. † Fabrikanten, Gruben- und Hüttenbesitzer.

Betrachten wir die obige Tabelle genau, so wird ihre Aussagekraft nicht nur durch das bisher Gesagte herabgesetzt, sondern auch dadurch, daß die Stellung von fast 10% der Gründer nicht ermittelt werden konnte. Sie gibt uns also wirklich nur einen gewissen Anhaltspunkt, aus welchen Quellen die Mittel flossen, die zur Errichtung dieser Vielzahl von Aktienunternehmungen notwendig waren. An erster Stelle stand, wie deutlich ersichtlich, das Handelskapital; nahezu ein Drittel aller Gründer war Teilhaber resp. Besitzer von Handelshäusern, während nur 14,8% zu den Fabrikbesitzern gehörten.

Beachtlich ist weiterhin der Anteil der Staatsbeamten, worunter sich auch eine ganze Reihe ehemaliger Staatsbeamter befand. Es waren in der Regel kleinere und mittlere, selten höhere Beamte. Ihr hoher Anteil bei den Gründungen ist leicht verständlich, da sie einmal, wo große Teile der Bevölkerung vom Spekulationsfieber erfaßt waren, nicht gerade die Unbemitteltsten waren, und zum anderen ihre Verbindungen für die Aktiengesellschaften wertvoll waren, um die Konzessionierung durchzusetzen. Leider ließen sich in dem eingesehenen Aktenmaterial hierfür keine konkreten Beweise finden; soweit solche vorhanden sind, werden sie höchstwahrscheinlich vor allem in den Akten der einzelnen Provinzregierungen zu suchen sein.

Erst an vierter Stelle stehen die Bankiers unter den Gründern, und auch hier ragen nur einige Banken hervor, die sich vor allem im Rheinland befanden. Dies sind in erster Linie das Bankhaus Oppenheim und der Schaaffhausensche Bankverein aus Köln. Die erstgenannnte Bank saß durch die beiden Inhaber Abraham und Simon Oppenheim im Aufsichtsrat von fünf Aktiengesellschaften[153] (von den untersuchten Aktiengesellschaften!). Daneben waren sie noch an der Gründung verschiedener Aktienbanken führend beteiligt.[154] Soweit es aus dem bearbeiteten Material hervorgeht, war der Schaaffhausensche Bankverein an mindestens fünf Aktiengesellschaften beteiligt.[155]

Im Bergbau und Hüttenwesen treten unter den Gründern die Großgrundbesitzer etwas stärker in den Vordergrund, aber die Kaufleute stellen auch hier ein Drittel der Gründer, was für die oberschlesischen Bergbau- und Hüttengesellschaften allerdings nicht zutrifft (von den zehn aus dem übrigen Preußen untersuchten Aktiengesellschaften befinden sich sechs in Oberschlesien).

153 Vgl. die Angaben in: DZA Merseburg, Rep. 120 A XII/7, Nr. 67, 56, Vol. 2, 70, 39, 165.

154 Aufsichtsratsmitglied
1. bei der Kölnischen Privatbank,
2. bei dem Schaaffhausenschen Bankverein,
3. bei der Darmstädter Bank für Handel und Industrie,
4. bei der Darmstädter Bank für Süddeutschland und
5. bei der Luxemburger Internationalen Bank.
(Vgl. die Angaben in: N. Hocker, a. a. O.)

155 Vgl. Angaben in: DZA Merseburg, Rep. 120 A XII/7, Nr. 59, 63, 69, und bei Hansen, a. a. O., Bd. II, S. 520.

Dieser höhere Anteil der Großgrundbesitzer in der Montanindustrie erklärt sich teilweise aus der Tatsache, daß sie Eigentümer des Grund und Bodens waren, auf dem die Bergbauanlagen etabliert wurden. Er zeugt jedoch gleichzeitig von der stärkeren Hinwendung der Junker zur Industrie während der fünfziger Jahre, was allerdings für die oberschlesischen Junker schon früher zutraf.[156] Der industriellen Entwicklung kam in den fünfziger Jahren demzufolge auch in der Landwirtschaft akkumuliertes Kapital zugute. Nicht selten handelte es sich bei den Junkern um keine finanzielle Beteiligung mittels Aktienkauf, sondern – wie bereits oben gesagt – sie veräußerten Grundbesitz und teilweise Industrieanlagen an die gegründeten Aktiengesellschaften.[157] Ein Teil des Kaufpreises wurde von der Gesellschaft in Form von Aktien gezahlt.

Der Beteiligung der Junker an dem Aufbau der Schwerindustrie muß jedoch eine größere Bedeutung beigemessen werden, als ihre effektive Beteiligung an den Montangesellschaften zum Ausdruck bringt; denn damit verstärkte sich auch in ökonomischer Hinsicht die Interessengleichheit von Großbourgeoisie und Junker, also den gesellschaftlichen Kräften, die im Kaiserreich die ökonomische und politische Herrschaft in Deutschland besaßen.

Die Wirkung der Beteiligung der Junker an den Aktiengesellschaften der fünfziger Jahre in dieser Hinsicht darf jedoch auch nicht überschätzt werden. Bekanntlich besaßen damals wie auch später die Junker der Ostprovinzen die bestimmende Rolle innerhalb ihrer Klasse. Diese Junker unterschieden sich in ihrer reaktionären Haltung von denen der westlichen Provinzen, da der Großgrundbesitz in diesem Teil des preußischen Staates weit stärker verbürgerlicht war. Die ostelbischen Junker waren jedoch kaum an den in der Mehrzahl in Rheinland-Westfalen gegründeten Montangesellschaften beteiligt; dazu reichten ihre Mittel wohl gar nicht aus, da der Intensivierungsprozeß auf den Gütern, der in der deutschen Landwirtschaft seit den fünfziger Jahren stärker einsetzte, den größten Teil der von ihnen nicht konsumierten Mittel verschlang.[158] Weit stärker waren die ostelbischen Junker an den oberschlesischen Montangesellschaften beteiligt. Hierbei handelte es sich jedoch

[156] Vgl. SCHÜTZ, Über die gewerblichen Verhältnisse Oberschlesiens. Bericht an BEUTH vom 23. 3. 1841. In: DZA Merseburg, Rep. 120 D I/1, Nr. 35.

[157] Aus dem bearbeiteten Aktenmaterial läßt sich das für folgende Aktiengesellschaften nachweisen:

1. „Minerva, Schlesische Hütten-, Forst- und Bergbaugesellschaft" (DZA Merseburg, Rep. 120 A XII/7, Nr 76);
2. „Hörder Bergwerks- und Hüttenverein", Hörde (DZA Merseburg, Rep. 120 A XII/7, Nr. 117);
3. „Braunkohlenverein zu Berlin" (DZA Merseburg, Rep. 120 A XII/7, Nr. 155);
4. „Saturn, Rheinischer Bergwerks-Aktienverein" (DZA Merseburg, Rep. 120 A XII/7, Nr. 86);
5. „Schlesische AG für Bergbau und Zinkhüttenbetrieb" (DZA Merseburg, Rep. 120 A XII/7, Nr. 73).

[158] WAGNER, P., Die Steigerung der Roherträge in der Landwirtschaft im Laufe des 19. Jahrhunderts. Jena 1896; im Zusammenhang damit vgl. W. SOMBART, Die deutsche Volkswirtschaft im 19. Jh. Berlin 1923, 6. Aufl., S. 328f.

bei den größten dieser Art[159] um solche, die auf Initiative der Junker aus ihren Betrieben gegründet wurden, um auf diese Weise das notwendige Kapital für die Erweiterung ihrer Anlagen zu erhalten. Deshalb spielen auch die Bankiers angesichts des geringer entwickelten Bürgertums eine größere Rolle bei den Gründern und Finanziers. Dies sind vor allem Berliner Privatbankiers, die freilich im Gründungsgeschäft nicht eine solche hervorragende Rolle spielten wie die beiden obengenannten Kölner Banken, da es sich hier, im Vergleich zu den letzteren, um kleinere Privatbanken handelt. Das Berliner Bankkapital betrachtete die aufkommende Schwerindustrie Schlesiens als günstige Anlagesphäre, in der es die Konkurrenz des rheinischen Bankkapitals nicht zu fürchten brauchte. Zu den Berliner Bankhäusern zählten in dieser Hinsicht vor allem Mendelsohn u. Co., R. Warschauer u. Comp. und Bleichröder.[160] Für diese Banken ist es jedoch charakteristisch, daß sie, im Gegensatz zu denen der westlichen Provinzen der Monarchie, nur an wenigen Aktiengesellschaften beteiligt waren und in den Aufsichtsräten von ein bis zwei Gesellschaften saßen.

Der Anteil der Beamten an den Gründern ist bei den Bergbaugesellschaften ebenfalls größer, und er erreicht in Oberschlesien fast ein Fünftel. Da in diesem Teil Preußens, zum Unterschied vom Rheinland, kein ausgeprägtes, starkes Bürgertum vorhanden war[161], spielten Beamte wie Großgrundbesitzer eine wesentlich größere Rolle.

Das Handelskapital ist prozentual am stärksten an den Zuckerunternehmungen beteiligt. Nicht weniger als 41% der Gründer waren hier Kaufleute. Auch in den übrigen Industriezweigen spielen sie eine größere Rolle, dagegen treten hier die Beamten zurück. Die große Beteiligung von Beamten an Bergbaugesellschaften mag unter anderem auch dadurch begründet sein, daß diese Unternehmen durch die preußische Bergwerksgesetzgebung im stärkeren Maße noch vom Staate abhängig waren als die übrigen Aktiengesellschaften, so daß gute Verbindungen zu dessen Organen äußerst vorteilhaft waren und vielleicht auch die Aktien dieser Gesellschaften die größeren Dividenden abwarfen.

Wenn man die Gründer näher untersucht, treten einige Namen besonders hervor, da sie an einer ganzen Reihe von Aktiengesellschaften beteiligt waren. An der Spitze von allen steht Gustav von Mevissen. Er saß von sechs Bergwerksgesellschaften in den Verwaltungsräten, davon bei zwei Gesellschaften als Vorsitzender derselben, und bei zwei weiteren industriellen Aktiengesell-

159 Aus dem bisher bearbeiteten Material läßt es sich für die „Minerva" und für die „Schlesische AG für Bergbau und Zinkhüttenbetrieb" (DZA Merseburg, Rep. 120 A XII/7, Nr. 73 und 76) nachweisen. Eine nähere Untersuchung der Entstehungsgeschichte der einzelnen Aktiengesellschaften Oberschlesiens würde auch bei anderen diesen Nachweis erbringen.

160 Vgl. Angaben in: ebenda, Nr. 73 und 90.

161 Vgl. Schütz, Über die gewerblichen Verhältnisse Oberschlesiens. Bericht an Beuth vom 23. März 1841. In: DZA Merseburg, Rep. 120 D I/1, Nr. 35.

schaften war er ebenfalls Präsident des Verwaltungsrates.[162] Daneben leitete er als Präsident der Verwaltung die Darmstädter Bank[163], die Luxemburger Internationale Bank[164]. Im Schaaffhausenschen Bankverein[165], in der Bank für Süddeutschland[166] und in der Rheinischen Eisenbahngesellschaft[167] war er Vorsitzender des Verwaltungsrates. Bei der Kölner Privatbank und bei der Berliner Handelsgesellschaft saß er ebenfalls im Aufsichtsrat.[168] Der Viersener Textilfabrikant Diergardt, ein Geschäftsfreund von Mevissen, hatte gleichfalls nicht weniger als acht Verwaltungsratsposten[169] inne. Sein Betätigungsfeld lag vor allem auf dem Gebiete der Textilindustrie. Neben diesen beiden zählen zu den hervorstechendsten Gründern unter anderen die beiden Direktoren des A. Schaaffhausenschen Bankvereins Viktor Wendelstadt und Deichmann sowie Jacob vom Rath, Wilhelm Jost, Philipp Engels, Friedrich Hammacher, Gustav von Rappard und Joh. Friedrich Königs, alle aus dem Rheinland.

[162] 1. „Hörder Bergwerks- und Hüttenverein", Präsident des Verwaltungsrates; in: DZA Merseburg, Rep. 120 A XII/7, Nr. 117.
2. „Köln-Müsener Bergwerks-Aktienverein", Vorsitzender des Verwaltungsrates; HANSEN, a. a. O., Bd. I, S. 642.
3. Mitglied des Verwaltungsrates der „‚Concordia', Eschweiler Verein für Bergbau und Hüttenbetrieb"; in: DZA Merseburg, Rep. 120 A XII/7, Nr. 69.
4. Mitglied des Verwaltungsrates des „Bochumer Bergwerks- und Hüttenvereins"; in: DZA Merseburg, Rep. 120 A XII/7, Nr. 161.
5. Mitglied des Verwaltungsrates der „Massener Gesellschaft für Kohlenbergbau"; HANSEN, a. a. O., Bd. I, S. 640.
6. Mitglied des Verwaltungsrates der „Allianz AG für Bergbau und Hüttenbetrieb bei Stolberg"; in: DZA Merseburg, Rep. 120 A XII/7, Nr. 63.
7. Präsident des Verwaltungsrates der „Kölner Maschinenbau AG"; HANSEN, a. a. O., Bd. I, S. 644.
8. Präsident des Verwaltungsrates der „Kölner Baumwollspinnerei und -weberei", a. a. O., S. 632.

[163] Vgl. HANSEN, a. a. O., Bd. I, S. 651.

[164] Ebenda, S. 662.

[165] Vgl. N. HOCKER, a. a. O., S. 719.

[166] Vgl. HANSEN, a. a. O., Bd. I, S. 659.

[167] Ebenda, S. 678.

[168] Vgl. N. HOCKER, a. a. O., S. 275 und S. 37.

[169] Im Verwaltungsrat
1. der „Kölner Maschinenbau AG" (DZA Merseburg, Rep. 120 A XII/7, Nr. 165);
2. der „Gladbacher AG für Druckerei und Appretur" (DZA Merseburg, Rep. 120 A XII/7, Nr. 47);
3. der „Gladbacher Spinnerei und Weberei" (DZA Merseburg, Rep. 120 A XII/7, Nr. 40);
4. der „Ravensberger Spinnerei AG" (DZA Merseburg, Rep. 109 B XI, Nr. 29);
5. der „AG für Seidenzwirnerei zu Krefeld" (DZA Merseburg, Rep. 120 A XII/7, Nr. 46);
6. des „Köln-Müsener Bergwerks-Aktienvereins" (DZA Merseburg, Rep. 120 A XII/7, Nr. 72);
7. der „Dortmunder Privat-Aktienbank" (N. HOCKER, a. a. O., S. 189);
8. der Berliner Handelsgesellschaft (ebenda, S. 35).

Bei den schlesischen Aktiengesellschaften waren das Bankhaus Mendelsohn, Kommerzienrat Ruffer, der Magdeburger Stadtrat Max und der Kattowitzer Geheime Kommerzienrat Grundmann in den Verwaltungsräten zu finden. An den verschiedensten Aktiengesellschaften des Rheinlandes waren bereits die Vorfahren von später führenden Monopolisten beteiligt, die aber größtenteils, soweit es aus den untersuchten Aktiengesellschaften hervorgeht, noch keine bedeutende Rolle spielten. Die Stumms, Böckings und Röchlings besaßen allerdings damals schon in der „Dillinger Hütten-AG" sowie durch Privathütten und Gruben beachtliche Positionen in dem saarländischen Bergbau und Hüttenwesen.[170] Ein gewisser Heinrich Hoesch, Eisenhütten- und Grubenbesitzer, saß im Verwaltungsrat der im Jahre 1853 gegründeten „Concordia, Eschweiler Verein für Bergbau und Hüttenbetrieb"[171]. Zu den Gründern dieser Gesellschaft zählte auch der Grubenbesitzer und Kaufmann Friedrich Thyssen aus Eschweiler.[172] Werner Siemens war Mitglied des Verwaltungsrates der Stettiner Maschinenbau AG „Vulcan"[173]. Ein gewisser J. H. Pferdmenges zu Gladbach saß in dem Aufsichtsrat der „Gladbacher Spinnerei und Weberei AG" und der „Gladbacher AG für Druckerei und Appretur"[174]. Das sind alles Namen, die uns aus der modernen Wirtschaftsgeschichte Deutschlands bekannt sind.

Um die Angaben über die Herkunft der Aktionäre nicht nur aus den Gründern zu ermitteln, sollen noch zwei Aktiengesellschaften näher angeführt werden, von denen der größte Teil der Aktionäre bekannt ist. Damit kann man gleichzeitig die Richtigkeit der Aussagen der obigen Tabelle überprüfen, obgleich man hierbei vorsichtig sein muß; denn diese Beispiele sind doch rein zufällig gewählt, wodurch ihre Aussagekraft eingeschränkt ist. Auf jeden Fall rundet die Anführung der Aktionäre von einzelnen Aktiengesellschaften das Bild ab, so daß man einen besseren Überblick über ihre Herkunft erhält.

Von der 1 Million Taler, die zur Gründung der „Kölner Baumwollspinnerei und Weberei" aufgebracht wurden, zeichneten 29 Kaufleute, 8 Bankiers, 2 Fabrikanten, 1 Gruben- und Hüttenbesitzer, 1 Großgrundbesitzer, 1 Zeitungsverleger und 2 Beamte als die größten Atkionäre der Aktiengesellschaft 677200 Taler, also über die Hälfte des Aktienkapitals.[175] Bei der „Tarnowitzer AG für Bergbau und Eisenhüttenbetrieb" wurden 300000 Taler von 3 Gruben- und Hüttenbesitzern, 13 Kaufleuten, 13 Bergbauangestellten und Ingenieuren, 22 selbständigen Handwerkern und Händlern, 8 Beamten, 4 Mühlenbesitzern, 2 Lehrern, 2 Ärzten, 2 Gastwirten, 1 Rentner, 1 Buchdruckereibesitzer, 6 wei-

170 Vgl. Akten der Gesellschaft der „Dillinger Hüttenwerke", in: DZA Merseburg, Rep. 120 A XII/7, Nr. 56.

171 Vgl. Statut der AG (§ 15), in: DZA Merseburg, Rep. 120 A XII/7, Nr. 69.

172 Vgl. notarieller Akt vom 14. Februar 1853. Ebenda.

173 Vgl. Statut der AG (§ 19), in: DZA Merseburg, Rep. 120 A XII/7, Nr. 167.

174 Vgl. DZA Merseburg, Rep. 120 A XII/7, Nr. 40 und 47.

175 Vgl. notarieller Akt vom 9. April 1853 zu Köln. In: DZA Merseburg, Rep. 120 A XII/7, Nr. 39.

teren Personen und der Stadtkommune Tarnowitz aufgebracht.[176] Insgesamt wurden Aktien im Werte von 400000 Talern[177] emittiert. Beide Beispiele sind interessant und zeigen, daß die obige Tabelle im Grunde genommen *etwa* die richtigen Proportionen zwischen den verschiedenen Schichten der Bevölkerung angibt, die Aktien erwarben. Im Rheinland sieht man, wie vor allem die Kaufleute und das Bürgertum überhaupt in starkem Maße die Mittel für die Aktienunternehmungen aufbrachten. Die Tarnowitzer Aktiengesellschaft verdeutlicht, wie tief das Spekulationsfieber die gesamte Bevölkerung erfaßt hatte und daß die sich entwickelnde preußische Industrie sich alle zur Verfügung stehenden Mittel dienstbar macht, um durch die Zentralisation des Kapitals die mangelhafte Akkumulation der Einzelvermögen auszugleichen, was ja gerade in Oberschlesien noch viel notwendiger war als im Rheinland, wo bereits ein reiches und zahlenmäßig starkes Bürgertum bestand.

Oben wurde von der gesamten Bevölkerung gesprochen, was nicht bedeuten soll, daß sich die Arbeiter an den Aktiengesellschaften beteiligt hätten; denn dazu reichte der Lohn nicht aus, mußten doch für eine Aktie mindestens 100 Taler aufgebracht werden. Aus dem bisher bearbeiteten Material sind kleinere Aktien nicht bekannt. Die Beträge für eine Aktie lagen in der Regel bei 100 oder 200 Talern, selten höher, obgleich das auch vorkam. Im Gegensatz hierzu finden wir in Sachsen auch kleinere Aktien von 25, 10, 5 und 4 Talern, allerdings überwiegen auch hier die Aktien mit einem Nominalbetrag von 100 und mehr Talern.[178]

Die Aktienemission war jedoch nicht die einzige Finanzierungsquelle, wenn auch die hauptsächlichste; denn dadurch wurden die Aktiengesellschaften erst ins Leben gerufen. Doch danach spielten der Bankierkredit sowie die Ausgabe von Obligationen keine unbedeutende Rolle. Bei einigen Aktiengesellschaften war das Kapital sowohl durch unwirtschaftliche Verwendung der Mittel als auch durch umfangreiche, die Mittel übersteigende Bauten bald erschöpft. Solange die Konjunktur anhielt, war eine Kapitalerhöhung der beste Weg, die benötigten Kapitalien aufzubringen, aber nicht der kürzeste, da dieselbe der „allerhöchsten“ Genehmigung bedurfte, d. h., daß damit nicht kurzfristig Mittel beschafft werden konnten. Bis zur Genehmigung der Kapitalerhöhung mußte der Bankierkredit zu Hilfe genommen werden. Ein klassisches Beispiel hierfür ist die „Stolberger Aktiengesellschaft für Bergbau, Blei- und Zinkfabrikation“. Diese Gesellschaft wurde 1845 mit einem Aktienkapital von 2 Millionen Talern konzessioniert[179], das 1854 auf 4 Millionen erhöht wurde, um die Fusion mit dem „Rheinisch-Westfälischen Bergwerksverein“ durchführen zu können.[180]

[176] Vgl. notarieller Akt vom 26. Juni 1855. In: DZA Merseburg, Rep. 120 A XII/7, Nr. 77.

[177] Vgl. die Angaben über die „Tarnowitzer AG für Bergbau und Eisenhüttenbetrieb“. In: DZA Merseburg, Rep. 120 A XII/5, Nr. 1, Vol. 3 adh.

[178] Vgl. Angaben in: LHA Dresden, Statistisches Büro, Nr. 4.

[179] Vgl. Angaben in: DZA Merseburg, Rep. 120 A V/5, Nr. 22, Vol. 1.

[180] Vgl. Schreiben der Königlichen Regierung zu Arnsberg vom 15. April 1855. In: DZA Merseburg, Rep. 120 A XII/7, Nr. 59, Vol. 2.

Binnen eines Jahres waren auch diese 2 Millionen aufgebraucht und bedeutende Schulden aufgenommen, da man riesige Anlagen errichtete und die erworbenen Gruben ausbaute, so daß von der Gesellschaft für diese Zwecke allein 3500 Arbeiter beschäftigt wurden.[181] Um die notwendigen Mittel aufzubringen, gab sie Obligationen in Höhe von über 1 Million Talern mit einer dreijährigen Laufzeit aus.[182] Außerdem nahm sie noch bedeutende Kredite von den in- und ausländischen Banken in Anspruch. Beispielsweise hatten das Bankhaus Oppenheim 300000 Taler, v. d. Heydt, Kersten & Söhne 250000 Taler und J. L. Lemmé & Co., Antwerpen, rund 218000 Taler kreditiert.[183] Im April 1855 konnte die Gesellschaft ihre Wechsel nicht mehr bezahlen[184], da die Bankiers weitere Kredite verweigerten.[185] Die Generalversammlung beschloß daraufhin eine Kapitalerhöhung um 4 Millionen Taler, die durch Prioritätsaktien mit 5% Dividende aufgebracht werden sollten.[186] Von diesen 4 Millionen wurden allein $3^1/_2$ Millionen Taler zur Deckung der Schulden benötigt.[187] Die Gesellschaft war nicht zuletzt durch Verschwendung und Unterschlagung in diese Lage geraten.[188] Diese Kapitalerhöhung wurde noch im gleichen Jahr genehmigt.[189] Man darf jedoch nicht glauben, daß dies eine einmalige Erscheinung war, sondern sie ließe sich noch, freilich nicht im gleichen Ausmaße, bei anderen Gesellschaften, z. B. dem „Phönix", zeigen. Dieses eine Beispiel mag jedoch genügen.

Obligationen und Bankierkredite spielten besonders während und in Auswirkung der Krise von 1857 in der ganzen zweiten Hälfte des sechsten Jahrzehnts des vorigen Jahrhunderts bei den Aktiengesellschaften eine größere Rolle. In diesen Jahren konnten selbst Prioritätsaktien nicht mehr versilbert werden[190], so daß, um die nötigen Mittel aufzubringen, Anleihen gegen hypothekarische Verpfändung in Form von Obligationen als einzige Möglichkeit noch blieben.[191] Einige Aktiengesellschaften konnten jedoch die Auswirkungen

181 Vgl. Schreiben des Generaldirektors vom 28. April 1855. Ebenda.

182 Ebenda.

183 Ebenda.

184 Gesuch von Bauunternehmungen, denen die Gesellschaft ca. 300000 Taler schuldete, an v. d. Heydt vom 25. April 1855. A. a. O.

185 Schreiben des Generaldirektors vom 29. April 1855. A. a. O.

186 Vgl. Schreiben der Aachener Regierung vom 14. Mai 1855 an das Handelsministerium. A. a. O.

187 Ebenda.

188 Ebenda.

189 Vgl. allerhöchste Ordre vom 12. September 1855. A. a. O., Vol. 3.

190 Vgl. Schreiben des Präsidenten des Verwaltungsrates der „Schlesischen AG für Bergbau und Zinkfabrikation" vom 20. März 1862. In: DZA Merseburg, Rep. 120 A XII/7, Nr. 73, oder Schreiben der Kölner Regierung vom 10. Juni 1859 an den Handelsminister. In: DZA Merseburg, Rep. 120 A XII/7, Nr. 67, Vol. 1.

191 Vgl. Schreiben der Mindener Regierung vom 27. Oktober 1858. In: DZA Merseburg, Rep. 120 A XII/7, Nr. 142, oder Schreiben des Verwaltungsrates der „Ravensberger Spinnerei AG" vom 15. Juni 1858 an die Aktionäre.

der Krise nicht überstehen und traten in Liquidation, wie z. B. die „Eisenhütten AG Blücher“[192]. Andere überstanden dieselben nur durch die Abwertung ihres Aktienkapitals.[193]

Bei Ausbruch der Krise kamen einige Aktiengesellschaften vor allem dadurch in finanzielle Schwierigkeiten, daß sie in Erwartung einer weiter anhaltenden Konjunktur und der damit verbundenen schnellen Realisierung ihrer Aktien Bankierkredite in Anspruch nahmen, um die Bau- und Geschäftstätigkeit nicht zu unterbrechen.[194] Die in der zweiten Hälfte von 1857 ausbrechende Wirtschaftskrise zeigte jedoch, daß auch der Effektenmarkt überfüllt war.[195] Schwierigkeiten hatten sich hier schon im vergangenen Jahr gezeigt, worauf in der Einleitung bereits hingewiesen wurde. Man versuchte weniger, neue Wertpapiere zu kaufen, als die alten selbst mit Verlust abzustoßen, um flüssige Mittel in die Hände zu bekommen; denn die Effekten sanken im Kurs beträchtlich und wurden auch für Lombardbeleihungen von den Banken nicht mehr angenommen.[196]

Während sich die Aktiengesellschaften der Textilindustrie verhältnismäßig schnell wieder erholten und sich die „Gladbacher Spinnerei und Weberei“ sogar schon wieder seit Mitte Januar 1858 eines regelmäßigen Absatzes erfreute[197], auch bei der „Ravensberger Spinnerei“ vom Jahre 1858 von einer „ungewöhnlich günstigen Konjunktur“[198] gesprochen wurde, waren die Auswirkungen der Krise auf die Aktiengesellschaften der Montanindustrie wesentlich langwieriger.

Bei Ausbruch der Krise und auch im folgenden Jahr konnten die eisenschaffende Industrie wie auch der Kohlenbergbau seine Produktion noch steigern[199], obwohl sich bei einzelnen Aktiengesellschaften der erstgenannten Industrie bereits ein Produktionsrückgang bemerkbar machte und über verminderten Absatz geklagt wurde.[200] Bei dem infolge der Krise allgemein rückläufigen Bedarf wurde die Konkurrenz des englischen und im Rheingebiet

[192] Vgl. DZA Merseburg, Rep. 120 A XII/7, Nr. 84.

[193] Vgl. allerhöchste Ordre vom 18. November 1860. In: DZA Merseburg, Rep. 120 A XII/7, Nr. 67, Vol. 2, und Jahresbericht der Handelskammer für die Kreise Arnsberg, Meschede und Brilon für 1859.

[194] Vgl. Schreiben des Verwaltungsrates des „Bochumer Vereins für Bergbau und Gußstahlfabrikation“ vom 6. Juli 1858 an v. d. Heydt. In: DZA Merseburg, Rep. 120 A XII/7, Nr. 161.

[195] Ebenda.

[196] Vgl. Anlage C zum Generalversammlungsprotokoll vom 21. Februar 1859. In: DZA Merseburg, Rep. 120 A XII/7, Nr. 76.

[197] Vgl. Protokoll der Generalversammlung der AG vom 8. April 1858. In: DZA Merseburg, Rep. 120 A XII/7, Nr. 40.

[198] Vgl. Randbemerkungen eines Beamten der Seehandlung zu dem Bericht des Verwaltungsrates der AG an die Generalversammlung vom 28. April 1859 und den Bericht selbst. In: DZA Merseburg, Rep. 109 B XI, Nr. 29.

[199] Hocker, N., Die Großindustrie Rheinlands und Westfalens. S. 217 und 319.

[200] Vgl. Jahresbericht der Handelskammer zu Köln für 1858.

auch des belgischen Roheisens stärker spürbar als in den Jahren zuvor.[201] Bereits 1858 standen infolge dieser schwierigen Absatzlage allein im Bergamtsbezirk Essen von 27 Hochöfen 12 still.[202] Die Lage der sich hier befindlichen Eisenhütten, zu denen namhafte Aktienhütten, wie der „Phönix", die „Vulcan AG" und andere gehörten, war infolge der ungünstigen Transportverhältnisse zu den Erzlagerstätten besonders schwierig[203], so daß die Krise hier früher die Hüttenwerke erfaßte. Die überwiegende Mehrzahl der Aktiengesellschaften, auch in der Montanindustrie, wurde jedoch sofort von der Krise in finanzieller Hinsicht betroffen, was bereits oben näher behandelt wurde. War das Jahr 1858 für die Montanindustrie insgesamt noch erträglich, so zeigte sich die Überproduktion in den Jahren 1859 und 1860 deutlich. Es setzte ein allgemeiner Absatzmangel ein[204], der die finanzielle Lage der Aktiengesellschaften im Bergbau und Hüttenwesen weiter verschlechterte und zu weiteren Stillegungen der Anlagen führte.[205] An Dividende war in diesen Jahren bei den meisten Gesellschaften nicht zu denken.

IV. SCHLUSSBETRACHTUNG

In den fünfziger Jahren gewinnen die Aktiengesellschaften eine beachtliche Bedeutung in der deutschen Wirtschaft, was vor allem für die Montanindustrie zutrifft. Mit Hilfe der Aktiengesellschaften gelang es der deutschen Bourgeoisie, besonders in Preußen, die in Deutschland vorhandenen zersplitterten Kapitalien zusammenzufassen und sich ausländisches Kapital nutzbar zu machen, um auf diese Weise in verhältnismäßig kurzer Zeit eine bedeutsame Schwerindustrie aufzubauen. Damit wurden der Konzentrationsprozeß in der deutschen Montanindustrie wesentlich gefördert und der wachsende Bedarf der deutschen Industrie an schwerindustriellen Erzeugnissen zunehmend aus eigener Produktion gedeckt. In den fünfziger Jahren wurde die Grundlage für das schwerindustrielle Zentrum der deutschen Montanindustrie an Rhein und Ruhr gelegt, das in den nächsten Jahrzehnten in Gestalt der Monopole der Schwerindustrie mehr und mehr die gesamte Volkswirtschaft beherrschen sollte. An dieser Entwicklung haben die in den fünfziger Jahren gegründeten Aktienunternehmungen einen namhaften Anteil gehabt.

201 Vgl. Jahresbericht des Bergamtes Essen für 1858. In: DZA Merseburg, Rep. 121 A XX/1, Nr. 6, Vol. 2, und Protokoll der Generalversammlung der „Minerva"-AG vom 21. Februar 1859, Anlage C. Ebenda, Rep. 120 A XII/7, Nr. 76.

202 Vgl. Jahresbericht des Bergamtes Essen für 1858. A. a. O.

203 Ebenda.

204 Vgl. Jahresbericht des Bergamtes Essen für 1859. In: DZA Merseburg, Rep. 121 A XX/1, Nr. 6, Vol. 2; Jahresbericht des Bochumer und Märkischen Bergamtes 1859. Ebenda, Nr. 5; Jahresbericht der Handelskammer für Essen, Werden und Kettwig für 1859 und 1860; Jahresbericht der Handelskammer Köln für 1860; Jahresbericht der Handelskammer Stolberg für 1860.

205 Vgl. ebenda und Jahresbericht der Handelskammer Minden 1860.

Den nicht nur zahlenmäßig geringeren Aktiengründungen in den anderen Industriezweigen kann man eine solche Rolle für die weitere Entwicklung nicht zubilligen, wenngleich es sich auch hier um bedeutende Betriebe der einzelnen Zweige handelte. Ohne Zweifel kann jedoch festgestellt werden, daß die Aktiengesellschaften – die Gaswerke ausgenommen – in allen Zweigen zur Entwicklung von Großbetrieben beigetragen haben.
Die zahlreichen Aktiengründungen der fünfziger Jahre hatten jedoch für die Entwicklung des deutschen Industriekapitalismus noch eine andere Bedeutung, die nicht unterschätzt werden darf. Die deutsche Bourgeoisie sammelte in dieser ersten Gründerperiode des deutschen Industriekapitalismus – wie man die fünfziger Jahre bezeichnen kann – Erfahrungen über die Ausnutzung der Aktiengesellschaft für die Errichtung industrieller Werke. Darüber kann auch der Meinungsumschwung, der infolge der Krisenerscheinungen in den letzten Jahren des sechsten Jahrzehnts des 19. Jh. in bezug auf die Aktiengesellschaften eintrat, nicht hinwegtäuschen.[206]
Auf dem Sektor der Schwerindustrie muß die Bedeutung der dort gegründeten Aktiengesellschaften als noch weittragender angesehen werden, als das bisher zum Ausdruck gebracht worden ist.
Allein die Tatsache, daß die deutsche Schwerindustrie in hohem Maße in Form von Aktiengroßbetrieben aufgebaut wurde, mußte sich mit fortschreitendem Konzentrationsprozeß günstig auf den späteren Monopolisierungsprozeß auswirken. Dies gilt um so mehr, da das Bankkapital bereits in den fünfziger Jahren Einfluß auf die Entwicklung der Aktienunternehmungen nahm. Wenngleich in der damaligen Zeit die Banken *in der Regel* keinen beherrschenden Einfluß auf die Aktiengesellschaften in Form von Beteiligungen ausübten, so waren doch Ansätze hierfür geschaffen.
Für die Aktiengesellschaften der fünfziger Jahre scheint es im allgemeinen nicht typisch gewesen zu sein, daß einzelne dieselben beherrschten. Einzelne Beispiele hierfür sind jedoch vorhanden: So verfügten im „Deutsch-Holländischen Aktienverein" fünf Aktionäre über 68% des Aktienkapitals[207] und im „Bergwerksverein Friedrich Wilhelmshütte" sechs Aktionäre über 44,2%.[208]
In der Regel sah das Statut der Aktiengesellschaften eine maximale Stimmenzahl vor. Dieser Umstand, daß die Stimmenmehrheit sich wohl in der Regel nicht in wenigen Händen konzentrierte, mußte neben den Verwaltungsräten wahrscheinlich den Banken einen größeren Einfluß auf die Aktienunternehmungen ermöglichen, da sie gegenüber diesen in zweifacher Form auftraten: als Aktionär und als Gläubiger. Diese interessante Frage, die auf

206 Vgl. Handelskammerbericht für die Kreise Arnsberg, Meschede und Brilon für das Jahr 1859 und Bericht des Bergamtes Essen für das gleiche Jahr. In: DZA Merseburg, Rep. 121 A XX/1, Nr. 6, Vol. 2.

207 Vgl. Akte über den „Deutsch-Holländischen Aktienverein". In: DZA Merseburg, Rep. 120 A XII/7, Nr. 82.

208 Vgl. Akte über den „Bergwerksverein Friedrich Wilhelmshütte". In: DZA Merseburg, Rep. 120 A XII/7, Nr. 68.

Grund des verarbeiteten Materials nicht eindeutig beantwortet werden kann, scheint einer näheren Untersuchung wert zu sein.

An dieser Stelle soll nur festgestellt werden, daß auf Grund der großen Anzahl von Aktiengroßbetrieben in der Montanindustrie und ihrer verhältnismäßig engen Verbindung zum Bankkapital, vor allem dem Schaaffhausenschen Bankverein und den mit ihm verbundenen Banken, ein günstiger Ansatzpunkt für den späteren Monopolisierungsprozeß entstanden war. Für die Klärung des raschen Monopolisierungsprozesses in Deutschland dürften die Aktiengründungen der Montanindustrie während der fünfziger Jahre nicht unberücksichtigt bleiben.

QUELLENVERZEICHNIS

A. Die verwendeten Archivmaterialien:

a) Deutsches Zentralarchiv, Abt. Merseburg (DZA Merseburg):

1. Rep. 120 A V/5, Nr. 22, Vol. 1 und 2
2. Rep. 120 A XII/5, Nr. 1, Vol. 2, 3 und 3 adh
3. Rep. 120 A XII/7, Nr. 3, 39, 40, 41, 42, 43, 45, 46, 47, 56, 59; Vol. 2 und 3, 60, 62, 63, 64, 67; Vol. 1 und 2, 68, 69, 70, 71, 72, 73, 74, 76, 77, 79, 82, 84, 85, 86, 87, 88, 90, 117, 119, 122, 134, 138, 139, 140, 141, 142, 143, 144, 145, 152; Vol. 5, 155, 161, 165, 166; Vol. 1, 167, 168, 172, 182
4. Rep. 120 A XI/13, Nr. 2, Vol. 1
5. Rep. 109 B XI, Nr. 29 und 30
6. Rep. 120 D I/1, Nr. 35
7. Rep. 120 D V/2c, Nr. 9, Vol. 1
8. Rep. 120 D IV/7, Nr. 15
9. Rep. 121 A XX/1, Nr. 6, Vol. 1 und 2

b) Sächsisches Landeshauptarchiv, Dresden (LHA Dresden): Statistisches Büro Nr. 4

B. Die verwendete Literatur:

1. BÖSSELMANN, K., Die Entwicklung des deutschen Aktienwesens im 19. Jh. Berlin 1939.
2. DÄBRITZ, W., Gründung und Anfänge der Discontogesellschaft. München-Leipzig 1931.
3. HANSEN, J., (Herausgeber), Die Rheinprovinz 1815–1915 – Hundert Jahre preußische Herrschaft am Rhein. Bonn 1917, Bd. I.
4. HANSEN, J., Gustav v. Mevissen – Ein rheinisches Lebensbild 1815 bis 1899. Berlin 1906, Bd. I und II.
5. HOCKER, N., Sammlung aller Aktienbanken Deutschlands. Köln 1858.
6. HOCKER, N., Die Großindustrie Rheinlands und Westfalens. Leipzig 1867.
7. KUCZYNSKI, J., Die Geschichte der Lage der Arbeiter in Deutschland, 1789–1870. Berlin 1954, 6. verb. Aufl., Bd. I, 1. Teil.
8. MARX, K., und F. ENGELS, Briefe an A. Bebel, W. Liebknecht, K. Kautsky u. a. – Teil I. Moskau 1933.
9. MARX, K., Preußen und die Hohenzollern um die Jahreswende 1858/59. In: Marx-Engels-Lenin-Stalin – Zur deutschen Geschichte. Berlin 1954, Bd. II.
10. MARX, K., Das Kapital. Berlin 1951.
11. MICHAELIS, O., Volkswirtschaftliche Schriften. Berlin 1873, Bd. I.
12. POHLE, L., Die Entwicklung des deutschen Wirtschaftslebens im letzten Jahrhundert. Leipzig 1908, 2. Aufl.
13. RIESSER, Die deutschen Großbanken. Jena 1912. 4. Aufl.
14. ROSENBERG, H., Die Weltwirtschaftskrise von 1857 bis 1859. Beiheft 30 zur Vj. f. Soz. u. Wirtschaftsgeschichte, Stuttgart 1934.
15. SOMBART, W., Die deutsche Volkswirtschaft im 19. Jh. und im Anfang des 20. Jh. Berlin 1923, 6. Aufl.
16. Die Disconto-Gesellschaft 1851–1901 – Denkschrift zum fünfzigjährigen Jubiläum. Berlin 1901.
17. Die industriellen Werke Deutschlands. Bochum 1900, Bd. I.
17. Gesetzessammlung für die Königlich Preußischen Staaten, Jahrgänge 1843 und 1850 bis 1860.
19. Jahrbuch für die Amtliche Statistik des Preußischen Staates, 1. Jg., Berlin 1863.

Die Bedeutung der nichtagrarischen Wanderungen für die Herausbildung des industriellen Proletariats in Deutschland, unter besonderer Berücksichtigung Preußens von 1850 bis 1870

VON WALTER BECKER

In der marxistischen Geschichtswissenschaft der DDR ist bisher der Erforschung der Geschichte der deutschen und internationalen Arbeiterbewegung starke Beachtung geschenkt worden.
Ein großes Verdienst auf diesem Gebiet hat sich J. Kuczynski erworben durch sein umfassendes Werk über die Geschichte der Lage der Arbeiter in Deutschland und anderer Länder.[1] Trotz umfangreicher Arbeiten der marxistischen Historiker blieben eine Reihe von Problemen bisher ungelöst. Dazu zählt das Problem der sozial-ökonomischen Herkunft und Struktur des deutschen Proletariats. Die Lösung der damit zusammenhängenden Fragen ist außerordentlich wichtig für die weitere Fortführung der Untersuchungen über die industrielle Revolution sowie anderer Probleme der deutschen Arbeiterbewegung. Schließlich ist es für die Einschätzung der Bewußtseinsentwicklung des deutschen Proletariats in seiner Entstehungszeit von großer Bedeutung, aus welchen sozial-ökonomischen Schichten und Klassen es sich gebildet hat.
In den Werken der Begründer des Marxismus-Leninismus finden sich zahlreiche Abhandlungen und einzelne Bemerkungen zur sozial-ökonomischen Herkunft des Proletariats, vor allem in England, Rußland und Frankreich.[2] Die umfassende Analyse der Herausbildung des Proletariats, insbesondere die Darstellungen über die Entstehung des Marktes für die Ware Arbeitskraft, erleichterte es den marxistischen Historikern, die Entwicklung des inneren Marktes für die Ware Arbeitskraft während der industriellen Revolution in Deutschland zu analysieren, weil eine Reihe von Grundfragen bereits von den Klassikern gelöst wurden.
Die konkrete Analyse, die mit diesem vorliegenden Beitrag versucht wird, richtet sich auf eine Teilfrage des Komplexes der sozial-ökonomischen Herkunft und Struktur des deutschen Proletariats, auf die nichtagrarischen Wanderungen und ihre Rolle im Zusammenhang mit der Herausbildung der deutschen Arbeiterklasse. Wir haben dieses Problem als erstes behandelt, weil

[1] Kuczynski, J., Die Geschichte der Lage der Arbeiter in Deutschland. Berlin 1954, 6., verb. Aufl., Bd. I und II.

[2] Hier sind in erster Linie zu nennen: Marx, K., Das Kapital. Berlin 1951, Bd. I–III; Engels, F., Die Lage der arbeitenden Klassen in England. Berlin 1947; Lenin, W. I., Die Entwicklung des Kapitalismus in Rußland. In: Werke, Bd. III, Berlin 1956.

durch die Analyse der nichtagrarischen Wanderungen die entscheidenden Bewegungen der Arbeitskräfte erfaßt werden können. Es ist dadurch möglich, wichtige Schlußfolgerungen über die Entstehung des inneren Marktes für die Ware Arbeitskraft im entscheidenden Stadium der industriellen Revolution zu ziehen.

Wenn es durch diesen ersten Beitrag gelingt, eine breite Diskussion über das Gesamtproblem in Gang zu bringen, an der sich nicht nur Historiker, sondern vor allem auch Arbeiterveteranen beteiligen, so könnte das der Beginn der Lösung dieses für die Geschichte des deutschen Proletariats so wichtigen Problems sein.

Bei unserer Analyse gehen wir von der industriellen Revolution in Deutschland aus und stellen die Auswirkungen auf die Bevölkerungsstruktur dar. Durch die massenhafte Anlage von konstantem fixen Kapital während des zyklischen Aufschwungs in den fünfziger Jahren des 19. Jh. entstanden in Deutschland vor allem die schwerindustriellen Zentren in Rheinland-Westfalen, im Saargebiet und in Schlesien. Darüber hinaus hat der Bau von Transportwegen sowie von zahlreichen öffentlichen und militärischen Anlagen eine starke Nachfrage nach disponiblen Arbeitskräften hervorgerufen. Vor allem in die schwerindustriellen Zentren strömten dadurch Arbeitermassen, was zu einer außerordentlich starken Konzentration führte. Zahlreiche Dörfer wandelten sich im Verlaufe dieses Prozesses in Industriestädte um.

Der Prozeß der Herausbildung des deutschen Proletariats hat in seinen Anfängen schon vor 1850 eingesetzt, aber erst die maschinelle Großindustrie, insbesondere die Schwerindustrie, verursachten jene großen Ballungen von Industriearbeitern, wie sie für die fünfziger und sechziger Jahre des 19. Jh. typisch sind.

Betrachten wir nun jenes Gewerbe, von dem die industrielle Revolution ausging. Für die Baumwollindustrie ist typisch gewesen, daß sie auf der Basis des wachsenden inneren und äußeren Marktes eine beträchtliche Steigerung der Produktion aufzuweisen hatte.[3]

Die Textilindustrie insgesamt ist für unsere Untersuchung insofern wichtig, weil durch sie vor allem Frauen- und Kinderarbeit ausgenutzt wurde und zum anderen, weil sie oft ein Durchgangsstadium für die Arbeiter anderer Industriezweige gewesen ist. In anderen Zweigen der Textilindustrie, der Woll- und Leinenindustrie, vollzog sich die Durchsetzung kapitalistischer Produktionsverhältnisse wesentlich langsamer als in der Baumwollindustrie. Dafür gab es eine Reihe von Ursachen, deren wichtigste war, daß vor allem die Leinenproduktion im überwiegenden Maße auf Heimarbeit beruhte. Im Zusammenhang mit den Agrarreformen und dem Eindringen kapitalistischer Produktionsverhältnisse in der Landwirtschaft wird erst durch die zunehmende Intensivierung des Ackerbaues das Nebengewerbe generell zurückgedrängt und das Vordringen der Fabrik erleichtert.

[3] KUCZYNSKI, J., a. a. O., S. 218.

Parallel zur Entwicklung des Kapitalismus in der Industrie verläuft die Herausbildung kapitalistischer Produktionsverhältnisse in der Landwirtschaft. In Deutschland vollzog sich dieser Prozeß im wesentlichen als preußischer Weg, d. h. über Reformen, unter Beibehaltung der alten herrschenden Klasse zuungunsten der Bauern und Landarbeiter. Darüber hinaus stellte der preußische Weg wegen seiner schleppenden Freisetzung von Arbeitskräften, der Beibehaltung feudaler Reste, wie sie z. B. in der Gesindeordnung enthalten sind, ein Hemmnis für die industriekapitalistische Entwicklung dar. Der Prozeß der sogenannten „Befreiung" der Bauern zog sich in den meisten Teilen Deutschlands bis in die sechziger Jahre hin. Es kann hier nicht unsere Aufgabe sein, die agrarische Gesamtsituation zu analysieren, sondern es kommt uns lediglich darauf an, die wichtigsten Ergebnisse des preußischen Weges in bezug auf die Bildung der agrarischen Überschußbevölkerung insoweit darzustellen, wie es für das Verständnis der Problematik der Zeit von 1850 bis 1870 notwendig ist. Durch die Regulierungen bzw. Ablösungsgesetze in den verschiedenen deutschen Ländern entstand die agrarische Überschußbevölkerung, aus der sich in erster Linie, wie in den meisten europäischen Ländern, die Landarbeiter mit Landanteil rekrutierten.[4] Diese Schicht des ländlichen Proletariats war in den fünfziger Jahren in Südwestdeutschland schon dezimiert. Östlich der Elbe dagegen ist die Auswanderung noch nicht vor 1850 in Gang gekommen, wie die Auswanderungsstatistiken beweisen. Der Arbeitskräftebedarf der Junkerwirtschaften bzw. der Großbauernwirtschaften, z. B. in der Provinz Sachsen für den Zuckerrübenanbau, war relativ groß, so daß zumindest hier ein größerer Teil der Landarbeiter mit Landbesitz Beschäftigung fand als bei den durch Realteilung in Südwestdeutschland zersplitterten Bauernwirtschaften. Trotzdem war jedoch die Schicht der Landarbeiter, die faktisch arbeitslos war, sehr groß, vor allem wuchs sie durch die natürliche Vermehrung schnell an.

Die Entwicklung kapitalistischer Produktionsverhältnisse brachte verschiedene Wirkungen in Industrie und Landwirtschaft hervor. Während durch die Entstehung der maschinellen Großindustrie Arbeitermassen in die Industriezentren wanderten, führte in der Landwirtschaft das Eindringen kapitalistischer Produktionsverhältnisse zur Freisetzung des größten Teils der bäuerlichen Bevölkerung von den Produktionsmitteln. Es wurde eine agrarische Überschußbevölkerung erzeugt, die über verschiedene Zwischenstadien schließlich im Industrieproletariat eingeschmolzen wurde oder aber auswanderte. Es muß in diesem Zusammenhang ferner beachtet werden, daß in den fünfziger Jahren des 19. Jh. in Deutschland die durch die historische Entwicklung des deutschen Feudalismus bedingte agrikole Überschußbevölkerung noch eine wesentliche Rolle spielt.[5]

[4] Vgl. dazu W. I. Lenin, Die Entwicklung des Kapitalismus in Rußland. In: Werke. Berlin 1956, Bd. III, S. 172.

[5] Vgl. H. Mottek, Zum Verlauf und einigen Hauptproblemen der industriellen Revolution in Deutschland. S. 58.

In den entstehenden Industriegebieten reichte die vorhandene bäuerliche und gewerbliche Bevölkerung sowie das natürliche Wachstum dieser Bevölkerungsschichten nicht aus, so daß große Arbeitermassen, die für die oben charakterisierte Entwicklung des Kapitalismus notwendig waren, zum überwiegenden Teil sich durch die sogenannte Binnenwanderung bildeten. Im Nachwort zur zweiten Auflage des „Kapital"[6] führt Marx an, daß jede Gesellschaftsordnung ein eigenes Bevölkerungsgesetz hervorbringt.

Für das Bevölkerungsgesetz des Kapitalismus ist typisch, daß sich die Zunahme der industriellen Bevölkerung unvermeidlich auf Kosten der landwirtschaftlichen vollzieht.[7]

In der Zeit von 1850 bis 1870 nahm die deutsche Bevölkerung von 35 Millionen auf 41 Millionen[8] zu. Als Bevölkerungsverluste durch Auswanderung werden in der umstrittenen Auswanderungsstatistik etwa 2 Millionen angegeben, so daß die Zunahme ohne Auswanderungsverluste 8 Millionen betragen hätte.[9] Deutschland war das volkreichste kapitalistische Land, was bedingt, daß der deutschen Bourgeoisie insgesamt reichlich Arbeitskräfte zur Verfügung standen.

Das Bevölkerungswachstum vollzog sich nicht gleichmäßig; denn der Hauptanteil kam auf die ostelbischen ehemaligen gutsherrschaftlichen Gebiete. In den preußischen Ostprovinzen Königsberg, Gumbinnen und Köslin trat von 1849 bis 1866 die stärkste natürliche Bevölkerungszunahme auf.[10] Innerhalb des Zollvereins hatte lediglich Sachsen ein noch größeres faktisches Bevölkerungswachstum als Preußen zu verzeichnen.[11] Leider liegen für den Zollverein insgesamt keine vergleichbaren statistischen Unterlagen vor, so daß wir uns

Tabelle 1

Entwicklung des Industrieproletariats in Preußen im Verhältnis zur Gesamtbevölkerung

Jahre	Bevölkerung insgesamt	Fabrikarbeiter männl. über 14 Jahre	Bergarbeiter insgesamt	Fabrikarbeiter weibl. über 14 Jahre	Insgesamt
1849	16397448	304680	54380	62720	359060
1852	—	317419	68284	70072	455775
1855	—	342719	99546	74872	517099
1858	—	298226	119682	90024	607932
1861	18491220	378521	117028	90360	585909
1849	100 ± 0	100 ± 0	100 ± 0	100 ± 0	100 ± 0
1861	112,1 + 12,1	124,3 + 24,3	214,6 + 114,6	144,0 + 44,0	163,9 + 63,9

[6] MARX, K., Das Kapital. Berlin 1951, Bd. I, S. 15.

[7] Ebenda, S. 677. Vgl. W. I. LENIN, a. a. O., S. 574.

[8] KUCZYNSKI, J., a. a. O., S. 165.

[9] Ebenda, S. 193.

[10] MARKOV, A., Das Wachstum der Bevölkerung und die Entwicklung der Aus- und Einwanderungen, Ab- und Zuzüge in Preußen und Preußens einzelnen Provinzen, Bezirken und Kreisgruppen von 1824–1885. Tübingen 1889, S. 113.

[11] Ebenda.

bei der Analyse des Wachstums des Proletariats lediglich auf Angaben aus Preußen und Sachsen stützen können.

Zur Kritik der Tabelle 1:

1. Direkt vergleichbar sind nur die Angaben von 1849 und 1861. Durch die Auswirkungen der Krise und der Depression ist aber das Jahr 1861 insofern ungeeignet, weil die Zahlen für die Fabrikarbeiter wesentlich zu niedrig sind infolge der Entlassungen vor allem in der Schwerindustrie.
2. Ferner ist, wie bekannt, der Fabrikbegriff problematisch in der Statistik des 19. Jh., was zur Folge hat, daß oftmals Doppelzählungen vorgekommen sind.
3. Die Tabelle berücksichtigt nicht die Arbeiter des Transportwesens.

Immerhin weist die Tabelle folgende Tendenzen als sicher aus:

1. In den fünfziger Jahren ist das Tempo der Bevölkerungszunahme wesentlich geringer als das des Proletariats.[12]
2. Das schnellste Wachstumstempo zeigt die Beschäftigtenzahl des Bergbaues, woraus sich ergibt, daß wir bei der Analyse der Wanderung besonderen Wert auf diesen Zweig legen müssen.
3. Die Beschäftigung von Frauen in den Fabriken nimmt wesentlich schneller zu als die der Männer. Vorwiegend geht diese rasche Zunahme auf Kosten der steigenden Beschäftigung von Frauen in der Textilindustrie.[13] Diese Tatsache wiederum ist begleitet von einer Abwanderung der männlichen Arbeiter aus diesem Zweig besonders in die Eisenindustrie, also die Metallurgie bzw. den Maschinenbau. Nicht nur in Preußen, sondern – wie wir noch sehen werden – auch in Sachsen tritt diese Erscheinung auf. Ihre Begründung findet sie in den bestehenden Lohnverhältnissen der jeweiligen Zweige.

Über das Verhältnis des Proletariats zur Gesamtzahl der Beschäftigten in Preußen gibt die folgende Tabelle Auskunft[14].

Tabelle 2

Die Anzahl der Beschäftigten in Preußen im Verhältnis zur Bevölkerung über 14 Jahre (männlich und weiblich [in Prozent])

	1849	1852	1855	1858	1861
I. Fabrikarbeiter	4,37	5,18	7,18	8,15	7,78
Fabrikarbeiterinnen	1,07	1,35	1,41	1,64	1,48
zusammen I.	5,44	6,53	8,59	9,79	9,26
II. Tagelöhner u. Handarb. (m.)	18,34	16,20	16,38	21,29	20,95
davon in der Landwirtschaft				7,17	9,93
andere Gewerbe				14,14	11,02

[12] Kuczynski, J., a. a. O., S. 189.

[13] Jahrbuch für die Amtliche Statistik des Preußischen Staates. Berlin 1867, 2. Jg., S. 244ff.

[14] Jahrbuch für die Amtliche Statistik des Preußischen Staates. A. a. O., S. 244, 248, 255.

		1849	1852	1855	1858	1861
	Tagelöhner u. Handarb. (w.)	12,73	11,33	11,49	17,12	16,65
	davon in der Landwirtschaft				6,88	9,27
	andere Gewerbe				10,24	7,38
	zusammen II.	31,07	27,53	27,87	38,41	37,60
III.	Dienstboten, Knechte, Jungen usw. (m.)	10,85	10,15	10,44	10,22	10,96
	weiblich	10,83	10,06	10,24	10,84	9,42
	davon Landwirtschaft (m.)				9,14	9,65
	andere Gewerbe (m.)				1,08	1,31
	davon Landwirtschaft (w.)				8,82	8,20
	andere Gewerbe (w.)				2,02	1,22
	zusammen III.	21,68	20,21	20,68	21,06	20,38
IV.	Handwerks-, Gewerbsgehilfen u. Lehrlinge (m.)	11,50	11,91	11,77	12,56	12,45
	weiblich	0,24	0,24	0,24	0,24	0,24
	zusammen IV.	11,74	12,15	12,01	12,80	12,69
V.	Beschäftigte insgesamt (m.)	48,19	46,57	47,97	54,33	54,47
	weiblich	27,85	25,91	26,37	37,82	31,52
	zusammen V.	76,04	72,48	74,34	92,15	85,99

Zur Kritik der Tabelle 2:

Der Hauptmangel besteht in den geschätzten Angaben über die Handwerkergehilfen, wodurch die Gesamtaussagekraft herabgesetzt wird. Die gebildeten Gruppen sind in sich sehr widerspruchsvoll und mindern dadurch die Aussagekraft der Tabelle.
Wenn wir uns trotzdem so ausführlich mit den Angaben beschäftigen, so vor allem deshalb, weil ein schlechtes Bild über die Struktur der Beschäftigten immer noch besser ist als gar kein Bild und außerdem durch die allgemeine ökonomische Analyse gewisse Korrekturen vorgenommen werden können und somit zumindest die Konturen der Beschäftigtenstruktur und ihre Veränderung klar werden.

Aus der Tabelle 2 ergibt sich nach der prozentualen Zunahme, daß von 1849 bis 1861 die Gruppe II „Tagelöhner und Handarbeiter" insgesamt am stärksten zugenommen hat. Die seit 1858 getrennt ausgewiesenen sogenannten gewerblichen Tagelöhner dürften in ihrer überwiegenden Mehrzahl bei den Eisenbahn- und Chausseebauten Verwendung gefunden haben und wären daher mit zum Proletariat zu rechnen. Der Rückgang zwischen 1858 und 1861 resultiert aus der Wirkung der Krise von 1857, wo zunächst natürlich die Tagelöhner, Handarbeiter usw., soweit sie in Fabriken Beschäftigung gefunden hatten, entlassen wurden.[15] Die Gruppe II zählt sozial-ökonomisch mit zum Proletariat, da es sich entweder um industrielle Tagelöhner, landwirtschaftliche Tagelöhner

[15] Vgl. dazu Jahresberichte der Handelskammern Duisburg, Magdeburg und Breslau für die Jahre 1859–1861.

oder Bauarbeiter handelt, wobei die in der Industrie bzw. bei Bahnbauten beschäftigten Tagelöhner in der Mehrzahl gewesen sind.

Die Fabrikbourgeoisie verwandte aber nicht nur männliche Tagelöhner, sondern vor allem für Textilfabriken sehr viele weibliche Tagelöhner bzw. Handarbeiterinnen, die zumeist Näherinnen oder Spinnerinnen gewesen sind. Die absinkende Tendenz in der Tabelle von 1858 bis 1861 ist ebenfalls auf die Krisenwirkung zurückzuführen.

Die Gruppe III unserer Tabelle beinhaltet Arbeiter, die vor allem in der Landwirtschaft beschäftigt waren. Wenngleich der absolute Rückgang dieser Gruppe zwischen 1849 und 1861 relativ klein ist (1,30%), so muß doch festgestellt werden, daß er von großer qualitativer Bedeutung ist, weil er die Abnahme der in der Landwirtschaft beschäftigten Landarbeiter verdeutlicht. Allerdings ist, wie wir noch sehen werden, die Abnahme der in der Landwirtschaft Beschäftigten wesentlich größer, als die Tabelle zum Ausdruck bringt. Alle Arbeiter mit Landbesitz, selbst mit sehr geringem Bodenbesitz, die faktisch zumeist als Wanderarbeiter dem nichtagrarischen Sektor zuzurechnen wären, sind in der amtlichen Statistik überwiegend als in „der Landwirtschaft beschäftigte Arbeiter“ gezählt worden.

Über das Wachstumstempo der Gruppe I „Fabrikarbeiter“ haben wir schon bei der Auswertung der Tabelle 1 gesprochen. Der Zuwachs dieser Gruppe geht auf Kosten der III. und IV. Gruppe, die absolut zurückgehen bzw. ein nur geringes Wachstumstempo aufweisen und bei weitem unter der durchschnittlichen Zunahme bleiben.

Die Veränderung der Bevölkerungsstruktur kann sich auf zwei Wegen vollziehen, nämlich der natürlichen Zunahme und der Abwanderung von Arbeitskräften aus der Landwirtschaft in die Industrie. Aus den schnellen Veränderungen in wenigen Jahren ist zu schließen, daß die Wanderungen der Hauptfaktor dabei gewesen sind.

Sehen wir uns jetzt zum Vergleich noch die sächsischen Angaben über die Entwicklung der Beschäftigungsstruktur an. Zu beachten ist hierbei, daß alle sogenannten „Selbsttätigen“ gezählt worden sind und dabei die Unternehmer in einer Zahl mit den Arbeitern erscheinen.

Ein direkter Vergleich mit den preußischen Angaben ist nicht möglich, weil die Bezugsbasis für die Prozentangaben unterschiedlich ist.

Bei den preußischen Angaben ist es die männlich bzw. weibliche Bevölkerung über 14 Jahre, bei der sächsischen ist es die Gesamtzahl der Beschäftigten. Außerdem haben wir lediglich die wichtigsten Gruppen der Beschäftigten aus der sächsischen Statistik herausgezogen.

Die Tabelle 3 zeigt, daß in Sachsen die Fabrikarbeiter das schnellste Wachstum aufzuweisen haben im Gegensatz zu Preußen, wo bekanntlich bei der Gruppe der Tagelöhner und Handarbeiter das größte Wachstum zutage trat.[16]

[16] Zeitschrift des Statistischen Bureaus des Königlich Sächsischen Ministeriums des Innern, Jg. IX–XI (1863–1865), S. 76ff.

Tabelle 3

Beschäftigte insgesamt im Königreich Sachsen 1849–1861

	1849	1861
I. Bergbau		
männlich	19744	28297
weiblich	43	205
Fabrikindustrie		
männlich	20123	41970
weiblich	11126	26580
zusammen	51036 = 5,4%	97052 = 8,5%
II. Handarbeiter		
männlich	21886	42393
weiblich	35527	57821
zusammen	57413 = 6,1%	100214 = 8,7%
III. Handwerker		
männlich	129492	152609
weiblich	1803	3043
zusammen	131295 = 13,9%	155652 = 13,6%
IV. Beschäftigte insgesamt		
männlich	620346	731755
weiblich	315567	397231
insgesamt	935913	1128986

Verursacht dürfte die schnellere Zunahme der Fabrikarbeiter in Sachsen allgemein durch die rasche Verbreitung der Frauenarbeit in Textilfabriken sein, wobei die absinkende Kinderarbeit diesen Prozeß noch unterstützt. Die überdurchschnittliche Zunahme der Maschinenbauindustrie ist als zweiter Faktor für die schnelle Entwicklung des Fabrikproletariats anzusehen.

Als Quelle für die Steigerung des Fabrikproletariats ist vor allem die Gruppe III „Handwerker" anzusehen, die zwar absolut noch gewachsen ist, nicht zuletzt auch auf Grund des 1861 aufgehobenen Gewerbezwanges, die aber relativ bereits sinkende Tendenz aufweist.

Fassen wir die wichtigsten Ergebnisse zusammen:

Sowohl in Preußen als auch in Sachsen zeigt sich ein schnelles Wachstum der Bevölkerung. In der Struktur der Beschäftigten ist ein noch schnelleres Anwachsen des Fabrikproletariats und der Tagelöhner, die zumeist ebenfalls zum Fabrikproletariat gehören, feststellbar. Innerhalb der beiden Gruppen „Fabrikproletariat (einschließlich Bergbau) und Tagelöhner" ist bemerkenswert, daß die Frauenarbeit in stärkerem Maße zunahm, wie sich einwandfrei in Sachsen zeigte, als die Beschäftigung männlicher Arbeiter in den Fabriken.

Diese Erscheinung ist verständlich auf der Basis der Zunahme der Fabriken in der Baumwollspinnerei und -weberei sowie der Wollindustrie und durch den absoluten Rückgang der Kinderarbeit in den Fabriken.

Innerhalb der in der Landwirtschaft Beschäftigten konnten wir für Preußen eine Abnahme feststellen, die auf die beginnende Wirkung des kapitalistischen Bevölkerungsgesetzes zurückzuführen ist und zur Abnahme der landwirtschaftlichen Arbeiter gesetzmäßig führt. In den fünfziger Jahren überwogen aber noch die in der Landwirtschaft Beschäftigten.

Die relative Abnahme der Handwerkergehilfen, besonders in Sachsen, deutet ebenfalls die in den fünfziger Jahren stark einsetzende Abwanderung an.

Das starke Wachstum der Schwerindustrie, besonders des Bergbaus und des Maschinenbaues, findet seinen Niederschlag in den außerordentlich hohen Wachstumsziffern der Arbeiter dieser Zweige. Auch die Entwicklung der Bahnbauten zeigt sich vor allem in Preußen in der starken Gruppe der bei Bahnbauten beschäftigten Tagelöhner und Handarbeiter.

Für die Fortführung unserer Analyse in den sechziger Jahren liegen leider keine ausreichenden statistischen Daten vor, so daß wir gezwungen waren, auf die Ergebnisse von 1861 und 1875, dem Termin der folgenden Zählung, zurückzugreifen. Neben den territorialen Veränderungen, wie z. B. die Annektion von Elsaß-Lothringen durch das Deutsche Reich, ist zu beachten, daß von 1871 bis 1873 die Gründerjahre sich vollzogen und tiefgehende ökonomische Wirkungen hatten, die ihren Ausdruck in der Krise von 1873/74 fanden. Daher kann man kaum von den Zahlen des Jahres 1875 auf die sechziger Jahre schließen. Wir haben daher nur die Möglichkeit, auf die Volkszählung von 1867 zurückzugreifen, die uns wiederum für Preußen und Sachsen eine gewisse Einsicht über die Verteilung des Proletariats in den verschiedenen Zweigen gibt.

Wegen der nicht vorhandenen Möglichkeit des Vergleiches mit den bisherigen Angaben beschränken wir uns darauf, nur die wichtigsten Tendenzen anzugeben.

Immer noch ist die Anzahl der Beschäftigten in der Landwirtschaft größer als in Industrie und Handwerk. Die Zahlen für die Industrie, den Bergbau vor allem, weisen steigende Tendenz auf, genau wie die Zahl des Proletariats überhaupt.[17] Stärker in Erscheinung treten jetzt auch in der Beschäftigtenstruktur solche Zweige wie die chemische Industrie, das Transportwesen und der Handel. Insgesamt gesehen dürfte die überwiegende Anzahl der Beschäftigten bereits Proletarier gewesen sein.

Der nichtagrarische Sektor gewann gegenüber dem agrarischen weiter an Bedeutung. Allerdings ist es schwer, das genaue Verhältnis aus den mangelhaften Angaben darzustellen. In der Literatur wird ein Verhältnis von 20 : 80 für die dreißiger Jahre und von 40 : 60 für die sechziger Jahre des 19. Jh. angenommen.[18]

[17] Vgl. dazu J. Kuczynski, a. a. O., S. 190; vgl. Jahrbuch für die Amtliche Statistik des Preußischen Staates, a. a. O., Berlin 1869.

[18] Vgl. Huber, F. C., Deutschland als Industriestaat. Stuttgart 1901, S. 81.

Nach der Darstellung der wesentlichen Veränderungen in der Beschäftigtenstruktur werden wir unser bisher entstandenes Bild über die Zunahme der kapitalistisch ausgebeuteten Arbeiter in Industrie und Landwirtschaft noch dadurch vervollständigen, daß wir die Veränderung des Verhältnisses zwischen der städtischen und ländlichen Bevölkerung charakterisieren. Aus dieser Analyse lassen sich wichtige Schlüsse auf Richtung und Stärke der Binnenwanderung ziehen. Außerdem bringt die Veränderung des Stadt-Land-Verhältnisses zugunsten der Stadt am deutlichsten die sozialen Veränderungen zum Ausdruck, die sich durch die kapitalistischen Produktionsverhältnisse vollziehen.[19]
Der Anteil der Stadtbevölkerung an der Gesamtbevölkerung nahm in Preußen folgende Entwicklung von 1849 bis 1871[20]:

1849:	26,52%	*der Gesamtbevölkerung Preußens*
1858:	20,60%	(Als Städte in dem Sinne zählten alle Ge-
1864:	31,10%	meinden über 2000 Einwohner)
1871:	32,33%	

Die Tabelle zeigt ein stetiges, aber relativ langsames Anwachsen der städtischen Bevölkerung. Tatsächlich war aber die Zunahme der Stadtbevölkerung nach unserer Ansicht noch größer, als in den Zahlen zum Ausdruck kommt. Wir führen das auf folgende Tatsachen zurück: einmal ist die Aufnahmetechnik insofern ungenau, weil sie nicht die zahlreichen Industrievororte berücksichtigte, die an der Peripherie der Städte lagen. Auch die Saisonarbeit in den Städten, verursacht durch die katastrophale Wohnungsnot, spiegelt sich in den Angaben kaum richtig wider; denn sie wurden gewöhnlich im Dezember aufgenommen, wo die Saisonarbeiter sich nicht in den Städten befanden.

Die sächsischen Zahlen zeigen folgende Entwicklung[21]:

	Dresden	Leipzig	Regierungsbez. Zwickau	Bautzen	Königreich Sachsen insgesamt
1855	37,86	40,72	38,78	15,77	35,66
1858	38,74	41,07	59,51	11,02	36,33
1864	41,09	41,43	41,27	17,14	37,99
1867	42,09	42,14	41,33	17,98	38,61

Das zahlenmäßige Verhältnis zwischen der Stadt- und Landbevölkerung Sachsens ist um etwa 6% größer als das preußische. Diese Tatsache deutet an, daß sich in Sachsen auf Grund seiner historischen Entwicklung insgesamt die kapitalistischen Produktionsverhältnisse schon weiter entwickelt hatten und zur Konzentration der Bevölkerung in den Städten führte. Für Deutsch-

19 Vgl. W. I. LENIN, a. a. O., S. 574.

20 WIRMINGHAUS, A., Stadt und Land unter dem Einfluß der Binnenwanderungen. In: Jahrbücher für Nationalökonomie und Statistik, III. Folge, 9. Bd., S. 9, Jena 1895.

21 Zeitschrift des Statistischen Bureaus . . ., Jg. XIV, (1868) S. 134.

land gibt Kuczynski[22] an, „. . . daß 1871 immer noch 63,9% der Bevölkerung auf dem Lande (Gemeinden mit weniger als 2000 Einwohnern) lebten."

Die Zunahme der städtischen Bevölkerung verlief aber nun bei weitem nicht einheitlich; denn z. B. zeigten die Großstädte ein schnelleres als das durchschnittliche Wachstum. Während 1840 lediglich Berlin und Hamburg mehr als 100000 Einwohner hatten[23], waren es 1850 schon vier Großstädte, und zwar Berlin, Hamburg, Breslau und Dresden. Anfang der sechziger Jahre lebten in deutschen Großstädten schon 2,5 Millionen Menschen, und 1871 war jeder fünfte Deutsche Großstädter.[24]

Die Großstädte hatten eine starke natürliche Bevölkerungszunahme. Ferner wirkten sie als Industrie- und Handelsstädte wie Magnete auf die Werktätigen der näheren und weiteren Umgebung durch höhere Löhne, die infolge der günstigeren Klassenkampfbedingungen erkämpft worden waren. Das tatsächliche Wachstum der Großstädte sowie der Stadtbevölkerung kann nicht genau bestimmt werden, weil die Städte auch Ballungen von Arbeitskräften in Vororten, an der Peripherie[25], hervorriefen, die statistisch nicht aufgenommen wurden.

Die im Durchschnitt schnellere Zunahme der Bevölkerung der Industriestädte, veranlaßt durch die rasche Vermehrung der vorwiegend proletarischen Stadtbevölkerung sowie durch die Zuwanderung aus der Umgebung, hat sich in allen Industrieländern im 19. Jh. gezeigt.[26]

Im rheinisch-westfälischen Industriegebiet nahmen solche Städte, wie Gelsenkirchen, Schalke, Hüllen, usw. in den fünfziger Jahren des 19. Jh. eine schnelle Entwicklung von Dörfern zu großen Industriestädten.[27]

Die schnelle Bevölkerungszunahme der Industriestädte und -gebiete, also besonders der rheinisch-westfälischen und der sächsischen, kann nicht allein auf die natürliche Zunahme der Bevölkerung zurückgeführt werden. Hauptsächlich beruhte das starke Bevölkerungswachstum hier auf der Binnenwanderung. Bei der Herausbildung kapitalistischer Produktionsverhältnisse entwickelt sich die Binnenwanderung von Arbeitern zu einer massenhaften Erscheinung; denn der Kapitalist ist daran gebunden, die Arbeitskraft dort auszubeuten, wo es am profitabelsten ist. Je nach Industriezweigen ist der Standort für die günstigste Ausbeutung der Ware Arbeitskraft unterschiedlich. Es ergibt sich daraus u. a. die mehr oder weniger große Tendenz zur Konzentration der Produktion an bestimmten Standorten.

22 Kuczynski, J., a. a. O., S. 190.
23 Huber, F. C., a. a. O., S. 76.
24 Köllmann, W., Industrialisierung, Binnenwanderung und „Soziale Frage". In: „Vierteljahrsschrift f. Sozial- u. Wirtschaftsgeschichte", 46. Bd., Heft 1, S. 51, Wiesbaden 1959.
25 Ebenda.
26 Engels, F., Die Lage der arbeitenden Klasse in England. Berlin 1947, S. 23. – Lenin, W. I., a. a. O., S. 574f.
27 Vgl. W. Köllmann, a. a. O., S. 46.

Die Hauptursache für die große Auswanderungs- und Binnenwanderungsbewegung seit den vierziger Jahren des 19. Jh. war das Vordringen der kapitalistischen Produktionsverhältnisse in Industrie und Landwirtschaft. Ferner spielte vor allem bei der Abwanderung die noch mangelnde Freizügigkeit der Arbeitskräfte eine Rolle, die oft nur die Alternative der weiteren Beschäftigung als Tagelöhner bei den Junkern oder die Auswanderung hatten[28], weil die noch allzu junge Industrie keineswegs vor 1850 alle freigesetzten Arbeitskräfte beschäftigen konnte. Die Hochflut der Auswanderung beginnt vor 1850 in den süddeutschen und westdeutschen Gebieten, vor allem dort, wo die Realteilung im Erbfall bei der bäuerlichen Wirtschaft bestand. Die weitere Aufsplitterung und die Ablösungen in die Gebiete führten schon früh zu einer starken agrarischen Überschußbevölkerung, die sich durch die Überseeauswanderung verringerte. Aus den Auswanderungsstatistiken ergibt sich, daß der erste Höhepunkt der Auswanderung Mitte der fünfziger Jahre in Westpreußen, der zweite Höhepunkt gegen Ende der sechziger Jahre in den mittleren preußischen sowie den eroberten Provinzen und schließlich der dritte Höhepunkt in den siebziger und achtziger Jahren des 19. Jh. in den preußischen Ostprovinzen eintrat.[29]

Tabelle 4
Auswanderung aus preußischen Provinzen zwischen 1844 und 1871

Jahre	Rheinprov. u. Sigmaringen	Westfalen	Pommern	Preußen	Posen
1844–1859	77749	40946	21763	5419	5683
1860–1867	31995	22625	34610	10406	19755
1868–1871	14510	9995	29321	16834	12684

Wenngleich die Tabelle 4 insofern unvollständig ist, weil sie nur die offiziellen Auswanderer enthält, so ist doch ersichtlich, wie sich die Auswanderungsbewegung vom Westen nach dem Osten Preußens verschob. Die Ursache für diese Tendenz muß einmal darin gesucht werden, daß im Westen Preußens in den fünfziger und sechziger Jahren des 19. Jh. eine beträchtliche industrielle Entwicklung einsetzte, die die Arbeitskräfte aufsaugte. Andererseits vollzog sich die Ablösung der Bauern in den ostelbischen Gebieten schleppender und qualvoller; denn ein Teil der freigesetzten Bauern sowie jene, die zur agrarischen Überschußbevölkerung gehören, also die Häusler und Insten, arbeiteten zunächst als Tagelöhner auf den Junkerwirtschaften, wodurch die Abwanderung in die Industrie bzw. Auswanderung zunächst gehemmt wurde. Von nicht zu unterschätzender Bedeutung war ferner die grenzenlose Armut der Bevölkerung, wodurch sie die Kosten der Auswanderung meist nicht aufbringen konnte. Auch die schlechten Verkehrsverhältnisse hemmten in gewissem Umfange die Auswanderung.

[28] Vgl. J. KUCZYNSKI, a. a. O., S. 193.
[29] Vgl. Preußische Statistik, Heft XXVI, S. VI, Berlin 1872.

Insgesamt wird die Zahl der deutschen Auswanderer auf etwa 2 Millionen (von 1850–1870) geschätzt.[30] Obwohl auch diese Zahl ungenau ist, so gibt sie uns doch eine gewisse Vorstellung über die Auswanderungsbewegung dieser Zeit. Zahlenmäßig überhaupt nicht erfaßt ist dagegen die Bevölkerungsbewegung, die wir als Binnenwanderung bezeichnen. Lediglich die Gesamtrelation der Industrie- und Landbevölkerung und die entsprechenden Veränderungen geben uns ein grobes zahlenmäßiges Bild dieser Entwicklung.

Die Ursachen für die Binnenwanderung sind letztlich die gleichen, die zur Auswanderung nach Übersee führten. Im einzelnen sind es höhere Löhne, bessere Arbeitsbedingungen und günstigere soziale Bedingungen, die die Abwanderung großer Bevölkerungsteile aus der agrarischen Überbevölkerung verursachten. Weiterhin wirkte sich aus, daß für die Binnenwanderung zumeist keine Geldmittel benötigt wurden, im Gegensatz zur Überseeauswanderung, wo zur Finanzierung der Überfahrt beträchtliche Summen notwendig waren. Die Verbesserung des Verkehrswesens ist ebenfalls als beschleunigender Faktor für die zunehmende Beweglichkeit der Bevölkerung anzusehen.

Hohe Ablösegelder und qualvolle Ausbeutung in den junkerlichen Betrieben schließlich müssen ebenfalls als Ursache für die Abwanderungstendenzen angesehen werden. Bei der Analyse der Binnenwanderungsbewegung müssen wir zunächst grundsätzlich zwischen nichtagrarischen und agrarischen Wanderungen unterscheiden. Die nichtagrarischen Wanderungen umfassen die Abwanderung in die Städte allgemein, in die Industriezentren, z. B. in das rheinisch-westfälische Industriegebiet, das Saargebiet, Schlesien und das sächsische Industriegebiet sowie zu den umfangreichen Eisenbahnbauten in den verschiedensten Gegenden Deutschlands. Als agrarische Wanderungen sehen wir jene Bewegung von Landarbeitern an, wie sie etwa zwischen dem Eichsfeld und der Provinz Sachsen stattfanden, also von landwirtschaftlich schlecht entwickelten Gebieten in entwickelte Agrarbezirke.[31]

Beschäftigen wir uns mit den nichtagrarischen Wanderungen zwischen 1850 und 1870. Die nichtagrarischen Wanderungen, also die zunehmende Beweglichkeit der Bevölkerung, sind durch den Kapitalismus hervorgerufen worden und gehören zu den Entwicklungsbedingungen des Kapitalismus, der auf die freie Zirkulation der Ware Arbeitskraft angewiesen ist. In der von uns untersuchten Periode der kapitalistischen Entwicklung Deutschlands bildete sich, auf den von uns dargestellten Grundlagen und den Wanderungen beruhend, der innere Markt für die Ware Arbeitskraft heraus. Dieser Prozeß verlief trotz einiger Hemmnisse „relativ" schnell, wie sich aus den Statistiken über die Zunahme der Lohnarbeit ergibt. Bislang sind die Hemmnisse, die der industrie-kapitalistischen Entwicklung Deutschlands gegenüberstanden, all-

[30] Kuczynski, J., a. a. O., S. 193f. – Vgl. ferner A. Wirminghaus, a. a. O., S. 14f., der für 1851 bis 1860 951667 und für 1861 bis 1870 822007 Auswanderer angibt (insgesamt 1773674).

[31] Vgl. Archiv für Landeskunde der preußischen Monarchie, S. 146ff., Berlin 1856; Statistische Übersicht des Kreises Mühlhausen, S. 26f., Mühlhausen 1866.

gemein überschätzt worden. Ähnlich verhält es sich mit der Einschätzung der Hemmnisse, die die freie Zirkulation der Ware Arbeitskraft behinderten. Hier wird an erster Stelle auf die durch die politische Zersplitterung Deutschlands besonders negativ wirkende Heimatgesetzgebung hingewiesen, die die Niederlassung von Arbeitern erschwerte. In gewissem Maße wirkte die Heimatgesetzgebung tatsächlich hemmend, aber es muß beachtet werden, daß z. B. in dem größten Teil Deutschlands, in Preußen, die hemmende Wirkung der Heimatgesetzgebung auf die Freizügigkeit der Arbeiter weitaus geringer war als etwa in Württemberg und anderen süddeutschen Ländern.

Die „Kannbestimmungen" des Gesetzes vom 31. 12. 1842 über die Niederlassung von Arbeitern sind unter dem Einfluß der Bourgeoisie kaum in dem oft angenommenen Maße angewendet worden. Aus einer Reihe von Aktennotizen ergibt sich einwandfrei, daß sowohl in den fünfziger wie auch in den sechziger Jahren die Unternehmen im Bergbau in Rheinland-Westfalen, dem Saargebiet, aber auch der Maschinenbauindustrie jederzeit für die von ihnen benötigten Arbeitskräfte das Niederlassungsrecht erhielten.[32]

Ferner wurde die hemmende Wirkung der Heimatgesetzgebung in den westlichen Provinzen noch dadurch paralysiert, daß oftmals die Industriearbeiter der fünfziger Jahre, teilweise auch noch später, Wanderarbeiter gewesen sind, d. h. sie arbeiteten z. B. als Bauarbeiter vom Frühjahr bis zum Herbst, um dann im Winter in ihre Heimatdörfer zurückzukehren.[33]

In den Handelskammerberichten und anderen Veröffentlichungen sowie aus Unternehmerzeitungen finden sich für die Zeit von 1850 bis 1870 zahlreiche Klagen der Unternehmer in der Schwerindustrie über einen Mangel an Arbeitern. Dieser Arbeitermangel tritt eigentlich in fast allen Industriezweigen und im Bergbau auf.[34] Diese Erscheinung ist insofern verwunderlich, weil zu gleicher Zeit eine umfangreiche agrarische Überbevölkerung besteht, die zum Teil schon in Massen nach Übersee abwanderte, aber dadurch noch längst nicht wesentlich vermindert wurde, wie der spätere Umfang der Abwanderung aus den preußischen Ostprovinzen nach 1870 zeigt.

Die Widersprüchlichkeit des Prozesses liegt in der spezifischen Art der Entwicklung des Kapitalismus begründet, der zu seiner schnellen Ausdehnung eine Reservearmee brauchte, die je nach Konjunkturlage zur Ausbeutung angewendet wurde. Hinzu kommt, daß die Ausbildung der zuwandernden Arbeiter Schwierigkeiten bereitete und sie nicht ohne weiteres in den Fabriken eingesetzt werden konnten. Die Unternehmer versuchten daher zunächst für

[32] Vgl. dazu DZA Merseburg, Rep. 121 F VI/2, Nr. 114, Vol. 2.

[33] Vgl. dazu die Berichte der Kreise aus den Provinzen Westfalen und Rheinprovinz für die Jahre 1851–1865. In: Jahrbuch f. d. Amtliche Statistik des Preußischen Staates, Berlin 1867, 2. Jg.

[34] Für den Bergbau DZA Merseburg, Rep. 121 F VI/2, Nr. 114, Vol. 2; DZA Merseburg, Rep. 169c, XII, Nr. 14, Vol. 1. Für den Maschinenbau (Chemnitz, Darmstadt, Württemberg) vgl. entsprechenden Jahresbericht der Handels- und Gewerbekammern für die sechziger Jahre des 19. Jh., DZA Merseburg, Rep. 128 BB VII, 1. 3, S. 100; ferner Preuß. Handelsarchiv, Jg. 1866, 2. Hälfte, S. 380, Berlin 1860.

den weiteren Ausbau ihrer Fabriken und Bergwerke Arbeitskräfte zu erhalten, die zumindest entsprechende handwerkliche Voraussetzungen mitbrachten. So orientierten sich z. B. Bergwerksunternehmer des rheinisch-westfälischen Industriegebietes in den fünfziger Jahren des 19. Jh. u. a. auf die Anwerbung von Bergleuten aus dem Harz (Silberbergbau), Thüringen, Schlesien, Sachsen und Böhmen. Den Arbeitern wurden Vorschüsse gezahlt, das Siedlungsrecht gewährt und die Beschäftigung der Familienangehörigen in Aussicht gestellt. Diese Aktionen der Unternehmer sind von einem gewissen Erfolg begleitet gewesen; denn allein in einem Grubenbezirk kommt es zur Gründung von fünf Dörfern harzer, thüringischer und sächsischer Bergarbeiter.[35] Der große Gesamtbedarf an Bergarbeitern konnte jedoch keineswegs durch die oben dargestellten Methoden gedeckt werden. Vor allem handelt es sich bei der oben dargestellten Form um die Beschaffung von Vorarbeitern. Aber selbst dafür reichten diese Arbeiter nicht aus, so daß nach einer Bemerkung von Taeglichsbeck in den sechziger Jahren des 19. Jh. angelernte Bergarbeiter schon nach 3 Monaten als Hauer eingesetzt wurden.[36]

Die elementare sozialökonomische Saugwirkung des Bergbaues, besonders des Steinkohlenbergbaues in den fünfziger und sechziger Jahren, führte zur Entstehung einer umfangreichen Binnenwanderung zunächst aus der näheren, später auch weiteren Umgebung in die Zechenzentren.[37]

Für die Hauptorte des rheinisch-westfälischen Bergbaugebietes Duisburg, Ruhrort, Meiderich, Mühlheim, Essen, Altenessen, Gelsenkirchen und Dortmund ergibt sich nach einer Untersuchung von Degen[38] für 1865 bis 1870, daß rund 80% der Arbeiter aus Rheinland-Westfalen selbst stammten. Aus Hessen, also der weiteren Umgebung, stammten rund 8% der Arbeiter. Dagegen betrug der Anteil der fünf ostelbischen Provinzen nur 2%, wobei noch etwa 1% auf schlesische Bergarbeiter entfiel.[39] Das interessanteste Ergebnis besteht darin, daß mit großer Sicherheit vor 1870 keine wesentlichen Zuwanderungen aus den ostelbischen Provinzen nach den Bergbauzentren der preußischen Westprovinzen festgestellt werden können. Auch andere deutsche Gebiete sind nur in geringem Maße vor 1870 am Aufbau des Ruhrproletariats beteiligt gewesen. Die Binnenwanderung von 1850 bis 1870 ist ihrem Charakter

[35] DZA Merseburg, Rep. 121 F V/2, Nr. 114, Vol. 2; DZA Merseburg, Rep. 169c XII, Nr. 14, Vol. 1. – Vgl. dazu O. Taeglichsbeck, Die Belegschaft der Bergwerke und Salinen im Oberamtsbezirk Dortmund nach der Zählung vom 16. 12. 1893. Dortmund 1895, S. 17f.

[36] Taeglichsbeck, O., a. a. O., S. 17f.

[37] DZA Merseburg, Rep. 121 A XI/1, Nr. 5, Vol. 3. Hier heißt es auf Blatt 166: „Aus allen Gegenden zieht sich daher hier (im Oberbergamtsbezirk Bochum – W. B.) eine Arbeiterbevölkerung auf einem verhältnismäßig kleinen Kreis zusammen, die zum großen Teil früher nicht dem Bergmannstande angehörte, die aber bis jetzt keinen eigentlichen bergmännischen Geist besitzt ...“.

[38] Degen, K., Die Herkunft der Arbeiter in den Industrien Rheinland-Westfalens bis zur Gründerzeit. Phil. Diss. 1916, S. 15ff.

[39] Degen, K., a. a. O., S. 15ff.

nach zunächst vor allem eine Nahwanderung gewesen. Die Saugwirkung der Industriegebiete, in unserem Falle des rheinisch-westfälischen, war noch nicht so groß, daß sie eine Binnenwanderung als Fernwanderung zur Folge hätte haben können, wenn wir von vereinzelten Gruppen absehen.

Die zuwandernden Arbeitskräfte kamen überwiegend aus den landwirtschaftlichen Gebieten Westfalens, vor allem aus den östlichen Kreisen Höxter, Warburg, Bülow, Recklinghausen, Paderborn, Hagen, Soest, Herford, Lippstadt, Münster, Soesfeld und Bielefeld.[40] Nach Berechnungen Uekötters[41] sind von 1844 bis 1871 rund 50000 Arbeiter aus Westfalen in die Industriestädte verzogen. Es versteht sich, daß die tatsächliche Ziffer als noch höher einzuschätzen ist, weil bei den obigen Berechnungen nur die Arbeiter berücksichtigt werden konnten, die ständig ihren Wohnsitz in den Städten nahmen. Unberücksichtigt sind dabei die zahlreichen Formen der Wanderarbeit geblieben. Bedingt durch die Ablösung des alten Heuerlingsstandes in Westfalen im Zusammenhang mit der Wirkung der entstehenden Industrie, besonders des Bergbaues, zeigte sich sehr bald die Erscheinung der völligen Beseitigung dieses Standes. Brepohl[42] schreibt: „. . ., daß der Heuerlingsstand überhaupt aufhörte, für den Bauern eine Größe zu sein, mit der er rechnen konnte; die Industrie sog die Heuerlinge und Kötter auf, bis sie in der unmittelbaren Nähe des Ruhrgebietes einfach verschwanden."

Wesentlich abgeschwächter zeigten sich die Wirkungen der industriellen Umwälzung der fünfziger und sechziger Jahre des 19. Jh., in bezug auf die Abwanderung ins rheinisch-westfälische Industriegebiet, in Hessen. Als Abwanderungskreise treten hier, wie in Westfalen, die rein landwirtschaftlichen Kreise besonders in Erscheinung. Zentren der Abwanderung ins Ruhrgebiet waren die Kreise Fulda, Gersfeld, Hersfeld, Hünefeld, aber auch die oberhessischen Kreise Kirchhain und Franken.[43] Neben der Abwanderung von landwirtschaftlichen Arbeitern in den Bergbau ist die Abwanderung von Handwerksgesellen in die Maschinenfabriken und Hütten des rheinisch-westfälischen Industriegebietes von Bedeutung gewesen.[44] Nach der Statistik der Bevölkerungsbewegung ergibt sich, daß innerhalb des rheinisch-westfälischen Industriegebietes, besonders in die Regierungsbezirke Arnsberg und Düsseldorf, als die am meisten industrialisierten Gebiete, von 1849 bis 1866 die stärkste Zuwanderung stattgefunden hat.[45] Wie wir gesehen haben, ist die

[40] UEKÖTTER, H., Die Bevölkerungsbewegung in Westfalen und Lippe, 1813–1931. Münster 1941, S. 79ff. – Vgl. A. MARKOV, a. a. O., S. 183.

[41] UEKÖTTER, H., a. a. O., S. 79ff.

[42] BREPOHL, W., Der Aufbau des Ruhrvolkes im Zuge der Ost-West-Wanderung. Recklinghausen 1948, S. 64.

[43] Vgl. dazu A. NEBEL, Die ländlichen Arbeiterverhältnisse in Kurhessen. Phil. Diss. Jena 1909, S. 18f.

[44] BREPOHL, W., a. a. O., S. 69f.

[45] MARKOV, A., a. a. O., S. 184.

Bevölkerungszunahme auf die schnelle Entwicklung des Bergbaues, der Eisenindustrie und des Transportwesens zurückzuführen. Innerhalb des Regierungsbezirks Arnsberg hatten die Städte Bochum, Dortmund, Hagen und Iserlohn die stärkste Bevölkerungszunahme.[46] Die städtische Bevölkerung Rheinland-Westfalens nahm von 1848 bis 1866 durch die Zuwanderung um 301797 Einwohner zu. In Preußen steht das schnelle Wachstum der städtischen Bevölkerung dieser Provinzen 1849 bis 1866 an der Spitze.[47]

Neben der von uns dargestellten Einflußnahme der Bergbauunternehmer auf die Heranziehung von Bergleuten aus anderen Bergbaugebieten hat die Bourgeoisie allgemein versucht, durch die Einrichtung von sogenannten Arbeitsnachweisen die Masse der disponiblen Arbeitskräfte und ihre Bewegung in die von ihr gewünschte Richtung zu lenken.[48] Solche Arbeitsnachweise sind besonders in den fünfziger Jahren des 19. Jh. in den östlichen Kreisen Westfalens eingerichtet worden, weil hier – wie bereits dargestellt – eine große agrarische Überschußbevölkerung vorhanden war.[49]

Außer der umfangreichen Wanderung von Arbeitern in die schwerindustriellen Zentren fand in den fünfziger und sechziger Jahren des 19. Jh. eine beträchtliche Zunahme der Beschäftigten in der Textilindustrie des rheinisch-westfälischen Industriegebietes statt. Besonders im Regierungsbezirk Aachen sind zahlreiche ländliche Arbeitskräfte, besonders Mädchen, aus der Eifel und dem Hunsrück in Textilfabriken beschäftigt worden.[50]

Wenngleich es sehr schwer ist, teilweise sogar unmöglich, so wollen wir doch versuchen, und ein Bild über die berufliche Struktur der in die Wanderungsbewegung einbezogenen Arbeitskräfte zu machen. Aus unseren bisherigen Darlegungen (besonders Tabelle 2) ergibt sich, daß nach der Statistik das Wachstum des Industrieproletariats sich vor allem auf Kosten des Handwerks und der ländlichen Überschußbevölkerung vollzog.[51] In welchem genauen zahlenmäßigen Umfange das geschah, kann jedoch nicht festgestellt werden. Einzeluntersuchungen der beruflichen Struktur der Binnenwanderer sind bislang für den Untersuchungszeitraum kaum vorgenommen worden. Lediglich Degen hat für die Zeit von 1865 bis 1870 eine Analyse über die berufliche Struktur hessischer und anderer Zuwanderer versucht. Danach überwiegen bei den Zugewanderten die handwerklichen Berufe.[52] Keineswegs darf uns das aber zu dem Schluß veranlassen, daß die Abwanderung der fünfziger Jahre vorwiegend eine Abwanderung verschiedener Gewerbe gewesen sei. Viele der vom

46 Ebenda.
47 Ebenda, S. 182. Vgl. Jahrbuch f. d. Amtliche Statistik d. Preußischen Staates, Berlin 1876, 4. Jg., S. 88.
48 Vgl. DZA Merseburg, Rep. 120 BB VII/1, Nr. 17, Vol. 1.
49 Ebenda.
50 Vgl. A. Thun, Die Industrie am Niederrhein und ihre Arbeiter. Leipzig 1879, 1. Teil. In: Schmollers Staats- und sozialwissenschaftliche Forschungen, Bd. II.
51 Vgl. S. 10.
52 Degen, K., a. a. O., S. 35.

Lande abwandernden Arbeitskräfte hatten, bedingt dadurch, daß sie als selbständige Bauern nicht existieren konnten, oftmals einen handwerklichen Beruf erlernt. Das gilt besonders für die Kinder solcher nicht mehr existenzfähigen Bauern. An zweiter Stelle stehen die Tagelöhner in der Analyse der Berufsstruktur. Diese Gruppe dürfte überwiegend mittelbar zu der agrarischen Überschußbevölkerung zu rechnen sein. Es handelt sich bei der Mehrzahl dieser Arbeiter um einen direkten Übergang von einer landwirtschaftlichen zu einer industriellen Beschäftigung.

Bemerkenswert noch ist die Gruppe der Fabrikarbeiter, d. h. jene Gruppe von Arbeitern, die bereits in ihrer Heimat in Fabriken tätig waren und zumeist jetzt wegen der hohen Löhne in die industriellen Zentren abwanderten. Diese Gruppe der Zuwanderer wird in vielen Fällen für den Aufbau von Fabriken, z. B. Maschinenfabriken, von den Unternehmern auch angeworben, um einheimische Arbeiter einzuarbeiten. Zum anderen zeigt sich in der relativen Stärke dieser Zuwanderergruppe, daß die Wanderung zwischen den Industriezweigen bereits auf der Grundlage unterschiedlicher Löhne und Arbeitsbedingungen in Gang gekommen war.

An vierter Stelle – der beruflichen Struktur nach – steht die Gruppe der gelernten Bergleute, die, wie wir bereits ausführten, aus anderen Bergbaugebieten angeworben wurden.[53]

Die Verwendbarkeit der verschiedenen Gruppen der zuwandernden Werktätigen für die Entwicklung der Industrie, des Bergbaus und des Transportwesens war natürlich sehr unterschiedlich. Wir können mit großer Sicherheit annehmen, daß die handwerkliche Gruppe der Zuwanderer an erster Stelle in den Fabriken und Hütten Beschäftigung fand, weil hierzu bestimmte handwerkliche Fertigkeiten unbedingt erforderlich waren. Neben den gelernten Bergleuten, den Hauern, fanden in den fünfziger und sechziger Jahren immer mehr ungelernte Tagelöhner in den Steinkohlenbergwerken Verwendung.[54] Recht umfangreich war die Beschäftigung von Tagelöhnern bei den Eisenbahnbauten.[55]

Wir kommen jetzt zur Charakterisierung einer weiteren wichtigen Massenwanderung von Arbeitskräften, nämlich der Wanderung ins Saargebiet. Ähnlich dem rheinisch-westfälischen Industriegebiet stellt das Saargebiet ein schwerindustrielles Zentrum dar. Schon seit den dreißiger Jahren des 19. Jh. führte der akute Mangel an Bergleuten zu Werbeaktionen der Unternehmer, die sich verstärkt in den fünfziger und sechziger Jahren fortsetzten.[56] Hier wie im rheinisch-westfälischen Industriegebiet orientierten sich die Zechenherren zunächst auf harzer, sächsische und thüringische Bergleute.[57]

[53] Vgl. S. 25.
[54] Vgl. O. TAEGLICHSBECK, a. a. O., S. 17f.
[55] DZA Merseburg, Rep. 120 BB VII/1, Nr. 17, Vol. 1; THUN, A., a. a. O., S. 51.
[56] DZA Merseburg, Rep. 169c XII, Nr. 14, Vol. 1.
[57] HUE, O., Die Bergarbeiter. Stuttgart 1913, Bd. II, S. 141.

Die Versprechungen waren recht massiv; so werden z. B. in den fünfziger Jahren acht Stundenschichten, Hausbauprämien, zinslose Darlehen usw. in Aussicht gestellt.[58] Zwar werden die Versprechungen nicht realisiert, aber trotzdem folgten aus den Niedergangsgebieten des Bergbaus, besonders des Harzes, zahlreiche Arbeiter.

Eine zahlenmäßige Vorstellung des *Wachstums der in den Zechen beschäftigten Bergleute des Saargebiets* gibt folgende Tabelle[59]:

Jahr	Anzahl der Bergarbeiter in den Saarzechen
1840	2489
1845	3348
1850	4500
1855	10095
1858	10879
1860	12159

Von 1850 bis 1860 fand eine knappe Verdreifachung der Anzahl der Bergleute statt. Die Masse dieser Bergleute rekrutierte sich aus den agrarischen Bezirken des Hunsrück und der Eifel. Ferner spielten die rechtsrheinischen Gebiete und Westfalen noch eine gewisse Rolle als Herkunftsgebiete der Zuwanderer.[60] Aus verschiedenen Berichten der Kreise des Saargebietes ergibt sich, daß z. B. Gesinde und Tagelöhner im Winter in Kohlenzechen und Bleierzgruben arbeitete und daß sich diese periodischen Wanderungen sowohl in den fünfziger Jahren, aber noch stärker in den sechziger Jahren wiederholten ohne Veränderung des Wohnsitzes.[61] In zahlreichen Berichten wird ferner auf die umfangreiche Wanderarbeit bei den Bahnbauten hingewiesen. Überwiegend stammten die Arbeiter für die Bahnbauten aus den betreffenden Gebieten, in denen gerade gebaut wurde. Lediglich Vorarbeiter rekrutierten sich aus fast allen preußischen Provinzen.[62] Die Saugwirkung der Bahnbauten auf die Arbeiter resultierte aus den höheren Löhnen, die bis zu 30% über den üblichen Tageslöhnen lagen.[63]

Neben den Wanderungen von Arbeitern in die unmittelbaren Standorte der Steinkohlen- und Erzgruben trat im Saargebiet, genau wie im rheinisch-westfälischen Industriegebiet, eine beachtliche Zuwanderung von Handwerksgesellen in den Städten auf. Die Ansiedlung dieser Arbeitskräfte erfolgte gewöhnlich in den Vororten der Städte, weil hier kein Einzugsgeld entrichtet werden mußte.[64]

58 DZA Merseburg, Rep. 121 V III/2, Nr. 114, Vol. 3.
59 Hue, O., a. a. O., S. 141.
60 Vgl. dazu DZA Merseburg, Rep. 121 F III/2, Nr. 120, Vol. 2.
61 Jahrbuch f. d. Amtliche Statistik d. Preußischen Staates, 1867, 2. Jg., S. 334.
62 Ebenda.
63 Ebenda.
64 Ebenda.

Nach der Analyse der nichtagrarischen Wanderungen im rheinisch-westfälischen Industriegebiet und dem Saargebiet wenden wir uns nun den nichtagrarischen Wanderungen des schlesischen Industriegebietes zu. Die schnelle Entwicklung des Bergbaues[65], des Hütten- und Transportwesens, besonders der Eisenbahnen war in Schlesien die Grundlage dafür, daß es nach dem Rheinland die größte absolute Mehreinwanderung von Arbeitskräften in den Städten aufzuweisen hat.[66] Aus der Analyse zahlreicher Berichte der schlesischen Kreise über die Arbeiterverhältnisse der fünfziger und sechziger Jahre des 19. Jh. ergibt sich ein Bild über die wichtigsten Wanderungen. Die günstigste Entwicklung der schlesischen Eisenindustrie besonders in den fünfziger Jahren führte zu einer starken Nachfrage nach Arbeitern und dadurch zur Steigerung der Löhne. In dem Bericht des Kreises Sprottau wird erwähnt, daß z. B. die Wilhelm-Hütte auf den ganzen Kreis, besonders aber auf die nächstgelegenen Dörfer, einen großen Einfluß auf die Arbeitskräfte ausübt[67], der in den meisten Fällen zu einem „Mangel" an Arbeitern auf den junkerlichen Wirtschaften führte. Nach der Ablösung der Spann- und Handdienste zeichnete sich in den meisten schlesischen Kreisen die Tendenz ab, daß der geringere Teil der Abgelösten sich jetzt vollständig ihrer Wirtschaft, unter Heranziehung der ganzen Familie, widmete, der größere Teil der Abgelösten dagegen war auf eine zusätzliche Beschäftigung gewerblicher oder industrieller Art angewiesen. Für die Junker war die Beschäftigung von landwirtschaftlichen Arbeitern vor allem während der landwirtschaftlichen Saison notwendig, so daß während des Winters verbreitet Arbeitslosigkeit herrschte. Daher versuchten zahlreiche zu dieser Gruppe gehörende Arbeiter schon aus diesem Grunde eine Arbeit in den Fabriken, den Zechen oder bei Bahn- und Wegebauten zu erhalten, noch dazu, wo hier volle Freizügigkeit gegeben war und höhere Löhne gezahlt wurden. Hinzu kommt noch, daß die Ausbeutung auf den Gütern der Junker durch die weit verbreitete Natural- oder Deputatentlohnung sowie die Kontraktpflicht besonders qualvoll war. Von vielen Werktätigen wurde daher die Beschäftigung in Textilfabriken oder Bergwerken der Ausbeutung auf den junkerlichen Gütern vorgezogen.[68]

In stärkerem Maße als in den westdeutschen Industriegebieten hat die Wanderarbeit in Schlesien Verbreitung gefunden. Als Ursache dafür sind die Ablösungsbedingungen des preußischen Weges in der Landwirtschaft anzusehen, die massenhaft den Landarbeiter mit Landbesitz schufen, deren Landbesitz aber zu gering war, um davon leben zu können; daher bestand die Notwendigkeit der Aufnahme einer zusätzlichen Arbeit in der Industrie, während Frauen bzw. Kinder das Land bearbeiteten. Die Wanderarbeiter verließen

[65] DZA Merseburg, Rep. 169c XII, Nr. 14, Vol. 1.

[66] MARKOV, A., a. a. O., S. 187.

[67] Jahrbuch f. d. Amtliche Statistik d. Preußischen Staates, 2. Jg., S. 301.

[68] Bericht des Kreises Bolkenhain für das Jahr 1863. In: Jahrbuch f. d. Amtliche Statistik d. Preußischen Staates, 2. Jg., S. 303. Vgl. dazu Bericht des Kreises Glogau für 1860. In: ebenda, S. 270.

zumeist im Frühjahr ihre Familien und fanden Beschäftigung bei den Bahnbauten, in Zuckerfabriken, Chaussee- und Kanalbauten. Hauptsächlich fanden diese Wanderungen in den betreffenden Kreisen selbst statt und richteten sich nur selten auf Objekte außerhalb Schlesiens. Dem Umfang nach weist diese Form der Binnenwanderung eine zunehmende Tendenz in den fünfziger und sechziger Jahren des 19. Jh. auf. Vereinzelt führte die Wanderarbeit aber auch schon zur Verlegung des Wohnsitzes, was sich sowohl aus den Einwanderungs- und Auswanderungsstatistiken der Kreise sowie aus Mitteilungen aus anderen Gebieten, z. B. der westpreußischen Provinzen und dem Königreich Sachsen ergibt.[69]

Wenn wir für das rheinisch-westfälische Industriegebiet in den sechziger Jahren des 19. Jh. feststellten, daß etwa 80% der Arbeiter aus diesem Gebiet selbst stammten, so können wir für das schlesische Industriegebiet einen noch höheren Anteil an einheimischen Arbeitern feststellen. Lediglich für das Hüttenwesen und vereinzelte Maschinenfabriken ist eine Fernwanderung von Arbeitern z. B. aus Rheinland-Westfalen zu belegen, die allerdings durch Anwerbung seitens der Unternehmer und besondere Vorteile für die betreffenden Arbeiter verursacht wurde.[70]

Außer der agrarischen Überschußbevölkerung als Quelle für das Fabrikproletariat, den Bergbau und das Transportwesen muß ferner das Handwerk in seinen vielgestaltigen Zweigen als eine weitere sozialökonomische Quelle für das Proletariat allgemein angesehen werden. Mit der weiteren Durchsetzung der industriellen Revolution mußte sich für die Mehrzahl der Handwerker die ökonomische Lage durch die Fabrikkonkurrenz ständig verschlechtern. Aus Bemerkungen in den Kreisberichten in den fünfziger und sechziger Jahren des 19. Jh. ergibt sich für Schlesien, daß die Mehrzahl der Handwerksmeister ohne Gesellen und Lehrlinge arbeiteten und Abwanderungen entweder als Wanderarbeiter oder ständige Fabrikarbeiter aus diesen Zweigen erfolgten. Besonders kritisch war die Lage großer Handwerkergruppen in den industriellen Zentren.

Wir kommen jetzt zur Analyse der Bevölkerungsstatistik von 1849 bis 1866, woraus sich ergibt, daß innerhalb Schlesiens, besonders des Regierungsbezirks Oppeln, eine beträchtliche Zuwanderung in das Steinkohlengebiet zu verzeichnen hatte.[71] Neben der Abwanderung von ländlichen Arbeitern in diesem Gebiet selbst ist die Zunahme auf die Abwanderung aus den Weberbezirken des Regierungsbezirkes Liegnitz zurückzuführen. Abschließend

69 Vgl. dazu Berichte der Kreise des Regierungsbezirks Breslau für 1863. In: Jahrbuch f. d. Amtliche Statistik d. Preußischen Staates, 2. Jg., S. 303ff.

70 Bericht des Kreises Sprottau für 1863. In: Jahrbuch f. d. Amtliche Statistik d. Preußischen Staates, 2. Jg., S. 300.

71 Vgl. Bericht des Kreises Habelschwerdt für 1860. In: Jahrbuch f. d. Amtliche Statistik d. Preußischen Staates, 2. Jg., S. 272; Bericht des Kreises Oels für 1860. In: Jahrbuch f. d. Amtliche Statistik d. Preußischen Staates, 2. Jg., S. 272; Bericht des Kreises Militsch für 1863. In: Jahrbuch f. d. Amtliche Statistik d. Preußischen Staates, 2. Jg., S. 302.

möchten wir noch darauf verweisen, daß eine beträchtliche Abwanderung von Arbeitern und Handwerkern aus Schlesien nach Rußland und Polen stattgefunden hat.

Wir untersuchen jetzt die wichtigsten nichtagrarischen Wanderungen in den mittleren preußischen Provinzen, insbesondere die Wanderung von Arbeitern nach Berlin und das entstehende mitteldeutsche Industriegebiet. In unserer Betrachtung können wir das natürliche Wachstum des Berliner Proletariats nicht berücksichtigen, weil es statistisch nicht mehr bestimmbar ist. Insgesamt hat die Berliner Bevölkerung von 1850 bis 1870 nach den Berechnungen Markovs von 399769 auf 763208 Personen, also um 97,1⁰/₀ zugenommen.[72] In dieser Ziffer ist sowohl die natürliche wie auch die faktische Zunahme durch Zuwanderung enthalten. Eine Vorstellung von dem breiten Strom vorwiegend ländlicher Arbeitskräfte, der nach Berlin floß, verdeutlicht die Tatsache, daß zwischen 1838 und 1885 3285290 Personen in Berlin einwanderten und 2451054 Personen wieder auswanderten, so daß ein Überschuß von 834236 Personen entstand.[73] Aber selbst dieser hohe Überschuß ist noch zu gering, weil durch die Statistik lediglich die unmittelbar in das Stadtgebiet Zugezogenen berücksichtigt wurden, dagegen die Randsiedlungen und die Wanderarbeiter unberücksichtigt blieben. Aus den Berechnungen über die statistische Aufnahme von 1871 ergibt sich, daß 43,58% der Einwohner in Berlin, 20,16% in Brandenburg (Berlin und Brandenburg zusammen 63,73%) 7,86% in Schlesien, 6,72% in Sachsen, 5,48% in Pommern, 3,88% in den Provinzen Preußen, 3,54% in Posen, 0,98% im Rheinland, 0,70% in Hannover, 0,59% in Westfalen, 0,33% in Hessen und Nassau, 0,27% in Schleswig und in anderen Gebieten 5,91% geboren worden sind.[74]

Wenn wir diese Angaben mit unseren bisherigen über das rheinisch-westfälische Industriegebiet und Schlesien vergleichen, so fällt auf, daß in Berlin der Anteil der Zuwanderer aus anderen Provinzen (also die Fernwanderung) wesentlich größer war.[75] Eine Ursache dafür ist in den anderen Beschäftigungsmöglichkeiten der Großstadt Berlin zu sehen. Für die umfangreichen öffentlichen Bauten, z. B. der sechziger Jahre des 19. Jh., wo mehrere große Gemeindeschulen, 7 Kirchen, 2 Theater, das Rathaus, die Anatomie, der Lehrter Bahnhof u. a. gebaut wurden, sind Tausende Bauarbeiter während der Bausaison aus allen Teilen Brandenburgs zugewandert, weil in Berlin die Löhne relativ hoch waren.[76] Von einiger Bedeutung für den Umfang der Nahwanderung ist ferner die sich in den fünfziger und sechziger Jahren des 19. Jh. immer stärker abzeichnende Tendenz der Verlagerung der Berliner Textilindustrie,

[72] MARKOV, A., a. a. O., S. 216f. [73] Ebenda.

[74] BRÖSICKE, M., Die Binnenwanderung im preußischen Staate. In: Zeitschr. d. kgl. preuß. stat. Landesamtes, 47 Jg. (1907), 1. Abt., S. 38–39.

[75] Vgl. S. 35.

[76] Vgl. dazu K. DEGEN, a. a. O., S. 9; O. WIEDFELDT, Statistische Studien zur Entwicklungsgeschichte der Berliner Industrie von 1720–1890. In: Schmollers Staats- und sozialwissenschaftliche Forschungen, 16. Bd., 2. Hälfte, S 80f.

vor allem in die Provinz Brandenburg bzw. in die Randgebiete Berlins, gewesen. In einigen Kreisen Brandenburgs wurde dadurch die Abwanderung von Arbeitskräften verhindert, weil sie in ihren Heimatorten für Berliner Fabrikanten arbeiteten.[77] Für die Fernwanderung von Arbeitskräften nach Berlin ist weiterhin von Bedeutung gewesen, daß Berlin als Hauptstadt Preußens eine starke Anziehungskraft über die Provinz Brandenburg hinaus auf andere Provinzen, besonders die preußischen Ostprovinzen, ausübte. Innerhalb der russischen Binnenwanderung trat innerhalb des 19. Jh. eine ähnliche Tendenz in der Zuwanderung von Arbeitskräften nach Moskau auf.[78]

Der starke Einfluß Berlins als eines der wichtigsten industriellen Zentren Preußens zeigte sich in den fünfziger und sechziger Jahren darin, daß in den brandenburgischen Kreisen zahlreiche selbständige Handwerker ruiniert wurden.[79] Neben der gewerblichen Bevölkerung Berlins bildeten diese Handwerker in erster Linie die Quelle für die Entwicklung des Fabrikproletariats. In der Hauptsache fanden die zuwandernden Handwerksgesellen Beschäftigung in den zahlreichen Maschinenfabriken, die mit Ausnahme der Krisen- und Depressionszeit von 1859 bis 1861 fast ständig Arbeiter einstellten. Exakte Angaben über die berufliche Struktur der nach Berlin zuziehenden Personen sind für die fünfziger und sechziger Jahre des 19. Jh. kaum zu bekommen. Lediglich Angaben aus den Abwanderungskreisen können uns einen bestimmten Aufschluß geben, der auch gewisse allgemeine Schlüsse zuläßt. In den Berichten der brandenburgischen Kreise werden als Berufe der Berliner Abwanderer vor allem handwerkliche Berufe einschließlich Bauhandwerker sowie Tagelöhner und Dienstboten angegeben.[80] Bei den letzteren überwiegen zahlenmäßig die Frauen bzw. jungen Mädchen. Nach Angaben aus den fünfziger Jahren betrug die Anzahl der weiblichen Dienstboten an der Gesamtzahl der weiblichen Beschäftigten 15,2%. Aus dieser Schicht rekrutierten sich in den sechziger Jahren des 19. Jh. vor allem auch die Arbeitskräfte für die sich entfaltenden Manufakturen im Konfektionsgewerbe. Das Ausmaß der Frauenarbeit in den Fabriken, in erster Linie in den verschiedenen Textilfabriken und Konfektionsmanufakturen liegt beträchtlich über dem Durchschnitt der Frauenarbeit in Preußen.[81]

Ferner läßt die ebenfalls wesentlich über dem Durchschnitt liegende Beschäftigung von Handwerksgesellen den Schluß zu, daß sie außer in den Fabriken noch durch die Ausdehnung des Dienstleistungshandwerks Beschäftigung fanden.

77 Vgl. dazu Bericht des Kreises Jüterbog für das Jahr 1860. In: Jahrbuch f. d. Amtliche Statistik d. Preußischen Staates, 2. Jg., S. 269.

78 Lenin, W. I., a. a. O., S. 574ff.

79 Vgl. Bericht des Kreises Lübben für das Jahr 1860. In: Jahrbuch f. d. Amtliche Statistik d. Preußischen Staates, 2. Jg., S. 271.

80 Vgl. Bericht des Kreises Königsberg (Neumark) für 1865. In: Jahrbuch f. d. Amtliche Statistik d. Preußischen Staates, 2. Jg., S. 341.

81 Böckh, R., Ortschaftsstatistik des Reg.-Bezirks Potsdam mit der Stadt Berlin. Berlin 1861, S. 50ff.

In schlesischen Berichten finden sich Bemerkungen darüber, daß vor allem Dienstboten und Handarbeiter nach Berlin abgewandert sind infolge der höheren Löhne und besseren sozialen Lage.[82] Aus dem Kreise Sohrau, Reg.-Bez. Breslau, wird eine jährliche Abwanderung von Tagelöhnern, Dienstboten und Handwerkern angegeben.[83] Insgesamt wird die zunehmende Tendenz der Berlinwanderung betont, die oft noch reine Wanderarbeit war, d. h. ohne Verlegung des Wohnsitzes betrieben wurde. Hinderlich wirkten hier der verbliebene geringfügige Landbesitz, aber auch die furchtbare Wohnungsnot in Berlin sowie die Entrichtung des Einzugsgeldes. Aus anderen preußischen Provinzen war die Zuwanderung von Arbeitskräften nach Berlin von 1850 bis 1870 wesentlich geringer. Wir wollen versuchen, diese Wanderungen kurz darzustellen: Die beträchtliche agrarische Überschußbevölkerung der preußischen Ostprovinzen hatte sich in den fünfziger Jahren vor allem einen Abfluß durch die Überseeauswanderung und die Auswanderung nach Rußland und Polen geschaffen.[84] Ferner ist eine zunehmende Beweglichkeit der Bevölkerung innerhalb der einzelnen Kreise, genau wie in Schlesien, feststellbar.[85] Ursache dafür waren die Bahnbauten, Chausseebauten und der Ausbau der Festungen.[86] Im Gegensatz zu den westpreußischen Provinzen hat die strengere Handhabung der Heimatgesetzgebung stärker hemmend auf die Herausbildung der Freizügigkeit gewirkt.[87] Es zeigt sich darin der Einfluß der Junker, die an der Freizügigkeit der Arbeitskräfte nur in geringem Maße interessiert waren, weil besonders in den sechziger Jahren des 19. Jh. während der

[82] Vgl. Bericht des Kreises Liegnitz für 1860. In: Jahrbuch f. d. Amtliche Statistik d. Preußischen Staates, 2. Jg., S. 302.

[83] Bericht des Kreises Sohrau für 1863. In: Jahrbuch f. d. Amtliche Statistik d. Preußischen Staates, 2. Jg., S. 303. Vgl. Bericht des Kreises Wöhlau für 1863. In: Jahrbuch f. d. Amtliche Statistik d. Preußischen Staates, 2. Jg., S. 304. Vgl. Bericht des Kreises Steina für 1863. In: Jahrbuch f. d. Amtliche Statistik d. Preußischen Staates, 2. Jg., S. 304. Hier wird besonders auf die Abwanderung von zahlreichen Bauarbeitern sowie Tagelöhnern verwiesen, deren Abzug zu einem Arbeitermangel auf den junkerlichen Gütern führt.

[84] Vgl. Bericht der Kreise und Regierungsbezirke Preußens und der anderen Ostprovinzen für die Jahre 1862–1864 und 1864–1866. In: Jahrbuch f. d. Amtliche Statistik d. Preußischen Staates, 2. Jg., S. 288ff. und 338ff.

[85] Diese Tendenz ist nachweisbar durch die steigende Ausgabe von Pässen bzw. Wanderbüchern. Vgl. dazu Bericht des Kreises Labiau für das Jahr 1863. In: Jahrbuch f. d. Amtliche Statistik d. Preußischen Staates, 2. Jg., S. 283.

[86] Vgl. dazu Berichte der Kreise und Regierungsbezirke der preußischen Ostprovinzen für die Jahre 1862–1866. In: Jahrbuch f. d. Amtliche Statistik d. Preußischen Staates, 2. Jg., S. 282ff. und 338ff. Besondere Erwähnung muß hier die Zuwanderung nach Königsberg finden, die durch Bahn- und Festungsbauten verursacht wurde und Abwanderungen von Arbeitern, selbst aus Schlesien, bewirkte.

[87] Bericht des Fürstentums Kamin für 1859–1861. In: Jahrbuch f. d. Amtliche Statistik d. Preußischen Staates, 2. Jg., S. 292. Hier wird festgestellt: „Die Einzugs-, Hausstands-, Einkaufs- und Bürgerrechts-Gelder in den Städten wirken störend auf die Freizügigkeit und treffen namentlich Tagelöhner und kleine Handwerker hart, welche dadurch oft von vornherein in schwer abzuwerfende Schulden gerathen."

Erntezeit ein beträchtlicher Mangel an Arbeitskräften auftrat. Wir haben daher, genau wie in Schlesien, überwiegend mit Wanderarbeit zu rechnen und andererseits eine umfangreiche illegale Abwanderung festzustellen. Aus den hohen Ein- und Abwanderungszahlen Berlins kann man mit Wahrscheinlichkeit darauf schließen, daß ein großer Teil der illegalen Abwanderer zunächst nach Berlin ging und hier Beschäftigung vor allem im Baugewerbe fand.

Wir kommen nunmehr zu den wichtigsten Wanderungen von Arbeitskräften, die entscheidend zur Herausbildung des mitteldeutschen Proletariats beitrugen. Die schnelle Erweiterung des Braunkohlenabsatzes durch die entstehende chemische Industrie und die Zuckerfabriken führt zu einer schnellen Zunahme der Braunkohlenförderung von 1850 bis 1870.[88] Die Bildung von Aktiengesellschaften in diesem Zweig gab in den fünfziger Jahren des 19. Jh. die Kapitalgrundlage für einen starken Anstieg der Förderung und damit auch der Mehrbeschäftigung von Arbeitern.[89] Zahlreiche Zuckerfabriken, im Jahre 1856 existierten in der Provinz Sachsen 100, zogen Arbeitskräfte aus der Umgebung in beträchtlichem Umfange an.[90] Besonders in den sechziger Jahren bestimmten die Zuckerfabriken weitgehend das Lohnniveau, das beträchtlich über den Tagelöhnersätzen der Landwirtschaft lag und daher eine Saugwirkung auf Arbeitskräfte hervorrief.[91] Auf der Grundlage des Braunkohlenbergbaus, der schnellen Verbreitung der Zuckerfabriken und der Fortsetzung der Bahnbauten konnte sich in Magdeburg und Halle ein umfangreicher Maschinenbau entwickeln, der ebenfalls zahlreiche Arbeitskräfte benötigte.[92] Aus Angaben über die Bevölkerungsentwicklung in der Stadt Halle ergibt sich, daß von 1800 bis 1864 der Geburtenüberschuß nur 6172 Personen betrug, der Zuwachs durch Zuwanderung dagegen 18479 Personen.[93] Ähnliche Angaben liegen für Magdeburg vor. Innerhalb von drei Jahren (1859 bis 1862) wanderten in Magdeburg 19365 Arbeiter, 6952 Gesellen und 1224 Dienstboten zu, welche jedoch nicht ständig in Magdeburg blieben. Es handelte sich also zumeist um Wanderarbeiter.[94] Wir können hier feststellen, daß genau wie in

[88] Vgl. dazu DZA Merseburg, Rep. 120 BB VII, 1.3, S. 92; Bericht des Kreises Angersburg für 1863. In: Jahrbuch f. d. Amtliche Statistik d. Preußischen Staates, 2. Jg., S. 283. Hier wird besonders auf das Entlaufen des Gesindes und den fühlbaren Mangel an Arbeitskräften allgemein hingewiesen. In zahlreichen anderen Berichten der preußischen Ostprovinzen finden sich ähnliche Feststellungen.

[89] Neuss, E., Entstehung und Entwicklung der Klasse der besitzlosen Lohnarbeiter in Halle. Berlin 1958, S. 306.

[90] Winkler, M., Die Metallindustrie Mitteldeutschlands in ihrer geschichtlichen Entwicklung. Halle/Saale 1934, S. 13ff. Vgl. E. V. Lippmann, Die Entwicklung der deutschen Zuckerindustrie von 1850–1900. Leipzig 1900. Vgl. Berichte der Kreise der Provinz Sachsen für 1862–1866. In: Jahrbuch f. d. Amtliche Statistik d. Preußischen Staates, 2. Jg., S. 309ff. und 343ff.

[91] Vgl. Bericht des Kreises Wolmirstedt für 1866. In: Jahrbuch f. d. Amtliche Statistik d. Preußischen Staates, 2. Jg., S. 343.

[92] Vgl. dazu E. Neuss, a. a. O., S. 305.

[93] Ebenda, S. 261.

[94] Vgl. Bericht der Stadt Magdeburg für 1863. In: Jahrbuch f. d. Amtliche Statistik d. Preußischen Staates, 2. Jg., S. 310.

den anderen von uns untersuchten Industriegebieten die Industriestädte das stärkste Wachstum der Bevölkerung durch Zuwanderung aufzuweisen haben. Die Herkunft der Arbeiter des mitteldeutschen Industriegebietes, dem wir uns nun zuwenden wollen, weist gegenüber den anderen preußischen Provinzen keine Besonderheiten auf. Überwiegend stammten die in den Fabriken beschäftigten Arbeiter aus deren mittelbarer Umgebung. Daneben ist schon eine beträchtliche Binnenwanderung aus den unterentwickelten Gebieten der Provinz in die entstehenden Industriegebiete zu bemerken. Wir meinen hier besonders die umfangreiche Abwanderung von Arbeitern aus dem Eichsfeld nach Magdeburg[95] und Halle[96], die teilweise nichtagrarischen und teilweise agrarischen Charakter hatte. Allein aus dem Kreis Heiligenstadt wanderten 1860 etwa 10000 Arbeiter zur Saisonarbeit in die industriellen und agrarischen Zentren der Provinz Sachsen ab.[97] Der Regierungsbezirk Erfurt gilt in den fünfziger und sechziger Jahren des 19. Jh. als Arbeitskräftereservoir für die industriellen Bezirke der Provinz Sachsen. Es ergibt sich z. B. aus den statistischen Daten für diesen Bezirk ein absoluter Rückgang der Bevölkerung durch die Abwanderung in den Jahren von 1864 bis 1866.[98] Für den Regierungsbezirk Magdeburg dagegen ist für den ganzen Zeitraum von 1849 bis 1866 eine beträchtliche Zunahme der Bevölkerung durch Zuwanderung feststellbar.[99]

Als Abwanderungsgebiete außerhalb der Provinz Sachsen sind lediglich für die Zuwanderung von Handarbeitern nach Magdeburg, Mecklenburg und Lüneburg zu nennen, deren Abwanderer sich zum Teil in der Provinz Sachsen niederließen.[100] Wenn unsere Darstellung der nichtagrarischen Wanderungen von 1850 bis 1870 auch Lücken aufweist – es fehlt vor allem die stärkere Berücksichtigung der zyklischen Entwicklung des Kapitalismus auf die Wanderungen –, kann man trotzdem einige wichtige Verallgemeinerungen treffen.

Mit der beginnenden Durchsetzung kapitalistischer Produktionsverhältnisse in der Landwirtschaft und der massenhaften Entstehung von Fabriken sowie von zentralisierten Großbetrieben vor allem in den vierziger Jahren des 19. Jhs., und dem Bahnbau entstand ein umfangreicher Bedarf an disponiblen Arbeitskräften. Das natürliche Wachstum der gewerblichen Bevölkerung reichte aber bei weitem nicht zur Deckung dieses Bedarfes aus. Wir haben daher zwei wichtige Erscheinungen festzustellen, nämlich die Tatsache der Freisetzung von Bauern bzw. Landarbeitern durch den preu-

95 MARKOV, A., a. a. O., S. 179.

96 NEUSS, E., a. a. O., S. 261. N. stützt sich auf die Untersuchung HAGENS, wonach sich die „,... ‚dienende Klasse' ... vornehmlich aus den umliegenden Dörfern und aus den Randkreisen des Saalkreises, durch die Handarbeiter aus dem Eichsfeld in nicht unbedeutender Anzahl und aus dem südlichen Thüringen, insbesondere aus dem Kreise Schleusingen" rekrutierte.

97 Bericht des Kreises Heiligenstadt für 1860. In: Jahrbuch f. d. Amtliche Statistik d. Preußischen Staates, 2. Jg., S. 314.

98 MARKOV, A., a. a. O., S. 178.

99 MARKOV, A., a. a. O., S. 177.

100 Ebenda, S. 178.

ßischen Weg der Entwicklung des Kapitalismus in der Landwirtschaft und zum anderen die Saugwirkung der entstehenden kapitalistischen Industrie. Auf dieser Basis mußte eine Abwanderung von ländlichen Arbeitern in die Industriestädte erfolgen. Bevor der umfangreiche Arbeitskräftebedarf des Industriekapitalismus in den vierziger Jahren, besonders aber seit 1850, einsetzte, fand eine beträchtliche Auswanderung von Arbeitern nach Übersee und den europäischen Ländern statt, was bedeutete, daß ein Teil der agrarischen und gewerblichen Überschußbevölkerung – besonders Süd-, Südwestdeutschland und Westdeutschland – sowie der mittleren preußischen Provinzen sich zunächst einen Abfluß geschaffen hatte, bevor überhaupt die industrielle Umwälzung in ihr entscheidendes Stadium in der Zeit von 1850 bis 1870 getreten war.

Für die Herausbildung des inneren Marktes für die Ware Arbeitskraft mußte die umfangreiche Auswanderung hemmend wirken, weil große Teile der disponiblen Arbeitskräfte der kapitalistischen Ausbeutung entzogen wurden. Der weitverbreitete Mangel an geeigneten Arbeitern in den fünfziger Jahren des 19. Jh., in Preußen vor allem, findet zum Teil darin seine Erklärung.

Ein weiteres Hemmnis bei der Herausbildung des Marktes für die Ware Arbeitskraft ist in der bestehenden Zersplitterung Deutschlands und den verschiedenartigen Heimatgesetzgebungen zu erblicken. Entgegen der bisher üblichen Auffassung sind wir auf Grund des vielseitigen Materials zu der Meinung gelangt, daß man die Wirkung der Heimatgesetzgebung differenzierter betrachten muß, weil – wie wir dargestellt haben – in den westlichen Teile Preußens die Heimatgesetze nicht so scharf wie in den preußischen Ostprovinzen angewandt worden sind. In den ostelbischen Provinzen war der Einfluß der Junker wohl der wichtigste Faktor; denn sie waren nicht an einer Abwanderung von Arbeitskräften in die Städte oder die Industrie interessiert. Das war um so mehr der Fall, weil neben der Abwanderung in die Industrie und zu anderen nichtagrarischen Vorhaben, z. B. der Bahnwege und Festungsbauten, zahlreiche Rekrutierungen in den ostelbischen Provinzen stattfanden, die in den sechziger Jahren ein Ausmaß erreichten, welches zur Verknappung der Arbeitskräfte für die Junkerwirtschaften beigetragen hat.

Insgesamt muß das Freizügigkeitsproblem noch unter folgenden Aspekten gesehen werden:

Vor allem in den fünfziger Jahren des 19. Jh., teilweise aber auch noch in den sechziger Jahren, konnte die deutsche Bourgeoisie ihren Arbeitskräftebedarf an ungelernten Arbeitern, zum Teil auch an gelernten Arbeitern, aus der unmittelbaren Umgebung der Industriegebiete decken. Der Fortgang der industriellen Entwicklung Deutschlands seit der zweiten Hälfte der sechziger Jahre bedingte in viel stärkerem Maße als vorher die Beschäftigung von ungelernten Arbeitern in der Schwerindustrie. Zu diesem Zeitpunkt machten sich die hemmenden Wirkungen der Freizügigkeitsbeschränkungen für die Fernwanderung stärker bemerkbar. Daraus resultiert auch die Tatsache, daß die Großbourgeoisie der westlichen preußischen Provinzen Ende der sechziger

Jahre des 19. Jh. gegen die noch bestehenden Hemmnisse in der Freizügigkeit der Arbeitskräfte opponierte, weil sie auf die ungelernten Arbeiter aus den östlichen Provinzen Preußens angewiesen war.

In den westlichen preußischen Provinzen muß die Wirksamkeit der halbamtlichen Arbeitsnachweise, die in den fünfziger Jahren eingerichtet wurden, im Zusammenhang mit der Einwirkung des preußischen Staates auf die Freizügigkeit der Bevölkerung erwähnt werden.

Wie sich aus den verwendeten Aktennotizen ergibt, sind diese Arbeitsnachweise von der Bourgeoisie Rheinland-Westfalens verlangt worden vom preußischen Staat und – wie wir gesehen haben – sind diese Einrichtungen auch entstanden. Ohne Zweifel haben sie in gewissem Umfange der Bourgeoisie in stärksten schwerindustriellen Zentren Preußens die Beschaffung von Arbeitern aus den östlichen Teilen Westfalens und insofern die Herausbildung des inneren Marktes für die Ware Arbeitskraft erleichtert. Man muß daher schon aus diesem Grunde die Rolle des preußischen Staates bei der Herausbildung des inneren Marktes für die Ware Arbeitskraft als zwiespältig ansehen, weil über die Heimatgesetzgebung, zumindest für die östlichen Provinzen, hemmende Wirkungen ausgingen und zum anderen über die Schaffung von Arbeitsnachweisen ein fördernder Einfluß sich bemerkbar machte. Außerdem ging über die zahlreichen Bahnbauten und die öffentlichen Bauten indirekt ebenfalls eine Förderung der disponiblen Arbeitskräfte und damit auch eine Erweiterung des inneren Marktes für die Arbeitskräfte aus.

Aus der konkreten Analyse der nichtagrarischen Wanderungen in Preußen ergibt sich ferner, daß sich die Binnenwanderung jener Zeit überwiegend vor allem auf Wanderungen von Arbeitskräften innerhalb der Heimatprovinz erstreckte. Die Wanderungen in den fünfziger und sechziger Jahren hatten Massencharakter: denn Hunderttausende Arbeiter waren in diesen Prozeß einbezogen.

Auf Grund des Standes der kapitalistischen Entwicklung in der Industrie ist es noch nicht zu einer ausgedehnten Binnenwanderung von ungelernten Arbeitskräften aus den preußischen Ost- in die Westprovinzen gekommen, so wie es nach 1870 besonders in den achtziger Jahren des 19. Jh. der Fall war. Erst auf der Basis der späteren industriellen Entwicklung und der umfassenden Herausbildung des Ruhrgebietes entstand jene sozial-ökonomische Saugwirkung, die zu den Massenwanderungen von Arbeitskräften aus dem agrarischen Osten Preußens in den industriellen Westen führten.

In den fünfziger und sechziger Jahren des 19. Jh. traten solche „Fernwanderungen" innerhalb der nichtagrarischen Wanderungen von Arbeitskräften zunächst nur vereinzelt, schließlich aber doch mit zunehmender Tendenz in den sechziger Jahren auf, ohne daß sie Massencharakter annahmen. Innerhalb der industriellen Zentren Preußens ist die zunehmende Quote von Fernwanderern unterschiedlich. Sie ist in Berlin als der Hauptstadt Preußens am größten mit etwa 37%, in Rheinland-Westfalen etwa 20%, und in Schlesien schließlich spielen die Zuwanderungen aus anderen Provinzen kaum eine Rolle.

Wenn wir als Begründung für den relativ geringen Umfang der Fernwanderung innerhalb der Binnenwanderungsbewegung anführten, daß das dem Entwicklungsniveau der Industrie entsprach, so genügt das jedoch noch nicht zur völligen Erklärung dieser Erscheinung.

Für die Fernwanderung ist typisch gewesen, daß die Arbeiter ihrer beruflichen Struktur nach in den sechziger Jahren des 19. Jh. zumeist Handwerker gewesen sind. Auf diese Arbeitskräfte wirkten zwar die allgemeinen Hemmnisse der nicht überall vorhandenen Freizügigkeit, aber immerhin waren sie beweglicher als die Arbeiter mit Landbesitz, die in den ostelbischen Gebieten Preußens massenhaft durch die preußischen Reformen entstanden waren und die noch wesentlichen Bindungen auch von 1850 bis 1870 unterlagen. Der Arbeiter mit Landbesitz trat, soweit er eine nichtagrarische Arbeit aufnahm, fast immer als Wanderarbeiter in Erscheinung, zumindest solange wie in der unmittelbaren Umgebung seines Wohnortes keine Fabriken oder Bergwerke usw. vorhanden gewesen sind. In den preußischen Ost-, teilweise auch den mittleren Provinzen, resultierte daraus der größere Umfang der Wanderarbeit gegenüber den preußischen Westprovinzen. Diese Form ist zumeist nicht mit einer ständigen Verlegung des Wohnortes verbunden und daher schwer dem Umfang nach festzulegen. Die Wanderarbeit verdeckt das tatsächliche Wachstum der Industriestädte dadurch, daß diese Arbeiter nur während der Zeit von Februar/März bis Oktober/November in den Städten oder den Vororten arbeiteten. Zählungen fanden jedoch zumeist im Dezember statt, so daß die Wanderarbeiter nicht erfaßt wurden und daher die tatsächlichen Relationen zwischen den in Industrie und Landwirtschaft beschäftigten Arbeitern in Wirklichkeit etwa anders gelagert sind, als den angegebenen Statistiken zu entnehmen ist.

Zur Fesselung von Arbeitern an die Güter wurden seitens der Junker langfristige Kontrakte geschaffen. Solche in Form von Kontrakten und dem Landbesitz bestehenden Fesseln hemmten die Arbeitskräfte in ihrer Freizügigkeit und sind mit die Ursachen dafür, daß sich noch keine umfangreiche massenhafte Abwanderung aus dieser Schicht vollziehen konnte und zunächst die Form der zeitweisen Wanderung angenommen hat. Einen anderen Verlauf hat die Entwicklung bei der Schicht der Landarbeiter genommen, die keinen Landbesitz hatten. Sie wanderten zumeist sofort auf Grund der höheren Löhne in die Industrie ab. Die wichtigsten Ziele der nichtagrarischen Wanderungsbewegung waren in den fünfziger und sechziger Jahren des 19. Jh. allgemein die Industriegebiete und dort besonders die Standorte des Bergbaues, der Hütten und Maschinenfabriken in den Städten sowie die Bahnbauten. Diese Wanderungen führten sofort zur Veränderung des Verhältnisses zwischen den in der Landwirtschaft und der Industrie Beschäftigten zuungunsten der ersteren.

Die Abwanderung von Arbeitskräften aus der Landwirtschaft kommt in dem Wachstum der Industriestädte, der schnellen Zunahme der Bevölkerung in den industriellen Kreisen zum Ausdruck. Überhaupt ist die Abwanderung aus den agrarischen Kreisen in die industriellen Gebiete am stärksten. Als

Beispiel dafür sei hier noch einmal an die Abwanderung aus den westfälischen Ostkreisen ins entstehende Ruhrgebiet erinnert.

Die vielfältigen komplizierten Formen, in denen sich der Übergang von der agrarischen Überschußbevölkerung zum modernen Fabrikproletariat vollzieht, können keineswegs durch die nichtagrarischen Wanderungen, obwohl sie die Grundlage sind, erfaßt werden. Zur Vervollständigung müßten die wichtigsten agrarischen Wanderungen der Werktätigen studiert werden. Bisher sind auf diesem Gebiete keine Untersuchungen für die Zeit von 1850 bis 1870 angestellt worden.

In unserer Untersuchung blieben ferner die Wanderungen von Arbeitern zwischen den Industriezweigen zum Teil unberücksichtigt, obwohl sie für die sozial-ökonomische Herkunft vieler Fabrikarbeiter in den fünfziger und sechziger Jahren des 19. Jh. eine Rolle spielen. Diese Untersuchungen müssen auf der Grundlage von Industriezweiganalysen geführt werden. Die berufliche Struktur der in die nichtagrarische Wanderungen einbezogenen Arbeitskräfte ist dadurch gekennzeichnet, daß die meisten Tagelöhner und Handarbeiter gewesen sind. An zweiter Stelle dürften die landwirtschaftlichen Berufe stehen. Insgesamt sind die Zuwanderer in ihrer überwältigenden Mehrheit zu den proletarischen Schichten zu rechnen, deren Umwandlung in die moderne Klasse des Fabrikproletariats in vollem Gange war. Eine besondere Zuwanderung von Bürgerlichen zur Verstärkung der „bürgerlichen Schicht" trat 1850 bis 1870 nicht auf[101]. Lediglich das Kleinbürgertum, also vor allem Handwerksmeister, spielen zahlenmäßig bei den Binnenwanderern eine Rolle. In dem von uns zitierten Artikel von Köllmann wird der quantitative Anteil der „bürgerlichen Schicht" bei den Wanderungen bei weitem überschätzt. In den von uns untersuchten Städten sowie den Abwanderungskreisen zeigte sich immer wieder, daß der Hauptanteil der nichtagrarischen Wanderer von 1850 bis 1870 aus den proletarischen oder halbproletarischen ländlichen Schichten der Bevölkerung stammte.

Weitere Untersuchungen der nichtagrarischen und agrarischen Wanderungen müßten nach unserer Ansicht vor allem die Erforschung der Entstehung des inneren Marktes für die Ware Arbeitskraft in den anderen deutschen Ländern zum Inhalt haben. Auf dieser Basis wäre dann eine gründliche Darstellung der sozial-ökonomischen Herkunft und Struktur des deutschen Proletariats möglich. Schließlich wären diese Ergebnisse unter anderem bedeutsam für die weitere Erforschung der Geschichte der deutschen Arbeiterbewegung.

[101] KÖLLMANN, W., a. a. O., S. 58.

QUELLENVERZEICHNIS

I. *Archivalien aus dem Deutschen Zentralarchiv, Abt. Merseburg (DZA):*

Rep. 120 BB VII/1, Nr. 17, Vol. 1
Rep. 120 BB VII/1, Nr. 3, S. 92
Rep. 121 F III/2, Nr. 120, Vol. 2
Rep. 121 F III/2, Nr. 114, Vol. 3
Rep. 121 A XX/1, Nr. 5, Vol. 3
Rep. 121 F V/2, Nr. 114, Vol. 2
Rep. 128 BB VII/1, Nr. 3, S. 100
Rep. 169c XII, Nr. 14, Vol. 1
Rep. 121, F VI/12, Nr. 114, Vol. 2

II. *Literatur*

Böckh, R., Ortschaftsstatistik des Reg.-Bez. Potdsam mit der Stadt Berlin. Berlin 1863.

Brepohl, W., Der Aufbau des Ruhrvolkes im Zuge der Ost-West-Wanderung. Recklinghausen 1948.

Brösicke, M., Die Binnenwanderung im preußischen Staate. In: Zeitschr. d. kgl. preuß. stat. Landesamtes, 47. Jg. (1907), 1. Abt.

Degen, K., Die Herkunft der Arbeiter in den Industrien Rheinland-Westfalens bis zur Gründerzeit. Phil.-Diss. 1916.

Engels, F., Die Lage der arbeitenden Klassen in England, Berlin 1947.

Huber, F. C., Deutschland als Industriestaat. Stuttgart 1901.

Hue, O., Die Bergarbeiter. Stuttgart 1913, Bd. II.

Köllmann, W., Industrialisierung, Binnenwanderung und „Soziale Frage". In: Vj. f. Sozial- u. Wirtschaftsgeschichte, 46. Bd., Heft 1, Wiesbaden 1959.

Kuczynski, J., Die Geschichte der Lage der Arbeiter in Deutschland. Berlin 1954, 6. Aufl.

Lenin, W. I., Die Entwicklung des Kapitalismus in Rußland, in: Werke, Bd. III, Berlin 1956.

Lippmann, E. V., Die Entwicklung der deutschen Zuckerindustrie von 1850–1900. Leipzig 1900.

Markov, A., Das Wachstum der Bevölkerung und die Entwicklung der Aus- und Einwanderungen, Ab- und Zuzüge in Preußen und Preußens einzelne Provinzen, Bezirke und Kreisgruppen von 1824–1885. Tübingen 1889.

Marx, K., Das Kapital. Berlin 1951, Bd. I.

Nebel, A., Die ländlichen Arbeiterverhältnisse in Kurhessen. Phil. Diss. Jena 1909.

Neuss, E., Entstehung und Entwicklung der Klasse der Lohnarbeiter in Halle. Berlin 1958.

Taeglichsbeck, O., Die Belegschaft der Bergwerke und Salinen im Oberbergamtsbezirk Dortmund nach der Zählung vom 16. 12. 1893. Dortmund 1895.

Thun, A., Die Industrie am Niederrhein und ihre Arbeiter. 1. Teil, in: Schmollers Staats- und sozialwissenschaftliche Forschungen. Bd. II, Leipzig 1870.

Uekötter, H., Die Bevölkerungsbewegung in Westfalen und Lippe, 1818–1931. Münster 1941.

Wiedfeldt, O., Statistische Studien zur Entwicklungsgeschichte der Berliner Industrie von 1720–1890. In: Schmollers Staats- und sozialwissenschaftliche Forschungen. 16. Bd., 2. Hälfte.

Winkler, M., Die Metallindustrie Mitteldeutschlands in ihrer geschichtlichen Entwicklung. Halle/Saale 1934.

Wirminghaus, A., Stadt und Land unter dem Einfluß der Binnenwanderungen. In: Jahrbuch für Nationalökonomie und Statistik, III. Folge, 9. Bd., Jena 1895.

III. Zeitschriften, Statistiken, Berichte

Jahrbuch für die Amtliche Statistik des Preußischen Staates. 2. Jg., Berlin 1867.

Jahrbuch für die Amtliche Statistik des Preußischen Staates. 3. Jg., Berlin 1876.

„Preuß. Statistik", Heft XXVI, Berlin 1872.

„Zeitschrift des Statistischen Bureaus des Königlichen Ministeriums d. Innern", verschiedene Jahrgänge.

Berichte der Kreise des Preußischen Staates über die Lage der arbeitenden Klassen aus den Jahren 1858–1866.

„Preußisches Handelsarchiv", Jg. 1866.

„Jahresberichte der Handels- und Gewerbekammer Chemnitz für die sechziger Jahre des 19. Jh.".

„Archiv für Landeskunde der preußischen Monarchie", Berlin 1856.

Statistische Übersichten verschiedener preußischer Kreise für die sechziger Jahre des 19. Jh.

„Vierteljahresschrift für Sozial- und Wirtschaftsgeschichte".

FSC
www.fsc.org
MIX
Papier | Fördert gute Waldnutzung
FSC® C083411

Kolibri 360 GmbH
Ferdinand-Jühlke-Straße 7
99095 Erfurt, Deutschland
produktsicherheit@kolibri360.de